护理法律与伦理

第四版

〔英〕约翰·廷格尔（John Tingle）
〔英〕艾伦·克里布（Alan Cribb）
主编

王 竹 张凤英 罗雅文 李 侠/译 张凤英 王 竹/校

NURSING LAW AND ETHICS

FOURTH EDITION

著作权合同登记号：图字 01-2022-3300
图书在版编目（CIP）数据

护理法律与伦理：第四版／（英）约翰·廷格尔，（英）艾伦·克里布主编；王竹等译. —北京：北京大学出版社，2023.5
ISBN 978-7-301-33897-1

Ⅰ. ①护… Ⅱ. ①约… ②艾… ③王… Ⅲ. ①护理—卫生法 ②护理伦理学 Ⅳ. ①D912.16 ②R47-05

中国国家版本馆 CIP 数据核字（2023）第 062149 号

Nursing Law and Ethics, 4th Edition, by John Tingle, Alan Cribb
ⓒ 2014 Wiley Blackwell

书　　　名	护理法律与伦理（第四版） HULI FALÜ YU LUNLI（DI-SI BAN）
著作责任者	〔英〕约翰·廷格尔（John Tingle） 〔英〕艾伦·克里布（Alan Cribb）　主编 王　竹　张凤英　罗雅文　李　侠　译 张凤英　王　竹　校
责 任 编 辑	陆建华　费　悦
标 准 书 号	ISBN 978-7-301-33897-1
出 版 发 行	北京大学出版社
地　　　址	北京市海淀区成府路 205 号　100871
网　　　址	http://www.pup.cn　http://www.yandayuanzhao.com
电 子 信 箱	yandayuanzhao@163.com
新 浪 微 博	@北京大学出版社　@北大出版社燕大元照法律图书
电　　　话	邮购部 010-62752015　发行部 010-62750672 编辑部 010-62117788
印 刷 者	三河市北燕印装有限公司
经 销 者	新华书店 965 毫米×1300 毫米　16 开本　32.75 印张　534 千字 2023 年 5 月第 1 版　2023 年 5 月第 1 次印刷
定　　　价	98.00 元

未经许可，不得以任何方式复制或抄袭本书之部分或全部内容。
版权所有，侵权必究
举报电话：010-62752024　电子信箱：fd@pup.pku.edu.cn
图书如有印装质量问题，请与出版部联系，电话：010-62756370

撰稿人

Richard E. Ashcroft　伦敦,伦敦玛丽女王大学法学院,生命伦理学教授

Robert Campbell　大曼彻斯特,博尔顿大学副校长(学术)

Alan Cribb　伦敦,伦敦国王学院公共政策研究中心主任

Fiona Culley　英国护理及助产委员会独立顾问,前英国护理及助产委员会专业顾问

Michael Dunn　牛津,牛津大学公共卫生系埃索克斯中心健康与社会关怀伦理学讲师

Tracey Elliott　莱斯特,莱斯特大学法学院卫生保健法讲师

Bobbie Farsides　布莱顿,苏塞克斯大学,布莱顿和苏塞克斯医学院,临床和生物医学伦理学教授

Charles Foster　牛津,牛津大学格林坦普顿学院研究员,伦敦 Outer Temple Chambers 大律师

Lucy Frith　利物浦,利物浦大学医疗卫生服务研究系,生物伦理学和社会科学高级讲师

Natasha Hammond-Browning　南安普顿,南安普顿大学,南安普顿法学院法律讲师

Jonathan Herring　牛津,牛津大学法学院法学教授、本科生学习主任,牛津大学埃克塞特学院法律研究员

John Hodgson　诺丁汉,诺丁汉特伦特大学,诺丁汉法学院,法律教育学准教授

Harry Lesser　曼彻斯特,曼彻斯特大学,哲学中心,哲学荣誉研究员

Vanessa L. Mayatt　柴郡玛雅特风险咨询有限公司主任

Jean McHale　伯明翰,伯明翰大学,伯明翰法学院,卫生法律、科学和政策中心主任,卫生保健法教授

Leon McRae　伯明翰,伯明翰大学,伯明翰法学院法律讲师

Jo Samanta　莱斯特,德蒙特福特大学,莱斯特德蒙特福特法学院,首席法律讲师

David Seedhouse　坎布里亚大学客座教授,VIDe 有限公司首席执行官

Anupama Thompson　英国护理和助产委员会监管法律团队负责人

John Tingle　诺丁汉,诺丁汉特伦特大学,诺丁汉法学院国际发展中心负责人,卫生法准教授

Peter Walsh　反医疗事故行动(AvMA)首席执行官

第四版序言

我们非常高兴有机会将本书再次更新并修订为第四版。在本书此前所有版本所历经的时期,医疗保健法律和伦理问题在社会、政治议程和法院处理事项中持续居于重要地位,现今依旧如此。医疗诉讼已成为国民医疗服务体系医疗保健环境中一个相当常见的现象,几乎每周都有医疗诉讼案件被送上法庭。最近一段时间,大众媒体竞相报道医疗事故和医疗纠纷,在这些医疗事故和医疗纠纷中,患者遭受了本可以避免的损害,甚至死亡,而护士与医生一同参与到这些诉讼和索赔案件中,由此可见,护士在确保医疗安全方面发挥着关键作用。本书不仅包括对各类法律与伦理问题的探讨,还包括政府和国民医疗服务体系应对不断上涨的医疗诉讼浪潮的方式,以及为应对这一问题而制定的风险管理和患者安全策略。

这里要强调几个基本但重要的事实。

医疗保健中的差错不可避免

人都会犯错,没有人能做到万无一失。加之医疗技术的复杂、医疗保健工作的繁重,差错在所难免。而我们所能采取的最佳方法,就是通过合理运用临床风险管理和患者安全策略将发生差错和不良事件的风险降至最低。可我们却经常重蹈覆辙,似乎并不能从过去的错误中吸取教训,这才是真正令人担忧的。

许多差错可以避免,都涉及沟通不畅

总体观之,如果医生、护士和其他医疗保健专业人员之间能保持交流通畅并与患者进行有效沟通,那么很多医疗差错似乎都可以轻易避免。有关调查结果和差错报告分析表明,许多差错的背后都只是简单的沟通问题,例如患者姓名或药物名校对错误、关键信息遗漏或未能被传达。而

在这一方面,我们同样没有从过去的错误中吸取足够的教训,这是非常令人遗憾的。作为一名观察者,我们发现记录并保存信息被医疗保健专业人员视为无关紧要的琐事,而这本应该是一项关键的职责和技能。

另一方面,国民医疗服务体系确实取得了很多骄人的成绩。国民医疗服务体系在确保优质和安全的医疗保健方面不断进步。我们所制定的确保患者安全和基本医疗保健质量的规定在世界上许多地方被效仿并获得高度评价。这种改善的势头需要保持,但做到这一点有不小的难度。自本书第三版问世以来,国民医疗服务体系一直处于改革之中,正如我们在第三版序言中所说,由于国民医疗服务体系在努力执行政府有关医疗质量、风险和患者安全政策的同时,也在进行彻底的改革,其自身也存在问题。

在此,我们想再次提醒读者在本书之前的版本中提到的关于卫生法的变化。医疗保健法律总是处于不断变化的状态,从现实来看,本书在出版前难以将法律发生的所有变化囊括在内。我们只能结合本书修订的进度,定期跟踪相关法律的变化并适度调整本书内容,本次修订对法律的更新截止到 2012 年 9 月。

在第四版的修订过程中,对早期版本作出贡献的多位作者都继续参与,但有一些作者已经退休。我们在此祝愿他们安享退休生活,并对他们做出的贡献深表感谢。另外,一些新作者加入了第四版的编写队伍,让我们热烈欢迎他们。最后,我们再次诚挚期盼第四版能够为护理界提供实践价值和理论意义。

约翰·廷格尔和艾伦·克里布

于诺丁汉和伦敦

2013 年 1 月

第三版序言

我们很高兴有机会将本书再次更新并修订为第三版。医疗保健法律和伦理问题一直在社会、政治议程和法院处理事项中居于重要地位。自本书第二版问世以来,无数医疗保健法律和伦理难题涌向法院,并被媒体大肆报道。此次修订中,我们尽量将这些问题反映出来。这些难题产生于一直处于改革状态的国民医疗服务体系,并受到诸多富有争议并相互冲突的政治议题影响。国民医疗服务体系在努力执行政府有关医疗质量、风险和患者安全政策的同时,也在进行彻底的改革,其自身也存在着问题。护理法律与伦理作为一门学科正在迅速发展,经常与患者安全、医疗质量和风险等议题并驾齐驱。实际上,现在的重点是这些议题的实际应用和整合(例如,政府目前将这些议题都纳入了"综合治理"的范畴)。我们建议,为了正确理解护理法律与伦理,应当将视野放在更为宽泛的背景下,包括国民医疗服务体系所处的政治背景等。护理法律与伦理学专业学生不能忽视国民医疗服务体系的下设组织,如国家患者安全局、国民医疗服务体系诉讼管理局和医疗保健委员会等国民医疗服务机构的工作以及相关的治理议程。了解更大范围内的制度和政策框架对于充分了解情况下的研讨至关重要,我们希望本书能为这些研讨提供帮助,并合理表达法律和伦理的重点与要求。

本书第一版序言所阐述的基本原理和结构,在第二版和第三版依旧延续。当然这期间有一些变化发生,特别是法律层面的变化,而我们在修订本书的过程中已将直到2006年8月发生的这些变化纳入其中。医疗保健法律总是处于不断变化的状态,从现实来看,本书在出版前难以将法律发生的所有变化囊括在内。但是我们注意到,2006年《国民医疗服务矫正法》最终通过成为法律。随着该法案在议会的通过,积极变化得以发生,在国民医疗服务体系中因医疗保健专业人员不够谨慎的行为而遭受损害的患者会受到正面的影响。

我们再次诚挚期盼第三版能够为护理界提供实践价值和理论意义。

艾伦·克里布和约翰·廷格尔

于诺丁汉和伦敦

第二版序言

我们很高兴看到本书第一版受到读者如此的厚爱,有机会对其进行更新和修订更是我们的荣幸。在此次修订中,我们对第一版序言的补充甚少,这表明两个版本的基本原理和结构是一致的,但我们对正文内容做了许多修改。过去的6年里,医疗保健法律和伦理的许多方面、医疗服务的规范和管理以及医疗保健专业人员的责任理念都发生了巨大的变化,本版的编写者在修订过程中力求反映和阐明这些变化,并就其主要内容进行清晰的概述。

我们在本书第一部分新加入了一章,总结不断变化的护理政策背景和法律环境;在第二部分加入了关于临床治理的两篇新章。在此,我们感谢所有作者为本版本首次更新了其撰写的内容,并衷心希望新版本为护理界提供实践价值和理论意义。

致谢

感谢莱斯特大学法学院让·麦克海尔教授和曼彻斯特大学哲学中心哈里·莱瑟先生担任编辑顾问。

艾伦·克里布和约翰·廷格尔

第一版序言

护理作为一门成熟的专业和学科的关键标志之一是护理法律与伦理日益凸显的重要性。一个以保持和改进高标准为目标并要求其成员个人承担越来越多责任的专业,将不可避免地涉及法律与伦理问题。这些问题在护理教育中突显出来,并和临床与社会科学一起占据护理学科基础的中心地位是在意料之中的。如今,已有大量的文献致力于护理法律与护理伦理学研究。

本书的与众不同之处在于它同时涉及法律与伦理。我们相信二者的结合既有学术价值也有实用效益。简而言之,我们需要讨论"法律要求什么"和"什么是正确的",并判断二者是否总是保持一致。

本书分为两个部分。第一部分概述了全书的主题,包括对护理的法律、伦理和专业维度的介绍,以及关于患者投诉的专门章节。第二部分用诸多章节更深入地探讨了一系列问题。这些章节包含两个部分或观点:一个是法律,另一个是伦理。法律部分的作者们介绍了与各自研究主题有关的法律法规;伦理学的作者们则撰写了补充性的(通常较短的)内容,就一些问题展开讨论,并随之提出了自己的观点。因此,本书对于伦理学作者的要求不同于法学作者,更为灵活。我们对待两种观点的不同要求经过了慎重考虑。

二者的本质区别在于:要求法学作者对法律作出权威性解释是有意义的,但要求作者就什么是好的或正确的进行权威性说明是不合理的——这属于伦理学的内容。虽然对法律的解释不仅仅是事实性的,而且它将不可避免地涉及确认和解释法律含义的复杂性与不确定性的一些讨论,但法律的性质决定了法学作者应当能够就法律问题的判断提供专家指导,在伦理判断上则没有同等的权威意见。于是,我们邀请了一些对伦理学感兴趣的护士和对护理伦理学感兴趣的哲学学者来讨论各章第一部分提出的一些问题和(或)案例。这些讨论显然具有不同的风格,是从不同的角度撰写的。每位作者对自己的作品以及其中表达的任何观点或意见负责。为表现这两种观点之间的差异,我们用定冠词修饰前者,即"法律观点",用不定冠词修饰后者,即"一种伦理观点",尽管这种表达上的差异确实有些夸张。

这些表达上的区别反映了这两个主题之间更深层次的差异。简言之,法律和伦理涉及两种截然不同的"终结";原则上,伦理是一切的终结,但在实践中,法律才是终点。重要的是我们要理解进行开放式辩论和实际收尾的必要性。当最终发展到判断孰对孰错,何者可以接受,何者不能接受的时候,法律就不再是问题的终点了。尽管期望法律与伦理之间有较大程度的趋同性是合理的,但更常见的是批评法律或法律判决不符合伦理,而这正是法律改革背后的核心动力。另外,我们所处的社会并不能把自己作为永无止境的哲学研讨会来运作,在许多情况下,我们需要一些权威的决策系统,以及结束辩论并执行决策的机制,这就是法律的作用。虽然任何一项这样的制度都不会完美,但是没有这类制度的社会是更加不完善的。

当然,也存在另外一些领域,法律在其中作用甚微或根本不起作用。护士与患者进行日常沟通的方式会引起伦理问题,也可能引起法律问题(如知情同意、过失),但除非涉及重大损害,这些伦理问题可能不在法律规定范围之内。例如,对于一名护士而言,理想状态是能与其提供建议或咨询的患者产生共鸣。如果未能实现这一状态,护士可能感到内疚,但其很难因此被追究法律责任。无法执行或不必要的法律可能在许多方面产生危害。它们可能有损人们对法律及其合法作用的尊重,并造成一种压迫和僵化的氛围,使任何人都无法从中受益。因此,即便我们清楚地认识到某一行为在伦理上是不可被接受的,也并不意味着该行为应当被认定为非法,反之亦然。许多人认为符合伦理的事情(例如自愿安乐死)被合法化后,其造成的整体后果可能因为涉及过于严重的伦理和法律问题而变得不可接受。由此可见,法学学者和伦理学学者都必须考虑法律的适当边界。

以上所举的例子并不多,但足以证明法律与伦理的关系是复杂的。职业价值观(例如《英国护理和卫生理事会行为准则》中展现的职业价值观)兼顾了两者,提供了一种允许公众讨论公共标准的方法。它们诉诸个人良知,但在必要时可通过纪律处分措施加以执行。我们希望这本书能够说明综合考虑所有这些问题的重要性,帮助护士深入了解人们对他们的期望,并对这些期望进行反思。

艾伦·克里布和约翰·廷格尔

译者序

在护理科学日新月异的今天,我们很高兴有机会将本书翻译成中文并在中国出版发行。伴随着中国现代化发展和国人生活水平的提高,人们对高质量及多元化护理的需求不断增加,而临床护理实践的复杂性使得护理工作者常面临诸多护理法律问题和伦理挑战。护理法律和伦理问题越来越受到社会、医疗机构、护理工作者、患者等利益相关方的关注。英国诺丁汉特伦特大学诺丁汉法学院、国际发展中心负责人约翰·廷格尔教授和伦敦国王学院公共政策研究中心主任艾伦·克里布教授主编,Wiley-Blackwell 出版社出版的《护理法律与伦理(第四版)》一书,从法律和伦理视角对护理领域面临的困境进行深入分析和理性论证,为护理学研究者、教育者、临床护理工作者以及对此领域感兴趣的学者扩大护理法律及伦理的视野、了解英国法律及伦理专家在类似问题上的真知灼见提供参考。

全球护理工作者在维护患者健康,确保医疗护理安全方面发挥着极为重要的作用。根据国家统计局公布《中华人民共和国 2021 年国民经济和社会发展统计公报》,截止到 2021 年年底,中国卫生技术人员 1123 万人,其中注册护士达 502 万人,护士是医疗卫生保健系统中重要的组成部分。在临床实践中,护士不仅是患者的照护者,也是代言人,为患者提供护理服务、处理护际关系等已成为护士日常工作内容。护理法律与伦理常与患者安全、护理质量和风险防控等密切相关。该译著不仅探讨各类护理法律与伦理问题,同时提供相应的风险管理和患者安全策略。其护理法律与伦理有机融合,并经 4 版精心编撰修订,使该书学术价值和实用性相得益彰。

2011 年,护理学发展成为一级学科,为护理伦理学研究和教学发展提供了更宽广的平台。护理伦理以护理道德为研究对象,研究如何应用护理道德原则与规范去调整护理人际关系,解决护理实践中的伦理道德问题。《护士条例》(中华人民共和国国务院令第 726 号)为维护护士的合法权益,规范护理行为,促进护理事业发展,保障医疗安全和人民健康提供法律依据。护理伦理蕴含着护士处理护患关系及医护关系的原则,护理法律是护士作为一个社会人应遵守的基本要求。如何保护患者和护士合法权益,维护护理伦理道德与法律权威有机统一,营造和谐的护患关系需要护理法律与护理伦理学者共同探讨。

根据《全国护理事业发展规划(2021—2025年)》,到2025年,全国护士总数将达到550万人。面对中国护理事业的蓬勃发展,我们感到欣喜的同时,护理临床实践也可能会迎来更多护理法律问题和伦理挑战。作为法学、护理学的教学实践者和研究者,我们通过翻译本书,期望能为我国护理法律和伦理建设贡献微薄之力。这本著作从护理法律和护理伦理的视角,探讨了英国国家健康体系的医疗护理实践,作为世界上最著名的国家医疗卫生保健体系之一,英国国家健康体系为其他国家的医疗保健卫生体系建设提供了一定的经验。我们期待这本译作能为我国护理工作者解决护理道德难题提供理论参考,也为中国进一步完善护士立法和护理伦理体系建设,促进护理科学的发展提供一定参考!

感谢王竹教授,是他积极推动了该书的翻译与出版。在翻译过程中,为保证翻译质量,李侠老师、罗雅文博士等付出了大量的时间和精力。特别感谢北京大学出版社将该书纳入出版计划,感谢本书的责任编辑为本书的出版付出的辛苦努力!

由于译者水平所限,不妥之处在所难免,恳请广大读者、法律界和护理界同人谅察并惠于指正,以期日臻完善。

张凤英
于四川大学华西启德堂
2022年5月

目 录

第一部分 维度

1 法律维度:法律体系与方法 ································· 3
2 伦理维度:护理实践、护理理念与护理伦理 ················ 23
3 监管视角:护士和助产士的职业监管 ······················ 36
4 投诉维度:医疗保健中的患者及家庭投诉 ················· 55
5 政策维度:超越华而不实,迈向更安全的国民医疗服务体系 ········ 73

第二部分 视角

6 过失 ·· 109
   A 法律视角 ··· 109
   B 伦理视角:过失与伦理义务 ························· 128
7 同意和有能力的成年患者 ································· 139
   A 法律视角 ··· 139
   B 伦理视角:同意和患者自主权 ······················ 163
8 职责、责任与稀缺资源 ···································· 180
   A 法律视角 ··· 180
   B 伦理视角:如何做正确的事 ························· 209
9 心理健康护理 ··· 219
   A 法律视角 ··· 219
   B 伦理视角:强制与自主 ······························ 258
10 危重患者 ··· 274
   A 法律视角 ··· 274
   B 伦理视角 ··· 296
11 临床治理 ··· 312
   A 法律视角 ··· 312

		B 伦理视角 ………………………………………………… 331
12	临床研究与患者 …………………………………………………… 349
	A 法律视角 ………………………………………………… 349
	B 伦理视角:护理研究 …………………………………… 392
13	老年人 ……………………………………………………………… 402
	A 老年人与护理 …………………………………………… 402
	B 以人为本的照护、人格同一性和痴呆症患者的利益 ……… 430

附录1 案例 ………………………………………………………………… 437
附录2 成文法 ……………………………………………………………… 451
附录3 关键词索引 ………………………………………………………… 455

我的些许护士学校记忆——《护理法律与伦理》译后记 ……………… 505

第一部分

维 度

Part *1*

1 法律维度：
法律体系与方法

约翰·霍奇逊
诺丁汉特伦特大学诺丁汉法学院，法律教育学准教授

我们所生活的社会正日益受到法律规则和程序的支配，这种支配在一些人看来是过度的。其中许多规则对所有人皆适用，例如有关驾驶员、乘客、骑车人或行人使用道路的规则；而其他规则仅适用于特定的群体。在本章中，我们将集中讨论影响医疗保健提供的法律。这样做比研究有关护士或护理的法律容易，因为出于许多目的，不同的医疗保健专业人员之间及其对整个医疗保健体系的贡献在法律上没有区别。不过在这之前，我们有必要简要介绍医疗保健法律体系的主要特点。英国有四种不同的法律体系。自20世纪20年代以来，北爱尔兰获得实质性的立法和行政权力下放，尽管这种权力下放经常因内乱而中止。20世纪90年代，对北爱尔兰的全新权力下放方案和对苏格兰与威尔士的首次权力下放方案颁布。[1]威尔士最初寻求并获得的权力受限较多，但这些权力随后得到了扩大。被下放权力的立法机构不是主权机构，它们行使英国议会正式授予的明确权力，尽管任何试图限制或修改被下放权力行政区的立法或行政权限的努力在政治上都是危险的。通过国民医疗服务体系（NHS）提供医疗保健的机制最初是经由具有普遍适用效力的法律在英国确立的，但如今医疗属于权力下放的事项，因此在苏格兰和北爱尔兰，医疗处于苏格兰和北爱尔兰部长管辖之下，医疗法律的修改则交由苏格兰

---

* 为了方便读者与原文进行参照，译文在每页开始处以"[n]"的格式标明原书页码。如果原书该页起始处为标题或者该章作者姓名，为不影响排版美观，则在该标题下的第一段段首予以标记。本书正文从第3页开始，是因为第1页为第1章标题，第2页留白，这种情况下文也不标记页码。以下不另作说明。——译者注

[4] 议会和北爱尔兰议会进行。在威尔士,威尔士议会部长拥有行政权力已经有十多年了,但威尔士议会最近才获得了关于一级立法的立法权限。英国政府和议会目前仅对英格兰的国民医疗服务体系有直接的权力。

本章中,我们将集中讨论英格兰的立场。当然,我们也可以从英国以外的国家获得关于一般法律原则而非立法规定细节的有益例证和指引,但这些只能产生一般的影响,而非决定性因素。

1.1 法律及其解释

本节中,我们将简要介绍英格兰[2]法律的各种渊源,以及法官解释和适用法律的一些方法。[3]

1.1.1 成文法

英格兰的大多数法律都是成文法,由君临议会制定。自 1689 年以来,根据《权利法案》的规定,君临议会一直是英格兰的最高立法机构,随后又成为英国的最高立法机构。一部成文法或议会法案源于要求制定成文法的议案或提案,议案可由政府、任何个人议员或上议院议员提出,并交由参众两院讨论决定是否通过(不论是否经修订)。[4]一旦在议会两院通过,该议案将获得正式御准。成文法几乎涵盖了我们所能想到的所有领域,其中与医疗保健专业人员直接相关的有:

- 建立国民医疗服务体系以及随后通过的调整其结构和机构的一系列成文法。1946 年《国民医疗服务法案》通过了奈·比万计划以保障国家公共医疗服务的正常提供。如今生效的法案是 1977 年《国民医疗服务法案》,但该法已经过多次修订和补充,例如 1990 年《国民医疗服务和社区护理法案》引入了国民医疗服务体系信托和内部市场;1999 年《卫生法案》引入了初级保健信托和健康促进委员会;2001 年《医疗和社会保健法案》对社区医疗服务的提供做了诸多修改;2003 年《医疗和社会保健法案(社区卫生及标准)》设立了基金会信托;2009 年《卫生法案》引入了国民医疗服务体系章程。2012 年《医疗和社会保健法案》扩大了全科医生(GP)的委托范围,并调整了国民医疗服务管理条例的结构,最近这一修订和发展进程得以延续。

[5]
- 规范医疗保健专业人员的法案,例如适用于医生的 1983 年《医疗

法案》和1997年《护士、助产士与家访护士法案》。[5]

成文法一般只提供宽泛的规则框架。因此,1977年《国民医疗服务法案》在最新修订后的第1条第1款中规定:

国务大臣有义务继续在英格兰和威尔士推广综合医疗保健服务,从而改善(1)人民的身心健康,以及(2)疾病预防、诊断和治疗,并以此为目的根据本法提供或确保有效地提供服务。

这被称为"一级立法",因为它规定了主要的基本规则。更详细的规则规定在由部长(或实际由其下属公务员)根据相关成文法授权制定的法定文件中,其依据一级立法授予的一般权力来规定具体事项,因此被称为"二级立法"。例如,1977年《国民医疗服务法案》第28C至34A条规定了一般医疗服务的提供,对各种事项进行了规定,包括提供服务的方式和标准、提供服务的人员、服务对象,以及争议的裁决。

理论上,君临议会可以就任何议题通过一项成文法,也可以废止任何现行成文法。因此,同样是在理论上,议会可以基于任意理由(例如因为红头发)而通过立法杀死某人。但事实上,立法会受到以下三个方面的限制:

(1)议会只能在政治和社会可接受的范围内进行立法。这不仅意味着《红发人(强制屠杀)法》永远不会出台,更重要的是,关于堕胎或安乐死等争议问题也不会轻易立法。

(2)根据1972年《欧洲共同体法案》,议会已授予欧盟(EU)《欧洲联盟条约》(TEU)和《欧洲联盟运作条约》(TFEU)所规定领域内的最高立法权。这意味着现行议会立法可能与欧盟法律不相容,尽管法院总是试图对两项法律作出协调一致的解释,但还是会导致新的立法有可能被忽视。[6]实际上,欧盟法律对医疗法律和伦理问题并没有太大的具体影响,但其涉及就业法中资格认定、同工同酬和机会均等问题,因此可能对护士职业生涯产生影响。欧盟的自由贸易和竞争规则对药品的适用同任何其他产品一样,在许多判例法中都有体现。欧盟还对服务的提供作出规定,包括跨境私人医疗服务,以及与私人服务竞争的公共医疗服务。

(3)1998年《人权法案》(以下简称《法案》)于2000年10月2日全面生效,该法案旨在使《欧洲人权公约》(ECHR)(以下简称《公约》)所赋予的权利(以下简称"公约权利")在英格兰法律中生效。这一公约自1953年生效,最初通过欧洲人权法院(ECtHR)和欧洲理事会对英国具有国际

[6]

约束力,但不作为国内法律体系的一部分。因此,即使英格兰法律的规则(无论是成文法还是其他法律)与《公约》不一致,也仍然有效,哪怕欧洲人权法院可能认定英国违约。现在,情况发生了如下变化:

- 负责遵守公约权利的部长必须保证每项新法案与《公约》一致,或就二者不相容的原因作出合理解释。
- 英格兰法律必须尽可能地按照与公约权利相一致的方式来解释。如后文所述,法院已明确表示将坚定地行使该权力。
- 如果法院认为某一法案不符合公约权利,法官可就此作出宣告,并将由政府请求议会对该法案作出必要的修改。
- 法院在解释英格兰法律时将考虑欧洲人权法院的裁决。
- 所有公共机构(包括医疗服务的各个组成部分)必须根据《公约》行事。

法官必须解释所有成文法使其"尽可能"与公约权利一致。法官们的做法是首先考虑立法的社会或其他政策目的;接着对立法进行合理解释,考虑其是否存在对公约权利的违反,尽管这一做法的影响尚未完全确定。如果立法存在对公约权利的违反,但该法案的整体结构或涉及问题的复杂性和影响深远性导致这一违反明显是有意的,那么法官将不愿强加另一种解释。如果法院能够掌握立法的要点,特别是当不一致性似乎是偶然的并且无须解决基本政策问题时,法院将"解读"法条中实际使用的词汇并将其替换为确保尊重公约权利的用语。[7]《公约》赋予了人们若干权利,其中一些是实体性权利,例如生命权和言论自由权;而另一些则是程序性权利,例如保证公正审判。后者适用于纪律处分程序,并要求设立独立且公正的特别法庭。这对于诸如护理与助产协会(NMC)的机构来说可能是个问题,这些机构一直负责调查和处理投诉,并在建立健全具有必要独立性的制度时遭遇困境。

[7] 一些在法医学上具有重要意义的领域可能会受到该《法案》的影响,比如对精神障碍人士的留院。根据《法案》第 5 条的规定,仅当有必要对患者或他人进行保护,并且向独立于行政部门的司法机构上诉获得保障时,留院在原则上才能获得许可。[8]

1998 年,在 R v. Bournewood NHS Trust 案中,上议院单方面根据必要性原则,批准使用非正式措施将缺乏同意能力的"顺从"患者留在医院,而未使用 1983 年《精神卫生法案》规定的权力。在 HL v. United Kingdom

(2004)案中,欧洲人权法院裁定这一措施未能提供充分的保障。[9] 在 R(Sessay) v. South London & Maudsley NHS Trust(2011)案中,当面对丧失行为能力的不顺从患者时运用必要性的任何概念均被拒绝;1983 年《精神卫生法案》和 2005 年《心智能力法案》共同提供了一个完整的法定框架来规范强制留院、评估和治疗。警察和医院在法定框架之外的行为均侵犯原告根据《公约》第 5 条享有的自由权。

生命权似乎是医疗界直接关注的问题,但在实践中,生命权侧重于消极方面(例如防止官方禁止的杀害)而非积极方面(例如要求各国提供资源和设施以治疗患者)。[10] 在 D v. United Kingdom(1977)案中,法院认为,将感染艾滋病的囚犯驱逐到无法获得治疗的圣基茨相当于一种不人道和有辱人格的行为,而不必考虑该国是否未能确保生命权。事实上,英国法院最近的判决认为,除极端情况外,驱逐感染艾滋病患者甚至不构成不人道或有辱人格的行为。[11] 同样清楚的是,首批根据该法案作出裁判的某案件结果表示,停止为持续性植物状态(PVS)的患者提供水分和营养并不构成对生命权的侵犯。[NHS Trust A v. Mrs M., NHS Trust B v. Mrs H. (2001)]。

英国法院和欧洲人权法院均认为,国家不允许协助自杀既非侵犯生命权(认为生命权包括终止自己生命的权利是一个相当复杂的论点),也并非没有适当尊重患者的隐私和自主权。在后一种情况下,法院认为虽然患者有死亡的权利,但可能有必要保护其免受虐待和胁迫,而现有规则无法实现这一目标。[12] 然而,疑虑依然存在,最终确定下来的适当措施是要求检察长颁布关于协助自杀案件起诉的政策。[13]

1.1.2 普通法

普通法规则的形成早于成文法。然而,如今在许多法律领域存在众多成文法,普通法规则通常处于次要地位。这些规则是几个世纪以来法官们在审理案件时制定的法律原则。理论上,法官们只是将相关原则从现存的、代表英格兰人民对什么是正确和合法的已经形成共识的法律体系中提炼出来,但实际上,法官们根据自己对法律原则的理解制定了一套富有逻辑和技巧的规则。我们将在后面讨论法官们目前使用的技巧,而现在最重要的是要认识到,虽然在某些领域成文法的地位有所上升,但普通法仍然相当重要。

[8]

侵权行为,尤其是过失就是最佳例证。这对于护士而言很重要,因为这一法律分支处理的问题是在治疗时遭受损害的患者是否能够基于治疗不充分而获得赔偿。

法官还负责解释成文法和法定文件并使之生效。他们已为此发展出了自己的技术和原则,而这本身也是普通法的一部分。

如今,法官的一项重要职能是通过司法审查来控制中央和地方政府以及其他公共机构的活动。这一职能现在由属于高等法院的行政法庭负责。司法审查本质上是确保各项决定和政策合法性并遵循正确程序的一种方法。法官们自己已经制定了允许对决定提出疑问的规则以及可以提出疑问的理由。[14] 原则上,法官认为他们没有被赋予作出有关决定的责任,因此无须考虑案件的是非曲直。在 R v. Central Birmingham Health Authority ex parte Walker(1987)案中,法院必须考虑由于决定不将资金分配给卫生当局某一特定方面的事务而导致特定患者未能获得治疗的情况。法院认为,卫生当局应当在既定预算范围内规划和提供医疗保健,并据此决定优先事项。法院不能以其本身不专业的判决进行替换,特别是在法院只听取特定患者对其需求的详细论据而未同时听取关于整个需求范围的详细论据的情况下。然而,在 R(Coughlan) v. North & East Devon HA 案[15] 中,由于医疗保健和社会保健的财政安排不同,法院确实对何谓医疗保健,何谓社会保健的问题进行了解释。这是一个成文法解释的问题,而不是一个相对优先级的问题。关于医疗保健资源,我们将在本书第 8 章中进行更充分的讨论。

1.1.3 欧盟法

第二次世界大战之后,西欧各国一直在进行一项复杂且长期的经济合作与一体化项目。其中的第一个主要阶段以《罗马条约》为标志,根据该条约,欧洲经济共同体于 20 世纪 50 年代成立,英国于 1973 年加入。该共同体最初的目标是建立一个共同市场,在该市场内,各种商品生产和服务提供涉及的要素,即商品、劳动、管理以及专业技能和资本可以自由流动。起初,这意味着消除明显的障碍,如关税、移民管制、货币兑换管制及其他限制。随后又增加了环境保护等其他目标。尽管该实体已更名为欧盟,其主要影响仍然体现在经济事务方面。

《欧洲联盟运作条约》第 45 条保障了工人的自由流动,由此需要衍生出更多额外的社会政策,因为现实情况是,除非工人的社会保障权利得到保证并允许他们携带家人,否则工人未必会在欧盟各地流动。真正的流动自由还要求制定共同的招聘资格,不以国籍为由进行歧视,且至少应保证男女机会平等。这促使欧洲法院产生了许多立法和判决。《欧洲联盟运作条约》第53条明确规定了对文凭和资格的相互承认进行管理的权力。《指令77/452》和《指令80/154》分别对全科护士和助产士作出了规定,不过现在在《指令2005/36》中已经有关于承认学位层次和其他职业资格的一般框架,其中涉及许多医疗、护理和相关资格的详细规定。

Marshall v. Southampton and SW Hants AHA(1986)案确定英国法律允许医疗服务领域中男女适用不同的退休年龄与要求平等待遇的欧盟法律不相容,因而该英国法律不再适用。

实际上,欧盟成员国已经同意在欧盟负责的领域中将其制定和实施法律的主权移交给欧盟机构。因此,在这些领域中,当两者存在冲突时,欧盟法律优先于本国法律。然而,目前存在许多不同的机制来确保这一点的实现,而这不仅仅是一个忽视本国法律规定的问题。

欧洲理事会是欧盟的主要决策机构,由一名经选举产生的主席、各成员国政府首脑和欧盟委员会主席组成。欧洲理事会定期举行峰会以讨论当前的经济和国际关系事务。因此,欧洲理事会并不等同于欧盟理事会,欧盟理事会是由各成员国的政府相关部门部长组成的立法和行政机构。在大多数情况下,立法由欧盟理事会和欧洲议会根据欧盟委员会的提议共同制定,而欧盟理事会经常根据多数票意见行动,因而可能违背一个或多个成员国的意愿。多数票通常为"有效"或加权多数票,目的是确保该措施获得大量实质性的支持。实践中,欧盟理事会付诸巨大努力以确保意见一致。欧洲议会并不提出立法议案,但如前文所提到的,欧洲议会必须批准并参与制定最重要的立法,因此议会至少拥有阻却权,并可建议修改立法。欧洲议会还必须决定是否批准欧盟预算和欧盟委员会成员的身份申请,且有权将整个欧盟委员会免职。虽然欧洲议会从未这样做,但这种情况发生的可能性还是导致欧盟委员会在1999年因其一名成员被指控财务违规而集体辞职。

欧盟委员会是欧盟的办事机构,负责执行政策和提出立法建议,并可自行制定详细法规,特别是有关共同农业政策方面的法规。另外,欧盟委员会还对涉嫌违反欧盟法律(如竞争法)的行为作出裁决。作为"条约卫

[10]

士",欧盟委员会负责确保成员国遵守其在欧盟的义务。

欧洲法院在普通法院的协助下,全权负责解释欧盟法律,排除了成员国国家法院对此的权限。具体方式是对国家法院提交的法律问题作出裁决(《欧洲联盟运作条约》第267条),就欧盟委员会指控成员国未遵守欧盟法律规定的义务而提起的诉讼作出裁决(《欧洲联盟运作条约》第258条和第260条),并对(欧盟)机构适用于其他机构、成员国及其他直接受影响方的行为(特定案件裁决或二级立法)有效性进行司法审查。(《欧洲联盟运作条约》第263条)

有两种形式的法案相当于二级立法,即法规和指令,此二者均受《欧洲联盟运作条约》第288条调整。法规可由欧盟理事会(不论是否有欧洲议会参与)或欧盟委员会制定,它是欧盟法律的直接有效规则,欧盟范围内的所有个人和公司都必须遵守,并将由国家法院执行。指令通常由欧盟理事会和欧洲议会制定,适用于欧盟希望确保所有成员国国内法律在成效上达成一致又不宜通过法规形式规定的事项。公司法属于其中一个例子,由于各国公司法在形式和术语上区别很大,因而制定法规将毫无意义。

欧盟法律不仅适用于国家,也适用于个人。虽然,这一点最初不甚明确,但欧洲法院在 van Gend & Loos(1962)案中裁决,个人可依赖一项明确、完整并能够赋予直接权利的条约规定(在本案中为禁止征收新关税),对某国根据其与欧盟法不一致的立法提出的指控进行抗辩。在 Defrenne v. Sabena(1976)案中,判决认为,即便国家立法与欧盟法不相容,但仍可以依据符合这些要求的条约规定(在本案中是妇女同工同酬的权利)对个人或公司进行抗辩。

关于指令的立场则更为复杂。它们通常有一个规定的试行期,且指令在试行期内是没有法律效力的[Pubblico Ministero v. Ratti(1979)案]。除非国家在试行期内提前通过立法以实施该指令,在这种情况下,国家就受到了指令条款的约束[Pfeiffer(2005)]。

试行日期结束后,指令对国家开始具有约束力[16],国家不得再坚持其与指令不一致的法律。此外,国家有义务依照指令行事[Marshall v. Southampton 和 SW Hants AHA(1986)]。

这一约束力适用于法院,法院必须解释本国法律,使其尽可能符合指令,即使在没有国家介入的涉及两个私人诉讼当事人的案件中也是如此

［Marleasing(1992)］。这尤其适用于有关补救措施的规则,必须确保这些规则具有效力［von Colson(1986)］。但是,如果二者不能调和,则以本国法律为准［Wagner Miret(1993)］。

［11］

如前文所述,虽然法院可以被要求解释本国法律,但指令不能作为对个人或公司起诉的依据［Faccini-Dori v. Recreb(1995)］。

如果个人或公司因国家未能适当执行或根本不执行某项指令而遭受损失,在国家违反指令的行为足够严重的情况下［Brasserie du Pêcheur/Factortame(No.3)(1996)］,可能由国家承担损害赔偿责任作为最后补救方法［Francovich(1993)］。原则上,这一责任延伸到未能适用欧盟法律的法院判决［Köbler(2004)］。另外,如果国家未能在其他方面遵守欧盟法律,也可采用这一补救方法,正如 Factortame 案中所出现的情况。

英格兰法院一直愿意将非常激进的解释方法适用于为落实欧盟指令要求而特别引入的英格兰立法,甚至以颠倒立法表面含义的方式进行"解读"。这背后的理由在于,议会的主要意图是遵守欧盟的要求,而法律中所使用的词语都在于实现这一意图,因此任何重新解释都符合这一根本目的,哪怕它对特定段落没有作出字面意义的解释［Pickstone v. Freemans (1989); Litster v. Forth Dry Dock(1990)］。在经历相当大的不确定性之后,这一做法似乎也将适用于并非为落实欧盟指令要求而专门通过的法律［R v. Secretary of State for Employment ex parte Equal Opportunities Commission(1994); Webb v. EMO Air Cargo (No.2)(1995)］。尽管一直有人认为,英格兰法院更乐意看到因国家未遵守指令提出的损害赔偿请求而非进行激进的解释［Kirklees MBC v. Wickes(1993)］。

1.2 英格兰法律体系

英格兰的法律体系已经经历了几个世纪的发展,虽然其间进行了零星的改革,但仍有许多传统程序和制度被保留下来,在称谓上尤为如此。例如,为什么上诉法院民事审判庭首席法官应该被称为案卷主事官?他与烘焙或高端汽车都无关*。实际情况是负责保存大法官法庭正式记录或案卷的官员在19世纪被逐渐赋予司法角色,当现代形式的上诉法院成

---

* "案卷主事官"英文为 Master of the Rolls, "roll"有"面包"之意, "Rolls"会令人联想到劳斯莱斯。——译者注

立时,其已成为高级法官,因而是被任命为主持上诉法院的合适人选。

英格兰实际上存在两种法院系统。刑事法庭集中审理犯罪案件,民事法庭则审理其他案件。也有一些例外情况,为此设立了专门法庭。其中最重要的要数就业法庭[17]和就业上诉法庭,它们处理大多数与就业有关的问题,包括机会平等,尽管社会保障系统的各个法庭处理的案件更多。此外,还有单独的所得税和增值税法庭。

1.2.1 刑事司法制度

[12] 所有案件均始于治安法院的审理。通常情况下,案件将由警方调查,并由皇家检控署起诉,但其他政府部门和机构、地方政府和机构(如英国皇家防止虐待动物协会,简称RESPCA)也会提起诉讼。个人也可以起诉,但他们很少会这么做。每年共有约172万起案件发生[18],其中60%纯粹是简易罪,如超速、疏忽驾驶、驾驶有缺陷车辆等违章驾驶行为,以及酗酒、故意破坏公物等其他轻罪。这些案件必须在治安法院进行审理,绝大多数被告会认罪或不抗辩。其余较严重的罪行分为两类。最严重的罪行(如谋杀、强奸和抢劫)实际上只占一小部分,并且只能在刑事法院遵循公诉程序进行审判,治安法院只处理保释和法律援助事项。其他案件属于中等犯罪(如大多数侵犯人身罪、盗窃、欺诈和入室盗窃罪),上述两种处理方式均可适用,也即如果被告在治安法院接受指控时认罪,他将在治安法院被定罪,尽管在治安法官量刑权[19]不足的情形下,他可能会被交付刑事法院判刑。如果被告不认罪,治安法官必须考虑案件的严重性和复杂性,决定他们是否有权审理案件。如果治安法官拒绝审理,则该案件必须提交刑事法院。如果治安法官同意审理案件,被告也仍可选择在刑事法院受审。

对于治安法官审理的案件,被告可就量刑(如不认罪,则可就定罪)向刑事法院提出上诉,该上诉由一名法官与治安法官共同开庭审理。尽管对不服定罪的上诉将完全进行重审,也不会有陪审团在场。当控辩双方认为最终判决在法律上是错误的(而非事实错误),他们均可向高等法院女王审判庭[20]提出上诉;他们也可以向同一法院申请对任何初审判决(如保释或法律援助)进行司法审查。

刑事法院每年处理约13万起案件,其中约3万起案件是有争议的审判,之中约30%的被告被宣告无罪。这些审判在法官和陪审团面前进行,法官负责有关法律、证据和程序的判决,陪审团负责事实认定和最终裁决。

被告可以判决证据不足为由向刑事上诉庭提出上诉。法院考虑被告是否因审判中的违规行为而受到不公正判决,例如法官的法律适用、证据可采性或法官在总结提示中的错误。事实上,法院是在询问,"我们能否依赖陪审团的裁决,或者我们是否可以认为,如果没有发生违规,陪审团会作出其他裁决?"控方不得对无罪释放判决提出上诉,尽管他们可以要求上诉法院根据总检察长基于假设的建议考虑无罪判决中涉及的法律问题。他们也可以对具有终止有利于被告的诉讼程序效力的判决提出异议。被告经许可可以对量刑提出上诉,而控方可对过分从轻量刑提出上诉。当案件提出了具有公共重要性的法律问题,上诉法院可为控辩双方向最高法院(前身为上议院)提出上诉。

[13]

虽然护士可能犯罪,但通常与其职业活动没有直接联系。在医院中,护士可能会受到获取管制药物的诱惑,并且可能存在故意伤害患者的情况,根据1861年《侵犯人身法案》的规定,这些行为将以侵犯人身罪受到起诉,或者在极端情况下以谋杀罪受到起诉。例如在有名的贝弗利·阿利特(Beverley Allitt)案中,她作为格兰瑟姆医院的一名儿科护士,在20世纪90年代谋杀或严重伤害了一些她看护的儿童。护士没有对患者进行人身管束的一般特权,其多数基于合理且善意的行为将受到普通法中的自卫、预防犯罪行动(约束一名患者以防止其攻击另一名患者)和必要性原则的保护。《精神卫生法案》也对某些情况下的约束进行了特别授权。起诉通常是对远远超出通行做法且无合理解释从而明显构成对护士专业职责的滥用的行为提起的。在极端情况下,医疗专业人员可能因为在正常职业范围内作出的决定和采取的行动而面临刑事起诉,例如:

- 重大过失杀人。如果一个人明显违反了对另一个人负有的注意义务(例如护士对患者负有注意义务),导致受害人面临特定的死亡风险并致其死亡,则该人可能承担刑事责任[R v. Adomako(1994)]。在 R v. Misra and Srivastava(2005)案中,这一原则适用于实习医生未能发现一名术后患者患有医源性感染的情况。关于该罪行不符合《公约》的论点被驳回;关于过失,甚至是重大过失,不是刑事责任适当依据的论点也被驳回。
- "安乐死"或积极安乐死。任何导致生命缩短的行为,以及出于此种目的而采取的行动都是谋杀。这与患者是否身患绝症、是否处于极度痛苦或是否患有严重残疾,以及患者或其近亲属是否同意无关。众所周知,陪审团不愿意在安乐死案件中定罪[21],往往诉诸"双重效应",这使得运用强烈的疼痛控制合法化,即使附带地缩短患者生命。

1.2.2 民事司法制度

20世纪90年代末,通过引入新的民事诉讼规则,普通民事法院系统进行了重大改革。[22] 改革确立了新的首要目标,即根据案件的重要性和复杂性,确保当事人处于平等地位、负担同等费用并符合比例原则以公正处理案件。实践中,这意味着所有案件都被分配到用于快速和非正式处理小规模纠纷的"小额诉讼轨道",用于处理要求有限开庭时间的常规案件的"快速轨道",或者使更复杂案件得到应有处理的"多轨道"。程序法官负责确定案件的时间表,当事人双方必须遵守快速轨道的标准时间表,或多轨道的议定时间表。在此过程中,郡法院与高等法院的区别已变得模糊,多数案件实际上都会在郡法院审理,包括许多高额索赔案件,但最复杂的案件仍交由高等法院法官审理。当事人可就程序法官的决定向巡回法官提出上诉,或就庭审判决向上诉法院提出上诉。对家庭法案件则有特别安排。

高等法院目前的大部分工作是司法审查,这实际上是对政府部门和其他公共机构在行使法定权力时所作决定的合法性和适当性的审查。审查的理由主要包括:违法,如决定超出授权范围;程序不当,如未向申请人发出对其提起诉讼指控的通知;不合理,如作出任何机构在合理且仔细考虑所有相关因素后都不可能作出的决定。

郡法院或高等法院可向上诉法院提出上诉,但须获得其中任何一个法院的许可。上诉法院可向最高法院提出上诉,但与刑事案件一样,案件所涉内容必须具有公共重要性。

民法中有一个方面直接影响医疗行业,即过失,我们将在第6章对此进行深入讨论。在这一阶段,需要注意的是,过失责任本质上是在与其负有法律义务的人产生法律关系时未能达到合理的注意标准产生的责任。许多情况下,该义务由法律概括规定,但有些情况下,该义务产生于在先的合同约定。

自18世纪以来,内科医生或外科医生(广义上涵盖任何对患者负责的医疗保健专业人员)对患者负有义务已成为不争的事实,此项一般义务涵盖所有受到国民医疗服务体系保障的患者。该义务不能扩展到医疗从业人员"下班"期间,例如,当医疗从业人员在街上遇到事故受伤者,可能被要求对其进行急救。在自费医疗中,医疗从业人员和患者之间存在合同约定,通常,这类合同仅要求医疗从业人员尽到合理的注意义务,并运用适当的职业技能[23],这与一般法律规定的标准相同。然而,在某些情况下,患者根据合同可能享有更大的权利。例如,合同可能指定了一种特定的人工髋关节假体,未能提供该特定的人工髋关节假体即属违约;而在已提供该人工髋关节假体的情况下,只有当所安装的人工髋关节被有关管理机构认为不适合时,医疗从业人员才会对该处于国民医疗服务体系保障下的患者承担责任。又如,通常医生承诺尽到合理的注意义务并运用适当的职业技能,但并不保证治愈患者;然而,合同可能包括对治愈患者的保证,尽管这种约定并不寻常[Thake v. Maurice(1986)]。

法院的另一项重要职能是行使固有管辖权以保护无行为能力人的利益。这尤其与"临终决定"相关,但也发生在同意治疗的情况下。这些案件通常采取申请宣告的形式。然而,问题的关键往往在于是否侵犯人身安全。触碰或约束他人通常是不正当的,但如果这符合无行为能力人的最佳利益,则可能基于必要性而具有正当性。在 Bland v. Airedale (1993) 植物人案和 R v. Bournewood(1998) 案以及 Sessay(2011) "非正式留院"案中我们已经看到了上述规则的适用。我们将在第 7 章对这些问题进行深入讨论。

[15]

1.3 法律方法

法官扮演着双重角色。法官有责任确保能够查明具体案件事实,他们在民事案件中直接进行这一工作,在刑事案件中则通过监督陪审团来实现。这项工作十分重要,尤其对案件当事人而言,但这并不是法官在法律意义上最重要的职能,司法角色才是。法官在扮演关键的司法角色时,职能是查明法律,使之适用于案件事实。事实往往相当具体,并且只影响当事人[24],而法律原则是具有普遍适用性的。如前文所述,查明法律的过程可能涉及对现行普通法规则的审查或对成文法、欧盟法律或《公约》的解释。

在英格兰法中,法官有权陈述法律,这与大多数欧洲大陆体系的法官不同,因为后者不具有陈述法律的资格,只有解释和适用国家法典的义务。当然,这些对法律的解释有权得到尊重,并且通常会被遵循,以保持一致性,因为它们反映了对法律文本含义的一种学术见解。然而,如果法官能够陈述法律,就需要有相应的规则,规定哪些陈述具有权威性并且必须受到遵循(无论后来的法官同意与否)。

1.3.1 约束性效力

下列对法律的陈述构成案件判决所依法律原则的基础,对后来的法官具有约束力:

- 欧洲法院的判决对所有英格兰法院具有约束力。
- 在遵循上述规定的前提下,英国最高法院(于 2009 年取代上议院司法委员会,成为英国的最高法院)的判决对所有其他英格兰法院具有约束力。如果有充分的证据表明先前的判决是错误的,或先前的判决不再适应现代社会和经济条件,最高法院可能背离先前的判决并重述法律。
- 上诉法院的判决对其自身及所有下级法院具有约束力。
- 高等法院分庭的判决对治安法院具有约束力。

[16]　法官可以考虑任何其他内容,但它们仅仅能增强判决的说服力。这些内容包括判决中不构成决定依据的附带意见或评论、[25] 异议判决中的陈述、[26] 更多初任法官的陈述、[27] 其他司法管辖区的判决和学术评论。欧洲人权法院[28]的判决就属于这一类。[29] 只有在当前案件提出相同法律问题的情形下,先前对法律的陈述才具有约束力。法官可以通过解释相似案件所引起的不同法律问题来对案件进行区分。法官也可能由于不愿遵循先例而通过区分案件来实现作弊的目的,反之亦然。发生这样的情况时,是很难确定法官是否适当地使用了该技术的,因为适用法律是一门艺术,而非机械的过程。

实践中,法官需要超越先前的法律陈述。如今,新的问题出现了,社会和经济状况也发生了变化。过去,法官羞于承认他们制定了新规则而非重新解释旧规则,但现在他们已经可以坦然接受自己的行为。法官们通常非常保守,除了完全必要的情形,并不想多迈出一步。在 Airedale NHS Trust v. Bland(1993)案中,上议院被要求作出裁决——是否可以对处于不可逆转的持续性植物状态的患者停止治疗。从侵入性治疗不符合患者最大利益这一狭窄视角来看,上议院否定了治疗的正当性,并明确表示他们不能考虑构建安乐死合法化或可取性普遍规则的一般论点,这应当由议会来决定。

1.3.2 解释成文法(及欧盟法律)

法律由议会(或欧盟机构)制定,法官可能赞成或不赞成,但原则上他们必须适用已通过的法律。不幸的是,并非所有法律都是清晰无疑的。法律可能存在不一致、含糊不清,或者议会没有预见的情况,因此没有涵盖在适用范围之内。

多年来,法官们总结出了一套解释法律的方法,允许对法律的解释有一定的灵活性,但尽可能接近议会实际通过的法律用语。解释方法在某种程度上取决于立法的类型。例如,在存在疑问的情况下,对刑事和税收立法总是作出不利于国家的解释,而对旨在满足欧盟法律要求的立法将被解释为是实现这一目的。

解释成文法的首要任务,是若法条中所用词语具有明确含义,则应使其生效并适用,即使这并非议会的"本意"。例如,在 Fisher v. Bell (1961)案中,议会此前已经明确立法禁止弹簧刀交易,然而《1959 年攻击性武器管制法案》规定以销售为目的"提供"该刀具的行为构成犯罪,该案中,店主因橱窗上陈列了一把弹簧刀而被起诉。法院裁决,既然是顾客主动对陈列商品提出要约,则店主并不构成犯罪。该条法律中所使用的词语含义是清楚的,因而回顾立法者的潜在意图是错误的,因为这是一起刑事案件,法院无论如何都必须作出有利于被告的解释。当法条用语含义不清时,法官可使用的解释方法如下:

- 取合理含义,舍荒谬含义。因此,在 R v. Allen(1872)案中,重婚罪定义中的"结婚"一词被解释为"经历某种形式的结婚",而不是"缔结(有效的)婚姻",后者令重婚罪无从发生,因为已婚者不能再次缔结有效婚姻。
- 考虑成文法的潜在目标。在 Kruhlak v. Kruhlak(1958)案的私生子女认定程序中,"单身女性"被解释为未与丈夫住在一起或未获得丈夫支持的任何女性,包括离异或丧偶的女性。而问题在于,无论母亲的婚姻状况如何,她都需要保证能向私生子女提供财政支持。类似地,在 Knowles v. Liverpool Council(1993)案中,由于知道问题所在,法官对 1969 年《雇主责任(缺陷设备)法》中的"设备"一词作出了宽泛解释以便实现立法的广泛目标。
- 参考主持大臣在议会议事录中所作的关于特定条款含义的任何权威陈述[Pepper v. Hart(1993)]。

[17]

解释法律最大的危险,在于法官留给自己的回旋余地越大,他们就越有可能被指控为是为了迎合自己关于正确和适当的观念而进行解释。由于大多数此类案件涉及政治争议或提出了有争议的伦理问题,而根据《法案》,这种情况将越来越多,法官越来越受到关注,便引发了更多质疑的声音,认为虽然在技术性法律事务方面,法官对专业知识的掌握有目共睹,但他们不一定有资格就这些有争议的问题作出裁决。

1.4 护理的法律语境

护士受到三套独立的法律规则管辖[30],这与建立国民医疗服务体系框架的法律和国家一般法律截然不同。护士对患者负有法律义务,违反此类义务会被指控为过失。护士负有的专业义务由护理与助产协会规定,该机构负责对护士的教育、注册、确立专业标准和纪律。护理和助产协会在其《守则:护士和助产士行为、绩效和伦理标准》(以下简称《守则》)中确立的专业标准的精髓是每位护士必须:

- 将对人的关心作为第一要务,把他们当作个体对待,尊重他们的尊严。
- 与他人合作,保护并增进你所照护的人、他们的家庭、看护人员和更广泛的社区的健康和福祉。
- 始终提供高标准的实践和护理。
- 行事坦诚、正直,维护护士行业声誉。[31]

[18] 《守则》中规定的具体义务要求护士尊重患者参与护理计划的权利,与同事合作,报告任何对所提供的护理标准有不利影响的情况。

绝大多数护士在国民医疗服务体系或私立医疗机构工作,因而存在合法的雇用关系。尽管20世纪80年代的改革旨在建立一个独立的国民医疗服务信托内部市场,由每个雇主制定自己的雇用条款和条件以取代之前的全国惠特利(Whitley)委员会安排,然而事实上这些条款和条件依然相对统一。雇主有权建立雇员履行所分派职责的专业标准,而雇员有权得到合理待遇。如下文所述,就业法的三个方面似乎都与护理行业密切相关。

1.4.1 机会均等

多年来,两性之间和涉及种族的机会均等一直是一个重大问题。后者纯属英格兰事务,由《种族关系法案》规定,而前者由《同工同酬法案》

和《反性别歧视法案》规定,此二者均以《共同体法》为辅助。在实践中,直接歧视比较少见,大多数复杂问题都涉及变相歧视。

对非全职人员的不利待遇可能构成间接歧视,因为这些非全职人员主要是女性[R v. Secretary of State for Employment ex parte Equal Opportunities Commission(1995)]。某一特定群体的工资水平可能因该专业或群体主要是女性而降低,而这也可能构成间接歧视[Enderby v. Frenchay Health Authority(1993)],尽管重要的是这两个群体具有实际可比性,且当其中一个群体被客观评价为具有更高要求,那么诉讼将以失败告终。[32] 法律设法处理基于特定性别招聘的历史异常现象,但无法解决对不同工作相对价值的抱怨。

1.4.2 心理及与压力相关的职业病

雇主越来越被要求对雇员因工作的组织和分配方式所导致的心理疾病以及与压力相关的职业病承担责任。在 Lancaster v. Birmingham City Council(1999)案中,雇主将一名行政人员调至一个有重大差异地区的新职位,但未兑现为其提供培训和支持的承诺。雇主承认对该雇员由此产生的失能压力负有责任。在 Walker v. Northumberland CC(1995)案中,身为社会工作管理人员的雇员因工作压力而患病,但重返工作岗位后其工作量不减反增,且未得到任何支持。当该雇员再次因工作压力患病,雇主对此承担责任。在 Johnstone v. Bloomsbury Health Authority(1990)案中,上诉法院认为,一位实习医生提出了有争议的情况,即他的工作条件对其健康构成了可以合理预见的风险。由于国民医疗服务体系某些领域的大部分工作,尤其是在急症室和重症监护室的工作本身存在较大的压力,如果管理不善或人手不足,其他工作也很容易发生这种状况,因而这一问题十分重要。上议院已经明确,在此种情况下,只要雇主意识到存在发生这种损害的风险,其就可能需要承担责任[Barber v. Somerset CC(2004)]。

[19]

1.4.3 "吹哨"

"吹哨"一直是个问题。基于职业责任,护士要报告可能对患者护理有不利影响的情况,这也可能是他们对患者负有的责任。一些雇主,包括国民医疗服务信托都非常重视信息的管理,并且反感负面宣传,无论这种宣传是否正当。在过去,将值得关注的事件进行公开宣传的护士引起了相当大的关注,其本人则遭受了严重后果,例如Stepping Hill医院的护士格雷厄姆·平克,由于他认为管理层对于自己关于人员配置水平的诉求漠不关心而感到沮丧,并在20世纪90年代初公布了这些情况,引起了社会关注,结果其本人遭受了雇主的纪律处分。1998年《公共利益披露法案》提供了一些保护措施,使得雇员在披露明显违反法律义务或威胁个人健康和安全有关的信息时免受解雇或其他报复行为。披露必须向雇主作出,如果雇主属于公共部门(包括国民医疗服务体系信托,但不包括全科医生诊所)则向国务大臣披露,并向规定的监管机构披露;在医疗环境中通常是向医疗质量委员会(CQC)披露,当雇主没有就此前获得的披露采取行动且公开披露具有合理性时,可以向媒体或公众披露。

上述三种义务只有在极少情况下会相互交叉。大多数时候,雇主和雇员都有共同的利益,即以有效和专业的方式为病人谋福祉。但其中也存在一些问题。雇员可能认为有向病人报告雇主服务不足之处的专业义务,或者认为其他专业人员不尊重病人的自主权或允许护士作为有效的患者扶持者。[5]

护理与助产协会规定:

将对人的关心作为第一要务,把他们视作个体对待,尊重他们的尊严。

把人当作个体对待,需要做到:

(1)必须把人当作个人对待,尊重他们的尊严。(2)不能以任何方式歧视所照护的人。(3)必须善待他人。(4)必须扶持你所照护的人,帮助他们获得相关的健康和社会护理、信息以及支持。[31]

[20] 在这些情况下,法律充其量是不完善的工具。平衡上述三项义务是困难的,而侧重于判断两个案件中哪一个具有更优法律基础的法律程序,事实上并不适合权衡更复杂的问题。

1.5 注释

1. Northern Ireland Act 1998, Scotland Act 1998, Government of Wales Acts 1998 and 2006.

2. 尽管威尔士的宪法地位发生了变化,但大部分内容仍然适用于威尔士。

3. 我们只能对这些问题作简要叙述,有关更详细的处理方法,请参见

Terence Ingman, *The English Legal Process*, 13th edn（Oxford, OUP 2011）或 Michael Zander, *The Law-Making Process*, 6th edn（Cambridge, CUP 2004）。在其他司法管辖区,法定解释的实际程序没有明显不同。

4. 议案可能会被否决。这种情况经常发生在个人提出的议案(普通议员提案)上,但很少发生在政府提案上,因为政府通常可以保证其议员会支持它。即使最近改革之后,上议院的决定已经不太容易被预测,也没能阻挡金融和税收议案的通过,更不会阻挡作为政府当选宣言一部分的议案,至多只会将议案推迟一整年再生效,例如1911年和1949年的《议会法案》和《索尔兹伯里/艾迪生公约》。

5. 成文法中有超过1400处提及"执业医生",从明显提及的成文法如《精神卫生法案》到《不规制和承包法案》和《下议院丧失资格法案》等其他成文法。

6. 如 Factortame(No.2) case[1991]1 AC 603 中的情况。

7. 见 Ghaidan v. Godin-Mendoza [2004] UKHL 3007。

8. 欧洲人权法院案例 X v. UK(Case 7215/75, judgment 5.11.81)确定精神卫生审查特别法庭原来的咨询角色不符合这一要求。因此,精神卫生审查特别法庭现在独立作出决定。

9. 2005年《心智能力法案》引入了为这些患者提供审查程序的措施。

10. 在个人受到特定威胁的情况下,警察当局可能负有一项积极义务: Osman v. United Kingdom(1998) ECtHR Reports 1998-VIII。在 LCB v. United Kingdom(1998) ECtHR Reports 1998-III 中,法院认为,"《欧洲人权公约》第2条第1款第1句规定了国家不仅不得蓄意和非法剥夺生命,还应采取适当措施保障其管辖范围内人们的生命",但这又是在与健康无关的政府行动(核试验期间接触辐射)背景下。

11. N v. Home Office [2005] UKHL 31.

12. Pretty v. DPP [2001] UKHL 61; Pretty v. UK 2346/02.

13. R (Purdy) v. DPP [2009] UKHL 45.

14. 从本质上说,这些决定是非法的,因为它们是在没有审判权的情况下作出的,是不合理的,或者是违反了程序公正的。

15. [2001] QB 213.

16. 其中包括国民医疗服务体系等国家机构。

17. 前劳资法庭。

18. 不包括违规驾驶和停车的定额罚款。资料来源: Criminal Justice Statistics in England and Wales（2005-2011）,http://www.justice.gov.uk/publications/statistics-and-data /criminal-justice/criminal-justice-statistics.htm。

19. 最多6个月(或在某些情况下为12个月)的监禁,通常每项罪行罚款5000英镑。

20. 此外,这可以在被告行使其向刑事法院上诉的权利后进行。

21. 1981年11月5日,《泰晤士报》对 R v. Arthur 案进行了报道:一名严重残疾的新生儿因营养不良而死亡。除了最初发现的急性病,还患有其他一些可能导致死亡的急性病。医生似乎已经和家长们达成一致,他们不希望孩子活下来,但最终被陪审团宣告无罪。在 R v. Cox [1993] 2 All ER 19 案中,陪审团因判决医生对一名高龄晚期绝症患者构成意图谋杀而泪流满面,该患者多次要求医生帮助她从顽固性疼痛中解脱。

22. 在 Woolf 勋爵报告之后,出现了所谓的"Woolf 改革"。

23. Section 13, Supply of Goods and Services Act 1982.

24. 当然也有一些重要案件的事实会影响许多不同的人,例如职业病和药品缺陷索赔,但这些都是少数情况。

25. Atkin 勋爵在1932年的 Donoghue v. Stevenson 案中阐述了所谓"邻居原则",在过去30年里对过失责任的发展产生了极大的影响。

26. 大法官 Denning 在1949年的 Candler v. Crane Christmas 案([1951] 2 KB 164)中提出的不同意见,为上议院在1964年的 Hedley Byrne v. Heller 案([1964] AC 465)中的判决提供了基础。

27. 所谓的医疗过失 *Bolam* 测试标准是由 McNair 法官制定的,已经得到了上诉法院许多高级法官和上议院的支持。

28. 还包括欧洲人权委员会和欧洲委员会部长理事会的决定,二者以前都在适用《欧洲公约》方面发挥作用。

29. Human Rights Act 1998, section 2.

30. 从事精神卫生工作的人也受《精神卫生法案》管辖,共有四项规定。

31. 参见 http://www.nmc-uk.org/Publications-/Standards1/。

32. 同 Southampton & District HA v. Worsfold（1999）LTL 15.9.99 案一样,其中女性言语治疗师的工作评分为55分,男性临床心理师的评分为56.5分。

2 伦理维度：
护理实践、护理理念与护理伦理

Alan Cribb
伦敦国王学院公共政策研究中心主任

什么价值观塑造了护理实践？这是一个备受争议的问题。事实 [22]
上，护理界和护理学术文献中进行的大多数讨论都与价值观有关，纯粹事实或技术问题的辩论是仅有的例外。有关价值观的辩论围绕着专业人员-患者关系的本质，以及赋权、伙伴关系和扶持等理念展开。更具体而言，围绕助产士如何能最好地保护孕妇利益、家访护士的工作应在多大程度上被公共卫生目标决定等问题尤其存在大量争议。与此同时还有关于护理专业标准的讨论，我们将在本书第 3 章中回顾其框架。所有这些争论都应该被视为有关护理伦理的持续探讨，因为它们都涉及对护理方法或目的的价值判断；简而言之，每个人都想知道判断良好护理的标准是什么。而对这些问题感兴趣并有所了解的人，都已经成为护理伦理的"内行"，尽管他们可能并未认识到自己在这些方面一直以来的关注。

但这并非表明护理伦理很简单。相反，所有与之相关的问题都很复杂。即便是非常擅长讨论什么是"良好护理"本质的人，在实践中也不一定能成为优秀的护士。如果护理伦理不仅具有学术意义，那么它应当能够在如何成为优秀护士方面具有指导意义，我将在稍后讨论这个问题。但是需要注意，其中明显涉及较为含糊的概念，例如当我们说一名护士是优秀的，我们所指是她的专业能力或技能，还是对她的品质做出的道德判断，或两者兼而有之？如果一个人能展现出多种"能力"，却缺乏对服务 [23]
对象或同事的关心和责任感，那么称其为"优秀护士"显然有些奇怪。这一点似乎与我们判断优秀数学家的标准截然不同——即便他们看上去懒惰、不敏感且以自我为中心，但只要拥有一系列技能，就可以被称作"优秀"。

所有护理实践都必须遵循一定的护理理念,其中部分可能采取含蓄的方式,这些理念可以解答护士面临的一系列问题,包括有关护理目标、专业人员-患者关系、团队协作及与同事合作,以及有关机构、地方或国家政策的更宽泛的问题。虽然护理涉及医疗保健研究和管理等患者或服务对象照护以外的活动,将照护活动视为中心并将其他活动看作是对这一中心的支持似乎是合理的。但是"照护"这一概念过于宽泛,对阐明护理的目标没有太大助益;照护是护理的重点,但照护的目标是什么?关于护理理念和护理目标的争论,可以举一个例子,那就是"从疾病护理到健康护理"的转变[1],这种转变可能在一些实践领域突然出现,而在其他领域渐进发展,但都是从对患者实施行为向与患者合作的转变,从基于疾病和以专家为中心向基于健康和以患者为中心的转变。这一转变源于并反映了许多发展趋势,包括不断变化的疾病健康模式、新兴的专业角色、消费主义的兴盛以及有关健康促进的新思想,但处于核心的是所谓的伦理转变,即具有两个相互关联组成部分的价值观的转变。首先,相对粗略地说,就是人们从消极对待他人向平等地尊重、对待他人转变,这不仅是因为个人在自己的照护中发挥着重要作用,还因为个人理应受到尊重,无论此举是否对专业人员有益。其次,从将患者的最大利益等同于"消除疾病"转变为增加幸福感。例如,对于护士而言,除疾病管理之外,生活质量、内心安宁和自尊也是合理考虑因素。这两个组成部分密切相关,因为幸福感的一个方面,并且被许多人视为基本的方面,是能够作出选择并获得尊重。我们将在下一节更详细地讨论这些问题。

这一文化变迁说明了所谓"习惯伦理"的重要性[2,3]:个人会理所当然地作出伦理判断,并通过工作方式反映自己固有的价值观。任何护理理念或文化的转变都意味着常规做法和期望会随之发生改变,进而产生巨大的影响。实践可能得到提升或变得更糟,这能影响成千上万的人。通常来说,护理的任务在于减轻患者的长期痛苦,无论这有多么困难。当然,在常规做法中很难实施这些转变,因为其中涉及政策、制度等方面的改革。对于改革者而言,这项任务的艰巨程度甚至无异于改变地球的转轴,但它们确实是所有实践伦理的基石。

2 伦理维度：护理实践、护理理念与护理伦理

2.1 提升福祉和幸福

我们可以简单地认为,护理关乎着幸福感的增进。这似乎是一种不错的表述方式,但同时也引发了许多疑问。通过解决其中的一些疑问,护士和其他医疗保健专业人员面临的诸多关键伦理问题可以迎刃而解。

对护士角色的这般表述是否过于宽泛？因为幸福可以表现在很多方面：一个人的幸福感可以通过地中海之旅、结交新朋友或学习拉丁语而提高,而包括这些事情在内的许多幸福因子似乎都不是出于护理的作用。因此,我们也许将护理理解为关乎增进幸福的某些因素更好。例如,其中一种理解是将护理等同于促进健康,但只有当我们将健康理解为幸福的一部分,也不是狭隘地等同于无疾病的概念,从而能够涵盖护士的所有工作时,这才能称为一种进步。许多作者主张"中间含义"的健康概念,希望能借此澄清医疗工作人员的中心目标和优先事项。[4,5] 从广义上看,这个概念将健康与其他人所说的"福祉"等同起来：即,只有当一个人拥有追求和实现幸福或成就的资源时,他才是健康的。从实践的角度来看,这意味着护理是为了确保个人有能力旅行、学习语言等。关于这一主题的讨论还有许多,在此无法一一赘述,但我们可以就中心问题发表几点意见。

尽管试图阐明护理的目标是有益的,但我们没有理由认为仅凭一个短语或公式就能涵盖护士的所有目标。我们可以断言,护理的中心或总体目标是增进福祉,但这个简单的公式需要加以限定,否则会显得既过于宽泛又过于狭隘。首先,护理增进福祉的方式主要是基于对痛苦或风险的管理(包括预防),而非在诸如财政援助或教育之类的更广泛方面增进福祉,尽管这些事项在医疗保健中亦占有一席之地。换言之,护士有充分理由认为增进所有人在各方面的福祉并不在其职责范围内,他们只需要应对个人遭受的痛苦或者特定人群面临的风险。其次,一旦与服务对象建立了关系,护士就需要考虑可能与照护该人幸福相关的各个方面。这是整体护理的一部分,同时也源于对增进福祉的关注。因为如果护士不了解自己的行为在某人整体生活中的作用,就无法知道自己能否增进其福祉,只有顾及整体,护士才能确保他们的工作符合服务对象的利益。

例如,如果不考虑计划采取的干预措施的成本和效益,就不可能增进福祉。任何干预措施都可能给服务对象带来一定的成本或风险,因此必

[24]

[25] 须与预期收益进行权衡;而其他直接或间接受到影响的人将可能付出更大的成本或者获得更多收益(我们将在下文继续讨论这个问题)。如果不考虑服务对象的意愿或偏好,也就不能增进福祉,因为对于一个人而言,福祉的其中一个重要部分在于其意愿得到尊重。因此,即使一名护士清楚自己的目标,并对何为符合服务对象利益有清晰认识,她仍会面临许多具有根本重要性的潜在问题。如果服务对象不同意符合他或她利益之行为该怎么办?如果服务对象认同在某些方面护士的优选干预措施符合其利益,但出于某种原因并不希望干预措施进行该怎么办?如果服务对象无法表达意见该怎么办?在所有这些情况下,仅仅呼吁"增进福祉"是不够的。善意的干预不一定符合服务对象的最佳利益,即使能够符合,也不足以证明他人不需要的"干预"是正当的。

医疗保健伦理的关键问题之一,便是"福祉"与"意愿"之间可能存在的紧张关系,本书的撰稿人以多种形式讨论了这一问题。例如,护士应当如何在增进服务对象福祉和尊重服务对象意愿之间进行平衡,这是讨论知情同意权重要性的背景。这一问题在医疗保健领域非常重要,因为它们通常发生在处于某种痛苦和相对无力状态的患者,以及处于相对强势地位、负责照顾患者的医疗专业人员之间。这就产生了一种持续的诱因,即为了患者的利益以各种方式"接管患者",而没有适当考虑患者的意愿。理想的情况是服务对象能够讨论和理解其所面临的选择,并且能够谨慎协商照护事项,自由同意任何干预措施,而假设这一理想状态的前提是服务对象意识清醒、思想成熟、心理健康,且处于开放和无压力的环境中。当其中任一条件无法得到满足时,就存在如何采取最佳行动的伦理辩论余地。如果服务对象能够自由表达自己的想法,那么他们的意愿通常会被纳入考虑。这可能需要我们设身处地为他们着想,或者向他们的家人和朋友咨询他们的观点。这时,医疗专业人员或家庭成员可以根据服务对象先前表达的意愿作出明智的判断。

2.2 尊重他人和自主权

考虑服务对象的意见或意愿固然必要,但不应假定接受这些意愿总是正确的。我们需要进行伦理解释,说明为什么意愿如此重要,以及如有可能,何时可以将意愿放在次要位置。这种判断往往依靠最基本的直觉,以至于很难作出具体的解释,但"尊重他人"的理念有助于阐明这一点。简言之,我们每个人都具有内在价值,如果我们要正确地认识彼此,就不能忽视这种内在价值,也不能为了另一个目的而"交换"内在价值,否则这更像是将人视为一个物体、一种工具或资源,而不是视为一个人来对待。这种对人的价值的表达方式源自康德道德哲学的一部分,对许多人而言,它表达了一些接近伦理学本质的东西。体现尊重的方式之一是认真对待人们作出的自主选择,而不是忽视这些选择或凌驾于它们之上。因此,协商、合作和知情同意都非常重要。

[26]

然而,尊重他人并不意味着完全尊重自主选择。家长可能会承认他们十几岁的孩子作出的选择是自主的,但有时也会选择无视孩子的某些意愿,而他们并不一定会因为将孩子视为"对象"而感到内疚。事实上,家长可能正以极大的尊重和爱对待孩子,他们的动机或许纯粹是关心孩子的福利。以自己认为能令他人利益最大化的方式行事,无视或限制他人自主权的行使,这被称为父爱主义,有时也被称为家长主义,而正如我们所见,父爱主义在医疗保健中是一种持续的诱惑。如果我们要尊重自主权,首先应该反对父爱主义,但是否存在某些情形使得父爱主义或行为具有正当性?

有两个原因可以解释为什么护士有时有理由采取父爱主义式行为。首先,判定自主权在一定意义上是判断选择的自主程度,而选择的自主程度取决于多种因素,包括选择方的理解和推理水平。服务对象作出的选择可能在最低程度上被认为是自主的,值得尊重和认真对待。然而,从一个更高的标准来看,同样的选择可能不具备果断解决问题的足够自主性。其次,选择的自主程度通常难以评估。有时我们不清楚隐藏在某个决定或行动背后的原因,尤其是该决定或行动在多大程度上依赖于误解、一时兴起、精神紊乱或外部压力等不可靠因素。在这些情况下,为了评估一项选择在多大程度上是真正自主的,而推迟该决定,甚至推翻一项看似自主的选择将具有正当性。如果自主权的行使会对福祉造成严重危害(典型的例子如自杀未遂),那么这两个不尊重自主权的原因都更有可能得以适用。

父爱主义主要是指为了他人自身利益而限制其行使自主权,除此之外,当然还有其他理由来限制自主权的行使。尊重他人是指考虑到所有受影响方的利益和意愿。通常,服务对象拥有绝对发言权,但这受到重要条件的限制。即使我们认为患者或客户具有完全自主能力,他们也不能直接要求某种医疗介入而不考虑他人为此付出的代价,或无视医疗专业人员的意见。如果我们要尊重他人,就不能仅仅将护士当作满足其他人需求的对象或工具,无论这里的"他人"是医生还是患者。只有允许护士参与适当的决策,并且当其强烈反对最终决定时,有权退出决策,护士才能得到尊重。当存在不止一个服务对象时,例如护士可能会支持失去亲人的家庭,那么尊重自主权必然需要平衡不同个体的意愿,并顾及整个家庭的幸福。最后,作为预算负责人或决策者的护士还必须考虑该决策对一般人群的总体影响。

2.3 功利主义与公共利益

[27] 这就引出了另一组关于增进福祉的问题。护士应当如何平衡不同个体的利益,以及如何兼顾其直接服务对象的需要和对公众福利或公共利益的承诺?现实中出现的大量困境都是围绕这两类问题展开的。第一类问题中,典型案例包括个人向他人捐献器官,或孕妇和胎儿的利益可能发生冲突;第二类问题中,典型案例包括服务对象对他人健康或安全构成潜在危险。如果某人的病情具有高度传染性和严重性,或者处于严重精神失常的状态,那么在何种情况下他们能够决定自己在社群中的生活方式?

在思考这些困境时,我们可以通过考虑替代行动方案的预期成本和收益,来确定哪种方案能产生最佳的总体效果。持这种思维方式的人通常被描述为功利主义者,与道德哲学传统中的功利主义相对应,在这种传统中,功利主义被认为是伦理学的基础。在此,我们无法一一概括关于功利主义及其内部的许多争论,但可以指出功利主义主要观点的合理性和其中的一些困难。

功利主义之所以具有合理性,是因为将伦理仅仅看作是为自身利益而遵循规则或原则显得有些奇怪。我们感兴趣的肯定是改善而非恶化事态。被要求采用"道德标准"的护士将会期望看到这些标准如何与保护或增进福祉相联系,如何让世界变得更美好。然而,在大多数时候似乎都行之有效的规则、原则或准则有时可能弊大于利。例如,制定保护服务对象秘密的规则似乎很重要,但在某些情况下,保持沉默可能会带来过大的风险或成本,使得打破保密规则具有正当性。在这种例子中,似乎有一种更为根本的、可称为功利主义的伦理正在得到适用。

然而,这种思维方式也存在一些问题。不存在一种精确的道德计算方法可以用于优化不同种类的成本和收益,不同个体也可能会对准则何时无益、何时可以被打破持不同意见。在极端情况下,这不仅会使政策不具有确定性,还会导致个别护士对什么是具有不当影响的成本或收益产生怪异认知。

关于功利主义,有一种更普遍的担忧是,其或许会涉及为了他人的利益而牺牲一些人的利益,而这可能等同于把人仅仅当作物体或资源对待。表面上看,功利主义思维的某些应用与尊重他人的理念之间存在直接的紧张关系。

例如,从表面上看,资源分配作为伦理问题倾向于功利主义的思维。护士管理者可能需要决定,如何在众多患者和与之一起工作的医疗专业人员之间分配预算。我们可以合理认为她应该运用自己的经验和研究证据来决定哪种分配模式会产生最好的效果(尽管她会注意到某种模式内在的复杂性和不确定性)并作出选择。这在理论上听起来似乎很有道理,但在实践中,这样做可能意味着罔顾许多患者和医疗专业人员的看法和意愿。当然,如果因为"浪费"在某些患者身上的金钱花在其他地方更好而作出完全不治疗患者的任何决定,都会显得对前者不够尊重。因此,许多人反对功利主义思想,认为它是非不分,甚至是不道德的。然而,包括护士在内的医疗专业人员同时对公共福利或公共利益以及他们面对的个体负有一定责任,他们需要探索平衡这些责任的方法。以上仅是进行伦理思考的基本方法是如何塑造我们在日常工作中可能作出的实际决策的一个例证说明。

[28]

2.4 医疗保健伦理原则

制定基本原则是一种已经得到广泛认可的应用医疗保健伦理的方法,而我们在作出伦理判断时需要考虑到每一项原则。这种方法以及所谓的"四项原则"因比彻姆(Beauchamp)、查尔瑞思(Childress)[6]和拉农·吉隆(Raanon Gillon)[7,8]的著作而闻名于世。这四项原则分别是:

(1)尊重自主原则
(2)不伤害原则

(3)有利原则

(4)公正原则

简言之,这些原则意味着,在决定如何行事时,医疗专业人员应当尊重自主权、避免伤害、尽可能行善,并(公平地)考虑所有受影响方的利益。这不是一个伦理决策的公式,而是一个宽泛的框架,可以作为进行伦理考量和讨论的基础。

在上文提到的文本内容中并不存在可以理解这种方法的替代表述,这些都清楚地表明了解释和应用这些原则的困难,以及各原则在实践中可能互相冲突的方式。我们已经看到,对自主的理念以及对成本和收益的理念有不同的解释,而关于公正的理念甚至更具争议性。例如,一些人会认为,一个由自由市场分配医疗保健的系统是完全公正的,它让每个人都有机会购买医疗保健资源;但另一些人会认为这是极不公正的,因为他们可能更支持按需分配医疗保健资源。

该"四项原则"方法因过于表面化或局限化而受到了批评。其中有些批评可以不予考虑,因为其是基于对该方法支持者所持观点的误解。他们并不是在争论是否所有的伦理思考都可以简化为几个关键词,也不是在争论四项原则是否为解决伦理困境提供了一种快速简便的方法。相反,他们认为这些原则提醒人们注意伦理思考的关键方面,可以为具有不同观念或理念的个体提供一个共同的词汇或框架。这种方法在一定程度上是为了避免陷入无休止理论讨论的僵局,并在现实中具有实益。

撇开其最终有效性的问题不谈,将原则应用于现实案例的实践过程为护理伦理学提供了重要的经验教训。例如,这一过程清楚地表明,尽管原则提供了"经验法则",但如果不考虑案例的具体情况,我们就不能评估我们在具体案例中应该做什么。伦理判断的关键在于事实问题和原则问题,值得注意的是,许多明显的伦理分歧源于对事实的分歧。此外,由于众多的伦理思考都涉及权衡不同原则之间相互冲突的要求,两个类似案例之间的微小差异可能会导致明显相反的结论。例如,我们已经看到,采取何种父爱主义式行为取决于对服务对象自主程度非常精细的判断。因此,伦理思考不仅涉及抽象推理,对细节的敏锐和关注也是必要部分。

2.5 哲学伦理学:价值与局限

哲学专业的学生把伦理学作为一门学术科目来学习,尽管伦理学通常被认为具有应用性。本书考察的典型问题会因其抽象程度的不同而不同。例如,最抽象或一般的问题包括:伦理学的基础是什么？我们是否有可能掌握伦理知识？"好"这个概念的含义和用途是什么？接下来是一些中间层次的问题,它们具有实践性但也具有一定程度的普遍性,例如:公平社会的各种概念是什么？在什么情况下可以违背诺言？最后,实践中运用最多的,是哲学家们分析具体政策或行动利弊的问题。例如在医疗保健方面,可能需要考虑在条件 Z(可以详细说明)之下护士 X 做了 Y 行为(例如:违反保密)是否正确。越来越多研究哲学或是对哲学感兴趣的护士会对所有这些问题感兴趣,但是这些问题与对其他事物感兴趣的护士有什么关联？

想要"推销"他们的研究主题的哲学家可以提出以下论点:每个护士都必须回答应用性或实际性问题,即使只是在默认情况下,也不可能回避这些问题(例如,面对情况 Z,你只能在保密或不保密之间二选一,不能仅仅因为不思考就不回答这个问题)。但是,有人可能主张,要回答位于列表下方的应用问题,就需要已知或假定已知列表上方问题的答案。所以,如果想负责任地回答实际问题,你就必须解决更哲学的问题。这看上去是一个非常巧言令色的论据,它的形式和所有推销的说辞一样:没有我的产品,你就不能做成想做或要做的事情。因此,我们应该对这样的论据持怀疑态度,但我认为在本质上它确实传达了一个真理。我们评估具体情况的唯一方法是置身事外并与其他情况进行比较。在此过程中,我们会发现自己在寻找是否存在以及存在什么样的衡量标准。我们是否可以应用一些一般准则,或者这些准则是否因具体情况或个人而异？

[30]

哲学伦理学是一门致力于这一"置身事外"和系统反思与论证过程的学科。有许多相互矛盾的理论传统都试图将伦理反思纳入思想体系中。最为雄心勃勃的表现是他们试图提出一个单一的理论(或一套统一的理论)来解释我们所有的伦理判断,有了这样一个包罗万象的理论,我们就可以确定任何特定的决定、行动、政策或个人在特定的方面是对是错,是好是坏。对于在多大程度上可能或值得建立这样的一般性阐释,以及是否应该满足于相互矛盾或互补的阐释的"无条理性",哲学家之间存在分歧。另外,就伦理在多大程度上有助于理性分析,以及伦理在多大程度上植根于传统规范和习俗(注意这二者并不一定不相容),他们也未能达成一致意见。不过,任何对应用伦理学感兴趣的人都还是希望能了解系统思维对于作出或评估伦理决策能产生多大帮助。

因此,哲学伦理学的其中一个益处是,它使我们能够更深入地思考诸如功利主义、尊重他人的观念和医疗保健伦理学的原则等问题。例如,功利主义有哪些不同版本?功利主义的思维方式在多大程度上是不可避免的?它们在多大程度上是有用的?等等。通过提出这些问题,我们希望能够明确概括出伦理学的基础和性质,或者仅仅是阐明某个话题的复杂性。尽管存在这样一种危险,即医疗专业人员可能会将这些哲学问题视为不相关的陷阱(并且类似于"四项原则"的方法可能会被视为一种"工作模式"),但每个人都必须认识到,围绕这些基本问题存在着强烈的争议,也就是说,护理伦理学没有明确的"知识基础"。

例如,医疗保健伦理文献中经常提到自主的价值,也有许多文献提到"知情同意"。对于第一次讨论这个问题的人来说,假设就这些基本构成要素的意义和作用已经达成了明确的共识并不是不合理的。因此,我们很容易认为,每当作者使用这样的表达时,他或她都在使用一个通用的术语,例如"自主"总是意味着完全相同的东西,它总是因为同样的原因而受到重视,并且与其他价值的相对重要性是一致的。在现实中,这些术语的使用方式既有共性,也有差异,这不是因为"协同性"差,而是受到伦理固有竞争性的影响(本书第二部分的伦理学观点中阐述了其中一些共性和差异,并在关于"同意"的伦理学讨论中明确探讨了有关自主的含义和价值的一些分歧)。哲学传统还可以为护理伦理学提供许多其他启发。首先,有相当多的文献对伦理学的术语和争议问题进行了阐明和讨论,几个世纪以来,关于幸福和公正等问题的著作不计其数(近年来依然如此)。其次,哲学传统中存在一些辩论的惯例,这些惯例建立在诸如公正理性讨论等理想的基础上,可以作为人们讨论这一主题的有益模式。最后,许多医疗保健伦理重要议题都包含哲学问题。例如,堕胎和安乐死不仅涉及现实问题,本质上还属于与生命的性质和价值有关的哲学问题。在这些案例中,如果不从哲学方面作些考虑,就不可能认真对待这些问题。

最后,有一点自相矛盾的是,哲学伦理学的益处之一是它产生了对自身局限性的认识,精通哲学和做好人是两回事。可能有一些哲学家相信,根据一个完整的伦理理论足以决定人们在各种情况下应该做什么,但没有人认为这些理论足以让理想状态成为现实。那么,这一体系完备的知识如何真正体现在实践中?我们都知道自己可能不去做认为正确的事,有时甚至极其容易这样做。出于这些原因,哲学家们不仅要探究人们的行为,还应该去探究人们的品质。是什么让人们或多或少地理解伦理要求,并且倾向于或者乐于满足这些要求?

2.6 做一名好护士

对"美德"的关注是哲学伦理学的一大传统,品质问题被视为伦理学的核心。这一传统通常与亚里士多德的伦理学著作有关,但它其实是贯穿所有伦理学的一条主线。"美德"这个概念可能看起来有些过时,但当我们想要形容优秀品质,尤其是令人钦佩或令人向往的品质时,这个名词就很有用了。为了鼓励孩子做"正确的事情",我们不仅要让他们知道什么是正确的事情,还要让他们想去做,最好让它成为一种习惯或"习性",这对我们所有人都适用。可以毫不夸张地说,护士的教育和发展就是培养令人向往的品质以及传授临床技能。其中一些品质与专业态度和行为有关,例如科研意识,但作为所有品质基础的是对患者或服务对象的关心,包括关注并回应需求的习惯。如果一名护士不具备这种品质,除了在非常有限的情况下,她是不可能成为一名好护士的。这种关心的技能是伦理学固有的:它不像其他技能那样能够以好的或坏的方式加以运用。事实上,关心被一些人视为女性主义伦理学的核心概念。[9]关心并不一定意味着一种自觉的同理心或认同,可能在许多情况下,护士由于太累或压力太大而感受不到自己的关心。因此,我们探讨理想品质是为了明确,一种根植于信念的态度即使在缺乏必要感情的情况下也会持续存在。

[32]

如果能请一组经验丰富的护士列出护理所需的美德,这将是一项有趣并且很可能有益的练习。从前,基督教信仰的美德、希望和仁爱可能排在首位;如今,大多数人可能想到诸如诚实或正直之类的概念,而诸如耐心或忠诚之类的更为"老派的"概念可能被认为具有争议。有一点很清楚,护理条件的变化要求平衡不同的美德。谦逊无疑是一种良好的品质,但随着个体责任的压力增加,它需要勇气和决心来调和。我们都对成为一名好护士有一些自己的理解,我们可以通过观察榜样,尝试确定我们欣赏他们哪些品质,这样就可以为自己设定标准。

人们有必要注意到为个人制定标准和制定公共标准之间的区别,公共标准的制定在医疗保健中变得越来越重要,具体表现在循证指南、临床治理、绩效管理等形式上。当然,好护士必须考虑到后者,并且大多数都会乐于朝着公开定义的标准去努力。但是,一名不仅具有作为专业人员的个人责任感,还具有强烈的道德操守并具有勇气等美德的护士会希望自己能超越公共标准,并在必要时对该标准进行批评、质疑或揭露。本书第二部分的一些伦理学作者指出,伦理学对个人的要求可能比法律或专业规范的要求更高。

因此,归根结底,认真对待伦理问题凸显了护理的伦理角色与护理的专业、法律、制度角色之间的紧张关系,即护士个人和护士作为系统一部分的紧张关系。自本书第一版出版以来,这种紧张局面大幅增加,因而护理伦理的重要性也随之提高。一方面,在日益广泛的医疗保健议程和环境中,个人责任越来越受到重视;另一方面,国家和机构政策、框架与指导方针均得到了发展和巩固。因此,在很多方面,护士都被寄予厚望去做好每件事,其中不仅包括承担个人责任,还要跨越他人设置的障碍。

这表明,除了培养勇气,护士们也越来越需要培养一种积极的怀疑态度。例如,他们需要积极适应其机构内建立的临床治理系统,许多事情都取决于现有的制度体系和标准,但如果护士认为这些体系的某些方面是导向错误或无效的,或者发现这些体系和标准只是在用显然毫无意义和自我参照的行话来表达,他们就应该去探索其他方法。医疗服务的某些体系和标准就如同皇帝的新装,一旦人们敢于指出这一点,就有可能促成真正标准的制定!

[33]

因此,制定自己的个人标准是必要的,但这并不是建立良好护理实践的充分依据。我们不能寄望于个别护士的发愤图强,因为在不提倡伦理的执业环境中只有极少数人能达到高伦理标准。重视护理文化和制度以孕育护理伦理至关重要。这就是为什么继续向以道德承诺为基础的护理理念转变十分重要,为什么在官方文件和公共政策中阐明专业价值观和标准十分重要,也是为什么护士对基本原则和伦理细节进行思考十分重要。

2.7 注释

1. J. Macleod Clark, From sick nursing to health nursing: evolution or revolution?, in *Research in Health Promotion and Nursing* (eds J. Wilson-Bar-

nett & J. Macleod Clark), (Basingstoke, Macmillan, 1993).

2. M. Oakeshott, The Tower of Babel, in *Rationalism in Politics* (London, Methuen, 1962).

3. R.S. Peters, Reason and habit: the paradox of moral education, in *Moral Development and Moral Education* (London, Allen and Unwin, 1981).

4. D. Seedhouse, *Health: The Foundations for Achievement* (Chichester, John Wiley and Sons, 2001).

5. L. Nordenfelt, *On the Nature of Health* (Dordrecht, Kluwer Academic Publishers, 1995).

6. T.L. Beauchamp & J.F. Childress, *Principles of Biomedical Ethics* (New York, Oxford University Press, 2008).

7. R. Gillon, *Philosophical Medical Ethics* (Chichester, John Wiley and Sons, 1986).

8. R. Gillon, *Principles of Health Care Ethics* (Chichester, John Wiley and Sons, 1994).

9. C. Gilligan, *In a Different Voice* (Cambridge, MA, Harvard University Press, 1990).

3 监管视角：
护士和助产士的职业监管

Fiona Culley[1] & Anupama Thompson[2]
[1] 独立顾问,前英国护理与助产协会专业顾问
[2] 英国护理与助产协会监管法律团队负责人

3.1 引言

[34] 英国现行的护理和助产监管体系,以及医生和所有其他医疗和社会保健专业人员的监管体系,都是国家认可的专业监管体系。这意味着,尽管九个医疗和社会保健监管机构在四个英国地区政府的支持下实施规则,并通过枢密院对议会负责,但它们在行使监管职责时仍保持一定程度的独立性,它们旨在为医疗和社会保健服务使用者提供有力的保障,并帮助实现安全有效的照护。[1]

在英国存在一个独立的机构来监督负责监管医疗和社会保健的法定机构的工作,以前称为医疗服务规制优化委员会(CHRE),现更名为医疗和社会保健专业标准管理局(PSA)。它同样对议会负责,职责是促进医疗和社会保健服务使用者的健康、安全和幸福,并推动监管机构之间采取协调一致的做法。[2]

除法定监管机构外,对英国医疗和社会保健专业人员实施监管的还包括议会、雇主、注册从业人员、其他医疗和社会保健工作者、接受医疗和社会保健的人、教育机构、系统监管人员、公众以及对适于执业能力受损的情况表示担忧或提起诉讼的人,他们之间就专业行为、绩效及伦理标准进行立法、实施、监督、审查和报告。

[35] 本章旨在探讨立法语境下对护士和助产士的职业监管,并主要关注护理与助产协会的作用。该协会根据2001年《护理和助产法令》(以下简称《法令》)[3] 享有法定权力,成为英国护士和助产士的监管机构。护理与

助产协会[4]履行的监管职能将通过注册,制定教育、培训、行为、绩效和伦理标准,以及对适于执业能力受损指控的处理流程进行考量。

我们在此进行的讨论并非详尽无遗,也并非试图取代护理与助产协会发布的规则、标准、指南和建议(详见 www.nmc-uk.org)或《护理与助产协会:适于执业年度报告》中提供的信息。该报告依法"揭示护理与助产协会为保护公众免受执业能力受损人员的影响而所作安排的效率和效益"。[5] 通过观察监管机构是否定期在英国公开进行适于执业程序,人们可以进一步了解监管流程,更多详细信息可以从各监管机构了解。

首先,我们将对现行专业监管体系进行概述。在此必须强调的是,此概述反映的是写作当时的立场,而这一立场在本质上是会发生变化的。随着新立法的实施,监管职能不断演变。例如,2013年1月最新的《助产士规则与标准》出台[6],2012年《教育、注册和注册上诉规则》被修订。[7] 在制定标准或提供指导时,护理与助产协会负有与注册人、雇主、护理服务使用人、专员和教育机构的代表进行协商的法定义务。[8] 欲了解更多信息请访问护理与助产协会网站 www.nmc-uk.org。

3.2 护理和助产监管概述

3.2.1 背景

尽管护理行业的法定自我监管由来已久,但却一直被描述为一个尚未被充分理解的模糊主题。[9]

1858年的《医疗法案》规定了合格医生的注册制度,并为包括护士和助产士在内的其他专业群体要求获得类似资格铺平了道路。自我监管被一些人视为一种特权,并因其旨在促进行业自身利益而非保护公众而不时受到批评。例如,在肯尼迪发布关于布里斯托尔皇家医院事件的报告后[10],人们对医疗总会(GMC)监管程序提出了担忧,希普曼调查中重申了这一观点。[11] 最近,医疗服务规制优化委员会(现为医疗和社会保健专业标准管理局)制定了八项权利接触监管要素,并将其定义为达到预期结果的最小监管力量。[12] 这些要素来源于优化监管工作组[13]所确定的良好监管原则,他们认识到解决问题的最佳方案并不总依赖于监管,而是取决于对良好实践的共享。[14] 这种模式被鼓励采用以试图在可能被视为干预的过度监管与可能无法充分保护公众的监管不足之间寻求平衡。《守则》[15]和护理与助产协会关于提出和升级关注的指导意见,强调了通过尽早报告确保患者安全的责任。[16]

尽管希普曼调查第五次报告[17]中约有一半的建议与医疗总会有关,但这份报告对所有医疗和社会保健监管机构及其适于执业程序都可能产生影响。2005年,卫生部(DH)[18]宣布由首席医疗官[19]对医生的重新验证及监管进行审查,并对当时由卫生专业委员会监管的牙科医生、药剂师、护士、助产士、眼科医师、骨疗医师、脊椎神经科医生及13个专业进行单独审查。[20]这些审查引发了进一步的讨论,随后,政府于2007年2月发表了白皮书《信任、保证和安全:21世纪医疗专业人员的监管》[21],概述了下一步改革的建议。所有医疗和社会保健监管机构都在努力建立新的重新验证制度,从而进一步保证只要注册人在注册登记簿上,其就适于执业。这些发展是由一系列因素推动而成的,其中包含对斯塔福德郡国民医疗服务基金会信托事件的弗兰西斯调查[22]中所强调的"提升注册护士的地位和能力,并为公众提供额外保护"的建议。护理与助产协会承诺为护士和助产士提供有效的重新验证系统并付诸实施。然而,预计这项工作不会在2015年年底之前全部落实到位。[23]

3.3 护士和助产士的注册

所有希望在英国执业的护士和助产士都将在某个司法管辖区内工作,这意味着未经有效注册的执业是非法的。目前,护理与助产协会拥有世界上最大的医疗专业人员单一注册簿,约67万名护士和助产士在此注册。[24]同时,护士和助产士也是英国医疗服务机构所雇用的最大职业群体。

助产士的注册可以追溯到1902年的《助产士法案》,1919年《护士法案》设立了英格兰和威尔士以及苏格兰的护士总会,护士注册也应运而生。

根据1979年《护士、助产士与家访护士法案》的规定,1983年英国为护士、助产士和家访护士设立了单一的专业人员注册簿。[25]

1983年,注册簿被分为11个部分,后来又扩展至15个部分以确定"2000年计划"引入的额外准入途径,这是一种新的护士教育制度,即护士可通过在高等教育机构学习来获得文凭或达到学位水平。这15个部分区分了一级护士和二级护士,一级护士资格通常在完成三年的预备课程后获得,二级护士则需要用较短(两年)时间学习并结合更多的实践课程,最后获得注册护士的资格。这里所指的护士包括助产士和家访护士,并进一步区分了心理卫生护理和学习障碍护理、成人和儿童护理等专业。2002年4月1日,根据《法令》[26]设立了护理与助产协会,作为英国护士和助产士的监管机构,取代其前身英国护士、助产士和家访护士中央委员会(UKCC)。自此之后,协会本身、护理与助产协会注册簿以及适于执业程序等都发生了许多变化。

[37]

自2004年以来,与护理与助产协会注册簿[27]相关的规则规定,该注册簿必须随时向公众公开,并且必须包括社区和公共卫生护理的部分。因此,自2004年8月1日以来,注册簿分为三个部分:

- 护理
- 助产
- 社区和公共卫生护理

注册簿的护理部分细分为一级护士和二级护士,以及成人、儿童、心理卫生、学习障碍和发热门诊护士。助产部分对所有具备助产资格的人员开放。社区和公共卫生护理部分包括先前在注册簿第11部分注册的家访护士、学校护士、职业健康护士和家庭健康护士(苏格兰)。

《法令》第四部分对注册程序进行了阐明,允许相关人员在完成核准的教育和培训课程,并收到良好的健康状态和品行宣告后,将姓名录入注册簿的一个或多个部分。作为注册后教育和执业标准的一部分,当注册因中断执业三年或三年以上而失效时,法令规定了注册续期和重新执业的具体要求。[28]

2012年《教育、注册及注册上诉规则》修正案首次规定,即使护士或助产士必须受到适于执业程序的约束,他们也可申请从注册簿中除名。[29]

3.3.1 可记录资格

护理与助产协会还规定了多项可记录的资格,即初次注册后获得的资格,这些资格通过注册簿上注册人条目的标记识别。不过,并非所有注册后获得的资格都是可记录的。护理与助产协会只记录根据其制定标准所获的资格,目前包括开药[30]、护理和助产教学[31]以及专科实践项目。[32] 根据项目获得可被记录的资格后,具体记录在注册簿里的内容在某种程度上是可以选择的,但处方师例外。只有在处方师不打算使用其开处方资格的情况下,才可以选择被记录的内容。一旦在注册簿上记录,只要护士或助产士的注册有效,其资格就会一直保留在注册簿上。目前,没有一种权力可以对可记录的资格施加惩戒,将其与注册内容分离,或应注册人的要求移除。尽管所有护士和助产士都应证明其在执业范围内保持了专业发展,但迄今为止,对任何可记录的资格都没有具体的重新验证要求。

[38]

3.4 教育、行为、绩效和伦理标准

《法令》要求护理与助产协会制定护士、助产士以及准护士、准助产士的教育、行为、绩效和伦理标准[33],即护理与助产协会必须规定注册前、注册时以及注册后对护士和助产士的要求。这主要是为了符合监管机构及其他人的期望,即专业注册人员不仅应具备相应资格,还应当品行良好,身心适于执业。

为此,它首先通过《守则》[34]为教育、行为、绩效和伦理制定标准和提供指导,该守则提供了衡量护士或助产士是否适于执业的首要原则和基准。自英国护士、助产士和家访护士中央委员会于1983年首次公布《守则》以来[35],《守则》每四年进行一次审查。无论未来发生何种变化,《守则》的目标都是不变的。它强调个人责任,强调护士和助产士须根据其特定知识、技能及能力承担责任,并有义务通过其个人及专业行为维护行业声誉。

《守则》提请注意所有英国医疗和社会保健监管机构之间共享的价值观。这与比彻姆和查尔瑞斯所坚持的四项伦理原则有着内在的联系[36],这些原则包含了通常用于决定医疗和社会保健实践可接受性的基础标准:自主性、不伤害(预防伤害)、有利(行善)和公正。

2010年,护理与助产协会首次为实习护士和实习助产士[37]制定了职业行为指南。目的是为他们注册后在工作中遵守《守则》而作准备,并向公众、经认可的教育机构、护士和助产士以及其他人提供实习护士和实习助产士应有的行为准则。

该《守则》由一系列其他标准、指导和建议支持,目前包括单独的助产士规则和标准[38]、注册前护理教育[39]、助产士教育[40]、药品管理[41]、开处方[42]、

记录保存[43],以及良好的健康状态和品行标准。[44]

3.5 理事会及其委员会

护理与助产协会由不同部门组成,每个部门负责履行护理与助产协会的不同职能,而所有的部门受"理事会"监督。理事会是护理与助产协会的最终决策机构,负责为护理与助产协会制定战略议程;它决定机构的发展方向,制定注册护士和助产士必须遵守的工作标准,同时也对护理与助产协会的工作和机构负责。[45]

[39]

理事会由枢密院任命的非专业人员和护士或助产士成员组成,其中包括分别来自英国四个地区的成员各一名。除出席理事会会议外,理事会成员还加入理事会之下的多个委员会,这些委员会将更深入地探讨影响本机构的问题,并向理事会作整体反馈。

护士和助产士协会设立了三个执业委员会:

- 调查委员会
- 行为与能力委员会
- 健康委员会

这些委员会设立了专门小组来审查适于执业能力受损的指控。专门小组由不属于理事会成员的非专业人员、护士或助产士组成。根据政策规定,在实质性听证中,至少有一名小组成员应与被指控的护士或助产士登记在注册簿的同一部分。

3.6 适于执业

适于执业程序旨在保护公众,维持公众对行业及对行业监管的信任,而非惩罚护士或助产士个人的不当行为。这是公众以及护士和助产士通常存在的一个误解。

《法令》第五部分规定了适于执业的内容。该法令的颁布使得适于执业能力受损的概念首次产生,并界定了以下五类受损的情形:

- 行为不端
- 能力不足
- 在英国被定罪或收到警告(或在其他地方被定罪且该罪行如果发生在英格兰或威尔士也构成犯罪)

- 护士或助产士的身心健康状况
- 另一监管机构或许可机构认定护士或助产士的适于执业能力受到损害[46]

关于受损问题,虽未在《法令》或有关规则中规定,但已由护理与助产协会定义为:"一个人是否适合不加限制地继续保留在注册簿上。"[47]

3.6.1 行为不端

定义职业不端行为是相当棘手的工作,因为这是一个动态的概念,不仅由伦理和法律原则塑造,还反映了社会态度。例如,在1934年,有报道称一名护士因"与一名已婚男子(并非其丈夫)在一家酒店留宿"而被从注册簿上除名,另有一名护士长因"与受雇于其的男子育有一子(非婚生)而被除名"。[48] 如今,从网上下载非法资料等问题又给考查适于执业能力的专门小组带来了不同的挑战。

同样地,虽然《法令》或有关规则中没有界定行为不端,但多年来已经出现了许多定义。1997年《护士、助产士和家访护士法》将行为不端定义为"与护士、助产士或家访护士身份不相称的行为"。2003年,护理与助产协会认可了一个对行为不端的新定义,即"不符合对护士或助产士合理预期的行为"。[49]

然而,法院不愿对这一概念给出过于详尽的定义。Clyde勋爵[50]在Roylance v. General Medical Council 2000案中指出:

行为不端是一个具有整体效果的词,指的是在当时情况下并不适当的某些作为或不作为。

提交给护理与助产协会的因行为不端引起的当代社会热点问题案例详见《护理与助产协会:2011—2012年度适于执业报告》[51],见框3.1。行为不端案例没有遵循先例的传统,但监管机构和法院的决定可以形成指导意见,有助于确定和更新标准。例如,为回应近年来移交的在互联网上发布保密信息的案例,护理与助产协会发布了社交网站的使用建议。[52]

3.6.2 能力不足

能力不足指由于缺乏知识、技能或判断力,护士或助产士在其主张有资格执业或寻求执业的任何领域中难以安全有效地进行执业。[53] 在诉诸地方一级所有其他途径之后,护理与助产协会的能力缺乏认定程序可用于处理棘手的能力不足问题。

框 3.1　新提交案例所包含的具体指控类型

忽视患者
开处方/药品管理
记录保存
对患者或服务对象的身体虐待/言语侮辱
不诚实(包括偷窃药品)
未能遵守专业要求
网络社交不当行为

资料来源:《护理与助产协会:2011—2012 年度适于执业报告》[51]

3.6.3　定罪或警告

护士或助产士有义务告知护理与助产协会他们接受的任何定罪或警告[54],警方也有在注册执业人员被定罪时告知护理与助产协会的职责。[55] 护理与助产协会的职责不是复审证据,而是核实定罪的真实性,以及获罪护士或助产士的身份,这通常是通过定罪法院提交定罪证明来实现的。定罪不需要与护士或助产士的执业相关联。虽然并非所有刑事定罪都必然导致适于执业能力受损,但更严重的定罪可能会致使当事人被暂停执业或被从注册簿中除名。

[41]

3.6.4　身心健康

审查因身心健康状况而不适于执业的指控是保护公众的另一个重要方面。有关护士或助产士健康的指控可能来自雇主,也可能来自护士或助产士本人,或者相关亲属或同事。投诉可能涉及酗酒或滥用药物,抑或心理或身体疾病。2011—2012 年,被移交到护理与助产协会的案件中,3% 以上的案件与护士或助产士的身体健康或心理健康有关。[56] 几乎在所有涉及身体健康或心理健康的案件中,都会要求对护士或助产士进行体检并提交报告,其中的关键问题是该护士或助产士目前的健康状况是否损害了其适于执业能力。

3.6.5 另一监管机构或许可机构的认定

如果护士或助产士适于执业能力受损的情况被另一监管机构或许可机构[如:爱尔兰护理与助产委员会(NMBI)]认定,护理与助产协会就可以运用这一认定来证明护士或助产士在英国的适于执业能力受损。如果护士或助产士在英国的另一个监管机构(如:卫生和保健专业委员会)注册,而该机构认定其执业能力受损,也可以适用这一规定。通常而言,护理与助产协会不会对其他机构的认定事实进行调查,而仅围绕认定本身展开。

3.6.6 对适于执业指控的移交

护理与助产协会通过多种方式接受关于护士和助产士适于执业问题的移交,包括以下途径:

[42]
- 民众(包括患者及患者亲属)
- 雇主
- 警方或其他公共机构
- 地方监管当局
- 护理与助产协会主动移交(《法令》第26条)

2011—2012年,护理与助产协会共收到4407份新的移交案件,其中42%来自雇主,19%来自民众。[57] 为了使护理与助产协会能够推进移交的案件,提出指控的人必须能够确定涉及的护士或助产士,说明所投诉的事件,并提供任何可能支持指控的相关文件。

第一次收到指控后,护理与助产协会筛查小组将对其进行评估以确保该移交案件能够确定登记在册的护士或助产士。许多案件在筛查阶段后并无进展,这可能是因为该指控与该护士或助产士目前是否适于执业无关,或者是因为当地的雇主可以更适当地解决这一问题。如果要继续受理案件,筛查小组会将案件提交调查。该调查可以简单地从护士或助产士目前的雇主那里获得最新的参考依据,或者由护理与助产协会的案件调查人员或护理与助产协会为此聘请的律师进行更详细的调查。调查完成后,案件将被提交调查委员会。

3.6.7 调查委员会

调查委员会的职能是决定护士或助产士是否需要就对他/她提出的指控作出答复。[58] 为作出这一决定,调查委员会专门小组将召开非公开会议,审查调查期间收集的所有资料以及有关护士或助产士提交的全部资料,并可以要求在其作出最终决定之前获得更多信息,如进行进一步调查或请护士或助产士接受体检。一旦掌握了需要的所有信息,调查委员会可以:

(a)决定无须作出答复并结案(保留记录3年,以便在对同一名护士或助产士提出另一项指控时再次进行审查);

(b)决定应当作出答复,并将因生理或心理健康状况而提出的不适于执业指控提交给健康委员会;

(c)决定应当作出答复,并将其他类型的不适于执业指控提交给行为与能力委员会。

3.6.8 健康委员会

为了确定护士或助产士的适于执业能力是否因生理或心理健康状况而受损,健康委员会专门小组通常会举行非公开听证,尽管健康委员会也可以在非公开会议上以和行为与能力委员会相同的方式确定指控是否成立(见第3.6.9节)。大多数情况下,证据由体检医生提供。体检医生将对护士或助产士进行检查,并可以就护士或助产士的健康状况和是否适于执业发表意见。护士或助产士有权出席、陈述并提出证据。如果专门小组认为护士或助产士的适于执业能力因生理或心理健康状况而受损,则可以采取惩戒措施(见第3.6.10节)。

[43]

3.6.9 行为与能力委员会

调查委员会将案件提交给行为与能力委员会后,行为与能力委员会可决定将案件提交公开听证会或非公开会议。如果护士或助产士要求在公开听证会中审查其案件,该案件将自动适用听证会程序。其他情况下,行为与能力委员会必须决定以何种方式处理案件。举行会议的前提是护士或助产士承认指控、指控直截了当且不涉及在公开听证会上需要处理的公共利益。如果确定召开会议,该案件将通过非公开的书面审查方式予以决定,且不会当场调取证据。大部分案件都适用听证。

行为与能力委员会的听证会通常公开举行,但根据有关规则,也允许进行非公开的听证。[59] 非公开听证通常由一方当事人提出申请。非公开听证案件的常见原因包括:符合患者或证人的利益,或将举出有关护士或助产士健康状况的证据。专门小组由一名法律评估员协助,就法律问题提供咨询,但不参与决策过程。护理与助产协会案件由一名律师陈述,而护士或助产士有权出席或被代表出席(通常是一名律师或工会代表,但有时也可以由一位朋友或亲属代表)。证人可以通过现场证言或宣读其证词来提出证据,诸如患者记录、机构政策、培训和发展记录、值班轮值表等书证也可能被传阅。护士或助产士有权交叉盘问护理与助产协会传唤的证人、要求出示证据和宣誓作证。

专门小组应当按照以下三个阶段审查指控:

(1)护理与助产协会是否根据相对可能性衡量证明了所指控的事实?[60]

[44] (2)根据已证事实,护士或助产士的适于执业能力是否受损?

(3)如果确实如此,专门小组应该采取何种惩戒措施?

在(2)和(3)阶段,专门小组必须特别注意平衡护士或助产士的利益与保护公众及维持公众对行业信任的义务。而在每一阶段,专门小组都必须就其决定给出书面解释。这些解释将被发送给护士或助产士,并在护理与助产协会网站上公布。

3.6.10 惩戒措施

《法令》第29条赋予健康委员会和行为与能力委员会在任意一方认为适宜采取进一步行动时施加惩戒的权力。可采取的惩戒措施如下:

- 1—5年的警告令
- 最多3年的限制执业令
- 最多1年的暂停执业令
- 解雇令

在健康状况不佳及缺乏能力的情况下,只有当相关护士或助产士在过去两年内已暂停执业或持续受到执业限制时,才可实施解雇令。[61]

为协助专门小组决定采取何种惩戒措施最合适,护理与助产协会向专门小组发布了指示性惩戒指南[62],其中列出了专门小组在作出惩戒决定时应考虑的因素和应采取的一般做法。

如已施加暂停执业令或限制执业令,则在该命令届满前,有关委员会须召集专门小组审查该命令。在这次审查中,专门小组可以延长命令的期限,或实施在最初的听证会上本可以采取的任何惩戒措施。

3.6.11 临时令

在将指控提交护理与助产协会后的任何阶段,即从调查到最终结果出来前,执业委员会都可以考虑对护士或助产士施加临时令。[63] 有关委员会的专门小组将在听证会上审议这一问题。护士或助产士有权出席、被代表出席以及要求调取和提出证据。只有在下列情况下,专门小组才能施加临时暂停执业令或临时限制执业令:

- 有必要保护公众
- 符合公共利益
- 符合护士或助产士自身利益

专门小组必须对其决定进行解释,将这些解释发送给护士或助产士,并在护理与助产协会网站上公布。[45]

临时令的有效期可长达 18 个月,但 6 个月后必须由执业委员会审核并在此后每 3 个月审核一次。如果在 18 个月期满时,程序尚未结束,护理与助产协会可以向高等法院申请将临时令延长 12 个月,对延长临时令的申请没有次数限制。

3.7 上诉

护理与助产协会针对不同情形作出了大量决定,其中许多决定可能会受到质疑。根据被上诉的决定不同,质疑所适用的机制也随之变化。

3.7.1 与注册相关的上诉

如果某人根据《法令》第 9 条申请注册或根据《法令》第 10 条申请注册续期,但遭到注册官的拒绝,则该人有权根据《法令》第 37 条对该决定进行上诉。

与注册相关的上诉由理事会指定的上诉专门小组审理,上诉专门小组的主席必须是理事会成员。提出上诉的个人有权出席、被代表出席以及调取和提出证据。如果上诉专门小组支持注册官所作出的不接受该人员进行注册的决定,则该护士或助产士可向郡法院或治安官(苏格兰)提出上诉。

3.7.2 向高等法院提出法定上诉

根据《法令》第38条,处于适于执业程序中的护士或助产士可就健康委员会或行为与能力委员会作出的任何非临时的指令向英格兰及威尔士高等法院、北爱尔兰高等法院或苏格兰最高民事法院提出上诉。一般而言,上诉是针对最终听证会上的决定作出的。

护士或助产士必须在收到书面决定通知后的28天内提出上诉,但无须证明上诉的是非曲直。在英格兰,实质性上诉由行政法庭的一名法官审理。2011—2012年,共有11宗上诉结案。[64]

3.7.3 对临时令的上诉

[46] 根据《法令》第31条第12款所赋予的权利,受临时令制约的护士或助产士可以对执业委员会施加或延续该指令的决定提出上诉。上诉须向英格兰及威尔士高等法院、北爱尔兰高等法院或苏格兰最高民事法院提出。同样地,此类上诉可能会导致上诉法院作出决定,直接影响执业委员会审查此类案件的方式。[65]

3.7.4 司法审查

护理与助产协会是能够接受司法审查的公共机构。接受司法审查的决定必须是公法上的决定。[66] 司法审查的重要意义,在于它给予护士或助产士以外的各方质疑护理与助产协会决定的机会。例如,当某人向护理与助产协会投诉护士或助产士,调查委员会作出不需要该护士或助产士答辩的决定时,他可以诉诸司法审查质疑该决定。

与护士或助产士提起法定上诉不同,要求进行司法审查的申请人必须首先获得高等法院的许可,而这需要他证明存在争议案件应当进行司法审查。

3.7.5 专业标准管理局的上诉

健康委员会及行为与能力委员会作出的所有最终决定均向医疗和社

会保健专业标准管理局报告,专业标准管理局定期向护理与助产协会提供执业委员会最终决定的"关键要点"。护理与助产协会则通过运用这些要点来帮助完善适于执业程序。

如果专业标准管理局认为任何裁决结果"过于宽大",其可根据2002年《国民医疗服务改革和医疗保健职业法案》第29条向高等法院(或同等机构)提出上诉。

在这些案件以及通过法定上诉方式提出的案件中作出的决定共同形成一套判例法体系,该判例法不断发展与专业监管有关的法律和实践。

3.8 助产

英国自20世纪初以来对助产士实施法定监管,当时大多数助产士是独立执业或通过慈善机构执业。此后,社会政策、专业发展和实践的变化塑造和界定了助产士监督员的角色和职能。目前,通过地方监管当局(LSAs)进行的法定监管与《法令》规定的适于执业程序并驾齐驱。

《法令》第42条要求制定规则以规范助产士的执业。这是通过2012年《助产士规则和标准》(简称《助产士规则》)完成的,该规则于2013年1月1日生效。

地方监管当局是负责支持和监督当地助产执业质量的法定机构,苏格兰、威尔士和北爱尔兰地方监管机构分别是卫生局、卫生监察局和公共卫生署。自2013年4月1日起,国民医疗服务体系委托机构成为英格兰的唯一地方监管当局。《助产士规则》第43条第1款第b项规定,如果在地方监管当局地理区域内执业的助产士的适于执业能力受损,地方监管当局应向护理与助产协会报告。和护理与助产协会的职能相呼应,地方监管当局的主要目标是保障和保护公众。根据《助产士规则》第13条,地方监管机构须完成年度报告并向护理与助产协会提交。年度报告为地方监管当局提供了一个向护理与助产协会及公众展示其活动与关注焦点的机会。

[47]

各地方监管当局委任若干执业助产士作为地方监管当局助产主管官员(LSAMOs),负责履行地方监管当局在监督助产士方面的职责。[67]《助产士规则》第8条规定,地方监管当局须根据护理与助产协会的要求配备足额的助产士监督员(现行比率为每15名助产士配备1名助产士监督员)。

每名执业助产士必须在 1 名指定的助产士监督员管理之下,其必须至少每年与该监督员会面一次,以便监督员审查其执业情况并确定是否有对其进行培训的必要。执业助产士必须能随时联系到助产士监督员。[68] 助产士监督员均为经验丰富的执业助产士,并已就该职位接受额外培训。

一旦在其管辖区内发生与助产士执业相关的不良事件,或者对助产士提出适于职业能力受损的指控,各地方监管当局必须公布其报告和调查程序。[69] 在调查最后,调查官员(通常是助产士监督员)会向地方监管当局建议应当采取的行动。地方监管当局有权暂停助产士的执业并将待办案件移交给护理与助产协会。[70]

虽然地方监管当局制度仅适用于助产士,但这一模式反映了当前有关专业监管的政治思维,即从中央监管转向地方责任监督。这种模式最终是否会影响行业的其他分支依然有待观察。

3.9　总结

本章提醒我们注意个人与集体都有义务监管护士与助产士,因为其中少数人为其照顾对象、公众或行业声誉带来了不可接受的风险;并且强调了对护士与助产士的要求,即必须符合监管标准并在法律、伦理框架下工作。同时,本章重申所有护士、助产士及其雇主需要了解注册带来的责任,不论其职业环境如何,都应将这一标准运用到其自身所处特定环境之中。

任何有关医疗和社会保健监管的争论的一个特点,是它们都无法对其未来作出准确无疑的预测。但可以肯定的是,现行制度可能因公众和专业人员的意见及游说而改变。无论未来发生何种变化,有关护士和助产士是否适于执业及问责的监管规定仍十分重要。没有它们,公众对注册簿及其内容的信任都将受到损害。

3.10　参考文献和注释

1. *Enabling Excellence: Autonomy and Accountability for Healthcare Workers, Social Workers and Social Care Workers* (Cmnd. 8008) (London, The Stationery Office, 2011).

2. Health and Social Care Act 2012 c.7 part 7.

3. The Nursing and Midwifery Order 2001 (SI 2001/253).

4. See note 3.

5. The Nursing and Midwifery Order 2001 (SI 2001/253) Part X.

6. NMC (Midwives) Rules 2012 (SI 2012/2035).

7. Amended by the Education, Registration and Registration Appeals (Amendment) Rules 2012 SI 2012/2754.

8. The Nursing and Midwifery Order 2001 (SI 2001/253) Article 3 (14)

9. Davies C, Beach A, *Interpreting Professional Self Regulation: A History of the United Kingdom Central Council for Nursing, Midwifery and Health visiting* (London and New York, Routledge, 2000).

10. Bristol Royal Infirmary Inquiry (Kennedy Report), *Learning from Bristol: The report of the Public Inquiry into Children's Heart Surgery 1994–1995,* (Cmnd. 5207) July 2001, http://www.bristol-inquiry.org.uk.

11. The Shipman Inquiry, Fifth Report, 2004 *Safeguarding Patients: Lessons from the Past-Proposals for the Future,* www.the-shipman-inquiry.org.uk

12. *Council for Healthcare Regulatory Excellence, Right-touch regulation,* (London, CHRE, 2004).

13. *Better Regulation Task Force, Alternatives to Self Regulation* (London, The Cabinet Office, 2000).

14. See note 1.

15. Nursing and Midwifery Council, *The code: Standards of conduct, performance and ethics for nurses and midwives* (London, NMC, 2008).

16. Nursing and Midwifery Council, *Raising and escalating concerns: Guidance for nurses and midwives* (London, NMC, 2010).

17. See note 11.

18. Department of Health, *Government Widens Review into Healthcare Regulation.* Press release 2005/0121.

19. Department of Health, *Good doctors, safer patients: Proposals to strengthen the system to assure and improve the performance of doctors and to protect the safety of patients* (London, The Stationery Office, 2006).

20. Department of Health, *The regulation of the non-medical healthcare*

professions (London, The Stationery Office, 2007).

21. Department of Health, *Trust, Assurance and Safety-The Regulation of Health Professionals in the 21st Century* (*Cmnd. 7013*) (London, The Stationery Office, 2007).

22. 根据2005年《调查法》第26条规定,2013年2月Robert Francis QC 主持的斯塔福德郡国民医疗服务体系基金会信托公开调查报告提交给议会。

23. www.nmc-uk.org/Registration/Revalidation, November 2012, accessed 23 May 2013.

24. www.nmc-uk.org accessed 23 May 2013.

25. The Nurses, Midwives and Health Visitors Act 1979.

26. See note 3.

27. Nurses and Midwives (Parts of and Entries in the Register) Order of Council 2004, SI 2004:1765.

28. Nursing and Midwifery Council, *The Prep handbook* (London, NMC, 2008 and refreshed in 2011).

29. See the Education Registration and Registration Appeals Rules Rule 14(2A) and (2B) and www.nmc-uk.org for restrictions on this process.

30. Nursing and Midwifery Council, Standards of proficiency for nurse and midwife prescribers (London, NMC, 2006).

31. Nursing and Midwifery Council, *Standards to support learning and assessment in practice* (London, NMC, 2008).

32. Nursing and Midwifery Council, *Standards for specialist education and practice* (London, NMC, 2001).

33. See note 3.

34. See note 15.

35. United Kingdom Central Council for Nurses, *Midwives and Health Visitors* (London, UKCC, 1983).

36. Beauchamp T L, Childress J.F, *Principles of Biomedical Ethics, 5th edition* (New York, Oxford University Press, 2001).

37. Nursing and Midwifery Council, *Guidance on professional conduct for nursing and midwifery students* (London, NMC, 2010).

38. Nursing and Midwifery Council, *Midwives rules and standards* (London, NMC, 2012).

39. Nursing and Midwifery Council, *Standards for pre-registration nursing education* (London, NMC, 2010).

40. Nursing and Midwifery Council, *Standards for pre-registration midwifery education* (London, NMC, 2009).

41. Nursing and Midwifery Council, *Standards for medicines management,* London, NMC, 2008.

42. See note 31.

43. Nursing and Midwifery Council, *Record keeping: Guidance for nurses and midwives* (London, NMC, 2009).

44. Nursing and Midwifery Council, *Good health and good character: Guidance for approved education institutions* (London, NMC, 2010).

45. www.nmc-uk.org.

46. 根据第22(1)条(a)款(vi)-(vii)项,《法令》规定了另外两类受损情形:被英格兰、威尔士或北爱尔兰独立禁止委员会禁止,或被苏格兰列入儿童或成人名单。这些规定尚未生效。

47. See note 5.

48. Bendall E, Raybould E, *A History of the General Nursing Council* (London, H K Lewis, 1969).

49. Nursing and Midwifery Council, *Fitness to Practise Consultation Background Information* (London, NMC, 2003).

50. Roylance v. General Medical Council (No 2) [2000] 1 AC.

51. Nursing and Midwifery Council, *Nursing and Midwifery Council: Annual Fitness to Practise Report 2011-2012* (London, NMC, 2012).

52. Nursing and Midwifery Council, *Advice on social networking sites* (London, NMC, July 2011).

53. www.nmc-uk.org.

54. See note 7.

55. Home Office Circular 6/2006, *The Notifiable Occupations Scheme.*

56. See note 5.

57. See note 51.

[50]

58. The Nursing and Midwifery Order 2001（SI 2001/253）Article 26.

59. Rule 19 Nursing and Midwifery（Fitness to Practise）Rules 2004.

60. 根据2008年《医疗和社会保健法》第112条,2008年11月修改了刑事证明标准。

61. 这一权力受到质疑的具体情况见 Okeke v. NMC［2013］EWHC 714（Admin）。

62. Nursing and Midwifery Council, *Indicative sanctions guidance to panels*（London, NMC, 2012）.

63. The Nursing and Midwifery Order 2001（SI 2001/253）Article 31.

64. See note 51.

65. See, for example, *Perry v. NMC*［2013］EWCA Civ 145.

66. For example, R（B）v. *The Nursing and Midwifery Council*［2012］EWHC 1264（Admin）.

67. NMC（Midwives）Rules 2012（SI 2012/2035）Rule 7.

68. NMC（Midwives）Rules 2012（SI 2012/2035）Rule 9.

69. NMC（Midwives）Rules 2012（SI 2012/2035）Rule 10.

70. NMC（Midwives）Rules 2012（SI 2012/2035）Rule 14.

4 投诉维度：医疗保健中的患者及家庭投诉

Peter Walsh
反医疗事故行动（AvMA）首席执行官

本章将探讨患者（或其家庭、扶持者）如何利用对护士和其他医疗专业人员进行投诉来报告问题，如何提起诉讼来提出疑虑并获得医疗保健提供者的适当回应。近几十年来，这一问题不断得到反思并导致政策多次变动，甚至从本书第三版问世至今，政策还发生了根本性变化。例如，英国于 2006 年通过了《国民医疗服务矫正法案》，这是一部关于向在国民医疗服务体系中受到损害的患者提供适当补救措施的议会法案，讽刺的是，该法案从未在英格兰实施，反而是威尔士议会首次使用其新权力以适当方式在威尔士通过该法案中的条款。在重新审查和修改《英格兰国民医疗服务体系投诉程序》后，一套新法规于 2009 年 4 月生效。英格兰《国民医疗服务体系章程》于 2010 年颁布，《患者权利（苏格兰）法案》于 2011 年通过。纵观历史，至少是从布里斯托尔皇家医院丑闻以来，对国民医疗服务体系影响最大的一桩丑闻伴随着 2009 年医疗保健委员会发布对斯塔福德郡国民医疗服务体系基金会信托事件的谴责性报告而曝光。这促使王室法律顾问 Robert Francis 开展公众调查并最终于 2013 年 2 月提交了一份包含 290 项建议的报告，该报告对监管国民医疗服务体系和保障患者安全具有深远影响。2009 年大选后，成立的联合政府开始对 2012 年《医疗和社会保健法案》中规定的处于激烈讨论之中的内容进行了根本且具有争议的改革，于是英格兰国民医疗服务体系的管理持续动荡。

[51]

由于卫生政策权力的下放和国民医疗服务体系的运行，威尔士、北爱尔兰和苏格兰的国民医疗服务体系与英格兰国民医疗服务体系差异越来越大。出于实际原因，本章不会一一陈述英国各地区对投诉管理的具体

[52]

情况,而是将重点放在英格兰,并提及苏格兰和威尔士的发展。基于与医疗保健相关的投诉性质,我们需要讨论这一程序与其他流程的衔接,尤其是投诉与诉讼、医疗专业人员监管、临床治理和患者安全的衔接,本书的其他章节对这些流程进行了更为详细的探讨。由于英国大部分的医疗保健由国民医疗服务体系提供,我们在本章将主要集中于对国民医疗服务体系的讨论,同时简略地了解私立医疗保健机构的相应安排。

4.1　投诉目的及投诉程序

　　无论是在医疗保健行业还是任何其他服务行业,提出投诉和投诉处理程序都有一些共同特点。投诉通常被定义为表达不满,而如果有处理投诉的正式规则,人们就会期望这种不满情绪的表达得到某种解释和回应。无论是私下还是正式场合,人们通常期望被投诉方不仅认识到引起不满的原因并道歉,还要说明已经和将要采取何种措施以避免同样事情再发生,甚至还要求其对投诉方提供某种形式的补救。具体形式可以是纠正其中存在的不当,或者提供实物补救以表示歉意,甚至对因此花费的时间、造成的不便或产生的费用进行某种形式的赔偿。通常在存在官方政策的情况下,当投诉人对获得的答复有所不满时,其可以通过一些机制来质疑答复并要求审查答复。

　　一般而言,投诉程序的目的是试图解决投诉,使投诉人满意。虽然这个目标并不总能实现,但至少这一过程可以为消费者提供一定程度的权力,让他们享有一定程度的公开透明。一段时间以来,投诉不仅被私营行业视为重新获得客户忠诚度(和业务)的机会,还是至关重要的情报来源,能帮助行业探索产品和服务的改进方向,使其对客户和潜在客户更具吸引力。例如,出于这种原因,英国航空公司与许多成功企业一样,宣布会对投诉的客户进行奖励。而在国民医疗服务体系中,政策目标的重点也已经在一段时间内发生了变化。原先,对患者投诉的反馈仅被视为一项公共服务,是对患者负责并保障患者权益;但现在,投诉被视为真正的学习机会。不过,正如下文所述,关于这样的目标在多大程度上已经实现仍然非常具有争议。但在理论上,至少国民医疗服务机构应当能够从患者投诉当中提取重要信息,了解自身在临床治理和患者安全方面的工作情况。监管机构也可以运用患者投诉来帮助监督医疗机构的服务质量

[53]

和安全性,并从中得知何时需要进行何种干预。在对斯塔福德郡国家医疗服务体系基金会信托的公开调查中,这些问题都被推上了风口浪尖。该基金会信托的医疗标准,尤其是护理标准已下降至相当骇人听闻的水平。据标准化死亡率统计数据估计,在该医院死亡的患者数量超过了预估值,进而引发了国家监管机构的调查。当时负责调查的监管机构是医疗保健委员会(后由医疗质量委员会取代)。多年来患者或其亲属一直在投诉,希望引起医院信托以及任何相关机构的重视,然而,却没有人清晰地意识到这些投诉实际表明了相关标准的根本崩溃。过去,投诉仅仅被视为需要处理的事务,对投诉的反应也通常是程式化的,这还是最乐观的情况。最糟糕的是过度抵制甚至不诚实面对投诉。与投诉相关的工作重点是在规定时间内作出答复,而不是真正去处理引发投诉的各种问题。投诉与旨在监督医疗服务质量和安全性的临床治理内部系统几乎没有联系。即使投诉人所投诉内容超出了医院信托的范围,负责外部监督和监管的人员也并未加以留意,而是将其提交给程式化的国民医疗服务体系投诉处理程序,这是他们仅可能作出答复的方式。

最新版本的国民医疗服务体系投诉程序于2009年4月正式实施,而斯塔福德郡的大部分事件都在此之前发生。时间将检验新程序是否更有可能实现政府所期望的结果并有助于避免类似斯塔福德郡的丑闻在今后发生。

4.2 2009年国民医疗服务体系投诉程序

在2009年之前,英格兰国民医疗服务体系投诉程序包括以下三个阶段:

(1)地方决议。投诉需向与投诉相关的机构提出(对于全科医生、牙医和其他初级保健专业人员而言,与投诉相关是指与执业相关)。

(2)独立审查。如果投诉人对投诉答复不满意,他们可以向医疗保健委员会请求对投诉的独立审查。医疗保健委员会有权对投诉进行全面调查,如果发现原处理过程尚有措施未尝试或用尽,可以将投诉转回地方决议解决;如果其认为投诉已经得到充分调查和回应,则不采取进一步行动。

(3)议会及医疗服务监察专员。如果投诉人不满意医疗保健委员会 [54]

的审查或医疗保健委员会拒绝调查,该投诉可转由监察专员处理。

卫生部修改并制定了一个称为"重视经验"[1]的两阶段制度,内容如下:

(1)地方决议。与之前的制度大体一样,但对于回应日期的规定更为灵活,以便进行更适当的调查和回应。有关初级保健专业人员的投诉,若投诉人愿意,可直接向相关初级保健信托提出。

(2)议会及医疗服务监察专员。若投诉人不满意,可转由监察专员对投诉进行审查,若投诉符合标准其将进行调查。

在原本的三阶段制度中,医疗保健委员会(后由医疗质量委员会取代)必须进行数量庞大的独立审查,还包括对其自身绩效的混合审查,这几乎使其淹没其中。积压的独立审查需求导致了长时间的拖延,一些投诉人对他们最终从医疗保健委员会得到的答复表示不满。然而,讽刺的是,在宣布废除该制度并制定新的投诉程序之时,医疗保健委员会就已开始减少积压的工作了,并果断确信其对国民医疗服务机构的审查结果,严厉打击对投诉的不当处理行为。

新制定的两阶段制度中,独立审查阶段被取消,这是对国民医疗服务体系投诉程序最大和最具争议的变动。该变动的支持者认为,取消投诉程序中的这一阶段将使该制度更易运用、更为简便。其认为独立审查的必要性将降低,因为根据新程序,投诉将在地方得到更妥善的处理。当投诉人不满意时,议会和医疗服务监察专员就可以对投诉进行审查,通过干预以确保投诉在当地得以适当解决,这可视为投诉得到妥善答复,无须采取进一步行动,或自行进行全面调查。该变动的批评者则认为,为监察专员设立的、用于决定何时进行全面调查的门槛高于为医疗保健委员会所设立的门槛,而且监察专员进行调查的能力非常有限。这意味着投诉得到独立审查的机会将会减少,而不满意结果的投诉人无路可走。另一种批评的声音是,将处理投诉从国家监管机构(现为医疗质量委员会)的职责中移除,意味着医疗质量委员会将无法从对患者真实经验的洞察中受益,无法从中获得有关国民医疗服务体系信托质量以及他们如何处理投诉的预警信号。卫生部和监察专员则辩称,监察专员可以应对这一状况并将问题反馈给个人信托和医疗质量委员会。当下议院健康特别委员会于2011年对新投诉体系的运作进行审查时,发现医疗保健委员会每年都进行约6000次独立审查,而监察专员仅进行约300次调查。虽然监察专

[55]

员也会审查每一起向其提出的投诉,并可能在未进行全面调查的情况下采取行动,但民众进一步投诉国民医疗服务体系的能力大幅下降,人们不再想进一步投诉,除非调查和回应投诉的方式能迅速得到显著改善。目前能够向投诉人提供建议的机构包括独立投诉扶持服务、反医疗事故行动、患者协会等,它们的经验证明,这样的显著改善很难发生且并未得到证实。本章随后将更详细地介绍健康特别委员会的报告。

"重视经验"的名称恰如其分,因为新投诉程序的明确目标是使体系更为积极地对投诉中涉及的问题进行回应。国民医疗服务机构在调查和应对投诉方面将获得更大的灵活性,将重点放在投诉人希望获得的结果,并进行适当的调查和回应,而不是在严格的投诉答复期限的约束下行事。许多评论者认为,原先必须在限期前作出回应的要求给相关机构带来的压力,令他们不得不采取"打钩选项"的方式,迅速展开调查和作出回应。而新的投诉程序允许延长回应时间,与投诉人协商从而公正处理投诉。这样的变化受到患者和国民医疗服务体系投诉受理人员的欢迎,因其强调要努力从投诉中吸取教训以改善患者安全和服务质量。调查和回应投诉同实际吸取教训并改进服务之间"环环相扣",一直是国民医疗服务体系投诉程序难以企及的目标。尽管有实现这一目标的明确意图和鼓励机制,但并没有太多证据表明这一目标正在不断得到推进。

4.3 投诉和诉讼

2009年,投诉程序还发生了另一个未被广泛宣传的重大变化,即如果已经开始或下定决心打算提起诉讼(通常是对临床过失的索赔),则业已存在的关于调查投诉的禁令将被解除。在2009年之前,投诉程序中规定有禁令,在这种情况下,投诉将被搁置。多年来,反医疗事故行动和其他组织一直认为这一规定并不公平,并且与国民医疗服务体系声称其公开透明的目标相悖。甚至有许多人认为这传递了一个信息,即国民医疗服务体系其实是在隐瞒有助于成功索赔的信息。如若不然,拒绝调查和全面回应投诉还能有什么其他原因?这对于那些敢在法律上挑战国民医疗服务体系的人而言,无异于一种暗示,让他们相信自己会受到一定程度的反对甚至恐吓:如果他们这样做,会被突然剥夺国家医疗服务体系的任何使用者所享有的部分权利。卫生部接受了这些论点,因此《国民医疗服

[56]

投诉条例(2009年)》在这一问题上保持了沉默。但是,由于这一变化没有得到很好的宣传,而且卫生部决定不再像以前一样,发布关于实施投诉程序的核心指导意见,因此国家医疗服务体系中的许多人都未注意到这一变化。

反医疗事故行动发现国民医疗服务体系因投诉人提出索赔或明示将提出索赔而拒绝调查投诉的情况一直存在。尽管卫生部在反医疗事故行动的建议下,已向国民医疗服务机构发函,指出法规已发生变化,但在本章撰写时,反医疗事故行动仍发现这种情况在继续发生。2011年(规则变化后2年多),对20家国民医疗服务体系信托网站的简要调查显示,仍有数家信托网站明确表示如果投诉人打算或开始提起诉讼,那么投诉将被搁置。

在某案件中,由于投诉人表示有意就临床过失提出索赔,国民医疗服务体系信托明确拒绝调查该项投诉,投诉人决定要求监察专员进行干预或自行调查。监察专员最初拒绝调查或介入该信托,因此反医疗事故行动决定介入并向监察专员交涉,以国民医疗服务体系信托没有遵照国民医疗服务投诉程序行事并对投诉人造成不公为据要求审查该决定。然而,经过审查后,监察专员维持了原来的决定。她得出结论:国民医疗服务体系信托有权暂缓处理该投诉,因为无论卫生部的政策意图如何,其就这一问题致国民医疗服务机构的函件含义模糊。虽然"默认"立场,是即使诉讼正在进行,对投诉的调查也应以正常方式展开,但有另一条款规定,如果投诉的进展"可能有损于后续的法律或司法行动",则投诉将被搁置。只有在这种情况下,投诉才应被暂缓处理,且投诉人应该被告知并获得解释。有意思的是,投诉人在该案件中得到的唯一解释是:国民医疗服务体系信托认为,调查该投诉可能有损临床过失索赔诉讼而并未阐释具体原因。这一切的推论是,国民医疗服务体系信托可以引用"偏见"论点而简单地拒绝调查投诉,且无须证明其正当性。这意味着,允许投诉人因投诉调查而更熟悉投诉中所发生的事实被认为是失之偏颇的(即,这可能有助于投诉人提出成功的临床过失索赔)。这完全不符合卫生部的政策和人们对国民医疗服务体系所期待的开放精神。在撰写本文时,反医疗事故行动正在与卫生部接洽此事。

长期以来,人们一直在讨论投诉是否应该与给予赔偿的概念相联系。2006年通过的《国民医疗服务矫正法案》规定了国民医疗服务矫正计划,如果国民医疗服务体系认为存在侵权责任(临床过失),则患者无须提起诉讼就可以获得赔偿。这不是一些人所谓的、历届政府都不曾认真考虑过的"无过错赔偿"计划,而是国民医疗服务体系内部的行政计划,该计划能够使构成投诉基础的问题在适当情况下得到矫正(包括补救治疗和/或经济赔偿)。该计划并不完善,但毫无疑问它将使许多索赔数额相对较小的人受益,而这难以通过诉讼实现。该计划的另一个目的是促进更大程度的开放,并确保通过处理案件吸取和落实有关患者安全的经验教训。解释该如何实现上述情况的报告也包括在矫正计划之中。令人意外的是,在议会投入大量时间讨论该立法并获得御准后,政府决定搁置整个项目。对此,官方的回应是,一段时间后将对新的投诉程序进行审查,以确定是否仍需要采取新计划。但是,政府在开始立法时就已经充分意识到投诉程序处于修改之中。因此,一些人推测,政府搁置该项目的真正原因是财政部担心这将导致更多的索赔,从而产生更多的支出。

[57]

然而,威尔士议会政府决定运用其被授予的权力来制订自己的计划,称之为"让一切回到正轨",这是他们对"国民医疗服务矫正计划"的具体实施版本,于 2011 年 4 月发布。这一计划打着回应"担忧"的总旗号,明确地将考虑赔偿与投诉的调查结合起来。与此同时,在苏格兰,政府决定在瑞典模式的基础上实施一项全面的"无过错"赔偿计划,只是详情尚未公布。在英格兰,重新考虑诉讼的替代方案(包括投诉与诉讼之间的衔接)只是时间问题。

根据对医疗事故发生率的预估,人们普遍认识到提出临床过失索赔的人数远低于预期,但仍然认为"赔偿文化"被大众认知会导致虚假索赔,进而危害国民医疗服务体系。卫生部估计,约 10% 的住院患者将发生医疗事故("患者安全事故")。这意味着仅英格兰医院就至少有 100 万起事故发生。然而,2010—2011 年,国民医疗服务体系诉讼管理局仅收到 8,655 份索赔要求。这一数字是被夸大的,因为就是这一年,诉讼管理局开始以不同的方式对索赔进行记录(记录每一封提交给信托的索赔信,而之前只记录已取得进展的索赔)。尽管如此,这个数字只占到我们预期可能出现索赔数量的微小比例,并且似乎——至少在临床案例中——与"赔偿文化"理论背道而驰。目前有大量的研究证据表明,总的来说人们不愿对临床过失提起诉讼。例如,为卫生部《补偿》报告[2] 所进行的 MORI 民意调查显示,对于经历过医疗事故的人来说,最重要的事情如下。

[58]　在遭受了医疗损害的人中：
- 34%的人希望得到道歉/解释
- 23%的人要求调查原因
- 17%的人寻求支持以应对结果
- 11%的人希望得到经济赔偿
- 6%的人希望施于纪律处分。

作为每年为约3,500名因医疗事故而受影响的人提供咨询的慈善机构，反医疗事故行动表示其中不到10%的人表达了希望起诉的意愿，许多人甚至对考虑起诉表示尴尬，因为寻求赔偿似乎带有一定程度的耻辱。当人们确实提起诉讼时，慈善机构表示通常是由于以下两个原因之一或两者的结合：

(1)因为国家民医疗服务体系未能公开和诚实地处理此事，而诉讼是找到真相并追究国民医疗服务体系责任的一种方式；

(2)目前，起诉是获得赔偿以帮助当事人因医疗过失遭受灾难性损害后继续维系生活的唯一途径。例如，为一个脑瘫儿童支付其余生的专科护理费用。

当问题出现时，诚实或"坦诚"的重要性及其在减少索赔和法律成本方面的可能性是《补偿》报告的重要主题，其中首次正式建议规定法定"坦诚义务"。本章随后将更详细地讨论这个问题。

即便如此，解决临床过失索赔的成本确实有所增长，2010—2011年已达到8.63亿英镑。[3] 其中2.57亿英镑(30%)为诉讼费用，而非向受害患者或其家属支付的实际损害赔偿。因此，决策者研究减轻这一负担的方法并不令人意外。联合政府于2011年公布了《法律援助、判决和违法者惩罚议案》，这之前，Young勋爵发布了攻击"赔偿文化"的名为《常识，共同安全》[4]的报告，Jackson大法官发布了《民事诉讼费用审查》[5]的报告。尽管议会内部存在激烈论争，但在高调争取保留法律援助的推动下，该议案在2012年正式成为一项法案，这标志着民事诉讼法律体系(包括临床过失索赔)发生了巨大变化。该法案采纳了Jackson大法官提出的许多改革建议，但也忽略了其提出的其他建议。例如，Jackson坚决主张对临床过失保留法律援助，尽管他确实建议彻底改变附条件收费协议("不赢不收费"协议)的运作方式。然而，政府仍决定将临床过失排除在法律援助的范围之外。虽然法案通过期间政府作出了一项让步，即将某些涉及与出生相关的儿童脑损伤临床过失案件纳入法律援助范围。大多数评论员认为,整体改革方案将导致普通人更难提出临床过失索赔。对此,政府的论点是,尽管途径不同,在新制度减少法律费用的同时,仍然保留了索赔人诉诸司法的机会。不过,许多人认为律师将无力为有更复杂索赔要求的人、或初步判断没有较大胜诉可能性的人提供代理。这是因为调查案件的成本高昂,而在新制度下,律师将无法通过胜诉赚取和从前同样多的胜诉费以弥补他们败诉或因需要进一步调查而放弃案件的损失。少数人认为在附条件收费协议中包括胜诉费在内的诉讼费用已经变得不成比例,需要采取一些措施来解决这一问题。无论如何,政府的建议被认为是行不通的,它将不可避免地导致有资格的索赔人失去诉诸司法的机会。将临床过失排除在法律援助范围之外的决定最难以理解,因为与附条件收费协议相比,国民医疗服务体系解决一宗法律援助下的临床过失案件无疑更具成本效益,这就是国民医疗服务体系诉讼管理局本身要求为临床过失案件保留法律援助的一个原因。伦敦国王学院的一份独立报告[6]甚至估计,若将临床过失排除在法律援助范围之外,政府的总体成本将是采取"不排除"措施成本的三倍。这是因为,虽然司法部因不必支付法律援助可以节省一笔不多的款项,但在成功的案例中,国民医疗服务体系将面临额外的保险费账单;如果案件继续得到法律援助,则不会出现这种情况。甚至政府自己都承认,将临床过失排除在法律援助范围之外至多只能实现"成本中性"。所有这一切引发了可能更为糟糕的推测,即尽管政策有明确目标,但这一变化的真正动机是完全阻止某些案件的进展。除了对诉诸司法的机会和这项政策的成本影响,另一个意想不到的后果,可能是国民医疗服务体系被剥夺了从实践中吸取经验并提高自身安全性的机会。因为通常只有在一开始就得到有力辩护的案件成功索赔之后,人们才能深刻认识到错误的严重性并在今后采取措施避免这些错误。

[59]

4.4 2011年下议院健康特别委员会对投诉及诉讼的调查

2011年,健康特别委员会对投诉和诉讼进行了调查,这是首次对新系统的运行情况进行的真正独立审查。该委员会的报告[7]给卫生部和国民医疗服务体系敲响了警钟,其中最值得注意的是它重复了患者组织对取消国民医疗服务体系投诉程序独立审查阶段以及监察专员填补该空缺的

能力所表达的许多担忧。在"国民医疗服务体系投诉系统运作不佳"的标题下,委员会关于报告出版的新闻稿强调了以下结论/建议:

[60]
- 应拓宽医疗服务监察专员的法律和业务框架,使其能够独立审查在被服务提供方拒绝后向其提出的任何投诉。
- 国民医疗服务体系仍没有关于投诉分类和报告的国家方案,而基金会信托的报告仍然是自愿发布。
- 政府最近就《医疗和社会保健议案》的信息战略进行的咨询并未提及处理投诉的程序。
- 尚不清楚在通过《医疗和社会保健议案》后,将如何处理患者对初级保健所提供服务的投诉。
- 国民医疗服务体系的文化往往是被动的,仍需说服服务部门接受更开放的文化。

该报告批评了就投诉持续存在的防御性文化,并支持促进和传递开放性的举措,包括政府建议的合同"坦诚义务",我们将在下文进行讨论。然而,对于是否需要规定法定可强制执行义务并不明确。一方面,它似乎暗示并不需要对此进行规定;但另一方面,它确实提出了一项具体建议,即坦诚对待患者的义务应成为医疗质量委员会许可要求的一部分,并由法律规定。在诉讼方面,委员会不赞成"无过错赔偿"计划,但支持为小额索赔制定快速通道的计划。委员会还警示取消法律援助将对临床过失案件诉诸司法产生影响。

健康委员会到底有多大的影响力仍是个问题。政府之后曾强烈反对将坦诚义务纳入医疗质量委员会注册要求的建议,但最终勉强同意了(见第4.5节),并继续排除对临床过失的法律援助。

4.5 医疗保健中的"坦诚义务"("Robbie法")

20多年前,一个名为Robbie Powell的10岁男孩在南威尔士去世,原因是医生们均未能诊断和治疗他所患的艾迪森氏病。尽管本案确立了对临床过失的责任,但就健康政策而言,其最重要的方面是指控医生在Robbie死后掩盖事实,包括试图伪造病历。自此,医疗保健患者安全和公正运动领导者发起了运动,期望通过建立法定"坦诚义务"预防医疗保健中的掩盖事实行为,最为著名的是慈善组织反医疗事故行动,它将其运动称为"Robbie 法",以纪念 Robbie 及其家人。这一案件一直在各种调查和程序中被提及,其中包括一起向欧洲人权法院提起的案件,该案确立的规则是即使医疗事故已造成一名儿童受到严重伤害或死亡,医生也没有告知医疗事故真实情况的法律义务。多年来,许多人试图解决这一令人担忧的情况。终于,在无数个家庭的不懈努力下,医疗总会修订了其《良好医疗实践》准则,表明掩盖造成伤害的医疗事故至少在理论上是不可接受的。包括护理与助产协会在内的其他医疗专业人员监管机构也在其守则中引入了类似规定。然而,当医疗总会在 2003 年终于考虑调查 Robbie 案时,尽管有证据显示被告方涉嫌伪造,并试图妨碍警方和皇家检察署的司法程序,但他们仍然拒绝调查,并援引了其所谓的"五年规则"。该规则规定,对医生已超过五年的行为提出的指控通常不会被调查。医疗总会有权使用自由裁量权不适用这一规则,但他们拒绝在 Robbie 案中这样做,即使家属、反医疗事故行动甚至包含有医生的国民医疗服务体系健康委员会提出了要求。尽管医疗总会在五年时间过去之前就已知道这些指控,并且随后才提出五年规则,但该案件的特别情况及其重要性未能使医疗总会相信破例是充分符合公众利益的,他们一直说,一旦其他程序完成,他们将进行调查。医疗总会甚至在反医疗事故行动通过司法审查方式质疑时拒绝审查其决定。其中明确而令人恐惧的含义,是如果医生成功地掩盖自己的行为超过五年,他们就有理由相信,至少他们不会被医疗总会追究责任。

[61]

此案打击了公众对捍卫公开和透明的医疗专业人员监管机构的信任,但即使人们信赖监管机构可以严格执行其守则,该守则也仅适用于医疗专业人员个人,不能促进机构或者不属于医疗专业人员的管理人员公开医疗事故。即使已经到了新千年伊始,如果一个医疗保健机构选择隐瞒医疗事故,它仍然没有违反任何法定规则。前首席医疗官 Liam Donaldson 等患者安全专家谴责了医疗服务中所谓的否认文化,他在 2003 年的《补偿》报告中正式提出了一项适用于医疗保健机构和管理人员的法定坦诚义务。虽然当时执政的工党政府从未采纳这一建议,也没有解释其原因,但为了正在进行的竞选活动,在 2010 年大选的自由民主党宣言里确实出现了一项含糊其词的承诺,即当提供的医疗保健出现问题并造成损害时可以要求医院进行公开。新的联合政府成立后,其政策中出现了相同的承诺,并体现在国民医疗服务体系白皮书《公平与卓越:解放国民医疗服务体系》中。[8] 人们越来越乐观地认为,这是 Robbie 法的曙光——当医疗服务无意中造成对患者的损害时,向患者或其家属公开是一项法定和可强制执行的义务。然而,政府,或至少是其中的保守党部长表达了强烈的抵制态度,反对在此类问题上立法,并于 2011 年就他们自己版本的坦诚义务开展咨询。咨询文件明确表示,负责在英格兰注册和监管所有医疗机构的医疗质量委员会的注册规则中,不会考虑规定法定、可强制执行的义务等其他内容,即运动领导者们支持的内容。取而代之的是提议一项"合同"义务——这是专员与国民医疗服务体系信托签订的合同中的一项标准条款。该义务不适用于全科医生、牙科医生等初级保健提供者,仅涵盖已向医疗质量委员会报告的事件(医疗质量委员会监管规则要求向其报告造成患者损害的事件,但没有规定医疗保健机构有义务向患者或其家属公开)。

运动领导者对政府的提议不以为然,在上议院讨论 2012 年《医疗和社会保健法案》时,他们提出了自己的论点,由此产生了一项修正案。该修正案规定医疗机构有采取合理步骤保证医疗事故向患者公开的法定义务,并将此作为医疗质量委员会的注册要求。由于其注册条例具有法定效力,医疗质量委员会将对未能遵守规定的机构拒绝或撤销注册,或采取其他措施。虽然获得了相当多的支持,但在政府的紧急指令下,该修正案于 2012 年 2 月以 36 票之差在表决中落败。另外,尽管该修正案由一名自由民主党人士签署,并获得了自由民主党元老的公开赞同,毕竟是起源于最初的自由民主政策,但最终只有一名自由民主党人士投票赞成。

表面上看,该修正案在上议院投票表决失利或许意味着,争取患者安全和患者权利的运动领导者们可能不得不满足于至少他们已经向政府施压,要求政府承诺对这一问题采取行动,而不论合同规定的坦诚义务是否足够充分。然而,这一问题在不远的将来肯定会卷土重来。斯塔福德郡国民医疗服务体系基金会信托的公开调查揭露了掩盖事实的惊人证据且无人为此负责。调查的主持者和法律顾问均表示,最终调查可能对此事发表观点,而且参与调查的法律顾问对拟议的坦诚合同义务是否充分持保留意见。当公众调查的报告最终于 2013 年 2 月出炉时,政府一度非常尴尬,因为该报告确实包含了一项明确的建议,即按照反医疗事故行动和其他运动领导者的呼吁规定法定坦诚义务。该建议在实践中运作的具体细节尚未公布,但政府已经表示,尽管此前曾对此进行强烈抵制,其仍将落实该建议。政府也一直不太愿意遵循相关建议,对因不遵守规定而受到刑事制裁的个人施加相应的法律义务。尽管如此,人们一直呼吁为所有医疗机构设立一项法定坦诚义务,这被认为是自国民医疗服务体系(NHS)成立以来,在患者安全和患者权利方面可能取得的最大进步。

4.6 对投诉人的独立支持和建议

自1974年起,社区健康委员会(CHCs)是为对国民医疗服务体系进行投诉的人士提供独立建议与支持的主要来源。社区健康委员会是各地的国民医疗服务体系法定监察机构,从当地社区招募志愿者,并由专职人员协助。在国民医疗服务体系中,他们也被称为"患者之友"。2003年社区健康委员会在英格兰被废除,引起了争议,威尔士议会允许就此事进行公开咨询,由于获得压倒性的支持,社区健康委员会在威尔士得以保留。在英格兰取而代之的是新的患者扶持和联络服务(PALS———一种内部客户服务),作为国民医疗服务体系信托的一部分,其并不具有独立性。作为对反对在英格兰废除社区健康委员会的让步,政府没有确立"独立咨询与联络服务"(ICAS)。然而,尽管最初的承诺是将此服务建立在新的"患者论坛"基础之上以取代社区健康委员会,并由该论坛工作人员管理,但该服务最终的建设工作还是由卫生部招标完成的。最初有四家,现有三家慈善机构持有在全国各地提供独立咨询与联络服务的协议。起初,新员工和对提供此类服务没有经验的组织存在许多问题,而持有协议的不同机构之间在提供独立咨询与联络服务上存在相当大的不一致性。随后的几年中,这些困难在很大程度上得到了解决,但人们对服务所采用的模式仍存疑虑。例如,在对斯塔福德郡国民医疗服务体系基金会信托的公开调查中,有证据表明该区域内的独立咨询与联络服务提供机构没有与任何其他患者和公众参与机构联系,且没有从其协助的投诉中确定关注重点,并将这些问题向信托反映。证人指出,如果保留了社区健康委员会模式或其改进模式,情况可能并非如此。社区健康委员会将投诉支持角色(由专职员工履行)与其成员(志愿者)的战略监督角色相结合,由投诉人员将信息无缝地传递给成员,以便处理已确定的问题。

[63]

由于缺乏一个患者和公众参与的联合系统,加之投诉支持服务是国民医疗服务体系中的一部分,导致公众一再呼吁回归更接近原社区健康委员会的模式,也即为公众提供有关本地国民医疗服务体系的本地"一站式服务"。人们希望,通过建立另一个新的患者和公众参与制度可能实现这一目标,而这正是《医疗和社会保健法案》带来的变化之一。由此,各地的"健康观察"机构应运而生。然而,虽然该法律允许健康观察在已决定并有能力的情况下为投诉提供支持,但这仍取决于为健康观察和投诉支持服务提供预算的地方政府是否决定沿着这一方向前进。从目前的情况来看,新的制度很可能会导致与废除社区健康委员会以来所经历的相比更加不一致且不成体系的局面发生。

4.7 医疗专业人员监管/适于执业程序

[64]　　对医疗专业人员个人有严重担忧的患者、家属或公众可选择的方法之一是通过相关监管机构"适于执业"程序提出对特定专业人员的担忧。对护士而言,监管机构是护理与助产协会。非医疗专业人士经常对适于执业程序的目的和与之相关的术语感到困惑。例如,这些程序不能用于调查对医疗专业人员的一般投诉或不满,它们是通过调查医疗专业人员是否"适于执业"保护患者和维护专业标准的。然而,在提出这些担忧时,"投诉"一词经常被使用。提出"适于执业"担忧的民众最初被视为投诉人,但如果监管机构进行调查,这些"投诉人"在调查中仅仅是"证人"。而在由监管机构及其律师推动的程序中,这些"投诉人"本身并无特殊作用。他们可能会发现自己站在证人席上,被医疗专业人员的辩护律师质疑自己的诚实正直。不过,大多数的"投诉"并没有达到需要被调查的程度,而是会在此之前被筛选为"不恰当",即不构成对适于执业的质疑,或仅仅被提交给相应医疗专业人员的雇主。如果雇主没有发现存在类似问题的证据,通常不会采取进一步行动。

在护理方面,护理与助产协会近年来一直受到非常严格的批评,涉及它如何履行其确保护士适于执业的职责。2008年,在受到议员们的批评后,负责监督该协会的医疗服务规制优化委员会[9]发表了一份具有高度批判性的报告,根据该报告任命了一名新的首席执行官兼主席。然而,在2012年,由于护理与助产协会在管理和适于执业程序方面仍然存在问题,政府要求医疗服务规制优化委员会再一次进行审查。因此,在新任首席执行官兼主席的领导下,护理与助产协会现在正全力投入于一项具有挑战性的改进计划。

我们还应当在世界医疗专业人员监管的大背景下看待护理与助产协会。2007年,当时的工党政府发表了白皮书《信任保障与安全:21世纪医疗专业人员的监管》。[10]这代表政府在经历了包括Harold Shipman、Ayling、Neale和Kerr/Haslam在内的一系列备受瞩目的丑闻和调查后,终于出台了期待已久的医疗专业人员现代化监管计划。随后,由卫生部成立的多个多方利益相关者团体进行了超过一年的高强度工作,以在白皮书背景下提出具体推进建议。并非所有的工作都与听取患者和公众对医疗专业人员的担忧并采取行动直接相关,但大部分工作都与此有关。从患者和公众的角度来看,"在当地解决问题"的工作组报告中最重要的两项建议具体如下[11]:

(1)建议为考虑向监管机构提出担忧的人士发展一项受资助的专业咨询服务。工作组的报告认为这是一个需要填补的重大空白。尽管数百万英镑被用于全面处理有关国民医疗服务体系投诉的"独立投诉支持服务"(包括一般不满、等待时间、无礼以及临床问题的投诉),但该服务仅限于对国民医疗服务体系投诉,并不适用于适于执业案例。目前还没有被资助服务可以做到这一点,但反医疗事故行动等专业慈善机构正尽其所能利用自己有限的资源提供服务。

[65]

(2)建议公开对医疗专业人员提出担忧的信息,特别是强制要求不同雇主、专员和监管机构之间共享信息。这是为了回应人们对于医疗专业人员的问题没有例行分享渠道的担忧。例如,如果某全科医生被发现在一系列临床过失案件中负有责任,由于这种情况并不要求报告,负责全科医生临床治理和患者安全监测的初级保健信托和医疗总会可能对此一无所知。相同的情况同样适用于护士和其他卫生专业人员。此外,雇主也无须向其监管机构或其他雇主转达对护士或医生的担忧。

在我们写作当时,上述建议均未落实,也无已公布的实施计划。

4.8 《国民医疗服务体系章程》

经过一段咨询期后,英格兰《国民医疗服务体系章程》[12](以下简称《章程》)于2010年公布。它规定了管理国民医疗服务运行的原则和患者拥有的"权利",并提示国民医疗服务体系及其人员的职责。它还作出了

若干保证或"承诺"。其中,关于患者的投诉和补救,《章程》规定如下:

[66]
> 你有权要求有效处理任何有关国民医疗服务的投诉,并对其进行适当调查。
>
> 你有权知悉对你所提出投诉的任何调查结果。
>
> 如果你对国民医疗服务体系处理投诉的方式不满意,有权向独立医疗服务监察专员投诉。
>
> 如果你认为自己受到国民医疗服务机构的违法行为或决定的直接影响,有权要求司法审查。
>
> 如果你因过失治疗而受到损害,你有权获得赔偿。
>
> 国民医疗服务体系还承诺:
>
> ● 确保在处理一宗投诉的整个过程中,你受到应有的礼遇和适当的支持,并且提起投诉并不会对你日后的治疗造成不利影响(保证);
>
> ● 当错误发生时,承认错误、道歉、解释错误并迅速有效地纠正(保证);
>
> ● 确保该组织从投诉和索赔中吸取经验教训,并利用这些经验改善国家医疗服务(保证)。

值得注意的是,《章程》并未引入任何新权利。相反,它是各种现有权利以及渴望提高服务水平的保证的凝结体。因为在《章程》出台之前,现有权利也受到质疑,而《章程》将这些权利进行了规范化。例如,声称因过失治疗而受损害的患者有权获得赔偿的说法,在《章程》里被用更恰当的措辞表述为"如果你因过失治疗而受到损害,你有权通过法院寻求赔偿"。有人可能会质疑在《章程》中重申公民参与民事诉讼权利的用处,但几乎没有人会对上述保证的精神提出异议;相反,明确重申现有的权利以及国民医疗服务体系的宏图受到了广泛欢迎。然而,政府抵制任何人出于确定这些权利或保证是否在实践中得到尊重和信守的目的,轻易质疑政府或国民医疗服务机构。国民医疗服务机构遵守《章程》的责任仅限于考虑"顾及《章程》"的法定要求。从理论上说,这为卫生部、国民医疗服务体系专员和监管机构考察国民医疗服务机构在多大程度上满足这一要求提供了标准。然而,实际情况并非如此。2011年,在回应反医疗事故行动提出的《信息自由法案》要求时,卫生部承认,它并不知道任何国民医疗服务机构被要求承担未遵守《章程》的责任。

4.9 总结

近年来,处理患者和家庭投诉和担忧问题的不同制度发生了重大变化,人们越来越意识到,需要采取更多措施来改变医疗保健中保留的防御性文化。新国民医疗服务体系投诉程序的政策目的受到了普遍欢迎,特别是最终实现"闭环"从而吸取教训和作出改进,但最终是否会实现还有待观察。患者或其家庭在参与诸如医疗专业人员监管机构进行的适于执业程序和诉讼等程序时仍然面临巨大挑战。在未来几年,这些领域发生进一步变化将并不令人意外,其中包括对国民医疗服务体系小额矫正计划进行修改。目前的《章程》充其量是一份有关价值、期望和现有权利的有用宣言。如果采取措施使其具有约束力,并提供给患者(及监管机构/专员)一种能让国民医疗服务机构对其未能遵守规定的行为负责的途径,这将有可能成为一项更有力的举措。在医疗保健机构如何应对不良事件的文化变革方面,最令人振奋的是对已经达成一致的法定坦诚义务的期望,但只有时间才能证明坦诚义务的规定和执行是多么有力,以及它是否提供了大多数利益相关者所渴望的更加开放和公平的文化。

[67]

4.10 参考文献

1. Making Experiences Count, Department of Health, 2008.

2. Making Amends, Department of Health, 2003.

3. Annual Report 2010–2011, NHS Litigation Authority; 2012.

4. Common Sense, Common Safety, Lord Young of Graffham, Cabinet Office, 2010.

5. Review of Civil Litigation Costs, Jackson, Rt Hon Lord Justice; The Stationery Office, 2009.

6. G. Cookson, *Unintended Consequences* (London, Kings College London, 2012).

7. 'Sixth Report: Complaints & Litigation', Health Committee, House of Commons, June 2011.

8. *Equity and Excellence: Liberating the NHS* (London, The Stationery

Office, 2010).

9. Performance Review of the Nursing & Midwifery Council, Council for Health Regulatory Excellence (CHRE), June 2008.

10. Trust Assurance and Safety: the regulation of health professionals in the 21st century' The Stationery Office, 2007.

11. Tackling Concerns Locally-report of the working group, Department of Health, 2009.

12. NHS Constitution for England, Department of Health, 2010.

5 政策维度：
超越华而不实,迈向更安全的国民医疗服务体系

John Tingle
诺丁汉特伦特大学,诺丁汉法学院国际发展部主任,卫生法准教授(Reader in Health Law)

正如前几章所述,自2007年本书第三版出版以来,护理的法律和卫生政策背景发生了重大变化。我们在第三版的对应章节中讨论了国民医疗服务体系计划、患者赋权的概念、《国民医疗服务矫正议案》和国家患者安全局。在6年后的2013年,2006年《国民医疗服务矫正法案》规划的新国民医疗服务矫正计划仍然没有生效,该计划为遭受临床过失损害要求赔偿的患者提供了一条不同于法院的重要路径,但人们不知道这将来是否会成真。在卫生部草拟法规并提交议会之前,2006年《国民医疗服务矫正法案》无法实施,而目前法规的草拟尚未启动。

本书第三版出版时,国家患者安全局还是一个新产物,随后又在卫生部的非政府中介公共机构审查中被废除。[1]对此卫生部解释如下：

我们在国家一级已经建立卫生部非政府中介公共机构网络,以规范该系统、提高医疗标准、保护公共福利、支持地方服务和提供专家意见。这些机构所从事工作的范围从后勤行政职能到复杂的伦理或临床相关工作。

这些非政府中介公共机构受政府资助,与当地服务机构及其他非政府中介公共机构密切合作。其中包括三种主要的非政府中介公共机构：执行机构、非部门性公共执行机构、特别卫生机构。[1]

作为政府为降低成本、减少半官方机构数量和维持自洽的政策框架所做努力的一部分,此次审查目的是支持在国民医疗服务体系的各个层面实现自治和明确的问责制。[1]

国家患者安全局通过其进行的研究和发布的出版物,为国民医疗服

务体系患者安全文化的发展作出了重大贡献,并在其中扮演了易于识别的"患者安全卫士"的形象,它的消亡使得这个领域存在空白,而这一空白目前尚未被填补。

"赔偿文化"一词仍在各团体中流传,政府似乎仍在担心,对"赔偿文化"的正确或错误理解都可能会阻碍国民医疗服务体系和学校等公共服务机构正常开展工作。[2]我们曾看过这样的媒体报道:学校禁止七叶树果游戏,或者坚持让学生在游戏时戴护目镜。一些学校甚至因内含刀片而禁止学生使用普通的卷笔刀。国民医疗服务体系诉讼管理局前首席执行官明确表示国民医疗服务体系中不存在赔偿文化。[3]然而,这一问题目前仍处于热议中。

政府于 2006 年 7 月 25 日通过了《赔偿法案》(2006 年),以回应对赔偿文化的争论。该法案涉及许多内容,包括让公众更加关注对过失的控告。它提醒法官们应当评估适用于某个案件的注意标准,因为像学校旅行和七叶树果游戏这样目的纯粹的活动也可能使人遭受损害。确定过高的标准可能带来负面效果,比如导致非常有益的社会活动被取消。

临床中,好心的医疗专业人员可能会犹豫是否提供帮助。例如,一个没有接受过急救培训的肾透析护士可能在一次道路交通事故的急救中尽了最大的努力,但患者觉得她本应做得更多,于是对她提起诉讼。2006 年《赔偿法案》第 1 条规定,当考虑过失或违反法定义务的索赔时,法院可在决定被告是否应采取特定措施以达到注意标准(无论是采取预防措施还是其他措施)时,考虑采取该等措施的要求是否可能在某种特定程度上或以某种特定方式妨碍合宜的活动进行,或可能阻碍人们履行与该活动有关的职能。第 2 条规定,赔礼道歉、提供治疗或其他矫正措施本身并不构成对过失或违反法定义务的承认。和第 1 条一样,该条文旨在反映现有法律,并没有制定新的法律,但同时以温和的方式提醒法院法律的规定,打消公众和有关机构的疑虑。我们不希望因为对诉讼毫无根据的恐惧,或因为风险无处不在而失去对社会有益的活动。对自己可能会因为某件事被起诉的担忧自然会使人们在做这些事时迟疑不决,但想要在现实中证明是否存在过失非常困难。悲哀的是,媒体和一些索赔公司呈现与这一事实不符的假象。2006 年《赔偿法案》有望平衡其中的不协调,而且已经有证据表明它正在发挥作用。

5 政策维度：超越华而不实，迈向更安全的国民医疗服务体系

与之相关的问题是，国民医疗服务体系是否在患者赋权的道路上走得太远，让患者对能够实现的目标产生了不切实际的期望。是否是时候让患者明白国民医疗服务体系并不能保证完美的结果？引用 Michael Powers 的话[4]，就是要让他们了解"不确定性政策"。

[70]

5.1 自第三版出版以来发生的实质性进展

5.1.1 临床过失诉讼成本控制：废除国家患者安全局

自本书第三版出版以来，在临床过失诉讼和患者安全领域发生的最显著的实质性进展，体现在临床过失诉讼成本管理和废除国家患者安全局方面。

5.1.2 临床过失：成本控制

长期以来，国民医疗服务体系诉讼管理局一直关注临床过失索赔中存在的高额律师费用。其在《报告及年度账目（2011—2012）》中指出：

一个真正值得关心的问题是，索赔人的律师费用占总诉讼费用的比例上升至近 80%。在临床过失诉讼中使用附条件收费协议产生的法律费用远高于赔偿金，小额索赔案件尤其如此。[5]

《法律援助、判决和刑事处罚法案》（2012 年）对诉讼资金和成本作出了重要规定，这些规定将影响临床过失诉讼。其他变化将通过民事诉讼规则实现。

临床过失案件的法律援助资金将发生重大变化，其后果是除了极其有限的案件，这类索赔一般不会得到资金支持。

该法案采纳了 Jackson 大法官在审查民事诉讼费用时提出的建议。[6] 报告指出，关于临床过失诉讼：

在这一诉讼领域，必须牢记两个目标。首先，由于临床过失而受到损害的患者必须诉诸司法，这样他们才能得到适当的赔偿。其次，必须适当控制这一巨大的公共开支，使医疗服务的资源不会被不必要地浪费在诉讼费用上。报告第二部分提出的全面改革建议将有助于实现这些目标。[6]

Jackson 的审查建议包括以下内容：

- 应协调在英格兰和威尔士制定临床过失案件的个案管理指导。

[71]
- 试点临床过失案件的成本管理。
- 应制定法规以实施2006年《国民医疗服务矫正法案》。[6]

5.1.3 废除国家患者安全局(NPSA)

2012年6月1日(星期五),作为政府组成部分的国家患者安全局在非政府中介公共机构审查[1]中被废除,其关键职能与专业地位转移给国民医疗服务体系委托委员会特别卫生管理局(以下简称"委员会管理局"),但它留下了一套锦囊妙计以帮助信托发展并维持有效的患者安全文化,其中包括国家报告和学习系统(NRLS)。该系统至今仍然存在,自2012年4月起,由帝国理工学院医疗保健信托(ICHT)运营管理,后者将在两年内暂时负责履行国家报告和学习系统的现有职能。目前支持国家报告和学习系统的人员编制已经转至帝国理工学院医疗保健信托。2012年《国家患者安全局指南》(修正案)和2012年《帝国理工学院国家医疗服务信托指南》(2012年9月10日更新)涵盖了这些安排。

国家患者安全局的出版物仍可通过国民医疗服务体系委托委员会查阅。本书第三版已经提到,国家患者安全局在开发良好基础设施以促进具有反思性和安全性的临床实践上的工作被证明十分重要,它建立了国家报告和学习系统。

如第三版所述,国家报告和学习系统是全球第一个全面的患者安全不良事件报告系统。而国家患者安全局因延迟引入国家报告和学习系统以及向信托提供反馈而受到了一些批评。国民医疗服务体系信托普遍认为,国家患者安全局没有迅速和定期地提供反馈,因此未能最大限度地吸取经验教训。此外,对国家患者安全局具有多大经济价值也依然存疑。[7]

5.1.4　2012年《医疗和社会保健法案》

提高国民医疗服务体系的医疗服务质量是2012年《医疗和社会保健法案》的一项主要宗旨,该法案还包含了对国务大臣提高服务质量的义务规定。例如,卫生事务大臣有审查医疗服务现状的义务,且应当每年向议会报告其审查结果。其年度报告必须详细说明在改善服务质量和减少健康不平等方面所做的工作。

5 政策维度:超越华而不实,迈向更安全的国民医疗服务体系

5.1.5 管理国民医疗服务体系中的医疗诉讼

5.1.5.1 国民医疗服务体系诉讼管理局

国民医疗服务体系诉讼管理局(NHSLA)继续通过临床过失信托计划(CNST)及其他计划为改善患者安全作出积极贡献。国民医疗服务体系诉讼管理局是特别卫生管理局,属于国家民医疗服务体系的一部分。它具有多项职能,包括赔偿英格兰国民医疗服务机构因临床过失索赔遭受的损失、管理国民医疗服务体系诉讼以及提高国民医疗服务体系风险管理标准。作为非官方中介机构审查的一部分,Marsh 风险咨询对国民医疗服务体系诉讼管理局的职能进行了审查。[8] 审查报告强调了自 1995 年成立以来,国民医疗服务体系诉讼管理局的积极作用与有效贡献,但也发现其在某些领域未能实现最优性能。报告指出,在这些领域,采用商业组织的一系列普遍做法将有助于更好发挥其职能。卫生部对该报告作出回应[9],广泛接受其结论和建议,并将采取行动作出适当改变。

[72]

5.1.5.2 发展国民医疗服务体系患者安全文化

尽管进展缓慢,但我们可以看到国民医疗服务体系正在形成一种稳固的患者安全文化。这是一个漫长的过程,任重而道远,但我们已经迈出了积极的步伐。与本书第三版出版时相比,现在的国民医疗服务体系似乎更加安全。然而,目前的困难依然在于,还没有基于科学的效果评估来证明这一点。与此同时,作为英格兰患者安全主要倡导者和捍卫者的国家患者安全局不复存在,只有时间会告诉我们国民医疗服务体系委托委员会能否充分填补国家患者安全局留下的空白。

5.1.5.3 填补因废除国家患者安全局而留下的空白

世界卫生组织(WHO)患者安全部承担了部分责任,其编制了大量有趣的资料,包括患者安全课程指南和其他非常有益的出版物。[10] 英格兰前首席医疗官 Liam Donaldson 现担任世界卫生组织的患者安全大使。

另一个关于患者安全和医疗质量的倡导者是健康基金会,它同样有助于填补因国家患者安全局解散而留下的空白。作为一个独立的慈善机构,该基金会的目的是持续改善英国的医疗质量。他们资助该领域的研究,并在患者安全和健康质量领域编制了许多优秀的出版物。[11]

5.2 国民医疗服务体系应诉水平:仍然是个问题

至 2007 年本书第三版出版,国民医疗服务体系临床过失诉讼一直是个问题,在 2013 年时依然如此。2004/2005 年,国民医疗服务体系诉讼管理局[12]为所有临床过失计划支付了 5.03 亿英镑(2003/2004 年:4.22 亿英镑),但实际提出索赔的案件数量是有所下降的,从 2003/2004 年的 6251 件下降到 2004/2005 年的 5609 件。目前,临床过失的索赔额度继续上升。国民医疗服务体系诉讼管理局《报告及年度账目(2011—2012 年)》指出:

[73] 受理的新索赔

本年度受理的新索赔数量增加了 6%,增幅显著,但远低于 2010—2011 年度,同时也低于前三年的每一年。

……在前一年临床索赔突然急剧上升超过 30% 后,临床和非临床索赔以相似比率增长(分别为 5.6% 和 6.3%)。近年来索赔数额的增长部分可归因于信托早前报告的索赔和事件,这迫使我们尽快完成许多索赔从而降低诉讼费用。[5]

谈到国民医疗服务体系对临床过失索赔的未偿债务时,国民医疗服务体系诉讼管理局表示:

截至 2012 年 3 月 31 日,国民医疗服务体系诉讼管理局估计其可能负债为 189 亿英镑,其中 186 亿英镑与临床过失索赔有关(其余为因 PES 及 LTPS 承担的负债)。该数字代表所有已知索赔的预估价值,以及对已发生但尚未报告的索赔(IBNR)的精算估计,这些索赔可能在未来几年内结清或被撤回。[13]

临床过失索赔无疑是国民医疗服务体系预算的重点关注事项。从国民医疗服务体系诉讼管理局《报告及年度账目(2011—2012 年)》[5]的讨论中可以看到索赔及其相关成本继续上升,但索赔持续时间没有往年长,说明索赔进程已经大大加快。目前主要的临床和非临床计划的索赔期限均在 16 个月以内[5],而国民医疗服务体系诉讼仍被视为一个庞大而昂贵的问题,这在本书之前版本中均有所提及。前任首席医疗官在《补偿》报告中所表达的观点如今仍然适用:

医疗损害诉讼常常在对抗、言语尖刻、误解和充满敌意的气氛中进行,因为国民医疗服务体系的重心是尽可能少地揭露问题,为临床决定进

5 政策维度:超越华而不实,迈向更安全的国民医疗服务体系

行辩护,并且不情愿地发布有关信息。过去,解决案件需要太长时间。在小额索赔中,诉讼费用与赔偿金额并不相称;在大额索赔中,对于任何一次性付款的组成部分和受害人预期寿命的争论都可能需要冗长的时间并付出高昂的代价。[14]

布里斯托尔皇家医院调查报告表达了类似的观点:

现在该体系不符合质量和安全方面的其他政策举措:事实上该体系削弱了这些政策,阻碍了对患者所接受医疗安全性的改善。归根结底,我们认为,如果在国民医疗服务体系之外存在一个反向激励的诉讼制度,我们就不可能在国民医疗服务体系内形成全面、公开报告的环境。我们认为,未来需要做的是废除临床过失诉讼,将临床错误排除在法院和侵权制度之外。[15]

然而,基于医疗过失的侵权制度并未被废除,基本保持完整。当所有的论据都得到考虑和平衡时,我们很难理解为何要在临床错误方面废除它。法院构建了一个非常有用的医疗保健问责机制,要求医生和护士为他们的作为或不作为承担责任,所报告的案例为教学提供了丰富资源。侵权制度也可以被视为对不当行为的威慑机制,为了避免发生诉讼,医疗保健人员需要安全执业。对于解决其他的专业人员纠纷,侵权制度是一种完美存在,因而在医疗过失案件中主张废除该制度不切实际。卫生部的《补偿》[14]报告和本书第二版中讨论的沃尔夫司法改革均有助于改善临床过失诉讼的情况,下文讨论的国民医疗服务矫正计划则有可能真正提供一个很好的替代方案。

[74]

5.3 改变临床过失赔偿制度

自本书的第二版和第三版以来,我们对临床过失制度进行了大量的反思。[14] 由于具有相关性,本书第四版保留了之前在第三版中出现的有关国民医疗服务矫正计划的讨论。2013 年,我们仍然面临书中所述那般的紧张局势和挑战。

侵权制度并未归入任何无过错赔偿计划的范畴,如新西兰和瑞典现有的赔偿计划。《补偿》报告对所有无过错制度都进行了讨论并予以拒绝,主要原因是其可能产生的费用。《补偿》报告十分全面彻底,对临床过失诉讼制度及其问题进行了详尽的实时说明。在报告提出的 19 项建议

中,最主要的一项建议是制订国民医疗服务矫正计划,建议1具体表述为:

应引入国民医疗服务矫正计划,以便在出现问题时进行调查,在必要时进行补救治疗、康复和护理、解释和道歉,以及在特定情况下给予经济赔偿。[14]

建议12同样关键:

为了改善患者安全,在报告事故时应当负有坦诚义务,同时免于纪律处分。[14]

前首席医疗官在《补偿》报告中还就是否应继续将 Bolam 测试标准用于国民医疗服务矫正计划征求了意见:

国民医疗服务矫正计划

合格标准应该是什么?是目前用于评估临床过失的 Bolam 测试标准,还是适用低于标准医疗的广泛定义?

如果是后者,首选的评估公式应当是什么?[14]

5.3.1　2006年《国民医疗服务矫正法案》的历史和背景

[75]　《国民医疗服务矫正法案》于2005年10月12日提交上议院,在获得通过成为法律之前,该法案已经过重大修订。尽管政府不同意,上议院以157票对144票的票数通过了允许在不承担责任的情况下进行道歉、提供治疗或补救的提议。[16] 该法案规定建立一项计划,以便在无须启动庭审的情况下,解决某些与向患者提供的医院服务(属于英格兰医疗服务的一部分)有关的索赔,而无论这些服务在何处提供。普通侵权法以及 Bolam 测试标准和 Bolitho 测试标准在此适用。

5.3.2　Bolam 测试标准和 Bolitho 测试标准

当时的首席医疗官和政府并不认为有必要偏离普通侵权法对过错的传统定义,其强调同行的合理实践标准,这是对该法案的主要批评。反医疗事故行动建议应采用不同的"可避免性"测试:

不良事件是可以补偿的,除非结果是由治疗与否都无法避免的并发症所致……国民医疗服务体系有义务证明这是不可避免的并发症,或提供矫正……[17]

反医疗事故行动的这一提议实际上是为了将举证责任从原告转移到被告,让被告自行证明过失不成立。该测试很有意义,但在以侵权行为为基础的对抗性法律制度中,该测试可能被视为过于激进甚至不相容而无法得到采用。律师和其他人更习惯于运用 *Bolam* 测试标准和 *Bolitho* 测试标准的过错认定框架。这确实是很大胆的一步,即只要患者在其医院治疗,信托就必须提供赔偿,除非能够证明有其他情况存在。

侵权制度本质上是一种公正的对抗性的制度,无论是原告还是被告,都应当得到平等和公平对待,并且处于公平竞争的环境。但当患者起诉商业公司违反合同或提供有缺陷的商品或服务时,他们显然是这个医疗等式中较弱的一方。在临床过失诉讼中,要从根本上改变其地位的原因是什么?事实上,正如在其他所提及的诉讼案件中所做的一样,患者可以获得适当的专业法律意见,以改善权力和知识的不平衡。

5.3.3 《国民医疗服务矫正议案》

当该议案在议会通过时,人们认为,为了使其正常运作,患者在进入并逐步完成该计划时,以及在考虑根据该计划提出的任何提议时,应当有适当途径获得法律咨询,这一点是很重要的。[18] 任何此类计划适用的案件范围以及哪些机构可以成为计划成员已经进行说明,国务大臣被授权在法规中规定管理该计划的详细规则。这些规则还有待发布。该计划涵盖了因作为国民医疗服务体系一部分的医院治疗而产生的侵权索赔者,无论该医院治疗在何处提供。[19] 并非所有侵权索赔都包括在内,而只是那些"侵权行为中的适格责任",它们被定义为:

[76]

对以下情况承担侵权责任:(a)因违反与疾病诊断,或与任何患者的护理或治疗有关的注意义务而引起的人身损害或损失;(b)因任何医疗保健专业人员的作为或不作为引起的人身损害或损失。[18]

该计划将规定提供经济赔偿,并将规定根据该计划可能提供的赔偿总额的上限。目前的计划是先将这一限制定为 20000 英镑。[19] 同时,卫生部表示该计划不会涵盖系统过失:

如果组织错误不涉及医疗保健专业人员的任何作为或不作为,声称计划成员因系统错误或组织错误而应对过失负有直接责任的索赔要求则不在计划覆盖范围之内。理由是该计划旨在涵盖可迅速调查和解决的低水平临床过失索赔。[19]

该法案在议会的通过并不容易,许多人都认为该法案存在根本缺陷。反医疗事故行动表示:

反医疗事故行动和大多数患者组织一样,对法案提出的国民医疗服务矫正计划的明确目的持赞成态度,但同时认为,按照目前的设计,该计划存在根本缺陷并将产生与预期相反的效果。[20]

其他16个患者团体均同意反医疗事故行动的意见,认为法案需要改进,并签署了以下声明:

应改进《国民医疗服务矫正议案》以解决:

• 需要有一种独立的方式来决定根据该计划进行矫正案件的是非曲直,而不是由国民医疗服务体系信托机构/国民医疗服务体系诉讼管理局自己作出决定;

• 在诉诸该计划期间,需要向患者/其家属提供咨询和帮助,使其充分了解医疗法律事务和临床过失方面的专业知识;

• 需要采取更有力的措施,确保从通过该计划发现的医疗过失中吸取教训,并采取行动改善患者安全状况。[20]

[77] 该议案在细节上明显不足。从根本上说,是由于错误的判断仍然采用 Bolam 测试标准和 Bolitho 测试标准,因而从索赔开始到结束的整个期间,患者确实需要建议和协助。临床过失诉讼通常特别复杂,而国民医疗服务矫正计划不应被视为一条以财政为驱动、损害患者权利的捷径。值得称道的是,政府并不这么看待这项计划,其思想的根源可以从《补偿》[14] 报告以及布里斯托尔调查报告的言辞中看出。[15] 关键是要使计划"稳健、独立和公平"。

该议案在议会获得通过后有所改善,并于2006年7月13日(星期四)在下议院报告阶段的辩论中进行了重大修订,以使该计划能更为独立地向患者提供专业意见并代表患者,以及确保吸取关于患者安全的经验教训并实施相应措施。该法案从最初公布到最后通过都没有规定法定坦诚义务,取而代之的是一种更为温和的选择,即让国家患者安全局告知信托,将坦诚的政策发展为患者沟通策略。[21] 因而对坦诚义务的讨论仍然非常重要,正如反医疗事故行动所说:

04.12.12:卫生部将坦诚义务降级为医院合同中的标准条款。

卫生部当日宣布,如果出现问题,它将继续推进对患者的坦诚义务,但仅作为国民医疗服务体系合同中的标准条款,不覆盖全科医生和牙医。尽管医疗质量委员会已广泛呼吁将法定义务作为"质量与安全基本标准"的一部分,斯塔福德郡公共调查预计也将建议将法定义务纳入其

5 政策维度:超越华而不实,迈向更安全的国民医疗服务体系

中,但情况依然没有变化。反医疗事故行动首席执行官 Peter Walsh 将此举描述为一次明显悲观的尝试,旨在回避对法定义务的压倒性支持,并抢先发布公开调查报告。反医疗事故行动及其他患者团体将继续争取完全的法定坦诚义务。[22]

Jackson 大法官赞成《国民医疗服务矫正法案》,并表示[6]:

2006 年《国民医疗服务矫正法案》所设想的是合理的,将有助于尽早以经济的方式解决医院治疗方面小额临床过失索赔。一个重要的因素是,在法院系统内,不论数额高低,任何临床过失索赔都被分配到多轨道解决,这导致了诉讼费用的增加。我认为,现在应该起草法规以执行 2006 年《法案》。法案提出的矫正计划将促进诉诸司法的成本更加符合比例。根据 2006 年《法案》制定的任何法规的详细内容都需要先行磋商。这些法规将涵盖诸如经济赔偿的上限、根据该计划成功提出索赔应支付的诉讼费用、这些费用应涵盖的法律工作等事项。可以理解起草法规,以及咨询反医疗事故行动、原告律师、被告律师、国民医疗服务体系诉讼管理局和其他人员、机构需要一点时间。尽管如此,自 2006 年《法案》拟定以来已过去三年。现在政府应该为了患者利益和(同样重要地)为了使国民医疗服务体系免于支付不必要的诉讼费用而推进此事。[6]

[78]

5.3.4 在国民医疗服务体系中发展稳固的患者安全文化的进展

5.3.4.1 患者安全举措

自本书第二版和第三版出版以来,国民医疗服务体系内的患者安全领域呈现了许多重大发展。涉及患者安全的基础设施在不断改进,患者安全文化也更为积极主动。正是在这一领域,护士和其他医疗保健人员能为帮助患者和确保他们的安全作出最根本的贡献。每个护士都有必要了解现有的患者安全系统,了解过失发生的原因并加以防范。如果要在国民医疗服务体系中建立稳固的患者安全文化,参与和推广患者安全战略至关重要。

5.3.5 初步尝试

卫生部通过《一个有记忆的组织》[23] 为形成国民医疗服务体系患者安全架构作了准备。该报告探讨了导致组织性故障的关键因素和需要吸取的教训,分析了其他部门的实际经验,并得出了结论和建议。其中一项主要建议是建立一个新的报告和分析不良卫生事件的国家系统。报告指

出,英国的患者安全研究和对不良事件发生率的了解还处于起步阶段:

然而,我们所做的基于研究的最乐观估计足以表明,仅仅在国民医疗服务体系医院中,对患者造成损害的不良事件:

——发生在约10%的住院患者身上,或以每年超过85万起的频度发生。

——据估计,仅额外住院费用每年就需要花费20亿英镑,其中尚不包括任何人力或更广泛的经济成本。公开调查和事件调查认为我们"必须从中吸取教训",但有证据显示,整个国民医疗服务体系都并不擅长从中积累经验。[23]

《健康基金会研究概览》[24]探究了在急诊和初级保健中造成损害的程度、损害发生的主要原因以及损害是否可避免等情况。该报告回顾了最近开展的研究,发现急诊护理中造成损害的概率为在3%~25%。报告认为,对医疗损害最简单的定义是造成负面影响,而无论这种影响对患者是否明显。报告指出,其不太能从极少的公开证据中总结出初级保健造成患者损害的程度,但现有证据表明,初级保健记录中约有9%,或者48次咨询报告中约有1次(2%),患者受到了明显的损害,这可能包括在初级医疗和二级医疗中造成的损害。

下一个阶段是进一步采纳《一个有记忆的组织》中的建议,通过"为患者建立更安全的国民医疗服务体系"实现。[25]该报告重点关注在国民医疗服务体系中发展患者安全文化的实施策略,以确保整个国民医疗服务体系吸取与患者安全相关的经验教训。该报告奠定了国家患者安全局的基石,将患者安全置于政府的国民医疗服务体系质量计划的范围内,并强调了与其他政府举措的联系。该计划的核心是在国民医疗服务体系内建立一个新的不良卫生事件和严重危险的国家报告计划,就是现在所称的国家报告和学习系统。国家患者安全局成立于2001年7月,第一批国民医疗服务体系组织于2003年11月与国家报告和学习系统建立了联系,自2004年12月以来,所有国民医疗服务体系组织都有能力向国家报告和学习系统提交报告。

医疗质量委员会[26,27]规定了必须向国家报告和学习系统提交报告的卫生机构:

"5.国民医疗服务体系中的医疗服务提供者是否有向国家报告和学习系统报告所有患者安全事件的法定义务?

"不用。只提交《法定申报:注册国民医疗服务机构提供者与管理者指南》所示和《遵守指南:质量和安全基本标准》中所述的事件。

"这些报告是先前根据自愿安排进行报告的最严重事件。有关其他类型事件的报告将继续根据国家报告和学习系统的自愿安排进行。"[26]

5.3.6 患者安全事件的现状

国家患者安全局于2005年公布了其第一份国民医疗服务体系患者安全数据分析,对国民医疗服务体系中的患者安全事宜的进展进行了说明。[29]截至2005年3月月底,共报告了85342起患者安全事件,其中大部分(68%)没有对患者造成伤害。在报告的事件中,大约每100起中有一起造成了患者严重伤害或死亡。在急诊医院中,每1000起报告事件中约有3起导致患者死亡。根据18个信托机构在3个月内报告的事件和死亡人数,国家患者安全局估计,英格兰急诊信托机构每年报告的死亡人数约为840人,发生的事件约为572000起。最常见的报告事件类型是患者事故(特别是跌倒)以及与治疗、手术和药物有关的事件,并且所报告的级别正在迅速上升。这些前所未有的数据十分重要,因为它们描绘了国民医疗服务体系信托机构中的患者安全现状。这些数据有助于在个人医疗保健、信托机构和国家患者安全局层面制定患者安全策略。健康基金会[24]就医疗保健中的过失进行了讨论,并指出最常见的类型是用药过失、管理过失和诊断过失。该报告讨论了在医疗保健中被认为会导致不良事件的因素,包括:人为因素,如团队合作、沟通、压力和过度疲劳;结构性因素,如报告系统、基础设施、劳动力负荷和环境;以及医疗复杂性和住院时间等临床因素。大部分伤害并不严重,其中老年人最有可能受到影响。该报告还讨论了可预防性,并指出尽管最有效的干预措施依然有待讨论,但如果遵循良好的专业实践和循证护理,可以避免多达一半的不良事件。

国民医疗服务体系委托委员会公布了机构患者安全事件报告的数据[28]:

英格兰90%的信托机构向国家报告和学习系统提交了患者安全事件的报告。53%的机构在这段时间内每月报告一次,而上次的比例为59%。

数据表明,向国家报告和学习系统报告的患者安全事件有所增加,报告文化保持改善。数据还显示,报告的患者安全事件中:

- 413459起(68%)没有对患者造成损害;
- 154681起(25%)造成了较小的损害;

[80]

- 39039 起(6%)造成了中度的损害;
- 5235 起(2%)造成了死亡或严重损害。

最常见的报告事件类型是:患者事故——滑倒、绊倒和跌倒(26%);用药事件(11%);与治疗和/或手术有关的事件(11%)。这一趋势与此前公布的数据保持一致。[28]

5.3.7 国家患者安全局促进患者安全工具:资源

国家患者安全局开发的培训支持资源包括网络教育培训模块、事件决策树(IDT)、基于视频的培训研讨会、安全文化调查、根因分析(RCA)培训和研讨会(详见国民医疗服务体系委托委员会网站患者安全板块:http://www.commissioningboard.nhs.uk/ourwork/patientsafety/.)。这些资源都可以帮助国民医疗服务体系的医疗保健人员和信托机构创造一个更安全的患者医疗保健环境。国家患者安全局的重要出版物包括《开诚布公:与患者及其照护人沟通患者安全事件》[21]《曼彻斯特患者安全框架》(MaPSaF)[30]、《患者安全公报》[31]和《患者安全的七个步骤》。[32] 其中,《患者安全的七个步骤》是一个供国民医疗服务体系工作人员遵循并衡量其绩效,从而确保安全的医疗环境的简要清单。(框 5.1)

框 5.1　患者安全的七个步骤

步骤 1	形成安全文化
	创造一种公开公正的文化
步骤 2	领导并支持你的员工
	在整个组织内保持对患者安全明确和强烈的重视
步骤 3	整合风险管理活动
	制定管理风险的系统和程序,并识别和评估可能出现的问题
步骤 4	鼓励报告
	确保员工能够很容易地在本地和全国范围内报告事故
步骤 5	让患者和公众参与并与之沟通
	建立与患者公开沟通和倾听患者心声的方式
步骤 6	学习和分享安全经验
	鼓励员工利用根因分析了解事故发生的方式和原因
步骤 7	实施预防损害的解决方案
	通过改变实践、程序或系统来吸取经验教训

资料来源:国家患者安全局:《患者安全的七个步骤:国民医疗服务体系工作人员指南概览(第 2 版)》(伦敦:国家患者安全局,2004 年 4 月)。国家患者安全局版权所有,经许可转载。

5 政策维度:超越华而不实,迈向更安全的国民医疗服务体系

上述国家患者安全局出版物和工具均为精心编写,包含经慎重考虑的直接建议。如果遵循该建议,患者安全文化在国民医疗服务体系中稳固发展可能成为现实。

确定这些患者安全活动是否有效十分重要,为此我们需要考虑若干可能的评价指标。同时应认识到,在国民医疗服务体系这样复杂的医疗环境中,每天有超过一百万患者接受治疗,一些错误将不可避免。事实上,我们所能做的就是通过采取有效的患者安全和临床风险管理策略尽可能减少此类事件的发生。

5.3.8 部分差错统计

2005年全国国民医疗服务体系工作人员调查(表5.1)显示,差错在国民医疗服务体系中仍然相当普遍。

表5.1 关于事故报告的陈述 [82]

	同意或强烈同意的程度(%)	不同意或强烈不同意的程度(%)
我的信托公平对待那些涉及造成差错、严重危险或事故的工作人员	40%	7%
我的信托鼓励我们报告差错、严重危险或事故	75%	4%
我的信托对差错、严重危险或事故的报告保密	52%	6%
我的信托指责或惩罚造成差错、严重危险或事故的人	9%	39%
当报告差错、严重危险或事故时,我的信托会采取措施确保它们不会再次发生	50%	8%
我们了解信托中发生的差错、严重危险和事故	30%	31%
我们会收到针对报告的差错、严重危险和事故所作更改的反馈	33%	28%

资料来源:医疗保健委员会,2005年全国国民医疗服务体系工作人员调查,主要调查结果摘要(伦敦:医疗保健委员会,2006年3月)。经许可转载。

差错和事故：

* 40%的工作人员报告称,在上个月至少目睹过一次可能对工作人员或患者造成损害的潜在有害差错、严重危险或事故。
* 至少目睹过一次潜在有害差错、严重危险或事故的工作人员人数从2003年的47人减少到2005年的40人。
* 一般而言,工作人员认为信托鼓励他们报告差错、严重危险或事故,83%的工作人员表示,他们见证的最后一次潜在有害差错、严重危险或事故肯定是他们或同事报告的。
* 但只有很少工作人员相信,他们的雇主会公正对待相关人员,以保密的方式处理报告并采取行动防止事件再次发生。[33]

2010年全国国民医疗服务体系工作人员调查发现,在差错、严重危险和事故方面：

32%的工作人员表示,他们在上个月至少目睹过一次可能伤害工作人员或患者的差错、严重危险或事故(2009年为33%)。一线工作人员中,42%的人表示他们在上个月至少目睹过一次此类不良事件(2009年为43%)。救护人员目睹差错、严重危险或事故的人数比从2009年的37%下降到2010年的34%。[34]

5.4 一些患者安全绩效指标

5.4.1 临床治理

[83] 临床治理理念是国民医疗服务体系质量提升策略的核心。该理念包括临床风险管理和临床过失信托计划合规。如果信托想要获得良好的临床治理评级,那么它们必须在风险管理和患者安全方面采取一些积极措施。过去,由医疗保健委员会负责临床治理合规方面的绩效评级和对信托的监督。如今,监管责任落在医疗质量委员会身上。医疗质量委员会是英格兰健康和成人社会保健服务的独立监管机构,并负责保护根据1983年《精神卫生法案》权利受到限制的人的利益。

根据国家审计署(NAO)的报告：

临床治理的关键原则是：改进质量的一致方法、临床质量体系的明确责任划分以及识别和管理风险并解决绩效不佳的有效流程。它涉及落实信息、方法和制度以确保良好的质量标准,从而尽早发现问题,分析并采取行动避免重蹈覆辙。卫生部希望临床治理将之前相去甚远且风格迥异的质量改进方法,例如临床审计、风险管理、事件报告和持续的专业发展,整合到一个单一的系统中,并将其与质量责任制紧密联系。[35]

国家审计署在其报告中总结,政府的临床治理举措产生了许多有利影响。对临床质量问题的关注已成为主流,临床医生和管理人员对临床绩效负有更大或更明确的责任。[35]

报告指出[35],医疗专业文化朝着更加开放、透明和协作的工作方式发生转变,有证据表明实践和患者照护方面都有所改善,尽管信托缺乏可靠的方法来评估这一点和整体进展:

然而,我们的研究和健康促进委员会的审查结果表明,实施临床治理的进展参差不齐,在信托之间、信托内部和临床治理的组成部分之间各不相同。因此,毫不意外地,接下来在以下方面仍有改进的空间:向信托提供支持;建立整体结构和流程;董事会与临床团队的沟通;制订一致的质量方针以及改进管理风险和不佳绩效的流程。此外,还需要改进在信托内部和信托之间吸取经验教训的方式,并将这些经验付诸实践。总的来说,那些在改善医疗质量方面做得更好的组织的主要共同特点表现在领导素质、对工作人员承诺及愿意考虑以不同方式行事。[35]

关于临床治理状况,医疗质量委员会表示: [84]

我们并未在本指南中具体描述临床治理的体系应该是什么样态,因为临床治理除了建立质量和安全的基本标准,还有其他目标。不过,对于医疗保健提供者而言,建立一个强大的临床治理体系非常重要。尽管就整体而言本指南支持有效的临床治理体系发展,但我们认为以下的结果和提示尤为重要:

- 结果 1:尊重并让服务使用者参与
- 结果 2:同意护理和治疗
- 结果 4:服务使用者的照护和福利
- 结果 6:与其他服务提供者合作
- 结果 7:保护服务使用者不受虐待
- 结果 8:清洁和感染控制
- 结果 9:药物管理
- 结果 10:医疗场所的安全和适宜

- 结果11:设备的安全性、可用性和适用性
- 结果12:与工作人员有关的要求
- 结果14:支持工作人员
- 结果16:评估和监督所提供服务的质量
- 结果17:投诉
- 结果21:记录[27]

5.4.2 患者安全举措

国家审计署还研究了政府的患者安全举措,发现正在取得进展:

信托内部的安全文化正在改善,这主要由部门的临床治理举措和形成更有效的风险管理系统推动,以回应国民医疗服务体系诉讼管理局的信托临床过失计划等举措下的激励措施。然而,信托对患者安全问题仍以被动回应为主,部分组织仍奉行责难文化。[36]

报告指出,尽管在某些工作人员群体、事故类型和严重危险中,漏报问题仍然存在,但所有信托确实均在地方一级建立了有效的报告制度。此外,大多数信托指出,他们从当地事故报告制度中吸取经验教训进行了具体改进,但无论是在信托内部还是在信托之间,这些改进仍然没有得到广泛公布。报告还发现,国家患者安全局向信托提供的反馈有限,仅源于国家报告和学习系统的询证解决方案和行动,这是下议院公共账户委员会强调和形成的一个内容。[7]

下议院健康委员会也关注患者安全并表示:

[85] 虽然报告有助于从事件中吸取教训,但它不是衡量损害程度的可靠方法。由于卫生部未能收集足够的数据,判断患者安全政策的整体有效性是困难的。尽管如此,过去十年的所有政策创新显然在确保更安全的服务方面进展不大。在下一阶段的审查中,Darzi勋爵重点强调的是安全,似乎大家都默认并非所有服务都足够安全。而最近在少数信托(如斯塔福德郡国民医疗服务体系基金会信托)中曝光的灾难性不安全医疗案例,更是强化了这种看法。[37]

委员会提出了若干建议,并概述如下:

英国政府是世界上第一个将患者安全作为优先考虑事项的政府,应该受到赞扬。然而,在人们的印象中,政府政策有优先考虑的对象,尤其是达成目标(特别是等候者名单、事故和紧急等待)、实现财务平衡和取得

基金会信托地位,这比患者安全更为重要。在许多有据可查的案例中,这无疑是一个造成服务不安全的因素。

有关国民医疗服务体系的所有政府政策必须无一例外地以确保患者不会遭受可避免的损害为首要原则。政府的主要任务是确保国民医疗服务体系:

形成一种开放和"适当责备"的文化;

巩固、阐明并公布吹哨政策;

提供领导,听取工作人员对改善服务的建议并采取行动,以提高效率和质量,并通过提供示例和激励措施,鼓励和帮助工作人员实施在患者安全方面切实可行的改进措施。

此外,政府应审查监管不足对患者安全保护不力的影响。[37]

评判信托在患者安全和临床风险管理方面表现的另一个指标是信托的临床过失信托计划是否达到合规水平。[38]

如果信托的临床过失信托计划评级较低,那么患者安全可能不会有太大的变化;相反,高评级表示信托对该理念的坚定承诺。

5.4.3 由国民医疗服务体系诉讼管理局管理的计划

根据多项不同计划,国民医疗服务体系诉讼管理局代表国民医疗服务体系处理过失索赔:

● 临床过失信托计划是一项自愿风险分担计划,用于1995年4月1日之后发生的事件引起的临床过失索赔,资金由成员供款提供。

[86]

● 现有负债计划(ELS)涵盖因1995年4月1日之前发生事件而产生的临床过失索赔。该计划并非供款计划:根据现有负债计划得出的结算资金成本由卫生部集中承担。

● 在1996年4月Ex-RHAs计划被废除之前,该计划涵盖地区卫生当局所承担的任何临床责任,其中国民医疗服务体系诉讼管理局本身为被告。

● 对第三方的责任计划涵盖非临床"第三方"责任,如公共和雇主责任索赔。与临床过失信托计划一样,它也是一个自愿的计划,由成员供款。

● 财产支出计划涵盖国民医疗服务体系机构的"第一方"损失,如财产损失或损害。同样,这是一个自愿的计划,由成员供款。[39]

5.5 工作原理

临床风险管理是国民医疗服务体系诉讼管理局计划的基本特征。其根据一些标准对卫生机构进行评估,而这些标准都是基于证据的良好实践标准。每种类型的医疗机构都有一套风险管理标准,包括组织、临床和健康与安全风险:急诊、初级保健信托(PCT)和独立部门标准;心理健康和学习障碍标准;救护车标准;产妇标准;等等。[40] 这些标准的最新版本和评估结果可在国民医疗服务体系诉讼管理局网站(http://www.nhsla.com/Pages/Home.aspx)查阅。提供产房服务的组织须根据急诊(和初级护理信托)标准和产妇标准进行评估。为帮助卫生机构实施和维持这些标准,国民医疗服务体系诉讼管理局制订了一项指导和培训计划。由国民医疗服务体系机构向国民医疗服务体系诉讼管理局支付一笔财政捐款作为保费,这笔钱将投入共同基金。作为回报,国民医疗服务体系诉讼管理局将接管过失索赔,并将支付法院判决的任何赔偿金。国民医疗服务体系诉讼管理局可以决定在不诉诸法院的情况下对索赔进行辩护或解决,大多数案件都在未诉讼的情况下得到了解决。目前,在国民医疗服务体系诉讼管理局处理的案件中,只有不到2%的案件最终诉诸法院,其余案件则在庭外解决或由索赔人放弃。[41] 符合临床风险管理标准计划的信托和具有良好索赔历史的信托均可享受供款折扣,折扣水平为1级:10%;2级:20%;3级:30%。[38] 生育标准也分为三个级别,成功通过评估的组织可在其临床过失信托计划供款的生育部分获得10%、20%或30%的折扣。[40]

[87] 尽管成为计划成员是自愿的,但目前英格兰所有的国民医疗服务体系信托(包括基金会信托)和初级保健信托均已加入该计划。根据2012年《医疗和社会保健法案》,初级保健信托已经被废除。国民医疗服务体系诉讼管理局表示,这些标准是被逐步评估的,每个标准都被纳入三个级别中:1级标准代表了临床风险管理框架的基本要素,2级和3级的要求则更高。许多人关心政策和程序的实施以及与实践的融合,监督这些政策和程序并根据结果采取行动。这些标准的等级划分也要求工作人员对临床风险问题有足够的了解。[42]

国民医疗服务体系诉讼管理局声明:

机构通过标准取得进展是合乎逻辑的,并伴随着政策和程序的制定、实施、监督和审查。

1级:建立有效的风险管理体系和流程。

2级:评估1级标准中描述的体系是否已实施。

3级:集中关注机构是否在监督其实际遵照体系安排的情况并根据结果采取行动。[38]

图5.1为截至2012年3月31日,按专业划分的已报告临床过失信托计划索赔总数(自计划于1995年4月实施以来,不包括由信托处理的"低于超额"索赔)。[43]

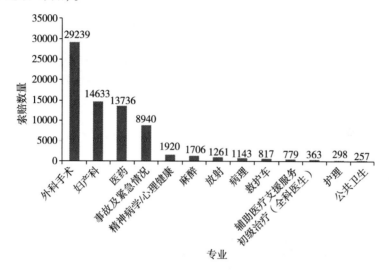

图5.1 为截至2012年3月31日,按专业划分的已报告临床过失信托计划索赔总数。

(经国民医疗服务体系诉讼管理局许可复制。)

5.5.1 大多数信托处于1级水平

临床过失信托计划始于1995年,虽然大多数信托仍处于1级水平,但可以说,它们已经向更高的合规水平迈进了。2005—2006年,处于1级水平的信托与处于2级水平的信托之间的差距有所缩小。在评估临床过失信托计划成功与否时,重要的是要牢记1级表明信托维持着临床风险管理框架的基本要素。再次审视该标准时,我们会发现1级信托尚未实施、整合并积极遵守临床过失信托计划标准,这一点令人担忧。[38,42]

[88]

任何通情达理的人,或者被侵权法称为普通人的人,肯定会假设在临床过失信托计划施行多年后(自1995年),大多数信托即使未能达到3级水平,也会处于2级水平。自1995年以来,信托一直在做什么?他们对临床风险管理和患者安全的重视程度如何?根据临床过失信托计划水平,在这段时间里只有发展的兴趣有所增加。国家患者安全局的患者安全基础设施的发展带来了一些明显的改善,但根本问题是,良好的患者安全实践尚未被信托和员工适当接受。

国民医疗服务体系诉讼管理局《报告及年度账目(2011—2012年)》包含了一些信托评估数据,其中指出:

"评估……今年,54%(2010—2011年为56%)的信托被评估为1级;33%(2010—2011年为35%)的信托被评估为2级;11%(2010—2011年为9%)的信托被评估为3级。另有11(2%)家信托未获得认证,大多数是因为尚未接受评估。"[5]

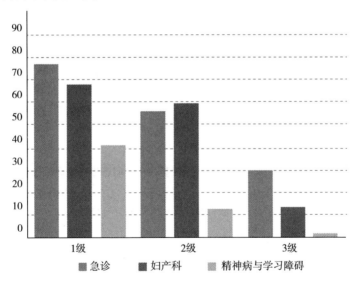

图5.2　各评估级别的信托数量[5]
(经国民医疗服务体系诉讼管理局许可复制。)

5.5.2　前首席医疗官的观点

在2004年的年度报告中,前首席医疗官(CMO) Liam Donaldson 在关于遵守患者安全警示,特别是鞘内化疗指导的一节中指出:

5 政策维度:超越华而不实,迈向更安全的国民医疗服务体系

"尽管如此,由于医院仍存在再次发生死亡悲剧的风险,国民医疗服务体系信托花了 19 个月的时间去遵守最初的指南,并花了 18 个月的时间遵守修订后的指南。糟糕的是,在第一轮同行审查访问之后,47% 的信托仍然没有完全遵守最新的指导意见。这一案例研究揭示出国民医疗服务体系的安全文化显然还不够集中或组织化,足以迅速地降低患者所面临的潜在致命风险。"[44]

前首席医疗官的评论是公正的,从某种意义上说,临床过失信托计划的信托所达到的水平不太令人满意。

5.5.3 政府"过度干预"和信托财政紧缩:为信托辩护?

自本书第二版出版以来,在过去的 15 年中,国民医疗服务体系的初级医疗和二级医疗一直受到许多相互冲突议程的影响,这种状况还会延续。历届政府都试图使该体系更为有效,故其一直处于不断改革或大变革的状态,是一个风险和技术含量都很高的庞大而单一的结构体。

在我们准备出版本书新版时,国民医疗服务体系似乎一直处于财政紧缩时期,于是问题出现了,即确保质量和安全的议程能否在老生常谈的节俭和财政紧缩的气候下继续推进,质量和安全议程是否处于或接近信托议程的首位?

患者安全议程似乎已从议程的首位滑落,国家患者安全局的废除留下了一个急需填补的空白。

目前很少有关于风险管理是否真的有效并能节省资金的效果评估。最乐观的估计是确实如此。然而,常识告诉我们,如果能够安全地执业并进行自我反思,那么发生不良事件的风险应该降低。

可悲的是,在过去,政府在医疗质量改革议程中犯下了"过度干预"的错误,在医疗质量和患者安全领域对信托监管太多。仅仅在最近,政府才开始将功能重叠的非政府中介机构和管理该领域的政策结成一体。

内阁办公室的监管影响部门在与卫生部的联合报告中表示:

"大量组织机构在国民医疗服务体系中承担某种形式的审查、认证或审计工作。大部分是法定组织或专业机构,但也有相当一部分是自愿的。一线工作人员和管理层认识到了审查对提高医疗保健标准、加强公众问责制和确保患者安全方面的附加价值。然而,在这些会谈过程中,一些与审查活动有关的主题反复出现,工作人员认为这些主题妨碍了有效医疗 [90]

保健服务的提供。它们是:
- 审查机构及其职能之间的多样性、重叠性和缺乏协调性
- 数据和信息请求的重复和不一致
- 审查的相称性和透明度
- 为审查做准备的工作负担
- 审查结果的益处"[45]

鉴于这份报告,医疗保健委员会发表了一份协议[46],该协议为政府和独立审查机构制定了目标和实践准则,要求其提供更多协调和适当的审查方案,减轻医疗保健人员的审查负担。

然而,这种"过度干预"的痕迹依然存在,人们现在关注的是国民医疗服务体系专业人员对患者安全和质量举措的反应。令人担忧的是,近年来,过多的安全和质量举措已让国民医疗服务体系应接不暇。这种"过度干预"可能使工作人员变得麻木,令他们将临床治理或临床指南等概念更多地视为旨在限制专业自主的管理工具,并认为其主要受成本削减因素的驱动。

健康基金会[47]发表了一份报告,指出医疗专业人员一般不愿积极参与更多旨在改善质量的计划。报告指出,许多临床医生对临床治理的概念漠不关心、心情矛盾、敌视或困惑。有些人并不认为临床指南这样的工具有用:

"……尽管管理者通过使用临床指南等工具支持更加系统化的临床工作,但大多数临床医生并不总是将这些指南和相关举措视为提供优质医疗的有益工具。部分临床医生甚至会抵制这些指南和相关举措,认为它们限制了临床自由并妨碍了本地医疗实践。随着时间的推移,这些观念和态度可能发生微妙变化,反映在指导方针和循证医学(EBP)被更好地融入组织机构以及提质方案或项目之中。"[47]

健康基金会提出了解决临床医生参与问题的办法:

"健康基金会希望激发临床团体的意愿和热情,获得他们认可并采用覆盖全系统的质量改进方法的承诺,从而提高患者体验和临床医疗质量。这项审查的证据表明,为实现这一目标,需要与医疗专业人员进行合作对话,探索这对已建立的职业化模式的意义。"

[91] 我们认为,需要一种增强型职业化模式,其中包含许多组成部分。它更加强调责任制,能认识到在患者和专业人员之间形成不同动力的益处,对更广泛的卫生系统如何运作以及质量的各个维度承担更大的责任。

未来的一个方向可能是将患者安全和临床质量与人权维度相结合。通过选择和运用各种联合国公约,将有可能把患者安全和医疗保健质量提升到一个更高层面,使医生、护士和管理人员真正将之视为一个基本问题。

5.6 补述

国民医疗服务体系委托委员会于2013年4月1日更名为英格兰国民医疗服务体系。

2013年2月6日,对斯塔福德郡国民医疗服务体系基金会信托的公开调查报告的公布[48]指明了国民医疗服务医院的患者安全问题,引起了全英国的关注。该报告登上了全国各大日报和电视新闻的头版。《泰晤士报》2月7日的头版头条标题是"国民医疗服务体系:没有一个人是安全的"。

Francis报告的调查结果被广为宣传,患者们对斯塔福德郡国民医疗服务体系基金会信托大为失望。那里缺乏关怀、同情心、人道和领导力,连最基本的注意标准都未能得到遵守,患者的基本人格权也没有得到尊重。老年人和脆弱患者的清洗、进食或饮水要自己解决,在没有人帮助患者去卫生间的情况下,一些患者不得不在床上解决。那里发生了患者受到工作人员无情对待的事件,被开具的药方得不到配药,离开他人帮助就不能进食或饮水的患者只能自生自灭。一些病房和急诊室人员不足,因而无法提供安全有效的照护。医院的出院安排也十分糟糕。

5.6.1 关于患者安全的重要建议

5.6.1.1 统一的标准层级:共同价值观——把患者放在首位

Francis报告认为,医疗质量委员会把当前的标准结构规定在法规中、在指南中通过分类和发展进行解释并通过监管机构的判断来衡量显然是对过去的改进,但依然需要进一步改善。报告指出,监管机构要执行的标准应该是由患者利益驱动的、由临床医生设计的一套明确的基本标准——是一个自下而上而非自上而下的系统。报告认为:

"不幸的是,尽管它有良好的出发点并在过去的基础上有所改进,但目前的结果过度官僚化,仍未能明确区分绝对必要和仅供参考的内容。"[48]

[92]

建议13说明了标准的性质。

标准应分为以下几部分：

最低安全和质量基本标准——这类标准要求对不符合标准的行为说"不"。导致死亡或严重损害的失误仍然构成可以对机构起诉的违法行为。应该有一套明确的职责规范来维护和运营有效的系统以确保行为符合标准。

更高质量标准——这类标准可设定比基本标准更高的要求，但作为可委托的自由考量事项，受制于现有资源。

发展标准——这类标准将为服务提供者制定更长远的目标，侧重于提高效率，并更有可能受到专员和开明的服务提供者领导层（而非监管机构）的重视。所有这些标准都将需要定期审查和修改。

建议109—122涉及有效的投诉处理。提出意见或投诉的方法必须易于获取和理解。正在进行或拟提起的诉讼不应在任何层面成为处理或调查投诉的障碍。服务提供机构必须不断向公众宣扬其接受意见和投诉并从中吸取经验教训的意愿；应不断鼓励患者和其他服务使用者通过个人或集体方式向机构提出意见和批评。若意见或投诉中涉及的事件构成不良事件或严重不良事件，则应当对其进行调查。

5.6.1.2 国民医疗服务体系诉讼管理局

报告在其建议中提到加强支持机构的作用，并就国民医疗服务体系诉讼管理局进行了讨论。

建议91—96涉及国民医疗服务体系诉讼管理局。报告指出，国民医疗服务体系诉讼管理局通过其风险管理评级为服务提供方风险治理的评估做出了贡献，但目前对其重要性存在误解，有时甚至被滥用。国民医疗服务体系诉讼管理局应设定更高要求的财政激励级别，并促进更有效地分享和记录信息。国民医疗服务体系诉讼管理局应在其宣传中重点阐释其标准评估的局限性和可依赖性，使公众能够理解。

5.6.1.3 公开、透明和坦诚

建议173—184涉及公开、透明和坦诚。报告指出，要在整个系统内共享一种共同文化，就必须具备以下三个特征：公开——使担忧事项能够被毫无畏惧地自由提出和披露，并使问题得到答复；透明——允许与工作人员、患者和公众分享有关工作绩效和成果的真实信息；坦诚——确保遭受某医疗保健服务机构损害的患者知晓该事实情况并对其提供适当补

救,无论其是否投诉或质疑。

报告指出,这要求所有机构及其工作人员在面对患者和公众时始终保持诚信、公开和真实。

报告指出,应规定医疗保健提供者、注册医疗及护理从业人员的法定坦诚义务,医疗保健机构院长向监管机构或专员提供的任何资料必须真实。任何注册医生、注册护士、专职医疗专业人员、注册或授权机构负责人,妨碍履行义务,或不诚实或轻率地向监管机构作出不实陈述均构成犯罪。医疗质量委员会负责确保这些义务的履行,并受到专员及其他人的监督。

报告中提出的建议可能让国民医疗服务体系变得更加安全,但除非我们对医疗质量的监管以及患者安全基础设施发生巨大变化,否则另一场类似斯塔福德郡国民医疗服务体系基金会信托的危机很可能再次发生。

政府于2013年3月26日发布了对Francis报告[48]的初步回应。[49]就政府对国民医疗服务体系实现医疗质量、患者扶持和患者安全的高期望而言,这种回应是有力的。Francis报告和政府的初步回应极大地推动了患者安全重回医院和其他卫生机构的议事日程上。医疗保健人员和其他人员都得到了明确的政府指示[49],应以患者安全为中心展开工作。政府已经任命奥巴马总统的前顾问Don Berwick教授对国民医疗服务体系中的患者安全问题进行审查,并提出新的改进方案。他将带领全国患者安全咨询小组于2013年7月底前发布报告:

该小组还将就如何在国民医疗服务体系中带来真正的文化变革提出建议,从而使得各级工作人员和整个医疗保健体系能够采取严肃且意义深远的行动,尽可能确保患者护理和治疗的安全性。[49]

政府的初步回应还包括以下措施:

• 建立由医院首席独立监查官和社会保健首席监查官监督、适用于医院和疗养院的新Ofsted式评级

• 提供医疗照护并在医疗质量委员会注册的机构负有法定坦诚义务

• 国民医疗服务联盟就如何把官僚主义带给一线工作人员和国民医疗服务提供机构的负担减轻三分之一进行审查

• 进行项目试点,护士从事医疗保健助理工作满一年是其获得学位

资助的前提条件

- 同医生一样,对护士的技能进行重新验证,并为医疗保健支援工作者和成人社会保健工作者设立行为准则和最低培训标准。

作为慈善机构的健康基金会对政府初步回应发表了评论:

"不幸的是,政府对王室法律顾问 Robert Francis 报告的回应仍植根于家长式作风,仍将怎样'对待'患者作为最重要的理念,而不是让患者自己做主。政府最高层必须对身处其中的患者作出严肃承诺,国民医疗体系将转变为把患者放在首要位置的服务机构。"[50]

政府的回应有许多可取之处,例如确立了坦诚义务和独立医院总督察。Berwick 患者安全审查有可能给国民医疗服务体系患者安全系统带来重要的结构改革。虽然贯穿其中最重要的理念可能依然是家长式作风,但政府的回应非常有力,承诺在医疗质量和患者安全方面进行彻底改革,并将患者置于国民医疗服务体系的核心。政府的初步回应无疑是清晰、务实、诚恳且经过深思熟虑的。

政府所建议的改革确实有可能为国民医疗服务体系带来有效变化,然而这只是初步回应,于 Francis 报告公布的六周后发布。在最终的基础设施完善到位之前,还需要进行大量咨询和其他工作。政府的建议需要更具体化,然后才能付诸行动。尽管考虑到国民医疗服务体系的庞大单一结构,实现这些变革并非易事,但显然我们已经迈出了较为出色的第一步。另外需要注意,2013 年 4 月 1 日,国民医疗服务体系委托委员会更名为英格兰国民医疗服务体系。

5.7　总结

自本书第三版出版以来,国民医疗服务体系在风险、诉讼和患者安全领域都发生了重大变化。鉴于国民医疗服务体系所做工作的性质,医疗诉讼和投诉仍然伴随着我们,并且也许永远会存在。每个人似乎都同意医疗保健是一项包含固有风险并且复杂的工作。人们普遍认同建立在普通法上的侵权制度并非补偿患者的最佳方式,但政府基本上保留了该制度的完整性。虽然我们有国民医疗服务矫正计划,但一些人认为其法律草案存在根本缺陷。经过适当修订,法案更有可能让受损害的患者得到更好的保护。我们也看到了新的患者安全基础设施系统与国家报告和学习系统的发展,国家患者安全局的工作为国民医疗服务体系工作人员提供了一些工具,帮助他们处理患者安全问题。在全国范围内,国民医疗服务体系诉讼管理局和临床过失信托计划的风险管理标准似乎确实产生了积极的影响,可以看到,尽管进度缓慢,信托合规的层级正在提升。我们的国民医疗服务体系患者安全基础设施正在发展,并且有更多的人共同思考我们需要做些什么才能在国民医疗服务体系中形成稳固的患者安全文化。

[95]

与2007年本书第三版出版时相比,如今的国民医疗服务体系可能更为安全。但正如Francis报告[48]所呈现的那样,我们仍有很长的路要走,现在尚不能说国民医疗服务体系中已形成稳固的患者安全文化。而政府对Francis报告的初步回应让我们对国民医疗服务体系发展稳固的患者安全文化充满希望。

5.8 参考文献

1. Department of Health, Liberating the NHS: Report of the arm's-length bodies review, 26 July 2010, Department of Health, London.

2. Better Regulation Taskforce, *Better Routes to Redress* (London, Cabinet Office Publications and Publicity Team, May 2004).

3. National Patient Safety Agency, Debate, 'Is there a growing litigation culture in the NHS?' NPSA Annual Review 2004-05 (London, NPSA), pp.18-19.

4. M. Powers, *The Risk Management of Everything, Rethinking the Politics of Uncertainty* (London, Demos, 2004).

5. The National Health Service Litigation Authority, Report and Accounts 2011-12, HC 215, 28th June 2012, The Stationery Office, London.

6. The Right Honourable Lord Justice Jackson, Review of Civil Litigation Costs: Final Report, December 2009, The Stationery Office, London.

7. House of Commons, Committee of Public Accounts, *A Safer Place for Patients: Learning to Improve Patient Safety*, 51st Report of Session 2005-06, 6 July 2006 (London, The Stationery Office).

8. Marsh Ltd, Department of Health NHS Litigation Authority Industry

Report, April 2011, Marsh Ltd, London.

9. Department of Health, NHS Litigation Authority Industry Review, Department of Health Response, 26 January 2012, Department of Health, London.

10. Patient Safety Curriculum Guide: Multi Professional Edition, WHO, Geneva, 2011.

11. Health Foundation, About US, Health Foundation, London, http://www. health. org. uk/public/cms/75/76/462/515/About% 20us% 20corporate% 20publication% 20leaflet.pdf? realName = 8sMogx.pdf (accessed, 4 December 2012).

12. National Audit Office and the Audit Commission, *Financial Management in the NHS (England) Summarised Accounts 2004- 05,* Report by the Comptroller and Auditor General, prepared jointly by the National Audit Office and the Audit Commission, HC 1092-Session 2005-2006 (London, NAO, The Stationery Office, 7 June 2006).

13. *The NHS Litigation Authority Factsheet 2:financial information* (London, NHSLA) http://www.nhsla.com/CurrentActivity/Pages/FOIFactSheets.aspx(accessed 4 December 2012).

14. Department of Health, *Making Amends: A Consultation Paper Setting Out Proposals for Reforming the Approach to Clinical Negligence in the* NHS, A Report by the Chief Medical Officer (London, Department of Health Publications, June 2003).

15. Final Report, *Learning from Bristol: The Report of the Public Inquiry into Children's Heart Surgery at the Bristol Royal Infirmary 1984- 1995,* Command Paper: CM 5207 (London, The Stationery Office).

16. Guardian Unlimited, *Yesterday in Parliament,* Compensation Culture (Press Association, 8 March 2006) http://politics. guardian, co. uk / commons/ story/0,1726124,00.html (accessed 14 April 2006).

17. *Action against Medical Accidents,* Briefing on the NHS Redress Bill (Croydon, Surrey, 31 October 2005).

18. NHS Redress Bill [HL] Bill 137.

19. Department of Health, *NHS Redress: Statement of Policy* (Leeds, Department of Health, 2005).

20. *Action against Medical Accidents* (AvMA, NHS Redress Bill, Briefing for Report Stage, House of Lords (Croydon, Surrey; AvMA, February 2006).

21. National Patient Safety Agency, *Being Open: Communicating Patient Safety Incidents with Patients and Their Carers* (London, NPSA, 2005).

22. AvMa Latest News, *04.12.12: DoH Relegate Duty of Candour to Standard Clause in Hospital Contracts.* http://www.avma.org.uk/ (accessed 13 December 2012).

23. Department of Health, *An Organization with a Memory,* Report of an expert group on learning from adverse events in the NHS chaired by the Chief Medical Officer (London, The Stationery Office, 2000).

24. Health Foundation, The Health Foundation Research scan: Levels of Harm, January 2011, amended November 2011, Health Foundation, London.

25. Department of Health, *Building a Safer NHS for Patients: Implementing an Organization with a Memory* (London, Department of Health, 2001).

26. Care Quality Commission, *Statutory notifications: Guidance for registered providers and managers of NHS organisations* (London, CQC, July 2012) http://www.cqc.org.uk/sites/default/files/media/documents/20120621_100504_v5_00_guidance_on_statutory_notifications_from_nhs_bodies_for_external_publication.pdf (accessed 14 December 2012).

27. Care Quality Commission, *Guidance about compliance, essential standards of quality and safety,* CQC (London, CQC, March 2010) http://www.cqc.org.uk/sites/default/files/media/documents/gac_-_dec_2011_update.pdf (accessed 14 December 2012).

28. *NHS Commissioning Board Media Release* 13 September 2012 (NHS Commissioning Board, London) http://www.nrls.npsa.nhs.uk/news-cp/organisation-patient-safety-incident-reports-september-2012/ (accessed 13 December 2012).

29. National Patient Safety Agency, *Building a Memory: Preventing Harm, Reducing Risks and Improving Patient Safety.* The first report of the National Reporting and Learning System and the Patient Safety Observatory (London, NPSA, 2005).

30. National Patient Safety Agency, *Manchester Patient Safety Framework (MaPSaF)-Acute* (London, NPSA, 2006).

31. National Patient Safety Agency, *Patient Safety Bulletin 1* (London, NPSA, July 2005).

32. National Patient Safety Agency, *Seven Steps to Patient Safety: An Overview Guide for NHS Staff,* 2nd Print (London, NPSA, April 2004).

33. Healthcare Commission, *National Survey of NHS Staff 2005,* Summary of key findings (London Healthcare Commission, 2006).

34. Care Quality Commission, Media, *NHS staff have their say as the results of national survey are published,* The results of the eighth annual survey to collect the views of NHS staff across England are published today (16 March), by the Care Quality Commission (CQC), CQC, London,

http://www.cqc.org.uk/media/nhs-staff-have-their-say-results-national-survey-are-published (accessed 13 December 2012).

35. National Audit Office, *Achieving Improvements through Clinical Governance: A Progress Report on Implementation by NHS Trusts,* Report by the Comptroller and Auditor General, HC 1055, Session 2002–2003 (London, The Stationery Office, 17 September 2003).

36. National Audit Office, Department of Health, A Safer Place for Patients: Learning to Improve Patient Safety, Report by the Comptroller and Auditor General, HC 456 Session 2005–2006, 3 November 2005 (London, The Stationery Office).

37. House of Commons, *Health Committee-Sixth Report,* Patient Safety http://www. publications. parliament. uk/pa/cm200809/cmselect/cmhealth/151/15103.htm Session 2008–09, Publications on the internet, Health Committee Publications. The published report was ordered by the House of Commons to be printed 18 June 2009.

38. National Health Service Litigation Authority, *Risk Management Standards for Acute Trusts* (derived from the former CNST and RPST Standards), Pilot Version (London, NHSLA, April 2006).

39. The NHS Litigation Authority, *Factsheet 2: Financial Information* (London, NHSLA, June 2012) http:// www.nhsla.com / Current Activity/Pa-

ges/FOIFactSheets.aspx (accessed 13 December 2012).

40. The NHS Litigation Authority, *Factsheet 1: background information* (London, NHSLA, August, 2011) http://www.nhsla.com/CurrentActivity/Pages/FOIFactSheets.aspx (accessed 14 December 2012).

41. NHSLA, *How we handle claims* (London, NHSLA) http://www.nhsla.com/Claims/ Pages/Handling.aspx (accessed 14 December 2012).

42. National Health Service Litigation Authority, *Clinical Negligence Scheme for Trusts General Clinical Risk Management Standards* (London, NHSLA, 2005).

43. The NHS Litigation Authority, *Factsheet 3: information on claims* (London, NHSLA) http:// www.nhsla .com / Current Activity / Pages / FOIFactSheets.aspx (accessed 14 December 2012).

44. Department of Health, Learning how to learn, compliance with patient safety alerts in the NHS', *On the State of the Public Health,* Annual Report of the Chief Medical Officer 2004 (London, DH, 19 July, 2005).

45. Regulatory Impact Unit, Public Sector Team, *Making a difference, reducing burdens in health care inspection and monitoring* (London, Cabinet Office, 2003).

46. Healthcare Commission, Concordat, *Working in Partnership, Getting the Best from Inspection, Audit, Review and Regulation of Health and Social Care,* updated edition [London, Commission for Healthcare Audit and Inspection (Healthcare Commission), May 2006].

47. Health Foundation, Are clinicians engaged in quality improvement? May, 2011, Research/ Evaluation report, Health Foundation, London.

48. (Francis Report 2013), *The Mid Staffordshire NHS Foundation Trust, Public Inquiry, Chaired by Robert Francis QC.HC 947,* Report of the Mid Staffordshire NHS Foundation Trust Public Inquiry, Executive summary (London, Stationery Office) http:// www. midstaffspublicinquiry. com / report (accessed 11 February 2013).

49. Department of Health, *Patients First and Foremost, The Initial Government Response to the Report of The Mid Staffordshire NHS Foundation Trust Public Inquiry,* Cm 8576 (London, Stationery Office, 2013).

50. Health Foundation, *News, Patients absent in government response: the Health Foundation responds to the Government report,* 26 March (London, Health Foundation, 2013).http://www.health.org.uk/news-and-events/press/patients-absent-in-government-response-the-health-foundation-responds-to-the-government-report/ (accessed 1 April 2013).

第二部分
视　角
Part 2

6 过 失

A 法律视角

Charles Foster

牛津大学格林坦普顿学院研究员,伦敦 Outer Temple Chambers 大律师

"过失"一词对律师而言有两种用法,经常令人困惑。首先,他们用它来描述一种特殊类型的过错——一种由成文法或过去的法院判决界定特征的过错。这方面的过失可以是刑事过失(导致刑事起诉),也可以是民事过失(导致在民事法院提起金钱诉讼)。其次,他们用它来描述原告必须证明的事项,如果原告所遭受损害是由该过错造成,原告就能够成功追回与损害有关的款项("损害赔偿")。在第二种意义上,律师指的是过失侵权。侵权是一种不涉及违约的法定过错行为。

[101]

本章主要讨论过失侵权。但刑事过失也很重要,毕竟医疗过失杀人新闻常常出现在报纸上。当医生被指控意外杀害患者时,如果陪审团认为他有重大过失——其过失是如此重大致使他的作为或不作为应受到刑事定罪,那么他将被刑事法院判过失杀人罪。[1] 当然,这种对重大过失的定义是循环论证的:可以归结为如果某人应该被定罪,那么他应该被定罪。护士的过失杀人责任适用完全相同的原则,但迄今为止还没有护士因违反其对患者的专业义务而被成功指控为过失杀人的案例在英格兰被报道。

[102]

绝大多数医疗法律案件涉及民事过失法。在郡法院或高等法院(视案件价值和/或复杂程度而定)由一名法官在没有陪审团的情况下单独开庭审理。这些案件中只有一小部分能进入庭审,大部分都在距审判很久

前就被解决或放弃。在那些进入庭审的案件中,很多都以被告胜诉而告终。原告难以在医疗过失案件中胜诉。本章将阐述其中部分原因。

护士被单独起诉是罕见的。如果一名护士有过失,一般情况下,通常被起诉的是雇用该护士的医疗机构、国民医疗服务体系信托、私立医院或诊所。这是实行替代责任原则的结果,该原则要求雇主应当对雇员在雇用过程中构成侵权的作为或不作为承担责任。这一原则并不能免除雇员的责任:原告可以起诉雇员,也可以同时起诉雇主和雇员。但一般来说,当原告知道对雇主提起诉讼所涉及的问题与对雇员提起诉讼所涉及的问题相同,并且雇主肯定有能力支付损害赔偿金,而雇员很可能无法支付时,原告便不会蠢到只起诉雇员。

如果雇员有过失,而雇主因该过失而成功地被起诉,那么雇主可以起诉雇员要求赔偿[Lister v. Romford Ice and Cold Storage Co Ltd(1957)案],但实际上这在护理案件中几乎是闻所未闻的。不过,随着自费医疗的迅速扩张,护士拥有能够在医院承担责任的情况下提供赔偿的专业赔偿保险可能会成为私立医院雇用合同的一项要求。这一事实,而非过失实体法上的任何改变很可能导致更多针对护士个人的诉讼在未来出现。

6.1 过失侵权的构成要件

为在医疗过失诉讼中胜诉,原告必须证明:

(1)被告对原告负有注意义务(即有为本当为之事的义务,或有不为已为之事的义务);

(2)被告违反了该义务;

(3)违反义务的行为对原告造成了法律承认的某种伤害、损失或损害。

6.2 注意义务的存在

[103] 如果满足以下三个条件,原告与被告之间将产生注意义务[Caparo Industries plc v. Dickman(1990)案]:

(1)相关损害是可预见的;

(2)原告与被告之间的关系足够"接近";

(3)施加这种义务是"公平、公正且合理的"。

在医疗过失案件中,损害的可预见性很少成为问题,但原告和被告之间关系的接近程度往往是一个问题。在涉及医生的案件中,法院不愿承认医生与患者之间的关系超出了普通医患关系的范围并存在必要的接近,并且对这种关系作出了相当狭窄的界定。Kapfunde v. Abbey National (1998)案就是一个很好的例子。该案中,原告向第一被告求职。第一被告雇用了一名医生即第二被告,要求他根据原告填写的医疗问卷对其从医学角度进行审查。第二被告告诉第一被告,由于原告有镰状细胞贫血的病史,她很可能在极其长的时间里缺勤。法院认为,原告与第二被告之间不存在医患关系,因此不存在注意义务。

另一个例子是 Goodwill v. BPAS(1996)案,在该案中,被告对他的患者进行了输精管结扎术,然后告诉患者他没有生育能力。三年后,该患者遇到了原告,并告诉原告他没有生育能力。在二人进行了无保护性交后,原告怀孕了。她起诉被告要求支付抚养孩子的费用。[2] 法院认为原告必然败诉。由于该医生不可能知道其医疗意见会被传达给原告并成为原告作出决定的依据,该医生与原告之间并无充分接近的关系。

许多关于接近关系的案件是以"公正、公平和合理"为理由判决的。现在"施加义务是公正、公平和合理的吗"这一问题应当被扩展为"施加与所诉赔偿等同的损害赔偿义务是公正、公平和合理的吗"。为了使损害能够得到赔偿,所诉损害与负有的义务必须具有合理比例。

2006年《赔偿法案》第1条规定:

法院考虑因过失或违反法定义务而提出的索赔,在决定被告是否应采取特定措施以尽到注意标准时(不论是采取预防风险措施或其他措施),须考虑到采取这些措施的要求是否可能(a)在某种程度上或以某种方式完全阻碍某项合法活动的进行;或(b)阻碍任何人履行与合法活动相关的职能。

6.3 违反义务

6.3.1 一般原则

如果一名临床专业人员的行为在案件审理期间获得相关专业负责任的从业人员的认可,那么该专业人员将被认为已经尽到了其对患者的义 [104]

务。这就是著名且普遍适用的 Bolam 测试标准。³

Bolam 测试标准不仅是一项实体法规则，用以界定何谓充分注意，同时也是一项证据规则，表明法院如何认定临床专业人员是否已经尽到了充分注意。因此，在 Maynard v. West Midlands RHA(1984)案中，Scarman 勋爵说：

> 法官倾向于采纳某杰出专业人员的见解而非另一个同样杰出专业人员的见解并不足以证明一个从业人员具有过失，因为该从业人员的行为得到了那些虽然未被法官采纳却真实表达意见并诚实地坚持自身观点的专业人员的认可。在诊断和治疗领域，过失并不因法官倾向于采纳某个受人尊敬的专业人员意见而非另一受人尊敬的专业人员意见而成立。（第 639 页）

过去，Bolam 测试标准被夸张地描述为：如果一名专业人员能够让某个在相关专业领域具备专业资格的人为避免专业声誉受损而摇摇晃晃走进证人席，并称他或他的一些朋友（未指明）也会像被告一样行事，那么该专业人员就能逃避责任。理论上，情况并非如此，尽管在一些更为离奇的郡法院，情况可能确实如此。

这样一段夸张的描述最终在上议院审理的 Bolitho v. City & Hackney Health Authority(1997)案中成为现实。Bolitho 案强调了 Bolam 测试标准中的"负责任"一词。核心段落是：

"在有关诊断和治疗的一些案例中，尽管专业人员认可被告的行为，但被告对过失承担责任依然被认为是适当的……在我看来，这是因为在某些情况下，被告未能让法官认同其所依据的专业意见是合理的或负责任的。在绝大多数情况下，该领域杰出专家持有特别意见的事实将证明该意见的合理性。特别是在评估采用特定医疗实践的相对风险和利益的问题上，必然合理假定专家在形成意见时已经对相对风险和利益进行了权衡。但是，在极少数情况下，如果能够证明专业意见经不起逻辑分析，法官有权认为该意见不合理或不负责任。我强调，在我看来法官很少能够得出这样的结论：称职的医学专家真正持有的观点是不合理的。医疗风险和利益的评估是一个临床判断的问题，如果没有专家证据，法官通常无法作出判断……面对两种都能得到逻辑支持的观点，允许这种评估退化为力图说服法官倾向于两种观点中的一种的做法是错误的。只有当法官确信专家意见完全无法在逻辑上得到支持时，该意见才不会作为评

估被告行为的基准……"(第 243 页)

Bolitho 案没有提出新的观点,但引起了很多不必要的极端反对。[4] 该案甚至被称为"原告宪章"。有人担心,这会鼓励不懂医学知识的法官用他们自己对什么在医学上是合理的无知观点来代替杰出从业人员的观点。正如上段引文清楚表明,在许多情况下不太可能产生这种效果。但它可能产生的效果是,让专家们更加批判性地看待他们为之辩护的实践做法。这不会导致诉讼激增,但可能会导致专家报告脚注的激增。

要求专家们为之辩护的实践做法必须是"负责任的"引出了一个问题,即,在越来越被循证医学主导的临床世界中,文献清楚表明,相较于在经济上更为可取的实践做法,在统计学上导致更差结果的实践做法更易被认为是"负责任的"。人们可能会发现,不采用循证方法是不负责任的,在决定采用哪种循证方法时,不采用明智的策略也是不负责任的。护理与助产协会在其《专业行为守则》中规定:"你有责任根据现有证据、最佳实践和可获取的具有适用性且经过验证的研究提供护理。"[5] 也许未来的医疗过失案件将会是统计学家之间的战争,而由法官来决定的问题是,声称证明某一特定临床方法具有正当性的已发布成果是否真的证明了其正当性。

法律对从业人员期望的标准是对承担相关工作的人而言适当的标准。因此一名承担通常本应(并且适当地)由高级住院医生所做工作的护士应当像高级住院医生本应采取的行动那样履行所承担的工作,并且当根据该标准对她的行为进行判断时,她不能有所抱怨。[6]

对提供护理的人期望的注意标准是根据其岗位而不是根据该人的级别、地位、个人特征或所受培训来决定的。因此,对应由医院护士合理完成的一类工作的表现提出批评时,该人是否在工作中存在过失的问题将参照负责任的护士被期望达到的标准,而并非对具有特定经验的该特定医院护士的通常期望标准。[7]

至少在今后几年内,法院很可能会参照对最初负责开处方工作的医生的期望标准来构建护士承担此项开处方工作时的过失责任。基于公共政策的考虑,降低对护士的期望是不可想象的。

从业人员有保持与时俱进的法律义务[8],但法院并不期望他们阅读专业报刊上出现的每一篇相关文章。[9] 当然,与时俱进的义务包括及时了解影响所从事专业的指南的义务:相比于不阅读在非常晦涩的专业杂志上

[106]

发表的社论,不去了解国家卫生与临床优化研究所的相关指南更不可原谅。

[106]　　显然,某种特定实践做法是否负责任并不是通过计算做或不做该行为的从业人员人数来决定的。这一原则在涉及从事开创性工作的超级专家的案子中非常重要[De Freitas v. O'Brien(1995)]。

由于某种原因,2006年《赔偿法案》第2条认为有必要阐明,"道歉、提供治疗或其他矫正措施本身不应构成对过失或违反法定义务的承认"。

6.3.2　获得适当的知情同意

过去,*Bolam*测试标准一直适用于获得患者同意的问题。因此,如果一名临床医生对一名患者告知有关某医疗程序的信息与具有相关专业的负责任的执业群体告知该患者的信息相同,那么该医生就不具有过失[Sidaway v. Board of Governors of the Bethlem Hospital and the Maudsley Hospital(1985)]。

最近,*Bolam*测试标准延伸到同意领域受到了一些评论人士的质疑,尽管坚持这一做法的Sidaway案(一个上议院案件)没有被驳回。质疑首先来自律师们,他们越来越认同,即便Sidaway案中有数次相关发言,并非所有都可以归结为"*Bolam*测试标准适用于同意"这样一个简单推断,并且从Bolitho案的即兴评论中大致可以看出,对*Bolam*测试标准的评论是在"诊断和治疗案件"的语境下提出的[10],而非同意诊疗的语境。在提及这一点时,上议院可能已经考虑到了医院理事会的文件《外科医生的注意义务》[11],该文件随后被医疗总会的指南《同意:患者和医生共同做出决定》扩展到适用于所有注册执业医生。[12] 对于我们当前的目的而言,这些指南的细节并不重要。我们认为指南已经明确规定了同意应当如何获得。如果执业医生的管理机构规定必须遵循特定程序,是否可以认真地说会有负责任的执业医生不遵循这些程序呢? 这一点尚不明确,有待法院检验。

护士取得同意的相关准则见于护理与助产协会的《护士和助产士的行为、绩效和伦理标准》。[13] 这些准则比外科评议会和医疗总会推行的规定更合理并具有普适性,且限定条件要少得多,护士不太可能发现这些准则剥夺了他们在Sidaway案中可获得的保护(有关Sidaway的问题将在第7章中讨论)。指南具体如下:

13.你必须确保在开始任何治疗或护理之前获得同意。
14.你必须尊重和支持人们接受或拒绝治疗和护理的权利。 [107]
15.你必须维护人们充分参与与其护理有关的决定的权利。
16.你必须了解有关心智能力的立法;确保缺乏能力的人仍处于决策的中心,并得到充分保护。
17.在紧急情况下提供护理时,你必须能证明自己的行为符合接受护理之人的最大利益。[13]

6.3.3 诊疗规范与民事责任的相关性

指南的上述要点提出了对执业护士而言很重要的一般性问题,即诊疗规范与违反义务问题的相关性。来自所有医疗和护理专业的临床人员都对诊疗规范感到担忧,因为他们认为未能遵循诊疗规范必然意味着过失。当然,在法律理论上,这是无稽之谈:*Bolam* 测试标准不会仅仅因为存在诊疗规范就停止适用。

必须区分两种护士未能遵循诊疗规范的情况。第一种情况是,护士因粗心而未能遵守诊疗规范,例如,由于健忘或不了解而未能提供规定的术后抗生素。在这种情况下,*Bolam* 测试标准不会对其予以保护,因为 *Bolam* 测试标准从未得到适用:没有一个负责任的护士会忘记或不了解诊疗规范。第二种情况是,护士没有遵守诊疗规范,因为她行使了自己的独立临床判断并决定做非诊疗规范所规定之事。在此,如果一个负责任的护士认为其在相关情况下会以与该护士所为相同之方式行事,那么 *Bolam* 测试标准将会成为护士辩解其行为的理由。

作为一项一般规则,遵守地方或国家诊疗规范可能会起到保护作用,因为法院可能发现这些诊疗规范代表了负责任的实践做法(即便没有体现为唯一负责任的做法)。[14] 如果违反诊疗规范是出于负责任的临床原因而作出的临床判断,那么在 *Bolam* 测试中会认为对当地诊疗规范的违反是正当的。违反国家诊疗规范(如国家卫生与临床优化研究所推行的诊疗规范)可能会产生问题,即使该违反行为得到同行业其他成员的认可,因为法院倾向于认为国家认可的诊疗规范明确限定了可接受的实践做法。

值得注意的是,Bolitho 案认可考虑导致作出临床决定的推理的适当性,这可能会使法院更愿意关注导致制定相关指南的研究和咨询。因此,诊疗规范的制定过程必须是有据可查的。

6.4 因果关系

6.4.1 传统规则

[108]　原告必须证明,要不是被告的过失,他本可能避免受到所诉的损害和损失。因此,律师经常谈到"51% 测试标准"或"相对可能性衡量的证明"。就因果关系而言,其仅指如果原告证明被告不履行义务的行为更有可能导致损害或损失,则原告将胜诉。

因果关系是过失侵权的基本要素。需要注意的是,有关因果关系是否成立的问题容易与应判决给付多少赔偿的问题混淆。

6.4.2 机会丧失

人们常常断言在英格兰侵权法中机会丧失的损害是不可赔偿的,这并非实情。在某些商业领域,这类损害经常得到赔偿。[15] 但在医疗过失案件中,对于这种损害可以还是应当得到赔偿仍存在争议。当局通常引用上议院案件 Hotson v. East Berkshire Health Authority (1987)案主张这类损害在侵权法上不可赔偿。但 Hotson 案对此并无更多表态。Hotson 案的上诉法院判决,机会丧失属于法律承认的损害,因此证明丧失机会就是证明因果关系。上诉法院尽可能避免区别对待基于侵权和合同起诉的原告。对合同中的机会丧失进行赔偿是无可争议的。[16] 上诉法院质疑,为什么一个接受国民医疗服务、因医生的过失而被剥夺了康复机会的患者不能得到损害赔偿,但同一个患者接受同一个医生以同样的方式进行治疗但通过自费(因而存在合同关系)却能够获得赔偿?法院认为这种反常现象很可怕。上议院从未就机会丧失的损害是否可赔偿的问题作出决定,它仅仅是确定根据该案事实无须对此作出决定。

在 Gregg v. Scott(2005)案中,上议院在医生未能诊断出患者癌症的情形下再次考虑了这个问题。[17] 上议院拒绝在医疗过失案件(至少是与误诊有关的案例)中进行机会丧失分析,而是采用了直接的盖然性权衡测试。丧失机会可能还没有完全失去在医疗法中被考虑的可能,但援引它们的论据将比以前更加复杂。[18]

6.4.3 因果关系:实质性贡献

有时,专家不可能基于盖然性权衡认为被告的不履行义务行为造成了损害,但他们可以基于盖然性权衡认为被告的不履行义务行为对于损害有实质性贡献。在这种情况下,原告有权取得完全胜诉。

在 Bonnington Castings v. Wardlaw(1956)案中,原告是一个不锈钢表面处理工。在工作过程中,他接触到两种来源的硅尘。原告对其中一种硅尘的接触是由于被告违反了法定义务,而对另一种硅尘的接触则不是。他患上了尘肺病,却不能确定"有罪的粉尘"和"无辜的粉尘"何者对他的疾病贡献多一些,只能说"有罪的粉尘"的贡献并不是最小的。在上议院看来,这些事实意味着原告有权为所有疾病及其经济后果提出赔偿请求。Reid 勋爵表示: [109]

"我不能同意该案的问题是:哪一个是最有可能导致原告疾病的来源,是'无辜的粉尘'还是'有罪的粉尘'?在我看来,他的疾病源于两种来源的粉尘,而真正的问题是'有罪的粉尘'是否对疾病有重大贡献。有关什么是重大贡献的问题必须是一个程度问题。法律不理会琐屑之事是例外,属于此例外的贡献不是实质性的,但我认为任何不属于该例外的贡献必须是实质性的。我不明白怎么会存在因太宽泛而不符合最低限度原则,但又因太狭窄而被认为没有实质性的东西。"(第 621 页)

上议院似乎在 McGhee v. National Coal Board(1972)案中扩展了这一原则。他们认为,如果被告的不履行义务行为实质上增加了实际发生损害的风险,那么原告就会完全胜诉。这一案例在从业人员和学者中引起了轩然大波。有人指出,如果你所能做的只是证明行为对风险有实质性贡献,那么你根本没有证明被告不履行义务的行为与风险是否存在任何因果关系。法官们极不愿意遵循 McGhee 案的判决,但该案例在 Wilsher v. Essex AHA(1988)案中被上议院废除之前,侵权法一直被 McGhee 案所困扰。Bridge 勋爵在 Wilsher 案中表示:

"McGhee 案……并未制定任何新的法律原则。相反,它确认了原告负有证明因果关系之义务的原则。通过对本案无争议的主要事实采取稳健务实的方法,多数意见认为被告的过失对原告的损害具有实质性贡献是对事实的合理推断。在我看来,这一判决最重要的意义即在于此。"(第 881—882 页)

每当上议院将一个由不同党派组成的议院所作出的判决描述为"稳健务实"时,这显然是一种对智商的嘲讽。众议院认为 McGhee 案是被错判的,但至少在职业病诉讼中,McGhee 案已经得到了平反。

在 Fairchild v. Glenhaven Funeral Services Ltd(2003)案中,多名被告因过失致使原告接触石棉。但哪位被告对疾病的形成负有责任?疾病是否由一次接触导致的?或者多名被告均需要为积累性原因对原告的接触承担责任?

[110] Fairchild 案认同了 Wilberforce 勋爵在 McGhee 案中适用的测试标准。Bingham 勋爵表示:"在我看来,认为 A 和 B 使 C 面临其本不应当面临的风险的行为违反了 A 和 B 保护他的义务并对 C 所感染疾病的条件有实质性贡献是公正和符合常识的。"(第 34 段)

Nicholls 勋爵指出,在这类案件中,法院将采用"另外一种不那么严格的测试标准",而不是典型的"but-for"测试标准。

人们对这一做法的实际效果进行了大量讨论。在 Barker v. Corus UK Ltd(2006)案中,上议院解决的问题是,在 Fairchild 案这类案件的情况下,每个被告的责任是什么。每个被告是承担全部损失,还是根据过失程度按比例分摊损失?上议院认为是后者,因为 Fairchild 案中的损害被解释为不是疾病本身,而是感染疾病的风险增加。

目前尚不清楚这将如何适用于医疗过失诉讼。我们还不知道 Fairchild 案能否应用于病房中。

但显然实质性贡献重新受到了关注,并且已经对医疗过失案件的诉讼方式产生了重大影响。在一些案件中,不能强迫专家同意律师们非常喜欢的关于生物过程的人为推测,而实质性贡献在这些案件里对原告可能非常有用。

实质性贡献是在 Bailey v. Ministry of Defence(2008)案中的医疗过失语境下产生的。[19]在该案中,实质性贡献被明确指出与"but-for"测试标准不同。Waller 法官注意到,"如果医学不能确立'要不是'某过失行为,损害本不会发生的可能性,但可以确定过失原因对损害的贡献并非可以忽略不计,那么'but-for'测试标准就会被改进并且原告将胜诉"。(第 46 段)

Bailey 案中的规则在 Conan-Ingram v. Williams(2010)案中被适用,其中还提到 Bailey 案的影响是使原告有权获得全额赔偿,而在这方面可能会发生很多诉讼。如果分摊损害在事实上是可能的,那么有理由认为 Bailey 案将因果关系仅作为确定责任的一个要素,而不是作为量化责任的决定因素。

6.4.4 因果关系:多重竞争原因

在医疗过失案件中,往往会有许多因素可能造成损害。例如,在 Wilsher 案中,原告患有晶状体后纤维增生症,据说这是高压氧的给药过失造成的,但还有几种不同的解释,并且不能说这种对过失的解释可能正确。因此,原告未能确立因果关系的存在。

6.4.5 要求损失依法可获得赔偿

并非所有原告合理主张的内容都被法律认定为足以使被告承担责任的"损失或损害"。最明显的例证涉及精神损害。如果遭受的唯一损害是精神损害,那么为了获得胜诉,原告必须证明其患上了可识别的精神疾病,仅遭受痛苦和煎熬是不够的。[20] 比如在 Reilly v. Merseyside RHA (1994) 案中,原告被困在医院电梯内 1 小时 20 分钟,经历了恐惧和幽闭恐怖症,但没有遭受身体伤害,因此他们无权获得任何损害赔偿。

[111]

6.5 量化评估

6.5.1 概述

"量化"是具体案件的价值。在医疗过失案件中有一些可能的"索赔事项",它们被分为以下几类:
- 疼痛、痛苦和丧失安乐
- 特殊损失
- 未来损失
- 混合型索赔

在过失案件中,损害赔偿几乎都仅仅具有补偿性质——用金钱尽可能地使原告恢复到被告没有过失的情况下其理应所处的状态。在极少数情况下,可以判给原告损害赔偿金以表示法院不赞成被告的压迫性或其他不道德行为,这些赔偿被称为加重损害赔偿。在医疗过失案件中,有关加重损害赔偿的一个很好的例子是 Appleton v. Garrett(1995)案。在该案中,一名牙医被诉为了敛财而对患者进行不必要的牙科治疗,因而具有过失并构成人身侵犯,他被责令支付加重损害赔偿金,按其须支付的疼痛、痛苦和安乐丧失损害赔偿的 15% 计算。

原告负有"减轻"其损失的义务。这意味着他必须采取合理的措施减少应付的损害赔偿总额。因此,他无权购买价格昂贵的医疗服务,也无权乘坐由私人司机驾驶的劳斯莱斯前往医院。如果非危险医疗可以减轻他的病情,他可能不得不接受这种治疗;如果他不接受这种治疗,他可能丧失与他实际所处情况和如果接受这种治疗他本应所处情况之间的差别有关的那部分赔偿。以下所有关于损害赔偿的讨论都必须考虑到这一关于减轻损失的告诫。

6.5.2 疼痛、痛苦及丧失安乐的损害

正如所表述的一样,它们是对本质上不可量化的事物的不可避免地量化。在试图评估这一索赔事项时,律师们依据的是针对特定类型的损害和残疾而规定的宽泛赔偿范围的指南[21]和报告的案例。

[112]　法律委员会批评对疼痛、痛苦和丧失安乐的赔偿金额过低,这是常见的抱怨内容。当然,此类损害赔偿与诽谤案件中的名誉损害赔偿之间的悬殊差距往往会对遭受人身损害的原告造成侮辱。在 Heil v. Rankin and Others(2000)案中,上诉法院判决,当依照惯例对疼痛、痛苦和丧失安乐判决给付的赔偿金额为 1 万英镑或以下时,金额不应出现任何变化,而在 1 万英镑以上时,应采取增速递减的赔偿规则,使最大的赔偿额较之前高出约三分之一。保险公司普遍对这一判决感到满意,因为他们处理的大量案件能够获得的赔偿不到 1 万英镑。然而,这将使国民医疗服务体系遭受重创,因为医疗过失案例中,因疼痛、痛苦和丧失安乐导致的损害赔偿通常会超过 1 万英镑的门槛。2012 年,上诉法院表示,自 2013 年 4 月 1 日起,所有因疼痛、痛苦、丧失安乐而被法院判决案件的损害赔偿将增加 10%[见 Simmons v. Castle (2012)案]。[22] 这是为了在一定程度上弥补"杰克逊改革"所带来的民事诉讼费用的变化。此项变化是指一般无法从败诉方获赔"胜诉费"。自 2013 年 4 月 1 日起,当根据附条件收费协议("不赢不收费"协议)提出索赔时,原告不再能向败诉被告追偿"胜诉费"(向胜诉原告的律师支付的上浮费用,以补偿其承担的完全不收取费用的风

险)。

6.5.3 特殊损失

从广义上看,特殊损失是从过失发生到审判的这段时间里积累的经济损失。它们只能以这种方式作概括描述,因为它们包括的索赔事项涉及为原告所做的无偿工作,例如,看护费用,而将这些索赔事项描述为"经济损失"含有相当主观人为的色彩。

这些费用通常包括原告和探病亲属往返医院的费用、处方费和其他医疗费用、看护费用、收入损失以及因残疾所需设备的费用。在索赔方面,法院将自行询问原告是否已证明损失实际上已经发生;损失是否由过失造成;在支出方面,原则上原告是否合理地将钱花在索赔事项上,如果是的话,所支出金额是否合理。

如果看护是由亲属或朋友免费提供的,法院会对购买该看护服务的成本进行估值,并考虑到此种看护不会同购买看护一样缴纳税款和国家保险,而将该金额减少约25%。

在实践中,双方通常会约定对特殊损害的赔偿。如果律师要求法官决定差旅费的金额,例如是250英镑还是275英镑,法官会让其自行决定。

6.5.4 未来损失

未来损失涉及对未来事件的推测,所以计算起来要困难得多。现在所使用的基本方法是"乘数—被乘数"算法。乘数与特定损失持续的年数有关,被乘数则代表该赔偿项下的年度损失。

[113]

显然,乘数不能简单地用损失持续的年数计算。如果原告将在十年内每年损失1,000英镑,而法院据此判给他1万英镑,那么他获得的其实是超额赔偿,因为必须假定他会将损害赔偿金用于投资。如果赔偿要体现实际损失,那么必须考虑投资收入的金额。实践中,法院会假定该赔偿金将用于投资与指数挂钩的政府证券[Wells v. Wells(1998)案]。考虑到这一假设,贴现率究竟应该是多少将存在争议。被告认为贴现率应该是每年3%,而原告指出,这些证券的回报率在过去几年中有所下降,目前通常稳定在2%左右。贴现率由法律确定[23],自2001年6月28日以来,这一比例一直固定在2.5%。

[113]　　有人呼吁降低这一比例,因为在公开市场上很难获得 2.5% 的回报率,而目前将数字确定在 2.5% 可能意味着获得一次性付款的原告的未来损失仍有很大一部分未被赔偿。在撰写本书时,修改法定回报率的问题正在被考虑,但尚未有决定作出。

在确定乘数时还需要考虑到未来的意外情况,例如,原告无论如何可能会死亡,或(在索赔未来收入损失的情况下)原告无论如何可能无法再工作。乘数的计算本身正成为一门复杂的科学——由精算师主导的科学。

重要的未来损失事项通常包括未来收入损失、未来照护、未来住宿要求和设备成本。显然,就设备成本而言,需要有关于每项设备寿命的专家证据。就住宿费用而言,原告将获得任何必要的改造费用和搬迁至所需住处的相关费用,加上法院对捆绑在新房产中的额外资金不能使用而造成的资金不利的估价。这是非常粗略地计算得出的,与假设该金额可用于投资本应赚取的收入有关[Roberts v. Johnstone(1988)案]。

有时不可能使用"乘数-被乘数"算法来计算未来损失。例如,原告可能因为所受损害而在劳动力市场上处于不利地位继而失业,但在审判时他已处于就业状态,而且这种状态预计将继续下去。在这种情况下,法院可以判给原告(相当武断的)赔偿以体现其因损害遭受的不利,并将在判决给付赔偿时评估该原告主张的就业状态不稳定的前景,以及一旦失业后所处的不利水平[Smith v. Manchester Corporation(1974)案]。

6.5.5　混合型索赔

[114]　　有些索赔事项并不属于上述类别。最好的例子就是丧失满意工作损害赔偿金——因原告不能继续做一份特别满意的工作而给予的赔偿金[Hale v. London Underground Ltd(1992)案]。护理工作也是令人满意工作的典型例子之一。

6.5.6　结构性赔付

法院通常判决或被告同意一次性支付赔偿。然后,该笔款项或其中一部分可按其产生年金的方式进行投资,以满足原告所评估的其在一生的不同阶段的需要。这种投资形式称为结构性赔付,它可能在税收或其它方面更具有优势——例如,在有人担心原告或管理资金的人可能浪费它的情况之下。法院现在有权命令以定期付款的方式支付应付给原告的全部或部分赔偿。[24] 目前,由于乘数贴现率与实际可收回的商业利率极不同步,定期付款形式对原告尤其具有吸引力。

6.6 证明事实

6.6.1 概述

原告须证明事实,而证明是基于盖然性权衡,一般规则是通过举证或让另一方承认事实来证明。如果某件事是十分明显、并且符合常识的,法官可能会对其"进行司法确认",从而免除正式的证明或同意要求。但这是一个非常有限的、实际上对一般规则来说并不重要的例外。

证据本身即是一个技术性极强的法律分支,我们无法在本章进行充分讨论。重要的是要牢记,证据不仅包括事实的证据,还包括具有适当资格的专家的意见。

6.6.2 "事实自证准则"

尽管 Woolf 勋爵不喜欢拉丁谚语,但律师们仍然在使用这样一种方便的速记模式。其中最为常用的是 res ipsa loquitur:"事实自证"。它指的是指仅凭案件事实,就可以明确地高呼"具有过失,除过失外,别无其他"的情形。

这一准则一直具有神秘性,有人曾多次提出,在适用这一准则的情况下,举证责任应从原告转移到被告。现在已经确定这样的推断是错误的,举证责任永远不会转移。[25]

6.7 医疗过失的未来

医疗过失索赔的业务量大。在过去几年中,人们提出的医疗过失索赔数量增长非常迅速,因提出医疗过失索赔而失去法律援助可能阻止这一趋势继续发展。如今这种索赔的经费越来越多地来源于"不赢不收费"协议,显然,与之前无限制的法律援助相比,这种协议更能使原告律师集中精力于争取胜诉。

Jackson 大法官回顾了民事诉讼费用问题,他在报告《民事诉讼费用

[115]

回顾:最终报告》中阐述的建议将对医疗过失索赔产生重大影响。[26]他的许多最重要建议已被采纳,并于2013年4月生效。[27]这些变化包括:附条件收费协议中胜诉律师的胜诉费不能从败诉方追回的一般规则(见第6.5.2节);所有小额人身损害索赔的固定成本制度;风险代理费(可获得的费用占总损害赔偿的固定百分比);以及成本管理(就诉讼成本预算达成司法协定,并假定可获得费用不会超过该预算)。

Jackson的改革受到了保险公司和被告律师的广泛欢迎,这并不奇怪。这些改革使原告更难进入庭审,特别是在复杂的医疗过失诉讼中,如果不进行详细且费用高昂的调查,往往无法确定医疗过失索赔是否存在价值。原告律师可能会回避这些调查。这意味着许多高额赔偿案件和有法律依据的案件将永远无法被推进。

英格兰医疗过失案件的上升趋势经常被拿来与美国诉讼狂潮作比较,但对二者的比较并不适当。在英格兰,由专业法官评估损害赔偿,而在美国负责这一事项的是陪审团,其评估的科学性要低得多,慷慨度则高得多,且更少受到严格限制。如果不出现大量不合理的医疗过失行为,也就不可能获得不合理的巨额赔偿。

人们有时会说,许多诉讼是由诉讼当事人提出的,他们希望得到道歉和解释,而不是损害赔偿。这样的说法是真实的,因为越来越多的调查程序(以及在适当情况下的赔偿)可以避开庭审,其中包括非正式调解。仲裁和调解在医疗过失案件中越来越普遍并开始发挥作用。原告要求赔偿的权利取决于证明过失似乎不公平,因为无论是否能证明过失,原告都同样需要获得赔偿。这一考虑促使一些人提倡医疗过失的无过错责任计划。然而基本问题是成本,在可预见的未来,任何英国政府似乎都不太可能准备为这一举措提供资金。有争议的是,处于国民医疗服务体系内的患者,在因国家医疗服务过失而受伤的情况中,临床过失诉讼中原告索赔的许多费用无论如何事实上都应适用无过错责任计划,这是因为导致国民医疗服务过失的大部分医疗护理以及许多医疗器具都是由国民医疗服务体系自己提供的。

[116]

呼吁改革医疗过失赔偿制度的声音不绝于耳,尤其是首席医疗官在《补偿》报告中的呼吁。[28]首席医疗官的许多建议已体现在2006年《国民医疗服务矫正法案》中。这可能会彻底改变处理医疗过失索赔的方式。该法允许设立矫正计划,其中某些类别的案件完全在法院系统之外进行处理。不过现在断言其将产生的影响还为时尚早。许多最重要的影响将通过尚未起草的二级立法来实现。目前,国民医疗服务机构和个体从业人员的责任仍适用上述原则。

6.8 注释和参考文献

1. See R v. Adomako[1994] 5 Med LR 227; R v. Misra(Amit)[2005] 1 Cr. App R. 21.

2. 近期关于生下不想要的孩子的诉讼,参见 Macfarlane v. Tayside Health Board(HL)[2000] 1 Lloyds Rep. Med.1。

3. 产生于 Bolam v. Friern Hospital Management Committee[1957] 1 WLR 582 案中 MacNair 法官对陪审团的指示。

4. 对这一问题的讨论,请参见 C. Foster, Medical negligence: the new cornerstone (*Bolitho v. City & Hackney HA*), *Solicitors' Journal,* 5 December 1997, p.1150; C. Foster, *Bolam:* consolidation and clarification, *Health Care Risk Report,* 4（5）(1998), p.5。

5. Nursing and Midwifery Council, *NMC Code of Professional Conduct: Standards for Conduct, Performance and Ethics* (London, NMC, 2004), para. 6.5.

6. *See Wilsher v. Essex Area Health Authority* [1986] 3 All ER 801; *Djemal v. Bexley Health Authority* [1995] 6 Med LR 269; and *Nettleship v. Weston* [1971] 2 QB 691.护理与助产协会《护士和助产士行为、绩效和伦理标准》(2008 年)中第 38 段规定:"在没有直接监督的情况下工作时,你必须具备进行安全有效实践的知识和技能。"第 39 段规定:"你必须认识到自己的能力并在能力范围内工作。"

7. See *Wilsher v. Essex Area Health Authority* [1986] 3 All ER 801, per Lord Justice Mustill at pp.810-813.

8. 职业伦理中也有对义务的规定:护理与助产协会《护士和助产士行为、绩效和伦理标准》(2008 年)第 35 段规定:"你必须基于可获得的最佳证据或最佳实践提供护理。"第 36 段规定:"如果你建议提供医疗产品或服务,必须确保你提出的任何建议都基于证据。"第 40 段规定:"必须在你的整个职业生涯中不断更新自己的知识和技能。"第 41 段规定:"你必须参加适当的学习和实践活动以保持和提升你的能力和表现。"

9. See *Crawford v. Charing Cross Hospital* (1953) *The Times*, 8 December; *Gascoine v. Ian Sheridan and Co.* [1994] 5 Med LR 437.

10. Bolitho v. City & Hackney Health Authority [1998] AC 232, per Lord Browne Wilkinson at p.243.

11. The Senate of Surgery, October 1997.

12. General Medical Council, 2008. Available on the GMC website at http://www.gmc-uk.org/guidance/ethical_gmdance/consent_guidance_mdex.asp

13. Nursing and Midwifery Council, *The Code: Standards of conduct, performance and ethics for nurses and midwives* (London, NMC, 2008), paras 13–17.

14. See Re C (*a minor*) (*medical treatment*) [1998] Lloyds Rep Med 1; *Airedale NHS Trust v. Bland* [1993] 4 Med LR 39; *Early v. Newham HA* [1994] 5 Med LR 214; *Penney, Palmer and Cannon v. East Kent Health Authority* [2000] 1 Lloyds Rep. Med. 41.

15. See, for instance, *First Interstate Bank of California v. Cohen Arnold & Co.* [1996] 1 PNLR 17; *Allied Maples Group Ltd v. Simmons & Simmons* (*a firm*) [1995] 1 WLR 1602.

16. See, for instance, *Chaplin v. Hicks* [1911] 2 KB 786.

17. [2005] 2 WLR 268.

18. 关于此的讨论详见 C. Foster, Last chance for lost chances, *New Law Journal,* 155 (7164) (2005), pp.248–249。同样值得注意的是,在引起好奇和受到诸多批评的 Chester v. Afshar[2005] 1 AC 134 案中,上议院认为,(1)该案中的过失是未能提醒存在一种完全随机发生的风险;(2)如果得到提醒,虽然该患者仍会由同一人员在相同情况下进行同一手术,但该手术将在不同的日期进行;(3)即使该手术人员自身没有任何过失,随机发生的风险事实上最终发生了,因而原告成功证明了因果关系。

19. EWCA Civ 883.在 Tahir v. Haringey HA[1998] Lloyds Rep Med 105 案中即初露迹象,法院制定了指南,指出在临床过失情况下 Bonnington Castings 案的分析何时得以运用。

20. See *Nicholls v. Rushton, The Times,* 19 June 1992.

21. *The Judicial Studies Board Guidelines for the Assessment of General Damages in Personal Injury Cases,* 4th edn (London, Blackstone Press, 1999).

22. [2012] EWCA Civ 1039.

23. Damages Act 1996, section 1.

24. See Damages Act 1996, section 2(1)(a), inserted by Courts Act 2003, section 100.

25. See *Ratcliffe v. Plymouth & Torbay HA and Exeter & North Devon HA* [1998] PIQR P170.

26. London, HMSO, 2009.

27. 2012年《法律援助、判决和刑事处罚法案》为要求初级立法的改革部分提供了必要的法定权力。

28. Department of Health, June 2003.

B 伦理视角：过失与伦理义务

Harry Lesser

曼彻斯特，曼彻斯特大学哲学中心名誉研究员

[118]　　从广义上看，"过失"一词在法律和伦理上的用法是相同的，指没有尽到适当程度的注意。但是，法律上对过失的要求和伦理上对过失的要求之间存在一些重要的差异，这并非因为它们之间存在冲突（尽管我们将看到这种情况偶尔会发生），而是因为伦理所要求的注意水平高于法律所要求的注意水平，并以数种不同的方式超越了法律标准。为了解这些标准，我们需要检视已在第一部分中提及的护理与助产协会的《守则》的多个部分，尤其是风险管理一节（该文件第32—34条）。

6.9 伤害与风险

首先需要注意的一点（在第一部分中已经明确指出）是只有在伤害发生时法院才开始发挥作用。无论是护士、助产士还是社区或公共卫生护士未能尽到法定注意义务，只有在其行为导致伤害或损害的情形下才有法律的作用空间。接着，法律必须决定一系列问题：事实上是否存在伤害或损害，伤害或损害有多大以及属于何种性质，伤害或损害是否以及在多大程度上是由于过失造成的，谁应对过失负责，赔偿多少是适当的，以及该过失是否触犯了刑法。但是，正如第6.1节中所言，医疗过失诉讼要取得胜诉必须是被告的行为"对原告造成了法律承认的某种伤害、损失或损害"。而伦理是不同的：如果专业人员使患者或服务对象面临严重和不必要的风险，即使其幸运地没有造成损害，在伦理上仍应受到谴责。法律本质上关心的是对因过失造成的损害进行矫正，有时还进行惩罚；而伦理则是涉及避免过失的义务，不论事实上是否造成损害。很明显的一点是，一个专业人员如果让患者承受了此种不必要风险但没有造成任何伤害，他就不会有被起诉的危险，但是应该受到"良心的谴责"，并且（更重要的是）决心不再让这种情况发生。

6.10 专业行为守则

《守则》中有关风险管理的部分构成了"与他人合作,保护并增进你所照护的人、他们的家庭和看护人员,以及更广泛的社区的健康和福祉"一节的最后一部分,其余三部分涉及与同事分享信息、团队合作和有效委托。该部分规定: [119]

"32.如果你认为自己、同事或其他任何人可能会使某人处于危险之中,你必须立即采取行动。

33.如果你遇到妨碍你遵照本守则或其他国家认可标准进行工作的问题,你必须通知有关主管人员。

34.如果护理环境中存在的问题使人们处于危险之中,你必须书面报告你的关切。"

目前,《守则》的要求比法律要求的范围要广得多,当然这不仅因为它涉及风险而不是实际伤害。法律要求护士或助产士避免因未能"根据提供护理的人员所担任的职务"确定的标准进行护理(第 6.3 节)而对他们负有注意义务的人(第 6.2 节)造成法律规定之类型的伤害(第 6.1 节)。而伦理守则要求,如果他们工作团队中任何人的行为对无论是否属于患者的任何人有造成任何损害的风险,无论这是否与他们的特定职责有关,他们都应该采取行动,自行纠正问题或者向有关机构报告。另外伦理守则还要求他们报告"护理环境"中的问题,这些问题可能不是由任何特定人员的行为引起的,而是由他们工作的物质条件或非物质的环境特征引起的,例如,团队精神或被认为是可接受的标准实践做法。因此,我们可以说,《守则》在五个方面超越了法律:它力求防止一切形式的伤害;它不仅关乎患者或服务对象,而且关乎"他们的家庭、看护人员和更广泛的社区";它使团队的所有成员都有义务预防伤害;它关乎安全的环境以及安全的行动;它还与"风险管理"有关,无论损害是否实际产生。尤为重要的是注意风险管理是团队所有成员的责任,而不仅仅是负责人员的责任。

6.11 避免风险问题

然而,在决定如何管理风险时存在一个问题:即使在日常生活中,也不可能绝对避免给自己或他人带来某种风险。有人可能会通过主张将风险最小化来试图应对这一问题。但是,如果某个人总是试图把风险降到最低并以此为首要考虑事项,那么他将无法做任何有价值的事情:毕竟,打开电灯、过马路、乘坐任何车辆都会给自己和他人带来某种风险。有人可能会说,这可以通过简单的常识来解决,即评估哪些风险低到可以忽略不计,哪些风险的不承担成本过高因而应当予以承担。但风险的程度并不总是那么容易评估,而且在医疗保健方面还存在一个特别的问题,那就是:虽然不护理患者往往会造成伤害或有造成伤害的风险,但大多数,也许是所有形式的护理和治疗也都涉及某种程度的不舒适、伤害或风险。对于特定的患者或服务对象来说,评估治愈或改善的可能性是否会超过风险、实际的疼痛或伤害并不总是容易的。

[120]

当然,通常情况下,治愈的可能性非常高,而为了治愈,忍受药物的副作用带来的短期不适显然是值得的:给药的护士显然是在保护患者的健康和福祉。但有时事情就不那么简单了,如何平衡一种特殊治疗的风险和可能带来的益处也许会非常不明确。在可能的情况下,这可以通过向患者解释问题并接受他们的决定来解决。事实上,《守则》第 12 条规定:"你必须以人们能够理解的方式,与他们分享他们想要或需要了解的关于他们健康的信息",以及第 13 条规定:"你必须确保在开始任何治疗或护理之前获得了同意。"因此,当上述情况发生时,患者已经作出了知情基础上的决定来面对风险,希望得到治愈;此时风险仍然存在,但已经得到了适当的"管理"。

事实上,《守则》中使用了"管理风险"的表达而不是简单地避免风险,这是完全正确的。"管理风险"涉及《守则》中的三个部分。《守则》中有一节名为"管理风险",本书在此前对其全部内容进行了引用。虽然没有实际说明这一点,但其涉及不让患者或服务对象、或更广泛的民众成员暴露于任何对治疗或进行必要操作而言不必要的风险,并说明了如果发生此种状况应采取何种措施(见上文)。第 12 条和第 13 条规定,在有风险的治疗开始之前(其实是在任何治疗开始之前)需要获得知情同意。第 16 条和第 17 条涉及缺乏心智能力或紧急住院的患者或服务对象,其通常可能是无意识的,因此无法给予同意,并且没有家庭成员为他们作出同意决定。因此第 17 条规定:"如果你在紧急情况下提供护理,或者无论出于何种原因你必须为被护理人作出决定,因为他们无法为自己作出决定,你必须能够证明你的行为符合他们的最大利益。"

关于第一个问题,上一节指出了《守则》在哪些方面对护士的要求较法律更多。在对同意的规定上也是如此,即便不那么明显。如果已经向患者解释了所建议的治疗方式的风险和可能的益处,并且已经获得患者同意,那么至少在法律上护士是受到保护的。但是伦理上要求对患者进行的解释必须恰当,使用通俗易懂的语言和患者能够理解的表达方式,并且有人可能会补充道,应当既不夸大也不对风险作最低估计——这意味着不仅要说实话,而且要以一种既不是不必要的危言耸听,也不是太乐观的方式来解释。例如,不能列出所有可能出错但不太可能出错的事情,让治疗听起来比实际更有风险;也不能因为一种真实存在的风险过低而将其忽略不计。总的来说,目前我们做得比上一代人好得多,而护士的表现也一如既往地比医生好,虽然两者间的差距在缩小。但是,如果既要满足法律的要求,又要满足伦理的要求,仍然需要仔细考虑并选择解释的表达方式。

[121]

同样,在护士不得不代表患者作出决定的情况下,如果该决定属于可以合理作出的决定,则法律上的要求将得到满足。因此,如果风险与益处都得到了很好的平衡,那么无论护士作什么决定,都可能受到法律保护。但从伦理上说,在时间允许的情况下,护士仍然应当仔细考虑什么是最好的选择。也许值得指出的是,虽然这在很大程度上引起了人们的重视,但显然这些问题无法通过划分护士和医生的职责来解决。有一种传统观念认为医学和护理学是有明确分工的,例如,护士的职能是使患者尽可能舒适,并执行医生的指示。但人们会质疑这是否与实际情况相符,并且据目前情况看,大家一致认为这样精确的职责划分既不可能也不可取。

我们可以这样总结:在这一领域,伦理与法律的不同之处在于,伦理关注的是避免潜在的损害,而不是矫正实际的损害;关注护士能够避免的所有形式的损害;不仅涉及尽到自己的义务,还要在时间允许的情况下考虑特定情形下的最佳实践做法。因此,伦理标准高于法律标准,《守则》要求的不仅仅是遵守法律。这又提出了一个问题,即护士的个人伦理要求是否应该比《守则》更严格。不同于正式的守则,个人伦理不仅需要符合标准还需要追求理想。护士等专业人员需要关心的是保持护理水平高于法律和《守则》的最低要求,并且需要记住,从某种意义上说,职责从未得到过完全的履行。

然而,一旦有人说出这样的话,他必须立即用常识加以限定。一方面,他要求护士遵守超越职责的伦理要求;另一方面,他必须记住,护士和其他人一样,只有一双手两只脚,即便每天24小时工作,医院也可能人手不足,要想达到《守则》的标准可能需要花费所有可用的时间。对护士的期望超出了可能或合理的范围是不公平的:如果标准定得太高,实际结果可能会更糟而不是更好。这里似乎需要的是解决方案的组合,从而维持至少略高于法律和《守则》所要求的护理标准,并希望在时间、精力和机会允许的情况下实现更高的标准。还需要的是合理运用个人感受,这样才能有助于维持标准而不是削弱标准。认识到自己有时会失职并决心不再重蹈覆辙都是有帮助的;但是,就像设定过高的标准一样,不恰当的内疚感(例如,对不是未尽义务而只是未满足期望感到内疚)或者过度的内疚感(例如,内疚感在决定不再重蹈覆辙后依然持续存在)通常将导致更糟而非更好的实际效果。

6.12 伦理注意义务

这些考虑,即对具有潜在和实际后果的伦理问题的关注。《守则》所要求的不仅仅是遵循法律的行为方式,以及个人伦理除遵守义务外应尽可能兼顾更高期望的行为方式,主要涉及的是对患者及服务对象的注意义务,而《守则》所规定的义务显然比法律更重。但是,正如前面提到的,该《守则》规定了一项义务,即不仅要为患者和服务对象尽最大努力,而且要"保护并增进你所照护的人、他们的家庭和看护人员以及更广泛的社区的健康和福祉"。这又提出了两个问题。

其中一个问题是护士恰好在事故现场,或护士身边有人生病的情况。在法律上,他们没有提供帮助的义务:护士、助产士和健康访视护士没有制止和协助的法律义务,除非根据雇用合同他们具有帮助该人士的义务。此外,与前一个版本不同,当前版本的《守则》没有专门规定制止和帮助义务,这可能是因为它主要涉及护士在团队中的工作。然而,很难理解在这种情况下,除了提供被合理期望的且根据你的知识、技能和能力进行的护理(引自前一版本的《守则》),如何才能履行对更广泛社区层面的普遍义务。这也符合《守则》的序言中护理与助产监管机构所作的声明,"我们的存在是为了保障公众的健康和福祉"。《守则》也在第17条规定:"如果你在紧急情况下提供护理,你必须能够证明你的行为符合该人的最大利益",这一规定似乎适用于所有将要发生的事情,因为没有迹象表明这只涉及医院中发生的紧急情况。《守则》的最后一条即第61条规定:"你必须时刻维护你的职业声誉",如果护士在特别需要施展技能的时候仍有所保留,这一点就很难做到了。

若以这种方式解释,该《守则》与普通伦理准则非常一致,认为只要护士能够提供帮助,她就应当对需要的人提供帮助,并且在紧急医疗事件中,医疗专业人员制止紧急情况并提供帮助的义务重于其他人负担的义务,因为他们拥有相关的知识和技能。这里就存在一个问题:虽然护士没有提供护理的法律义务,但一旦提供护理,就要受到法律义务的约束,如果受害者因此受到伤害,他们就有合法的求偿权;因此上述第17条非常重要。这里存在着一个法律悖论,即护士不会因为完全不提供护理而被起诉,但一旦提供护理就可能因为过失而被起诉,而这并不免除提供护理的伦理义务。我们希望有关过失的法律不要像一些国家那样发展到因为法律风险过大而导致人们不敢提供帮助的地步。[123]

伦理义务超越法律义务的另一个问题涉及未出生的孩子。助产士和其他医疗专业人员不负有护理未出生孩子的法律义务,只要适当地护理了母亲,他们就不对孩子的产前伤害承担法律责任。但从伦理上看,只要母亲和孩子的利益是一致的,护士或助产士就必须对双方都负有义务,所以只要是对孩子有益的事情都值得做,即使它对母亲没有直接益处。无论如何,它通常都会使母亲受益,因为这与她的愿望是完全一致的。这里存在一个伦理理论的问题,即胎儿或未出生的孩子是否可以使他人对其负有义务。但与其他一些理论问题不同,这只是一个纯粹的表述问题:很明显,助产士既有护理母亲的伦理义务,也有护理未出生孩子的伦理义务。虽然对于该义务到底是对孩子的义务,还是对母亲的义务,还是仅仅是助产士的一种伦理义务这一问题尚无实质性的回答,但实际上需要做的事情都是相同的。因此,如果做或不做某些事情会使未出生的孩子受益,或保证其安全但对母亲的健康没有影响,尽管助产士似乎没有法律义务去做这些事情,甚至没有义务告知母亲或建议这些事情,但是,他们应该具有同时护理母亲和孩子的伦理义务。

6.13 法律与伦理之间的冲突

到目前为止,我们一直在处理各种各样的问题,其中促进和维护患者和服务对象的利益与安全的伦理义务超越了避免过失的法律义务,但并不与之相抵触。然而,有两个领域的法律义务和伦理义务之间可能存在实际冲突,或者更确切地说,这两个领域的伦理义务之间存在冲突,而且,尽管法律支持其中一方,但不清楚这一方在伦理上是否始终占上风。其中一个领域涉及母亲和未出生的孩子:如果对母亲负有法律义务,但如前一节所述对双方都有伦理义务,那么在母亲和孩子的需要不一致的情形下就有可能发生冲突。当然,很多时候,要么一方受益,另一方也受益,要么母亲强烈希望把孩子放在第一位。当母亲堕胎时,尤其会发生需求或利益上的显著冲突。这种需求冲突可能导致法律和伦理义务之间的冲突,因为法律允许堕胎就是把母亲的需求放在首位,但一些护士会认为堕胎在伦理上总是错误的,或者在具体情形下堕胎在伦理上是错误的,例如,母亲想要堕胎并不具有重大的伦理理由。实际上,冲突通常是可以避免的,因为法律特别允许护士出于良心拒绝而不参与堕胎。诚然,或许是因为越来越强调团队合作,《守则》中不再提及良心拒绝。但其第49条规定,"你必须遵守执业所在地区的法律",而否认护士的良心拒绝权显然是违反法律的。

然而,这里存在两个可能的问题。法律保护因良心拒绝而不参与堕胎的护士,但不保护仅拒绝参与某一次堕胎或某一类堕胎(如因社会原因而进行的堕胎)的护士。另外,护士期望这种顾虑得到尊重似乎是与成为团队一员的要求不相容的。由于某个人的道德顾虑而允许其不从事一般类别的工作是可行的和公正的,但是期望只在特定工作出现时允许其不进行该项工作是不可行的和不合理的:护士必须在一开始就决定他们是否准备参与堕胎。鉴于此,《守则》的早期版本虽然明确承认良心拒绝的可能性,但要求尽早报告,并强调出于良心拒绝的护士或助产士有义务"尽其所能提供护理,直至确定可以替代其进行该项工作的护士或助产士"。

其次,坚决反对堕胎的人可能会认为,护士或助产士不仅有义务拒绝参与堕胎,而且实际上有义务设法破坏整个过程。但考虑到没有明显的方法可以如此行事,并且更重要的是,考虑到这与作为团队一员的要求是不相容的,似乎没有办法证明这在伦理上的正当性。无论如何,这显然违反了第49条(见上文)。争取修改法律是公民的权利,也许他们会把它视为一种义务:破坏法律活动即便在正常情况下也不可能获得同等待遇。所以,我们可以设想,面对一些在医院或由医生实施的行为,例如,切割女性生殖器官,在可能的情况下一个体面和人道的人有义务加以制止。不过,目前在英国,所有这些行为都是非法的,因此,如果这些行为发生在本应据称声誉良好的环境中并因此引起了护士的注意,那么在其中并不会出现义务上的冲突,而只存在制止非法活动的明确义务。

因此,在堕胎的情况下,护理母亲的法律和伦理义务与护理孩子的伦理义务之间的冲突可以通过护士选择依良心拒绝或接受参与堕胎得到解决。但不排除可能发生更复杂的情况,比如,有时需要进行剖腹产手术以防止对孩子造成脑损伤等伤害,但母亲拒绝接受手术,理由是如果自然分娩,她不会受到任何伤害,而任何手术,无论多么轻微都会带来一定的风险。从法律上看,助产士应该支持母亲的决定;从伦理上说,助产士很可能会觉得自己应该施加一切合理的压力让母亲同意手术。关于助产士应当采取什么行动是一个有争议的问题,例如,可能会有人争辩说,不管母亲现在的感受如何,既然她显然不想有一个大脑受损的孩子,那么助产士对母亲和孩子负有的义务要求她对母亲施加压力。无论助产士作出何种决定,重要的一点是,医疗专业人员有可能(虽然可能在实践中很少见)认为他们对未出生的孩子负有伦理义务,而这与他们对孩子母亲负有的法律义务相冲突。关于之后他们应该做什么,在不同的情况下有不同的行动方案,这取决于可作出的选择和每个选择可能产生的后果。这是一个当事人员而非学术理论家需要考虑的问题,对此似乎无法制定任何一般规则。

[125]

第二类伦理冲突涉及《守则》第24条和第32条之间的紧张关系。它们分别规定,"你必须进行团队合作,尊重同事的技能、专业知识和贡献"以及"如果你认为自己、同事或其他任何人可能会给某人带来风险,你必须立即采取行动"。原则上,这些规定并不冲突:护士被要求尊重同事所做正确之事,但在给某人带来危险的时候采取行动。然而,当护士认为某人正处于危险之中而同事却不这么认为时,问题就出现了。这样的情况可能会发生在特定的患者或服务对象身上,或发生在一般政策或第34条所称的"护理环境"中。

当然,法律和《守则》都要求护士在这些情况下采取行动,但是他们需要采取或支持什么样的行动呢?法律要求护士对他们认为不当或弄错的医嘱提出疑问,例如,给患者带来风险的医嘱;但是,如果医嘱已经得到医生或上级负责人的确认,那么护士按照医嘱行事就不具有法律上的过失。《守则》则更进一步要求当护士认为有人正处于危险之中时"立即行动"。其中有些做法不是法律所要求的,但却得到了法律的支持。法律支持和保护"吹哨"行为,将问题报告给主管机构。法律支持护士基于专业原因而拒绝执行某些他们认为具有危险的指示或政策,还支持护士出于良好临床实践的考虑而使某个患者不适用既定的医院政策。到目前为止没有出现什么问题,因为即便是《守则》要求而法律不要求的,法律仍会支持。

但是,仍然有两种很罕见但有可能的情况是得不到法律支持的。一种情况是,认为某人正处于危险之中的理由不是出于专业判断,而是基于被别人告知的内容,或者是根据其经验所得结论,而这种判断与当前的专业观点不一致。这虽然不太可能,但确实有概率会发生,并且可能是有道理的。例如,患者的状况有些特殊,并且他们的家人知道这一点。因此,如果患者的兄弟姐妹告诉护士,他们知道某种治疗对患者而言是危险的,并且这些患者家属确实是理智的人,那么护士就有理由拒绝进行这种治疗。然而,这样的处理方式尽管在伦理意义上是正确的,它并非绝对会得到法律的支持。

法律不会支持的另一种情况是阻止正在进行的治疗,而不是仅拒绝自身参与其中。这种情况具有正当性是罕见的,但确实有可能。例如,如果给药的后果足够严重,那么伦理上护士不仅有义务拒绝给药和/或报告此事,甚至有义务阻止给药,尽管缺乏法律的支持。

如上文所述,比这些情况更为罕见的是,进行团队合作与反对团队目前所做的事情(如果这会使某人处于风险之中)之间的紧张关系。人们现在对这种紧张关系的看法发生了伦理意义上的重大变化。《守则》的前一版本将其视为护士的个人责任与执行医生或资深护士指示的义务之间的紧张关系。而新版本的《守则》将护士视为团队的一部分,而紧张关系是属于团队应具备的两个属性之间的关系,属性之一是团队成员之间的合作,之二是团队中的每一位成员都有责任尽其所能确保团队合作之事具有事实上的正确性,或者至少不是明显错误的事。因此,以合理理由反对某一特定治疗的护士比提出治疗建议的人更忠于团队,因为他们确保了团队正确地履行其职责。

这种态度的改变在很多方面是有益的,使《守则》更加符合护士的实际情况和感受。这可能是对上一代人日益增长的个人主义的一种有益纠正,这种个人主义有其优点,但也助长了自私心理。如果患者被纳入团队,并鼓励其作为团队的一部分致力于他们的康复,那么这可能会形成一种护患关系和医患关系的有益模式,它比家长式模式(即让患者按要求行事)或消费主义模式(即患者委托医务人员完成医疗服务)更有用。而且,即使出了问题,持反对意见或吹哨的护士仍在履行作为团队成员的职责:在这种情况下,需要考虑如何支持团队的需要,但不需要撤回支持。

不过,我们必须强调,对于那些不合作的决定,无论多么符合自己对团队的责任,都不应掉以轻心。任何机构的运作都需要个人为团队或负责人的决定做出一些个人判断方面的牺牲:因为如果这些决定一直被阻止执行,患者面临的生命危险将更大。即使对医嘱或决定的质疑有时非常必要,但如果不想让医疗活动停滞不前,就必须严格限制这些质疑。此外,任何人如果为阻止一项决定被执行而采取最激烈的行动,他很可能会受到纪律处分,然后发现,即使他们在伦理上是正当的,但实际上法律和《守则》并没有为他们提供充分保护。即使吹哨人报告的是真实的风险事件,并且他们同时遵守法律和《守则》,他也可能发现,无论理论上设想得多么完美,他们在实践中都遇到了真正的麻烦。然而,尽管有必要维持机构的运作,尽管不鼓励人们在不必要的情况下冒险,我们必须时刻牢记,如果不采取措施防止危险的或错误的行动或政策,这可能会造成严重的损害。

当团队决策和行动的责任需要自己承担时,每个医疗专业人员都必须自己作出决定。人们希望大多数人永远不必作出这样的决定。唯一可以提供的指导原则是,只有在替代方案明显具有严重危害的情况下才应考虑这一点。如果一个人负有的伦理义务与法律义务相冲突,或者两个伦理义务相冲突,那么应该优先考虑哪一个伦理义务就必须凭个人良心判断了,同时也要意识到这可能是要付出代价的。

[127]

6.14 总结

护士同时负有避免过失的法律义务和伦理义务。伦理义务与法律义务的区别在于：

（1）无论过失是否真的造成任何损害，无论这种损害是否为法律规定，或是否影响到法律规定护士负有义务的人，它都得以适用。

（2）从伦理上说，团队的所有成员都有义务确保团队的活动不会使任何人面临不必要的风险，并采取适当的行动来防止这种情况。

（3）护理与助产协会《守则》要求比法律更高的标准，并要求护士有时要权衡可能的损害和益处以决定最恰当的做法。

（4）在时间和精力允许的情况下，护士应努力使个人伦理标准高于《守则》的规定，包括理想和义务。

（5）如果护士有能力提供帮助，他们就对未出生的孩子和事故受害人负有伦理义务，尽管这不是法律所要求的。

（6）伦理有时可能要求某人违背其法律义务，例如，积极防止可能导致损害的行为，或优先考虑他们没有护理义务的人而不是他们有护理义务的人（这种情况很少见，但并非不可能）。

7 同意和有能力的成年患者

A 法律视角

Jean McHale
伯明翰,伯明翰大学伯明翰法学院卫生法、科学与政策中心主任,医疗保健法学教授

获得患者对治疗的同意是医疗保健实践的关键部分。它通过尊重患者的决策自主权培育从业人员和患者之间的信任纽带。《守则》规定:

"13.你必须确保在开始任何治疗或护理之前获得同意。

14.你必须尊重和支持人们接受或拒绝治疗和护理的权利。

15.你必须维护人们充分参与有关他们护理的决定的权利。

16.你必须了解有关心智能力的法律,确保缺乏能力的人仍处于决定中心并得到充分保护。

17.如果你在紧急情况下提供护理,你必须能够证明你的行为符合该人的最大利益。"[1]

在进行治疗前获得同意也是医疗专业人员法律义务的一部分。如果未经同意进行治疗,其将面临在民事法庭上被起诉赔偿损害或被刑事指控的风险。

护士在获得患者同意的过程中扮演了两个主要角色。首先,作为初级保健人员向患者提供治疗时,护士需要获得患者的同意。护士职能的扩展意味着越来越多的情况是由护士自己承担这一工作。其次,即使医生征得患者同意,患者也可能对自己的治疗选择感到困惑或不确定,可能会请求护士阐明该选择。在履行与同意治疗相关的法律义务时,注册护

士还需要了解其职业伦理义务,包括其作为患者扶持者的角色。在此,正如在其执业的其他领域一样,护士可能会发现自己在两种义务之间纠结,一种是其认为的护理与助产协会《守则》要求其承担的义务,另一种是雇用合同规定的义务。

治疗同意是法院可能考虑根据1998年《人权法案》适用《欧洲人权公约》的医疗保健实践领域之一。[2] 医疗保健的许多领域中都对有关同意治疗的问题进行了讨论并体现在本书其他章节中。本章讨论的是同意治疗和有能力的成年患者。第一,本章讨论了法律上同意的一般性质和同意治疗的能力。第二,本章考察了如果护士未能提供有关患者治疗的信息,其可能承担的民事和刑事责任。第三,本章审视了护士认为医生没有向患者提供足以使其作出治疗决定的充分信息的情况。第四,本章探讨了护士尝试为患者扶持时可能遭遇的困境,尤其是专业人员之间的披露冲突。

应注意的是,虽然本章确实介绍了这些问题,但显然不可能全面探讨因治疗同意而产生的复杂问题。读者可参考其他资料以全面探究相关领域的问题。[3]

7.1 治疗同意:一些一般性问题

7.1.1 同意书

在医院里最常听到的呼喊之一是:"你拿到他的同意书了吗?"所有护士对于在患者手术前给其签字的同意书都很熟悉。但患者签署同意书的事实并不一定意味着同意是有效的,这取决于具体情况。仅仅签署同意书本身并不意味着该同意的含义已经得到解释。同样,如果患者得到适当的告知,口头同意可能是完全有效的。然而,虽然并非严格要求,书面同意书的优点在于让患者注意其正在同意一项临床程序的事实,而且如果日后对是否给予同意存在任何争议,书面同意书可为其同意提供依据。

7.1.2 明示和默示同意

虽然可以书面或口头明确表示同意,但在某些情况下,甚至不需要患者口头的明示同意。例如,如果患者伸出手臂要求包扎绷带,尽管她可能什么也不说,但这一行为意味着她已经同意了该操作。不过,过于轻易地假设患者已经给予默示同意也是有风险的。

7.1.3 同意能力

为了让同意在法律上有效,患者必须能够作出治疗决定。成年患者被推定有同意或拒绝同意某一特定治疗的能力,尽管这种拒绝可以被反驳。[4]但"能力"是什么意思?[5]显然,患者需要对其将要作出决定的含义有一定的理解,但需要理解到何种程度?目前,2005年《心智能力法案》对有关缺乏心智能力患者的决定进行了规定,该法本身借鉴了法律委员会对这一领域的广泛考虑。[6]有趣的是,1995年法律委员会报告公布后,此后的判例法和2006年生效的《心智能力法案》本身都借鉴了该报告中的许多原则和陈述。法律委员会的建议构成了对精神不健全的成人患者在整个护理和治疗领域能力的全面检讨,包括预先指示(见第10章A部分)和授权委托等问题。本章重点介绍了与治疗同意问题有关的规定。

7.1.4 2005年《心智能力法案》

2005年《心智能力法案》为有关缺乏心智能力的成年人作出决定提供了法定框架。[7]与普通法一样,该法将决定的作出植根于"最大利益"测试。虽然与普通法相反,该法允许通过"持续性代理"委任一名人员代表缺乏能力的人作出治疗决定,但并不自动表示第三方决策者可以代表缺乏能力的成年人行事。[8]

2005年《心智能力法案》第1条规定了一系列支持作出决定的"原则"。该法支持个人有决定能力是法定推断。此外,该法要求采取所有合理可行的步骤以确保个人作出决定。同时,与普通法一样,决定必须基于个人"最大利益"作出。第2条第1款规定,由于"心智或大脑功能受损或紊乱",个人将缺乏作出决定的能力。与普通法中一样,能力测试是针对具体决定而言的。一个人可能有能力作出一项决定,但同时又不能作出另一项决定。

[131]

在该法颁布前,由法院裁量能力测试问题。在Re C(adult: refusal of treatment)(1994)案中,法院支持了一名68岁的偏执型精神分裂症患者在其足部已经出现坏疽的状况下,要求医生不得未经其书面同意对其截肢的权利,Thorpe法官建议采用如下的三步测试以确定该患者的决定能力:

"首先,理解和记住治疗信息;其次,相信治疗信息;最后,权衡并作出选择。"

在听证会上,对方主张 C 没有决定能力,因为他幻想自己是一名医生并且坚信无论对他进行何种治疗都是为了摧毁他的身体。尽管如此,Thorpe 法官认为,由于 C 理解并记住了相关治疗信息,相信这些信息并作出了明确的选择,因此 C 能够同意或拒绝治疗。Re C 案中所用测试的一个潜在问题是,它使患者的能力依赖于患者实际获得的信息。如果护士向患者提供大量复杂的信息,他或她就可能无法理解并因此被认定为缺乏决定能力。相反,如果对其进行基本的解释,同一个患者可能具备同意能力。

这一方法在后来的 Re MB(medical treatment)(1997)案中继续发展。在该案中,一名患有打针恐惧症的妇女虽然同意进行临床上需要的剖腹产手术,但在剖腹产前一再拒绝使用麻醉剂(该案例将在第 7.2.5 节中进一步讨论)。Bulter-Sloss 法官认为,在下列情况下,一个人没有能力作出决定:

(a)该人无法理解和记住对决定至关重要的信息,特别是关于进行或不进行有关治疗的可能后果的信息;并且

(b)在作出决定的过程中,患者无法运用这些信息并加以权衡。

目前生效的 2005 年《心智能力法案》第 3 条第 1 款将 Re C 案中所用测试予以纳入并规定了一个人无法作出决定的情况,具体包括:某人无法理解与本决定有关的必要信息;无法记住信息;无法在决定过程中运用或权衡信息,或无法通过任何方式(包括交谈和手语)表达决定。此处的信息包括有关必要决定的可预见后果的信息。[9]一项决定可能被视为不合理的事实并不一定意味着它将被视为非法。

[132]　从本质上说,缺乏能力可能是永久性的,也可能是暂时性的。如果患者的能力起伏不定,这或许是一个相当实际的问题。在许多方面,该法认可的是患者在当时情况下的最大化能力。第 3 条第 2 款规定:

"一个人只能在短时间内记住与决定有关信息的事实并不妨碍其被视为能够作出决定。"

该法案为照护缺乏心智能力患者的人员提供法定保障,从而排除了关于他们行为的任何法律不确定性。第 5 条规定,一个人的行为符合缺乏能力成年人的最大利益,就不会承担法律责任,只要:首先,他们采取了合理步骤确定该成年人缺乏能力;其次,他们合理相信该人缺乏作出决定

的能力;最后,作出的决定符合该人的最大利益。

如果一个人缺乏能力,那么可以在符合他们最大利益的情况下进行治疗。普通法中的最大利益测试由2005年《心智能力法案》得以法典化和结构化。该法案第4条就什么构成一个人的最大利益提供了一些指导。不能仅简单考虑一个人的年龄、外貌、状态或行为举止,因为这可能导致对其最大利益的不合理假设。还应考虑有关情况,例如,该人是否有可能在某个时候具有决定这一问题的能力。合理的考虑因素包括个人过去和现在的愿望和感受,如果他有能力他会考虑的任何信念和价值观,以及如果他有能力作出决定他会考虑的任何"其他因素"。[10]

该法案在第35—37条规定任命一名独立心智能力扶持者以代表和支持缺乏能力的人。在没有亲朋好友可以咨询且有必要对患者进行"正式严肃的医疗"时,应当为患者任命心智能力扶持者。

关于立法运作的详细指导载于同立法一起颁布的《精神能力法实施细则》。[11]

7.1.5 刑法和治疗同意

一般来说,如果患者同意正在进行的医疗程序,就不会产生刑事责任。但是,治疗获得同意并不一定意味着治疗本身就是合法的。在英格兰法律中,个人并不拥有用自己的身体做自己想做的事的绝对自由。[12] 法律明文禁止某些医疗程序,如阴蒂切开术。[13] 某些其他医疗程序的合法性存在不确定性。例如,虽然看起来只要器官移植手术不会对捐赠者的生命构成不合理的风险,它们就不会被视为非法[14],但将动物器官移植给人的合法性问题仍有待解决。[15] 如果未经同意进行大手术,则进行手术的人可能根据1861年《侵犯人身法案》第18条遭到刑事指控。该条规定,"以造成严重身体伤害为目的,非法和恶意地对某人造成严重身体伤害"为犯罪。然而,对于护士,更可能因未经患者同意进行治疗被指控为较轻的殴打罪。这使得任何未经同意的接触都是违法的。[16]

7.2 民事责任

7.2.1 殴打

尽管未经患者同意进行治疗可能导致刑事指控,但缺乏患者同意更

[133]

有可能导致民事起诉。首先,患者可能提起殴打侵权诉讼。如果未经患者同意而接触患者,则可能构成殴打。并非每一次接触都会导致侵权责任,例如,护士在患者经过走廊时不小心轻擦患者的肩是不太可能引起诉讼的。无须证明接触造成损害,接触本身就足以导致诉讼。在 Chatterton v. Gerson 案中,Bristow 法官认为,只要告知患者,使其大致了解建议进行的医疗程序的性质并获得患者同意就不会产生任何责任。[17] 如果患者给予了广泛的普遍同意,那么任何对于患者获得的信息不充分的主张都不应在有关殴打的诉讼中提出,而应在过失诉讼中提出。[18]

7.2.2 在无法获得同意的紧急情况下治疗

在某些情况下,护士在没有征得患者同意的情况下继续治疗患者是合法的,尤其是在诸如患者失血过多不省人事的紧急情况下,可以基于必要性进行治疗。此外,如果患者最初同意手术,但后来在手术过程中发现他有恶性肿瘤等危及生命的病情,则医护人员可将肿瘤切除。虽然基于必要性在紧急情况下进行医疗程序是正当的,但究竟什么是必要性则属于程度问题。[19] 护士应该扪心自问,是否实施该特殊程序是立即需要的,还是可以推迟到患者恢复意识,可以由其自行决定。

7.2.3 同意和拒绝

[134] 患者有权同意和拒绝治疗。如果在明确拒绝同意的情况下对患者进行治疗,患者可以提起殴打诉讼。一个经常被引用,以警示那些在患者拒绝的情况下依然想要进行治疗的护士的著名案例是加拿大的 Malette v. Schumann 案。[20] 在该案中,原告在遭遇交通事故后被送进医院。一名护士在原告的衣袋里发现了一张卡片,上面表明她是一名耶和华见证会教徒,而这要求永远不能给她输血。尽管看到了这张卡片,医生还是给她输了血。患者在康复后提起了殴打之诉并成功获得 2 万美元的赔偿。在之后发生于英格兰的 Ms B 案中,违背患者意愿继续治疗同样被认为构成殴打。在该案中,B 女士四肢瘫痪、靠呼吸机支撑,但她希望撤去呼吸机。[21] 医院拒绝答应她的愿望,于是她将医院诉诸法庭并最终胜诉。法院认为她具有决定能力,因此有权拒绝治疗——其中包括拒绝辅助呼吸的权利。医院因继续为她治疗而被判支付象征性损害赔偿金。随后呼吸机被移除,B 女士死亡(另见第 10 章)。《心智能力法案》第 24—26 条现在明确

规定了使个人能够执行"预先决定"或所谓"生前遗嘱"的程序,从而使得18岁以上的人能够拒绝治疗。此外,该法第9—11条使年满18岁的人能够创设持续性代理,授权另一人在其缺乏决定能力时就其健康和社会保健等事项作出决定。我们将在本书关于临终决定的章节中进一步讨论这些内容(见第13章)。

患者可能会认为其拒绝治疗的决定应得到支持的另一个原因是这是一项受到1998年《人权法案》保护的基本人权。《欧洲人权公约》规定的若干权利可能与此有关,例如根据第3条,违背有能力的患者的意愿而对其进行治疗,可能被视为构成不人道或有辱人格的待遇或处罚。此外,关于尊重家庭和家庭生活隐私权利的第8条也可以适用——但由于这项权利不是绝对的,可以说,如果患者不能给予知情同意,医护人员就不会违反第8条。[22]《公约》第9条规定,如果个人拒绝治疗是因为其特定宗教信仰的信条,"宗教信仰自由"也可以用于支持拒绝治疗的权利。过去,法院驳回了一些基于宗教原因拒绝治疗的案件,特别是在儿童患者拒绝治疗的情况下。[23] 未来如何考虑这些问题将是一件有趣的事。

7.2.4 否定拒绝治疗的决定

7.2.4.1 自由而非强迫同意

患者必须自由决定是否同意或拒绝治疗,而不受来自亲属或看护人员的压力。在1992年的Re T案中,法院判决批准输血的一个重要因素是,T拒绝输血是在她和母亲单独相处一段时间之后,而她的母亲是一个坚定的耶和华见证会教徒。对于一个在病房里忙碌的护士来说,确保患者自主和完全的同意实际上可能非常困难。能够与患者讨论某一决定可能产生的影响的时间,不可避免地受到了护理实践的时间限制,但患者不得被亲属或医护人员威逼而作出决定。因此,在确定特定情况下患者是否给予同意时,法院还将根据具体情况进行判断。例如,患者是囚犯这一事实并不意味着他不能自由地给予同意。在Freeman v. Home Office案中,法院认为,囚犯(患者)是否事实上同意是每个个案的事实问题。[24] 但在这种情况下,尤为重要的是向患者提供信息时向他表明他可以做出自由选择。

[135]

7.2.5 孕妇拒绝护理

一位助产士面对的是一位难产的孕妇,她甚至拒绝考虑进行剖腹产。

由于拒绝治疗,她将自己和胎儿的生命置于危险之中。那么她拒绝治疗的决定是否应该受到尊重?20世纪90年代,英格兰法院在一系列案件中处理了这一问题。Re S 案涉及一名逾期六天分娩的产妇,医疗团队试图进行剖腹产。[25] 因为胎儿处于横位产,尝试正常分娩会带来非常严重的子宫破裂风险,使母亲和孩子的生命处于严重危险之中。然而皈依基督教的产妇 S 拒绝了手术,因为这违背了她的宗教信仰。医院向法院申请了宣告,虽然具有争议,Stephen Brown 爵士仍批准了该宣告。法官在其中提到了胎儿的权利,但英格兰法院过去一贯否认胎儿拥有此种权利。[26]

Stephen Brown 爵士强调了发生在美国的 Re AC 案。[27] 在一些案件中,尽管孕妇患者拒绝接受治疗,美国法院仍准备强制对她们实施剖腹产手术。[28] 在 Re AC 案中,法院起初判令对一名即将死于癌症的妇女 AC 进行剖腹产手术,但在 AC 去世后,这一判令在上诉中被推翻。法院表示,"几乎在所有情况下",拒绝接受治疗都不能被推翻;但承认确实可能会在特殊情况下强制要求进行剖腹产。这一案件中的事实与 Re S 案十分相似。然而,在美国,Re AC 案被广泛认为是限制司法判令进行剖腹产的案例。[29] 它可以从许多方面被视为一个例外情况——一种反常现象。在该判决作出之后,皇家妇产科学院(RCOG)发布了一份咨询文件,指出:对知情并有能力的妇女拒绝接受建议进行的治疗的决定予以司法干预是不适当的,也不太可能有帮助或必要,即使她的拒绝可能危及她和胎儿的生命。[30]

[136]

尽管如此,在随后的一些案件中仍有向法院寻求司法干预的情况,而法院批准了对拒绝进行剖腹产手术的妇女进行剖腹产手术。[31] 在 Re MB 案中,上诉法院获得了就此问题作出判决的机会。[32] 该案中,MB 害怕注射针,因此她拒绝在怀孕期间采集其血样。在怀孕后期,医生发现胎儿处于破裂位置,建议进行剖腹产。MB 起初同意了;然而,她反对用注射针麻醉。接着 MB 开始分娩。她同意剖腹产和用面罩麻醉,但在最后一刻又拒绝了。医院随后申请法院指令,指令由 Hollis 法官下达。Hollis 法官认为 MB 的打针恐惧症影响了她作出决定的能力,因而她是无能力的。MB 请她的律师上诉。接着她自己同意了剖腹产,并于第二天进行了手术。MB 质疑该手术的合法性。在向上诉法院的上诉中,有能力的患者拒绝治疗的权利得到确认。然而,法院也确认,只要是基于必要性,而医疗程序不会超出患者的合理要求,医生可以在紧急情况下对缺乏能力的患者进行治疗。Butler-Sloss 法官注意到了 Donaldson 勋爵在 Re T 案中所作的判决，Donaldson 勋爵指出，医生必须仔细评估在这种情况下，患者的能力是否与其声称要作出决定的严重程度相称。上诉法院提到了在上文提及的 Re C 案中由 Thorpe 法官提出的三阶段能力测试。Butler-Sloss 法官评论道：

"出于宗教原因、其他原因、理性或非理性的原因或完全无任何原因，有能力作出决定的妇女可以选择不接受医疗干预，即使后果可能是所生孩子死亡或严重残疾，或自己死亡。

"她继续指出：

"非理性在此被用来暗示无视逻辑或公认的伦理标准的决定，因它是如此反常以至于任何理性人只要用心去思考将要决定的问题就不可能作出这样的决定……尽管有人可能认为非理性让人难以作出决定，但恐慌、犹豫不决和非理性本身并不等同于无决定能力，不过它们可能作为无决定能力的表现或证据。所要作出决定的后果越严重，作出决定所需的能力水平就越高。"

能力可能因暂时无能而被削弱，正如在早期的 Re T 案中，Donaldson 勋爵所指出的"混乱、休克、疼痛和药物"等导致的暂时无能。上诉法院根据该案事实维持了 MB 缺乏决定能力的初审判决。她有能力同意进行剖腹产，但由于她当时心理机能受损，使得她丧失了作出拒绝同意的能力，暂时处于无决定能力状态。她对注射针的恐惧削弱了她作出决定的能力。

在此需要指出两点。首先是怀孕情况本身在多大程度上削弱了妇女的决定能力。鉴于临时因素可能会削弱决定能力，Kennedy 认为："……迫切需要在该领域中确定允许的界限。"[28] 其次，Butler-Sloss 法官发表了一项重要陈述，确认法律许可"不合理的"拒绝。尽管如此，该判决仍未清晰界定"可接受的"非理性和"不合理"决定的界限，前者不会影响对患者决定权的尊重，后者可能影响个人作出决定的能力。

[137]

由于认为 MB 处于暂时无决定能力状态，上诉法院接着考虑医疗程序本身是否可以获得批准。在 Re F 案中，上议院确认，可以对缺乏心智能力的成年患者实施符合其最大利益的医疗程序。[33] 上诉法院认为，在这种紧急情况下，这种治疗符合 MB 的最大利益。但这一程序对谁最有利呢？上诉法院考虑到了 MB 最初同意剖腹产的事实。此外，精神科顾问医生提供的证据表明,如果儿童残疾或死亡,MB 本人将遭受长期伤害。相反,违背她的意愿使用麻醉剂不会造成什么伤害。胎儿和产妇的最大利益之间的相互关系如何呢?上诉法院支持了 Paton v. British Pregnancy Advisory service 案[34]等早期判例确认胎儿在英格兰法中没有独立地位的判决。他们认为 Stephen Brown 爵士在 Re S 案中得出的结论是错误的。上诉法院表示:

"刑法保护活着出生的孩子免受故意毁灭,《堕胎法案》也保护其免受该法允许之外的终止妊娠,然而其却无法在一位有决定能力的母亲不允许医疗干预以避免死亡风险的(不合理)决定中受到保护,这似乎不合逻辑,但正是目前法律的现状。"[35]

因此,即使在出生时,法院也不能以保护胎儿为目的,在有决定能力的产妇拒绝医疗干预的情况下进行干预。

Re MB 案也承认,在某些情况下(除 1983 年《精神卫生法案》规定之外),运用强制治疗可能是正当的。Butle-Sloss 法官指出:

"必要程度的强制或强迫只能在个案中由医疗专业人员判断。他们需要在继续进行被强力反对的治疗和决定不继续进行治疗之间予以平衡。这是一个困难的问题,可能需要再进行深度讨论。"[36]

Re MB 案判决最重要的一个方面是,它通过规定应采取的程序为这一领域今后发生的案件提供了指导。这包括要求在所有情况下产妇的利益都应被维护,除非在特殊情况下她不希望这样做。这项建议在一定程度上回应了人们对提起这类诉讼的方式的关切。这一指导意见在 St George's NHS Trust v. S 案中被考虑,我们将在稍后进行讨论。

7.2.6 剖腹产与《精神卫生法案》

也有许多案例表明,1983 年的《精神卫生法案》被用于批准对精神不健全产妇进行剖腹产手术。该法第 63 条规定:

对患有精神障碍的患者进行治疗,无须征得患者同意。

第 63 条的界限问题——什么是对精神障碍的医学治疗——出现在 Tameside and Glossop Acute Hospital Trust v. CH 案中。[37]在该案中,根据《精神卫生法案》第 3 条 CH 被留院。当时她患有偏执型精神分裂症,随后被发现怀有身孕。判决认为,由于她缺乏同意或拒绝治疗的能力,可以批准对她进行剖腹产,此时的剖腹产是对"精神障碍"的治疗,因而属于

1983年《精神卫生法案》第63条规定的范围。这是因为如果生下死胎,她的健康状况会恶化,并且她需要强有力的抗精神病药物,但在怀孕状态下无法给药。法院遵循了B v. Croydon HA案中的做法,即1983年《精神卫生法案》第63条包括与"核心治疗"(在该案中包括强行喂食)有关的事项。[38]这种对法律的解释因过于宽泛而受到了批评。例如,Grubb认为,第63条不包括任何妨碍精神障碍治疗的身体状况。正如他指出:"政府认为第63条的规定范围非常有限,只涵盖了非常常规、合理的治疗。"

上诉法院在St George's NHS Trust v. S案中采取了一种相反的做法。[39]在该案中,S被诊断患有严重的先兆子痫,被医生建议提前分娩,但她想在家分娩,拒绝了治疗。尽管已经被告知了自己和胎儿的死亡和残疾风险,S仍坚持认为应当等待自然分娩过程。她的全科医生根据1983年《精神卫生法案》第2条采取措施,将S留院。随后她被转入另一家医院。虽然她一直拒绝治疗并寻求法律咨询,但医院在她不知情的情况下,向高等法院提出了宣告进行包括剖腹产在内的治疗合法的单方面申请。同时,S一直在联系律师,希望能向精神卫生审查特别法庭提出申请。宣告获得了批准。法官似乎误认为S已经在产房里分娩了24小时。S生下了女儿,根据《精神卫生法案》进行的留院已终止,于是S终于可以出院。在S被留院期间,她未被提供关于精神障碍的治疗,于是她随后提起了关于医院采取的行动合法性的司法审查。上诉法院在此案中再次强调,有能力的成年人有权拒绝治疗。[40]大法官指出:

"依我们看,虽然怀孕增加了产妇的个人责任,但并不会减少其决定是否接受医疗的权利。正如Re MB案判决所阐述的那样,虽然人们通过不同方式受到法律保护,但未出生的孩子不是与母亲分割的单独个体,其对医疗救助的需要并不能凌驾于母亲的权利之上。"

[139]

这些阐述表明,在这一领域,划分伦理可接受性与法律执行性之间的界限时仍不免有矛盾冲突。虽然有人认为孕妇在妊娠后期对胎儿负有伦理责任,但这仍不会限制孕妇的合法权利。*Paton*案的正统学说及其后的案例再次得到法院确认,法院认为对S的殴打行为成立,大法官指出:

"即使出于最值得称道的动机(保护生命),指令对一个有决定能力的成年人的身体进行违背其意愿的强行干预如何能不对自我决定原则造成无法挽救的损害呢?

"法院审查了第2条第2款的规定：

"对患者入院申请的评估应基于(a)该患者患有某种性质或程度的精神障碍，使得对该患者至少在一段有限时间内留院以进行评估(或在评估后进行医疗)是正当的；及(b)为其自身的健康和安全或为保护其他人，应当将其留院。"

上诉法院强调，该条规定的留院标准是累积性的。在该案的情况中，医生有理由评估该名妇女患有构成"精神障碍"的抑郁症。然而，S并不是因为需要接受精神障碍治疗而被留院。法院指出：

"就第2条第2款而言，留院必须与精神障碍有关或有联系，而对妊娠有影响的治疗不能提供必要的正当理由。"

因此，法院已经证实，根据第63条，只有当治疗对于精神障碍至关重要才具有合法性。正如 Bailey Harris 指出的那样，虽然在此，该治疗并不是成文法规定的对精神障碍的治疗，但有关精神障碍与建议进行的治疗之间的联系可能在未来成为一个问题。[41] 最后，医院使用的文件中存在不规范之处。根据《精神卫生法案》第19条制定的法规要求，产妇在医院之间转院时，相关意见书尚未填写完毕。因而，无论如何她都有权出院。虽然有些人可能认为她的决定无法接受甚至不合理，但这并不意味着它没有法律效力。《精神卫生法案》不能作为规避有决定能力的产妇拒绝剖腹产权利的依据。

Re MB 案和 St George's NHS Trust v. S 案的判决在许多方面都受到欢迎。它们确认了患者的自主权，还就申请宣告时应采取的正确程序以及向孕妇及支持者提供充分信息的必要性提供了司法指导。将当事人之间似乎无法克服的分歧提交法院，就意味着承认某些判决由于其固有的困难性质可能不适合由当事人单独解决，因为它们涉及多个方面，而且可能会引起更广泛的公共政策问题。事实上，患者与其助产士或医生之间在分娩行为上的冲突可能非常适合由独立仲裁人介入。判决还为患者提供了保护。法院对其介入的案件的担忧表明"棘手案件"治疗决定的低透明度存在危险，例如，批准对(缺乏心智能力的)成年患者进行某些侵入性程序(如绝育或临终决定)。[42]

尽管如此，这些有争议的上诉法院判决留下了很多待解决的问题，特别是围绕着决定"能力"的解释。能力测试标准与所做决定相关。最终决定的后果越严重，对患者作出决定能力的审查就越谨慎，这是不可避免的。拒绝治疗的后果越严重,确保患者拥有作出治疗决定的必要能力就越重要。此外,由于暂时的无能可能使患者的决定能力失效,因而必须确保决定能力的概念没有用来否定个人的自主权。护士和助产士作为患者的扶持者可能在这一过程中发挥重要作用。

7.2.7 同意与民事责任:过失

关于过失法的一般性讨论见第 6 章。获得对正在进行的医疗程序的广泛的普遍同意足以避免产生殴打责任。但除此之外,要让患者给予完全和有效的同意,其必须对有关医疗程序可能出现差错的风险有所了解。如果患者没有被告知并发症的风险,并且出现了一个或多个并发症,那么她可能会提起过失诉讼。她提出索赔的依据首先是,治疗她的人有义务向她提供有关治疗风险的信息;其次,这一义务遭到违反;再次,她遭受了损害,因为如果她知道这种风险(这种风险事实上已经发生),她就不会同意这种治疗。

最重要的上议院案件是 Sidaway v. Bethlem Royal Hospital Governors 案。[43] 在该案中,Sidaway 夫人在颈部、右肩和手臂反复疼痛一段时间后接受了手术。手术由贝特莱姆皇家医院的一位高级神经外科医生进行。即使该手术由技艺娴熟的医生小心谨慎地进行,神经根和脊柱也有 1% ~ 2% 的损伤风险。尽管脊柱损伤的风险小于神经根损伤的风险,但其后果更为严重。原告在术后严重残疾。她提起过失诉讼,主张她没有被充分告知手术风险。在听证会上,有关证据显示医生告知了她神经根损伤的风险,但没有告知她脊柱损伤的风险。医生的这种行事方式,符合 1974 年被负责任和技艺娴熟的神经外科医生接受为标准医疗实践的行为。上议院驳回了原告对外科医生行为过失的主张,而"知情同意"方法遭到了除 Scarman 勋爵之外的所有上议院法官的拒绝。有些人认为法院在决定所提供的医疗建议是否有过失时,应与在决定治疗是否过失时同样采用 *Bolam* 测试标准。[44] 该测试标准规定,医疗从业人员:

[141]

"如果是按照一个负责任的医疗专业人员认为适当的实践做法行事,他就没有过失。"

Diplock 勋爵在上议院遵循了这一做法。这种披露义务适用于所有类型的医疗程序。Bridge 勋爵则采取了更广泛的方法,他认为法官可能不同意所提供的证据:

"我认为,法官在某些情况下可能会得出结论,披露某一特定风险对患者作出知情基础上的选择是如此必要,以至于任何相当审慎的医疗专业人员都不会不告知患者。

"他评论:

"我想到的情况将是一项涉及严重不良后果的重大风险的手术,例如,手术导致中风的风险为10%……在这种情况下,在没有一些令人信服的临床理由表明不应该告知患者的情形下,医生……应当意识到适当告知患者的必要性。"

如果导致不良反应的风险轻微或微不足道,则可以不告知患者这些信息,这是医学界公认的做法。披露的风险必须具有合理预见性。Templeman 勋爵区分了患者通常已知的一般风险和可能需要向患者披露的特殊风险。Templeman 勋爵强调,应该由法院来决定专业人员是否有过失行为。治疗性和非治疗性照护在这一问题上是没有区别的。[45]尽管在 Sidaway 案之后的几年里,法院在审查专业实践的责任主体方面一直犹豫不决,但他们确实在一些案例中这样做了,其中之一是 Smith v. Tunbridge Wells 案。[46]该案中,Smith 先生是有两个孩子的28岁已婚男士,因患有直肠脱垂而被建议并进行了手术。虽然手术成功了,但原告 Smith 先生在手术中神经受损导致阳痿。他提起诉讼,主张他应该被告知手术有阳痿的风险。他的主张得到了 Morland 法官的支持,法官指出:

[142]

"在我1988年作出的判决中,虽然有些外科医生可能依然没有对与原告状况相似的患者提醒阳痿的风险,但这种疏忽既不合理也不负责任。"

直到最近,这一案例在很大程度上还可以被视为反常现象。然而,在过去几年中,有迹象表明,法院准备对专业实践进行审查,我们将在稍后谈论这个问题。

7.2.7.1 "知情"同意

其他一些国家如澳大利亚、加拿大和美国采用的专业实践标准是"知情同意"。[47]美国的一些州现在要求根据一个"谨慎的患者"期望获得的信息制定披露标准。在 Sidaway 案中发表异议判决的 Scarman 勋爵同样支持这种方法,他认为应该向患者提供作为谨慎的患者希望知晓的信息。尽管当时上议院的大多数法官反对这种做法,但随后在法律和实践上确实倾向于采纳这种做法。医疗保健专业人员目前正被要求向患者提供有关某些类型治疗的更多信息,这是因为医疗专业人员需要加强坦白和公开。在有关 Alder Hey 及全国各地多家医院未经授权保留人体材料(包括器官)的辩论中强调的一个问题是有关机构未能就保留此类材料取得亲属的充分同意。[48] 对布里斯托尔皇家医院的调查报告提出了多项改进信息提供的方法。[49] 它强调了在医疗保健中"尊重和诚实"的必要性,并将医疗保健专业人员与患者的关系视为一种伙伴关系。同意也被视为一个过程:

"第一,信任只能靠公开来维持。第二,公开意味着信息可以自由、诚实和定期地提供。第三,诚实对待风险和不确定性这两个问题至关重要。第四,告知患者和幼儿的父母必须被视为一个过程,而不是一次性事件。"[50]

报告建议"必须向患者提供使他们能够参与医疗的信息"。它提出了改进信息传递的程序,例如,确保所提供的信息基于证据,重要的是,"信息应适合个人的需要、情况和愿望"。政府承诺进一步研究这份报告,这促使卫生部制定了知情同意指南。[51]

虽然专业实践似乎对"知情同意"而不是"专业实践标准"越来越敏感,但这一问题多年来没有受到法院的审查。20 世纪 90 年代,渐渐有迹象表明,司法机关准备质疑 *Bolam* 测试的"专业实践"标准。上议院在 Bolitho v. City and Hackney HA 案中的判决表明其采用不同的方法。[52] 在该案中,Browne Wilkinson 勋爵指出:

[143]

"在极少数情况下,如果可以证明专业意见经不起逻辑分析,法官有权认为意见不合理或不负责任。"[53]

诚然,这一判决的范围有限,并且尽管当时提出了一些建议,但这并不意味着过失中的 *Bolam* 测试标准,即负责任的专业实践标准已经失效。此外,这些意见与诊断和治疗有关,Bolitho 案本身没有涉及风险披露的问题。然而,这可以看作是司法界越来越愿意"认真审视"专业意见所表达的观点。Pearce v. United Bristol NHS Trust 案的判决考虑了 Bolitho 案在诊断和风险披露方面的应用。[54] 在此,上诉法院考虑了 Bolitho 案和 Sidaway 案的判决。Woolf 勋爵认为:

"如果存在影响理性患者判断的重大风险,而该信息对于患者作出应当采用何种治疗的决定是必要的,那么通常医生有职责告知患者该重大风险。"[55]

在该案中,产妇被建议不要剖腹产,然后她生下了死胎。生下死胎的风险很小,仅有千分之一到千分之二的概率。原告无法证明这一风险是"重大的"。尽管原告在这一案件中没有胜诉,但判决本身可以被视为朝着以患者为中心的同意治疗方法迈出的又一步伐。[56]

上议院在 Chester v. Afshar 案中确认了司法对加强披露的认可。[57] 在该案中,Chester 小姐因背疼去看风湿病医生,医生发现她椎间盘严重退化。医生请她去找神经外科顾问医生 Afshar 先生,后者建议她需要手术切除三个椎间盘。Chester 小姐随后向 Afshar 询问了关于这种手术的"悲惨故事"。在审判中,双方对实际提供的信息存在争议。Afshar 先生表示,他已告知 Chester 有很小的下脊髓神经根紊乱、出血和感染风险。然而,Chester 小姐表示,她并没有得到这些信息,而是被告知他"至今没有导致任何人残疾"。Chester 小姐表示,如果她被告知有关治疗风险的信息,她就不会进一步行动,而是会就最佳治疗方案进一步寻求医生的意见。

在审判时,Chester 小姐的证据获得了更多支持。初审法官认为"被告未能对原告进行充分告知具有过失"。上议院的讨论基本上涉及因果关系要点,具体讨论内容我们将在下文第 7.2.7.4 节详述。不过,Steyn 勋爵也"顺带"考虑了风险披露问题。重要的是,他以"自主权"术语提出了披露问题:

"首先,外科医生负有以一般术语告知患者手术中可能涉及的严重风险的法律义务。唯一的例外情况是,客观上为了患者的最大利益,外科医生可免予警示。然而,这与本案无关。在现代法律中,医疗家长主义不再是通行规则,患者具有无争论余地之权利,即被外科医生告知手术将导致的虽然概率微小但公认的严重损害风险。[58]

"其次,并非所有权利都同等重要。但是,患者在面临手术时获得外科医生适当提醒的权利在规范上应被视为一项重要权利,必须尽可能给予有效保护。

"最后,就法律责任的归属,有必要准确识别处于危险之中的受保护法益。要求医生在未经患者知情同意的情况下放弃手术的规则有两个目的:它倾向于避免患者不准备接受的特定身体伤害之风险的发生,同时还确保对每个患者的自主权和尊严的应有尊重。"[59]

在随后的 Birch v. University College London Hospital NHS Foundation

Trust 案中,法院进一步表明愿意仔细审查提供给患者的信息。该案中,Birch 女士同意进行脑导管血管造影检查以确定脑部是否有动脉瘤。[60] 这次检查之后 Birch 女士中风。虽然她已经被告知中风的风险,但她没有被告知的是其实本可以采取一种替代程序,即非侵入性磁共振成像。Cranston J 法官认为她应该被告知这一替代程序,并表示:

"告知患者重大风险的义务必须得到履行,除非她意识到另一个医疗程序风险较小或没有风险。换言之,除非患者被告知不同医疗程序的相对风险,她将无法对一种程序而不是另一种程序给予完全的知情同意。"[61]

Pearce 案、Chester v. Afshar 案和 Birch 案的判决可以被视为一种广泛的"以患者为中心的方法"。因此,似乎越来越难以证明对患者隐瞒有关治疗风险的信息是正当的。这也可能反映了在日常的医疗保健中的加强披露的趋势,在许多情况下,专业实践的负责机构可能倾向于支持更广泛的披露。然而,这并不意味着信息披露义务总是延伸到理解所提供的信息。在随后的 Al Hamwi v. Johnston and Another 案中,原告败诉。[62] 初审法官 Simon 法官在提供信息和确保患者理解这些信息之间做出了区分。他表示,向医生强加确保患者理解所提供信息的义务"太过繁重"。[63]

7.2.7.2 治疗特权

虽然在大多数情况下,向患者提供治疗信息可以被视为增强其自主权的积极措施;在某些情况中,照护患者的人可能认为,在所谓的"治疗特权"下隐瞒信息符合患者最大利益。在 Sidaway 案中,Templeman 勋爵指出:

"一些信息可能让患者感到混乱,其他信息可能会提醒特定患者……医生必须根据他的培训和经验以及患者的知识来决定应该说什么和怎样说。"[64]

这一原则的适用可能会受到质疑,因为最近的医疗实践正朝着向患者提供充分信息的方向发展,而且法院似乎更加愿意审查向患者提供信息的情况。当然,如果治疗特权例外仍然存在,则需要按照 Chester 案等先例确立的原则极其谨慎地行使。

如上文所述,法院似乎越来越愿意仔细审查医疗专业人员的披露标准。[65] 有可能在未来,如果对患者隐瞒信息,患者将根据 1998 年《人权法案》提出索赔。鼓励披露是趋势,这应作为护士与患者临床实践伙伴关系的一部分而受到欢迎。合作而非冲突必将促进更好的患者护理。

[145]

7.2.7.3 有疑问的患者

护士可能会就治疗的程序和潜在风险对患者进行一些解释,但患者可能会在稍后请护士提供更多信息。护士应如何回应呢？在 Sidaway 案中,上议院的一些法官表示,如果患者提出问题,医疗专业人员可能有进行全面答复的义务。Bridge 勋爵表示:

"我认为,当一名精神明显健全的患者就建议进行的某一特定程序所涉及的风险提出具体询问时,医生负有必须按照询问者的要求如实和充分地回答的义务。"[66]

但这样的陈述是"附带的",并不具有法律约束力。随后在 Blyth v. Bloomsbury AHA(1987)案中,大法官 Kerr 表示,当被问到一个问题时,医疗专业人员没有义务披露所有信息;如果所提供的信息是负责任的医疗从业人员在该情况下将会提供的,那么医疗专业人员已经提供了充分信息,这就是 *Bolam* 测试标准。他强调,医疗专业人员对患者问题的回应应当取决于具体情况、信息性质、其可靠性和相关性以及患者状况等因素。然而,该案于 1987 年判决,现在当然需要置于其历史背景下来看待:最近的司法陈述表明法院已开始愿意承认医生有回答问题的义务。[67] 如今,不回答患者问题不可能被认为是负责任的专业实践做法。现在有人提出,在决定不向有疑问的患者提供信息前,护士确实应该仔细考虑,任何的拒绝都需要有非常明确的正当理由。

7.2.7.4 因果关系

即使患者能够证明她本应获得更多信息,但这本身并不足以使她在过失诉讼中胜诉(第 6 章)。患者必须继续证明未能告知信息导致其遭受损害。法院形成的测试标准是主观性的:如果提供给患者更多信息,患者会做出不同的选择吗？这种测试标准的效果是,在实践中患者可能会发现很难证明因果关系,因为在许多情况下即使被提供更多的信息,他们也会做出选择接受治疗的决定。然而,在第 7.2.7.1 节讨论的 Chester v. Afshar 案中,上议院采用了不同的方法。在该案中,Chester 小姐没有被告知风险。不过,她确实表示,如果她被告知风险,她最终可能仍会决定继续进行该手术。上议院仍然认为没有告知此种风险具有过失,这一判决遵循了在澳大利亚的 Chappel v. Hart 案中采取的做法,该案认定,为了保护患者的自主权,披露是必要的。[68] Hope 勋爵认为,如果不采取这种做法,"在最需要施加这种义务的情况下,这种义务将变得毫无用处"。如果

Chester 小姐的主张被驳回,后果将是那些承认自己仍会继续进行手术的人比那些不那么直截了当的人被置于更糟糕的境地。[69] 这意味着法院原则上准备在一些知情同意案件中对因果关系检验采取更为宽容的做法。

7.3 披露中的冲突

围绕护士作为患者扶持者这一概念,护理界一直存在着相当大的争论。[70] 护士作为扶持者的作用之一是帮助患者行使他们的权利。能够对治疗作出自由选择也许是患者最重要的权利之一。如果护士是医疗团队的一员,并且她认为团队中的医生并未提供给患者足够的信息,她该怎么做?法律是否要求她为患者发声?目前,英格兰法律没有明确承认护士作为患者扶持者的角色定位,但在某些情况下,她可能会因未能进行披露而承担责任。

[147]

护士可能会以患者没有被充分告知为由决定不参与临床程序,或者她可能会决定由自己向患者提供更多的信息。但无论采取哪种措施,她都有可能因不遵医嘱而受到纪律处分并最终被解雇。[71] 此外,在决定继续采取措施并披露时,护士可能会面临风险,因为她对患者所需信息量的评估可能是错误的。如果患者无法应对所提供的信息并且精神崩溃怎么办?患者可能会对护士提起诉讼,主张她在披露信息上具有过失。这种诉讼能否成功将取决于法院采用的测试标准。法院将参照专业护理人员的意见评估护士在披露信息时是否有过失。

护士可以就患者没有被告知充分的信息向医生抗议,但当医生告诉护士要遵医嘱时,其可以决定不向患者提供更多关于治疗风险的信息。但是,如果治疗风险成为现实并且患者遭受损害怎么办呢?任何因未能提供足够信息而提起的过失诉讼都可能是针对医生而不是护士的。如果对护士提起诉讼可能无法胜诉。过去,法院认为只要护士遵循医嘱就不用承担责任。[72] 但是随着护士作为自主从业人员和患者扶持者的角色日益发展,如今的情况可能会大不相同。如果对护士起诉,法院将不得不考虑,在保持沉默的情况下该护士是否已经按照一个负责任的专业护士的行为行事。在上议院就 Junor v. McNichol 案发表评论后,有人提出,如果一名护士执行一项其认为"明显错误"的指示,她可能会被认为应当承担责任。[73] 参与对一个没有被告知极高死亡或严重伤害风险的患者治疗可能属于这一类情况。不过,这大概只会出现在最特殊的情况下。

7.4 总结

在过去的 25 年里,有关治疗同意的法律已经演变成一种可能被视为更公开的"基于自主"的方法。但在关于提供护理和治疗的许多方面向采纳"知情同意"方法迈进是由法律以外的因素推动的。向患者提供更多信息已成为临床实践中被普遍接受的一部分。在布里斯托尔皇家医院和 Alder Hey 调查等丑闻和争议的推动下,专业规范本身发生了变化。此外,如今的信息提供不再由专业人员控制。现在的患者有更多的途径获得有关诊断和治疗的信息——互联网的出现极大地影响了医患关系的权力作用方式。如今了解有关可能的治疗方案的信息相对容易。因此,与过去相比,患者更有可能参与治疗决定,甚至会提出更多的疑问。

[148]

这一领域的法律对护士提出了相当大的挑战。当作为单独开业护士治疗患者时,护士必须面对和她的医疗同行一样困难的披露问题,他们都需要评估确定患者是否有能力以及应该披露哪些风险。与过去相比,如今在确定能力方面的指引又大不相同。在此,法律已经有了很大的发展,如今 2005 年《心智能力法案》明确规定应当获得同意,并以实施准则的形式对立法的实施提供有益的指导。但法律程序只是治疗同意领域临床实践的冰山一角。法律本身只能走到这一步。许多决定涉及相当程度的评估和自由裁量,例如在能力测试之中。在病房和社区实现对治疗同意的尊重,护士无论是作为独立从业人员还是作为团队的一部分,都起着至关重要的作用。当然,现实中存在的一个巨大挑战是时间。与患者进行适当有效的对话需要时间,仅提供信息可能不够——患者可能需要时间和机会来咨询医疗保健从业人员,并进一步讨论治疗方案。法律可以提供结构,以确定如何查明能力和提供信息,但这只是一个更为复杂的动态过程的一部分。这些问题将在本章的第二部分"伦理视角:同意和患者自主权"中进一步探讨。

7.5 注释和参考文献

1. Nursing and Midwifery Council, The Code, Standards of Performance,

Ethics and Conduct for Nurses(2008)。

2. 例如,参见 E. Wicks, The right to refuse medical treatment under the European Convention on Human Rights, 8 Med LR 17(2001)。

3. 例如,参见 General Medical Council, *Consent, Patients and Doctors Making Decisions Together* GMC(2008); D. Lock, Consent to treatment. In A. Grubb, J. Laing & J. McHale(eds), *Principles of Medical Law,* 3rd edn(Oxford, OUR, 2010); J.K. Mason & G. Laurie, *Mason and McCall Smith's Law and Medical Ethics,* 8th edn(Oxford, OUP, 2010) chapter 4; A. McLean Autonomy; *Informed Consent and Medical Law: A Relational Challenge*(Cambridge, Cambridge University Press, 2008)。

4. Re T(*adult: refusal of treatment*)[1992] 4 All ER 649.

5. See generally M. Gunn, The meaning of incapacity, 2 Med LR 8(1994).

6. Law Commission Mental Incapacity Report(1995).

7. See further P. Bartlett, *Mental Capacity Act 2005*(Oxford, OUP, 2005).

8. Sections 9-11.

9. Section 3(4).

10. Section 4(6).

11. Department of Constitutional Affairs, *Mental Capacity Act Code of Practice*(2007).

12. See *R v. Brown* [1993] 2 All ER 75.

13. Female Genital Mutilation Act 2003.

14. Edmund Davies 勋爵在一份非司法性陈述中提出了这一建议——请参见 *Proceedings of the Royal Society of Medicine,* 62(1969), pp.633-4。

15. See M. Fox & J. McHale, Xenotransplantation, 6 Med LR 42(1998).

16. P.D.G. Skegg, *Law, Ethics and Medicine*(London, Clarendon Press, 1984), p.32.

17. [1981] QB 432.

18. See the comments of Mr Justice Bristow in *Chatterton v. Gerson,* and M. Brazier, Patient autonomy and consent to treatment: the role of the law, *Legal Studies,* 7(1987), p.169.

19. *Devi* v. *West Midlands HA*（1981）（CA Transcript 491）.

20. (1990) 67 DIR (4th) 321（Ont CA）.

21. *Re B (adult: refusal of medical treatment)*［2002］2 All ER 449.

22. See discussion in E. Wicks, The right to refuse medical treatment under the European Convention on Human Rights. 8 Med LR 17（2001）, and J. McHale & A. Gallagher, *Nursing and Human Rights*（Oxford, Butterworth Heinemann, 2004）.

23. 例如,请参见 Re L（medical treatment; Gillick competency）［1998］2 FLR 810。

24. ［1984］QB 524.

25. ［1992］4 All ER 671.

26. Paton v. British Pregnancy Advisory Service［1978］2 All ER 987. Balcombe 法官认为:"在我看来,根据英格兰法律,至少在胎儿出生并与母体分离之前,胎儿不能拥有自己的任何权利。"

27. ［1990］573 A 2d 1235.

28. See further I. Kennedy, A woman and her unborn child; rights and responsibilities, In P. Byrne（ed）, *Ethics and Law in Health Care and Research*（Chichester, John Wiley, 1990）.

29. AC 案本身拒绝强制剖腹产。法院确实表示,它们可用于适当的案件,并提到了与 Re S 案非常相似的法院判决,但是他们没有对该案发表意见。

30. Royal College of Obstetricians and Gynaecologists, *A Consideration of the Law and Ethics in Relation to Court-Authorised Obstetric Interventions* (1994), *and see also the revisions in Supplement to a Consideration of the Law and Ethics in Relation to Court-Authorised Obstetric Interventions*（RCOG, 1996）.

31. *Rochdale NHS Trust* v. *C*［1997］; *Norfolk & Norwich NHS Trust* v. *W*［1996］2 FLR 613.

32. ［1997］2 FLR.

33. ［1990］2 AC 1.

34. ［1979］QB 276.

35. ［1997］2 FLR 441.

36. Ibid at 439.

37. 请参见 A. Grubb, Treatment without consent: pregnancy (adult), *Medical Law Review,* 191 (1996)。

38. [1995] 1 All ER 683.

39. [1998] 3 All ER 673.

40. Reference was made to the judgment of Lord Mustill in *Airedale NHS Trust* v. *Bland* and to Lord Reid in *S* v. *Me* [1972] AC 24.

41. R. Bailey Harris, Pregnancy, autonomy and refusal of medical treatment, *Law Quarterly Review,* 550 (1998), p.554.

42. 例如, Re B [1987] 2 All ER 206 以及法律委员会报告"Mental Incapacity"中涉及对此类治疗决定的司法审查的讨论,参见报告第六部分。

43. [1985] 2 WLR 503.

44. 参见 Bolam v. Friern Hospital Management Committee [1957] 2 All ER 118。

45. *Gold* v. *Haringey Health Authority* [1987] 2 All ER 888.

46. [1994] 5 Med LR 334.

47. 例如,请参见 the context of Australia *Rogers* v. *Whittaker* [1993] 4 Med LR 79 and Canada *Reibl* v. *Hughes* (1980) 114 DLR (3d) 1; also see A. Maclean, The doctrine of informed consent: does it exist and has it crossed the Atlantic? *Legal Studies,* 24 (2004), p.386。

48. *Report of the Inquiry into the Royal Liverpool Children's Hospital (Alder Hey)* (2001) http://www.rclinquiry.org.uk and *Bristol Inquiry Interim Report Removal and Retention of Human Material* (2000) http://www.bristol-inquiry.org.uk

49. 参见 discussion in A. Gallagher & J. McHale, After Bristol: the importance of Informed Consent, *Nursing Times,* 97 (2001), p.32。

50. Bristol Royal Infirmary Final Report, p.286.

51. *Learning from Bristol: The Department of Health's Response to the Report of the Public Inquiry into Children's Heart Surgery at Bristol Royal Infirmary 1984–1995.* Cm 5363 (2002), pp.139–140.

52. [1997] 3 WLR 1151.

53. *Op cit.*

54. PIQR P53. (CA) and see further M. Jones, Informed consent and fairy stories, *Medical Law Review,* 7 (1999), p.103.

55. *Op cit.*

56. 对于此问题的讨论另见 A. Grubb, 7 Med LR 61 (1997)。

57. [2005] 1 AC 134.

58. *Ibid.*

59. *Ibid* at paras 16-18.

60. [2008] EWHC 2237.

61. *Ibid* at para. 74.

62. [2005] EWHC 206.

63. 参见 J. Miola, Autonomy rued OK? Al *Hamwi* v. *Johnston and Another, Medical Law Review,* 14 (2006), p.108。

64. *Op cit.*

65. 参见 discussion in A. McLean, From Sidaway to Pearce and Beyond: Is the legal regulation of consent any better following a quarter of a century of judicial scrutiny, *Medical Law Review,* 20 (1)(2012), p.108。

66. *Op cit.*

67. 例如, *Pearce* v. *United Bristol Healthcare NHS Trust* (1998) 48 BMCR 118 CA。

68. [1998] HCA 55.

69. 对于此案的批评, 参见 M. Stauch, Causation and confusion in respect of medical non-disclosure, *Nottingham Law Journal,* 14 (2005), p.66。

70. 参见 G.R. Winslow, From loyalty to advocacy: a new metaphor for nursing, *Hastings Centre Report,* 32 (1984); E.W. Bernal, The nurse as patient advocate, *Hastings Centre Report,* 33 (1992)。

71. See further as to the extent of the obligation of a nurse to obey a doctor's instructions, J. Montgomery, Doctors' handmaidens: the legal contribution. In S. McVeigh & S. Wheelar (eds), *Law and Medical Regulation* (Aldershot, Dartmouth, 1993).

72. *Pickering* v. *Governors of United Leeds Hospitals* (1954).

73. [1959], *The Times,* 26 March, House of Lords.

B 伦理视角：同意和患者自主权

Bobbie Farsides

布莱顿，萨塞克斯大学布莱顿与萨塞克斯医学院临床与生物医学伦理学教授

同意是当代医疗保健的伦理和法律基石，正如它在许多人际关系和互动的正常运作中具有重要作用。[151]

未经患者同意进行医疗干预需要立即进行伦理审查，即使有人主张患者已经给了同意，我们也要确保这不仅仅意味着一份同意书被患者签署并获得见证。重要的是要表明，同意不仅仅是医疗保健专业人员的保护机制，其主要作用是保护患者。在我们所处的社会中，保护患者的地位尤其重要，因为患者是一个希望控制自己生活的自主个体，即使他感到自己处于最脆弱的状态，或者他发现自己处于医院等具有潜在挑战性的环境中。

在本章第一部分中，Jean McHale 充分阐述了法律语境下的同意。[1] 显然，法律在这一领域起着非常重要的作用，并且近年来法律的变化确实是巨大的。不过，对我们而言，关键在于理解同意在伦理上为何重要，以及为什么无论法律如何规定，情况依然如此。从伦理学的角度来说，同意是重要的，因为它表明了对人的尊重，它保护自主的个体免受某些伤害，通过参与同意过程，个人的自主权可能会得到进一步加强。

自主权既是取得同意的先决条件，也是同意的产物。将同意置于医疗服务核心的呼吁，部分源于希望在患者与医疗保健专业人员之间发展出一种关系，这种关系可能是合同的而非等级性的，是平等的而非家长式的，是以患者为中心而非由医疗专业人员决定的。

如果构思恰当，同意会看起来像 Raanon Gillon 在他的《哲学医学伦理》一书中所界定的概念"……一个具有充分自主权的人在获知充分信息的基础上作出的自愿的、非强制性的决定，以接受或拒绝某些他人建议的对他或她有影响的行动"。[2]

这一定义提供了我们可以称之为理想型的模型,但 Gillon 相信它可以被医疗保健专业人员接受并应用于实践。要做到这一点,医疗保健专业人员必须对患者采取特别的态度,并认真履行定义中所隐含的义务。

[152] 获得适当同意可能是一个耗时的过程,但这并不是反驳其重要性的理由。事实上,这可能成为争取更多最基本资源——时间的基础。

7.6　同意和自主权

在进一步讨论之前,重要的是要界定我们的术语,在讨论同意时即使不进行辩护,至少也要解释对于自主权的重视。

根据 Gillon 的定义,同意是"充分自主的人"的作用领域。[2] 这就要求那些需要征得患者同意的专业人员理解两件事:首先,理解"自主权"的含义。其次,判断一个人在特定情况是否有给予同意的充分自主能力。不应该发生的是以缺乏自主权为由,将某类个体(例如,儿童、认知障碍者、有成瘾问题的人)完全排除在同意程序之外。在许多方面,Gillon 对自主权的态度完全符合 2005 年《心智能力法案》[3] 的规定和上一章叙述的内容。

自主权是英美生命伦理中一个基础性的重要概念,尊重患者自主权的重要性在主要的医疗保健行业的伦理规范中得到了明确的强调。自主权成为如此具有支配性的概念有很多原因,一些是历史原因,一些是文化原因,还有一些与生命伦理学中特定分析模式的成功有关。[4]

如 Beauchamp 和 Childress 所说,"尊重他人的自主选择与任何原则一样深入人心,但对其性质和力量或自主的具体权利内容却没有达成一致"[5]。

以下是一些经常被引用的关于自主权内涵的叙述,展示了理论家们对这一概念内涵的各种观点:

"如果我统治我,而没有其他人统治我,我就是自主的。"[6]

"如果一个人所想所做的一切都离不开他自己的思维活动,那么他就是自主的。"[7]

"自主行动是根据我们作为自由和平等的理性人所认可的原则行事。"[8]

"我并且只有我最终对我所作的决定负责,在这个意义上我是自

主的。"⁹

"自主"一词源于希腊语 autos 和 nomia,意思是自治。大多数定义都与这一词源保持一致,包括自我管理、主权、控制,通常还包括独立的理念。自主就是以一种特别的方式控制自己的生活,是指理性而非单纯的自由。责任被视为与自主密切相关的概念是非常恰当的,自主的人可以自由或不自由地根据自己的自主选择采取行动,但在这样做时,其必须对后果承担一定的责任。更极端的定义有时似乎表明,一个人只有在自己作出的选择完全不受他人影响的情况下,才能享有完全的自主权。然而,这并不是思考自主权的唯一途径。最近,理论家们试图给出一些定义,这些定义并不包含上述引用的哲学家认为必须具备的实质独立性。

Gerald Dworkin 在自己的著作中引用了上述所有定义,他将自主权描述为"一个人批判性地反思,然后试图接受或改变自己的偏好、欲望、价值观和理想的能力"。¹⁰

为了更充分地解释自己的理论,他说:

"将各部分联系起来,自主权被视为一种二阶能力,即人们能够批判性地反思自己的一阶偏好、欲望、意愿等,以及能够根据更高阶的偏好和价值观接受或尝试改变这些偏好、欲望、意愿。通过行使这一能力,人们界定了自己的本质,赋予了自己的生活意义,并对自己是什么样的人承担责任。"¹¹

尽管这些定义五花八门,但仍有可能帮助我们理解这一概念的实质。显然,重视和尊重自主权意味着尊重个人对将影响他们的医疗干预给予或不给予同意的权利。通过参与同意程序,自主的个人有机会在其生活、目标和规划的更大背景下进行判断并作出与他们持有的价值观和希望追求的道路一致的决定。这就是为什么在个人层面上,同意和自主权是如此紧密地联系在一起,也是为什么在通常需要作出具有深远影响的至关重要决定的医疗环境中,个人选择是如此重要。

7.6.1 "政治"背景

人们也有可能认为,个人层面的同意和自主权是重要的,因为它们与提供医疗保健的更广泛政治背景非常吻合。在 20 世纪初期,我们发现我们的国家医疗保健体系面临着巨大的变化。一些人会说,这种变化是由一种意识形态推动的,这种意识形态在整个 20 世纪后半叶一直在挑战国

[153]

民医疗服务体系的福利主义假设。

我们看到,在一系列公共服务中,越来越强调个人选择作为决策的驱动力,在一个似乎倾向于个人主义而非集体主义、个人努力而非国家福利、消费者力量而非官僚机器力量的政治氛围中,自主权被广告业高管称为一个积极的时髦词一点也不足为奇。

然而,我们需要保持谨慎并认识到,将自主权放在事物的中心是北欧和(或)美国文化的一种观点,它强调隐私、个人主动性和消费主义等概念。在这些社会中,自主符合对成为一个有效和成功的社会成员所描绘的图景,但这种价值观的至高无上性可能受到来自其他文化观点的挑战。[12] 同样重要的是要再次承认,在讨论自主权时,还需要考虑到随之而来的责任,正如硬币的正反两面,虽然患者可能欢迎更多的选择和控制他们的医疗保健选择,但他们可能不太清楚,这样做相当于他们急于对自己的健康和福祉承担更大的责任。

医疗服务的职业文化也发生了有趣的转变,这意味着患者的声音现在更响亮并且更重要。目前的形势转而反对医疗家长主义,医疗护理模式被持续削弱,这导致了对医生和患者、医生和护士之间传统关系的重新定义。

现在,医护人员和患者之间的关系已不再是无所不能的医生和作为其助手的护士照顾患者的关系,而是一种契约模式,双方都有权利、义务甚至责任。患者已经成为客户,至少在某种意义上已经无法与任何其他类型的消费者区分开来。同时,护士被鼓励发展自己的职业自主权,并在必要时采取行动促进患者自主权不受医生威胁。[13] 可以说,护士和患者都见证了医疗家长主义的古老模式逐渐瓦解。

在生物伦理意义上,我将"自主权"称为一个积极的时髦词,相反,"家长主义"通常被视为具有负面意义的词汇。[14] 强硬家长主义被界定为代表他人行事或选择,因为你觉得自己有资格这样做,并且认为这样做符合他人的最大利益,而不管他们过去或将来是否同意,也不管他们是否相信他们完全有能力代表自己行事。举例来说,如果我决定迅速抓住一个人的胳膊并给他们注射治疗性的药物,虽然他们并不想但我认为这是必要的,那么我的行为就会被归为强硬家长主义。这种家长主义很难被证明是正当的,而且在法律上是非常不安全的行为。通过强调获得同意的重要性,我们可以避免这种家长主义的盛行。

另一方面,软性家长主义涉及代表另一个人并为他们的最大利益行事,因为你认为他们暂时无法行使自主权,这可以被理解为暂时无法参与同意过程。在这种情况下,我们可以通过引入另一个通常被称为"假想同意"的同意概念,来防止不可接受的过度家长主义。在这种情况下,人们可以根据患者的最大利益,并参考他们如果参与决策,可能同意或不同意的想法。因此,我们进行干预的原因只是我们认为他们无法为自己作出同意,而在为他们作出决定时,我们试图作出一个他们最终会接受的选择。因此,我们可以说,如果患者因为害怕针而不希望被注射,但确实想要达到治疗效果,那么我们采取在他们分心时快速注射的决定可能是合理的(尽管在这种情况下,未经同意使得专业人员易受攻击且情况并不稳定)。如果患者对结果满意并对该行为给予回溯性同意,那么这种家长主义就具有温和性质。

[155]

护理行业在挑战过时的医疗干预模式方面发挥了重要角色,这些模式特别容易形成强硬的家长作风。然而,近年来,一些患者发现自己难以承受非家长主义医疗模式的负担。在某些领域,被视为家长主义的医疗实践已被完全不同的实践做法所取代。尽管如此,这些不同的实践做法可能会有相同的描述。我们可以参考信息提供,在过去,家长主义被理解为为了不让患者难过而隐瞒令人痛苦的事实。有些人会说,现在我们把令人痛苦的事实强加给一些"宁愿不知道"的患者,因为我们觉得这样做对他们更好。显然,临床医生会进行循证研究,搜索特定情况下对诊断和预后进行披露的优缺点,但为了避免家长主义的新变种,他们还需要确定患者是一个自主的人,告诉了他们想知道什么内容以及何时想知道。

显然,人们对政治和专业领域的这些变化的评价会有所不同,但清楚的是,我们现在所处的体系至少在理论上非常重视医疗系统内的个人选择问题。这意味着评估同意是否在发挥其应有的作用,以及如果得到肯定回答,这是否对特定患者有利或不利尤为重要。

7.6.2 信息提供

正如 Gillon 定义中明确指出的,获得同意的伦理和法律要求敦促医疗保健专业人员必须提供充分的信息从而使患者给予同意,因此协商的空间有时是有限的。然而,正如我在上文讨论家长主义时提出的,在某些情况下,必须允许自主的患者决定他们被提供的信息量。例如,在预后问题上，医疗保健专业人员可能有充分的理由认为，让患者了解未来情况符合患者的利益，但很难证明将这些信息强加给一个明确表示不想知道的自主个体是正当的。[15] 因此，患者的自主权和尊重患者自主权的必要性可能会胜过医疗保健专业人员对更充分披露的承诺和他们自己对患者最大利益的信念。

正如 Jean McHale 要求护士证明隐瞒信息的正当性一样，护士告知有能力的患者其所不希望了解的信息也必须有正当的理由。[16]

我们需要对"充分的信息"这一术语作出判断以便适用，至少从 20 世纪 90 年代初开始，围绕什么是充分的问题就有了大量讨论，一些人认为，在某些情况下所要求的标准迫使医生在将信息强加给人时"不必要地残忍"。[17] 一个值得关注的领域涉及临床试验，这个领域足以获得同意的信息必须特别详细。由于研究护士通常会参与到提供信息和获得同意的过程中，她必须作出复杂的决定，即提供多少信息是足够的，以及何时提供更多的信息是不必要的，甚至可能是有害的，因为它超出了在临床环境下可能会告知的信息范围。[18]

7.7 自愿、胁迫和同意

Gillon 告诉我们，同意是一个"自愿的、非强迫的决定"。[2] 这一明确陈述并不意味着他在暗示医疗保健专业人员曾经直接胁迫患者或强迫他们做出非自愿的选择，而是说，作出决定的情况可能并不总是鼓励决定的自愿性，有时可能是强制性的。顾名思义，患者关心他们的健康，且患者可能具有非常特殊的脆弱性。此外，尽管患者能够获得越来越多的医疗信息，但医疗保健专业人员仍然是患者所依赖的专家，不仅是在治疗方面，而且是在基本护理方面，其中重要的一点就是维护尊严。

正如上文所提到的，许多人觉得在医院，哪怕只是参加门诊预约，都可能是一个非常困难的经历——不管在生活的其他领域中人们是多么具有自主性。医院是一个令人生畏和陌生的环境，在这种环境中，人们被剥夺了许多他们习以为常的后盾和支持，而给他们带来自信的那些身份也可能被削弱。

此外，成为一名患者背离了通常的生活背景，而患者所处的更广泛的治疗环境可能会限制他们的同意能力。

当患者进入医院时,他们不会摆脱他们的其他社会身份,但这些身份并不总是那么明显。对某些人来说,他们的同意能力可能会因其在文化群体中的地位而受到损害。例如,在某些文化中,女性可能有同意能力,但由于文化规范和期望,她们并不指望有权决定在自己身上发生的事。因此,在医疗环境中,个别女性在行使涉及同意类型的选择时可能会缺乏实践能力。[19] 面临道德上令人担忧的选择时可能会对她们造成困扰,例如,是否接受对其种族群体常见的遗传疾病进行产前筛查的建议。[20,21] 这也可能导致人们担心她们拒绝他人建议的医疗方案的能力,这一点很重要,因为不同意某种东西的权利是 Gillon 关于同意定义的重要组成部分。

在涉及脆弱性和胁迫的可能性时,避免刻板印象的假设并在特定情况下确定个人是否受到这种压力是很重要的。

然而,鉴于沟通是给予有效同意的关键,就告知信息和确定患者的意愿、信念和目标而言,一定要注意阻碍沟通的方式,否则可能使同意更具争议并让患者更易受到伤害。

[157]

护士在这方面可以发挥重要作用,医生在告知特别复杂的信息和提出治疗方案时常常要求资深护理同事在场,这并非巧合。护士既为患者提供支持,同时也独立核实医生是否让患者处于能够在获得辅助以作出同意的情况之下给予同意。

7.8 同意的充分自主权

正如上文所述,通过将患者具有"充分自主"作为给予有效同意标准的一部分,Gillon 要求我们判断个人在特定情况下自主行动的能力,而不是给能够给予同意或其他意见的群体和个人贴上标签。重要的是要记住,《心智能力法案》要求我们首先进行能力假设,如果专业人员认为患者不能作出特定决定,应当由他们证明患者能力不足,这并不是要否认有些人不属于有同意能力的自主的人的范畴,例如,胎儿、新生儿、晚期痴呆症患者和持续性植物状态的人。[22]

我们现在理解并接受这样一个事实,即当涉及儿童[23] 和认知障碍者等群体对一系列问题的同意能力时,对个人之间更密切的关注和细致的区别会使他们受益。

与这些群体打交道的人必须根据特定情况下所需的同意能力来对每一个体进行判断。[24]

有严重学习障碍或心理健康问题的人在某些方面和情况下被视为自主的,因此能够给予或不给予同意。

在某些情况下,人们会就人能够自主并进而能够同意的程度展开激烈的讨论。虽然例证在种类上有所不同,但可能包括饮食失调的人或持有非主流宗教观点的人的有趣案例,如本章第一部分引用的耶和华见证会信徒案。

对于饮食失调的人来说,要确定潜在疾病在多大程度上影响一个人的自主权可能是很困难的,但事实上,这是一种疾病而不是一种被选择的生活方式,因此他们对于选择所负有的责任是不同的。正如药物滥用者或酗酒者对药物的一阶欲望损害了他们的自主权一样,饮食失调的人也不成比例地被他们与食物的关系所决定。话虽如此,重要的是要记住,即使那些发现自己生活中的某些方面被疾病或瘾症所支配的人也可能仍然能够在生活的其他方面作出自主选择。例如,患有神经性贪食症的年轻女性可能无法控制自己的强迫行为,但她可能完全有能力寻求并同意接受牙科治疗以解决与她的病情相关的问题。

7.9 同意的不充分自主权

在没有得到同意的情况下如何在伦理上继续前进是一个困难的问题。现在至少法律立场是明确的,我们有权任命一名医疗代理人,在我们不再能作决定时代表我们作决定。然而,代理同意并非没有问题:例如,一方必须确定如何为另一方作出决定。

一个办法是试图选择你认为如果被代理人能够选择时会作出的决定,通常被称为替代判断。立法中并不提倡这一路径,而是建议代理人基于被代理人最大利益作出选择。当然,我们希望代理人能够采用一个宽泛的最大利益概念,这个概念将超越患者的身体需求,能够解决和纳入一些与患者的价值观和偏好相一致的问题。[25]

这种更宽泛的最大利益概念将可能意味着,在为某人作出决定时,他们的代理人将提到对他们来说很重要的事情。在绝大多数情况下,医疗最大利益和更宽泛理解的最大利益之间不会有冲突,但情况可能并非总是这样。例如,如果患者一直是充满激情的反活体解剖者,他们的代理决定人可能会基于他们的最大利益,认为应尽可能地避免在动物身上测试药物,即使这不符合患者的医疗最大利益。另一个更为经典的例子是器官捐献,即将死亡的患者可能不再直接受益于进一步的医疗干预,但如果进行某些治疗,他们的器官可能处于更好的捐献条件。如果对他们来说,实现他们成为捐赠者的意愿很重要,那么可以认为这种治疗是正当的,符合他们的最大利益。

正如本章前面所讨论的,《心智能力法案》还阐明了有关预先声明的法律。即使其法律地位仍然模糊不清,此种规定背后的伦理原则是明确的,因为它们试图将作出选择的能力扩展到某人由于缺乏能力而通常被排除自我决定的时刻。实际上,预先决定是拒绝治疗的一种形式,为了确保其法律效力,需要仔细拟定这些决定,以充分把握可以使用这些决定的情况。对以医疗为导向的预先决定的批评之一是,其实施取决于患者发现自己处于预期的临床状况。

出于这些原因,考虑扩大自己的选择能力可能会更有成效,或者至少通过预先护理计划的概念参考先前的选择,这是一个由护士而不是律师管理的过程。为了应对正式预先决定的局限性,一些临终关怀项目已经开始使用一种完全不同的文件,其更加集中于当患者在接受临终护理时,所希望看到的在代表其作出的决定上反映的价值观、目标和优先事项问题。[159]

另一个重要的预先决定涉及死后捐献器官,在此,被给予的同意性质受到相当不同的对待。随着本章的出版,威尔士的法律即将修改,而英国其他地区正在就同意死后成为捐赠者的依据进行咨询。

目前,患者可能已经明确表示了他们的捐赠意愿(选择捐赠),并不辞辛苦地向适当的机构和人员登记了这些意愿。在这种情况下,2004年《人体组织法》[26]将这些意愿置于首位,并且根据正式的法律规定,亲属不能推翻这一决定。然而,在实践中,我们仍然实行一种寻求家属同意捐献遗体的制度,临床医生也很少(如果有的话)会考虑凌驾于悲痛家属的反对之上。

有人会说,这损害了个人选择死后如何对待身体的权利,剥夺了他们按照自己的价值观行事的机会。对于这一说法,即使是器官捐献的坚定支持者也可能会接受隐含的批评,但表示,在这种情况下,为了保持对整个计划的信任和承诺,家人的愿望和对最大利益的承诺胜过了现在死去的人的愿望。我们再一次发现某人给予同意的事实可能不足以让我们在伦理上继续前进。[27]

7.10 深思熟虑

要求患者在作出选择前有时间和机会深思熟虑是符合常识的。医疗保健的选择往往具有深远的影响,其中一些影响只有在深思熟虑之后才会显现出来。即使是最直截了当的决定,患者也可能因相信自己有时间来作决定而非仓促决定而受益。诚然,在某些紧急情况下这不太可能。例如,如果在分娩过程中发生了危及妇女和未出生婴儿安全的事件,那么决定必须迅速作出。此外,门诊的时效性可能决定了需要在一次就诊过程中讨论和决定某些选择,而理想情况下需要更多的时间作出决定。然而,一般来说,应该给患者留出时间来理解所提供的信息,并思考他们需要作出的选择。

[160] 例如,当某人在收到坏消息后很快面临选择时,这种情况尤其明显。肿瘤专家认为,一旦一名患者被确诊为癌症,他在之后的就诊过程中所说的话就很少被倾听,更别说采纳了。[28]因此,为了确保患者对任何将要进行的治疗都能给予同意,首先了解有关疾病状况的初步信息,然后再讨论治疗的选择似乎特别重要。专科护士在这种情况下发挥着重要作用,他们的经验将使他们能够判断如何调整要给出的信息,以及如何评估患者所听到和理解的内容。

7.11 拒绝或接受的权利

有人可能会认为,只要人们作出医疗保健专业人员期望或建议他们作出的选择,他们会认为同意是相对没有问题的。如果人们同意我们所说的话,特别是当我们认为自己在某些方面是专家时,我们很少怀疑他们是否乐意这样做。然而,人们应该允许自主的患者选择不遵循医疗或护理建议,因此 Gillon 要求在讨论同意时,我们应当承认患者有权接受或拒绝提议的医疗方案。

Gillon 的思维方式似乎再次与法律合拍,法律不仅允许有能力的患者拒绝向他们建议的医疗,而且在患者的理由可能看似离奇甚至完全没有理由的情况下依旧允许他们这样做。这对一个关心患者的医疗保健专业人员来说可能更难接受。

显然,某些拒绝治疗的行为将是误解信息、无知或认知障碍的产物,在这些情况下,如果可能,专业人员应当有意识地纠正或弥补缺憾。例如,如果护士发现患者拒绝服用某种药物是因为他们错误地认为它会导致他们体重增加,那么纠正这种误解是完全恰当的。但是,其他患者会基于其观点或信仰拒绝同意,而这些观念或信仰不受医疗保健专业人员纠正。因此,举例来说,有些人可能会自愿且强烈地依附于文化或精神(宗教)信仰,这意味着他们无法接受某些医疗保健选择。虔诚的天主教徒可能会拒绝唐氏综合征的产前筛查,因为她知道她的信仰不允许她终止妊娠,而一旦筛查得到阳性结果,在医疗上应当终止妊娠。

对于有宗教信仰的人而言情况是复杂的,因为我们有时对有自主权的人作出的选择类型和他们可以接受的信仰类型有一个非常狭隘的概念。由于我们表现出尊重基于科学的观点的倾向,而非基于宗教的观点的倾向,实际上情况可能更为复杂。有时我们似乎不难允许某些宗教决定人们为自己作出的选择,但在其他情况下,我们发现宗教信仰及其导致的选择是难以接受的。例如,医疗保健专业人员可能会允许一个虔诚的天主教徒选择冒着生命危险怀第十次孕而不使用避孕药具,而同一个医疗保健专业人员可能会发现自己更难接受耶和华见证会教徒拒绝接受一次挽救生命的输血。可以说,这里的区别不是所作选择之间的区别,这两种选择都可能产生毁灭性的影响,而是我们对两种信仰的态度,其中一种被认为是主流和"可接受的",另一种则不那么可接受。[29]

[161]

事实上,鉴于后果相同,可以认为这些情况之间的明显差异仅是偏见的结果。因此,尊重他人的自主权及其接受或拒绝医疗权利的障碍之一可能是,我们所处的意识形态环境迅速将主流以外的思想界定为"其他",因此不太可能是理性选择的产物。在这样做的时候,我们就会质疑决定人的能力,从而为我们自己提供一个挑战他们自主权的平台。

法律通过从等式中排除理由来应对这一趋势,而没有集中于选择的能力。如果我能够证明我有能力,我可以根据其他人难以理解的信念作出他们觉得奇怪的选择。然而,哲学家们可能会发现很难认为理由不重要,因此采用了另一种价值来保护那些作出我们难以接受的选择的人。所以,需要将尊重自主权和重视同意的承诺与宽容美德相结合,即愿意接受人们将作出我们认为不可接受的选择。

只要有同意能力的人所作的选择不会对他人造成不可接受的伤害,我们就有义务接受他们的选择以及他们这样做的理由,这是因为他们是有同意能力和自主的,而不是基于他们选择的内容及如何选择。

护士可能面临这一问题造成的困境是真实的,特别是当他们看到尊重患者自主权的要求与他们所负有的出于善意的注意义务相冲突时。作为医疗保健专业人员可能面临的巨大挑战之一是,当有能力的患者要求你以某种方式帮助他们,可你认为这明显违背了他们的最大利益(请注意,这种评估应超越单纯的医疗评估)。

幸运的是,在这种情况下,医疗保健专业人员可以再次参考法律知识,使其与普通的伦理思维同步。你对患者的专业注意义务意味着你不能被要求对他们做明显违背他们最大利益的事情。这是因为当需要第三方介入时,同意不能凌驾于最大利益之上。

然而,如果一个患者告诉你不要做某事,你就不能说将这种治疗强加给他们将是对他们最有利的,除非他们的自主权和能力受到非常明显的质疑,而你不会因为家长主义行为或其他更糟糕的理由受到指责。在照护有能力的患者时,医疗保健专业人员对某些行为符合他们最佳利益的主张不能凌驾于患者的拒绝之上。

7.12　同意过程:将理论转化为实践

要将尊重自主权的理论承诺转化为现实,护士必须掌握特定的技能并承担实践这些技能的责任。考虑到护士与患者的接触以及他们见面和互动的情况,护士将在不同时间评估患者的能力、自愿性和自主性,在其缺乏能力的时候提升其能力,在其有能力的时候尊重其能力,并在没有能力的情况下寻找促进患者最大利益和福祉的方法。

护士将成为重要的信息提供者,通常最适合判断患者对信息的理解、消化和思考程度。护士往往是同意过程中的关键人物,他们的态度有助于确定获得同意的过程只是一个不令人满意的填表练习还是一个确实有意义的交流过程。在他们的受教育过程和持续的专业发展中,现代护士有意识地为在临床或研究环境中获得同意这一实质性责任做准备,但他们也应该意识到在日常实践中获得同意的重要性,从而保护患者的个性

和尊严。护士应具备的能力如下:
- 良好的沟通技巧

获得伦理上和法律上有效同意的先决条件之一是与患者及其家人(如需要)进行有效沟通。只有这样你才能把他们理解为一个个体,并充分了解他们进入医疗机构的背景情况。沟通是一种双向的活动。一方面,护士需要确定个人如何应对医疗环境,以及他们希望从与医疗保健专业人员的接触中获得什么,这包括询问和倾听。另一方面,信息需要有效和适当地传达给患者和其他参与决策过程的各方,如医生,这包括倾听和重述。

- 文化素养

鉴于先前指出的个人自主权程度可能因其文化背景而被妥协甚至直接忽视,护士显然有重要理由了解他们身处其中的文化背景,以及在这里生活和工作的不同群体的信仰和行为方式。文化差异必须得到尊重;然而,容忍和理解并不一定意味着所有选择因在文化上具有重大意义而必须得到允许。[30] 例如,一名未成年女性显然不反对接受割礼,而且她的父母明确希望她这样做,但这不足以构成一名英国医疗保健专业人员进行这种手术的充分理由。当一种行为对另一个人造成重大伤害时,特别是当他们无力反对时,这种行为不应当被容忍。

- 临床知识库

现代医学以循证医学为荣,近年来一个有趣的转变是开放了临床决策所依据的证据。于是,消息灵通的患者可能比某些治疗他们的人更先了解他们当下所遭受的痛苦情况。然而,这样的信息高速公路也充斥着一些患者可能依赖的不负责任的信息和建议。护理专业在改善在临床环境中直接向患者提供信息方面发挥了重要作用,目前面临的挑战是在患者自行了解的信息方面进行质量控制。

- 患者经历

如今的护士不必亲自造访被诊断有特定疾病的人从而了解病情及其影响。疾病不再仅仅由医学或护理学教科书定义,我们现在可以通过点击鼠标访问数千名患者的第一人称账户。[31] 所有医疗保健从业人员都有责任参与这些患者的病情自述,采取一些简单的初级步骤来了解对特定患者影响至深的经历。

- 支持和扶持

在帮助那些发现自己很难参与同意过程并且最终可能无法参与的人方面,护士起着重要的支持作用。这可能需要他们充当患者的扶持者或支持被委任这一角色的人。他们帮助患者传达自己的意见,有时是在患者与其家庭成员和其他专业人员发生冲突的情况下。为有效地履行这一职责,护士需要形成和提高自己的专业自主权,从而提升他们向医疗同事表达患者观点的能力。因此,他们对患者的个人责任可能会引发更大的职业和政治问题。

当以这种方式支持患者时,护士需要保持不独断性,并且愿意传达可能与他们自己相反的观点以及他们可能认为不明智甚至有害的决定。

在这种情况下最难的是需要在非指导性支持(被视为可取的做法)和没有为患者提供支持(被视为不可取的做法)之间进行平衡。在患者需要作出艰难决定的情况下,护士可能面临的最困难问题之一是被问及:"护士,如果是你会怎么做呢?"你没有简单的办法来回应这样的问题。一方面,作为护士,你去阐明自己将会采取的行为严格来说是不相关的,甚至可能适得其反;但另一方面,他们是在征求你的专业意见,你会感到有必要作出回应。[32] 有人可能会建议,在这种情况下,可行的途径就是回到最大利益的概念,并根据患者所告知的对他们而言什么是重要的、他们希望达到的目标和希望避免的情况,以及鉴于护士对不同选择的相对成本和利益的了解,对患者说:"我认为你最好考虑一下选择这种方案。"

[164]

7.13 结论

护理专业在确保患者了解他们被要求给予同意的重要性,以及给予同意可能遇到的障碍方面作出了有价值的贡献。护士个人可以帮助患者行使自主权,为他们提供所需的信息从而让他们作出符合自己利益和目标的选择。他们可以在通常是陌生和令人恐惧的环境中支持他们的患者,并在必要时可以担任他们的扶持者。护理专业应继续挑战医疗保健系统中不利于患者有意义地参与影响其照护的决策制定过程的那些方面。护士应当越来越确信他们在同意过程中的关键角色得到承认,并接受公正行使这一角色的教育和持续培训。

7.14 注释和参考文献

1. Reference to page numbers of Jean McHale's section.

2. R. Gillon, *Philosophical Medical Ethics* (Chichester, John Wiley and Sons, 1985; reprinted 1996), p.115.

3. Mental Capacity Act 2005 available in full at http://www.legislation.gov.uk/ ukpga/2005/9/ contents

4. T. Beauchamp & J. Childress, *Principles of Biomedical Ethics*, 5th edn (Oxford, Oxford University Press, 2011).

5. *Ibid*, p.113.

6. J. Feinberg, The idea of a free man. In R.F. Dearden (ed.), *Education and the Development of Reason* (London, Routledge and Kegan Paul, 1972), p.30.

7. R.F. Dearden, Autonomy and education. In R.F. Dearden (ed.), *Education and the Development of Reason* (London, Routledge and Kegan Paul, 1972), p.453.

8. J. Rawls, A Theory of Justice (Cambridge, MA, Harvard University Press, 1971), p.516.

9. J.L. Lucas, *Principles of Politics* (Oxford, Oxford University Press, 1966), p.101.

10. G. Dworkin, *The Theory and Practice of Autonomy* (Cambridge MA, Cambridge University Press, 1988).

11. Dworkin, *op. cit.,* p.20.

12. 请参见 C. Farsides, Autonomy and its implications for palliative care: a Northern European perspective, *Palliative Medicine* 12(3) (1998), pp.147-151。

13. C. Farsides, Autonomy and responsibility in midwifery. In S. Budd & U. Sharma (eds), *The Healing Bond* (London, Routledge, 1994).

14. 关于家长主义的精彩介绍，参见 Gerald Dworkin, 'Paternalism', *The Stanford Encyclopedia of Philosophy* (*Summer 2010 Edition*), Edward N. Zalta (ed.), http://plato.stanford.edu/archives / sum2010 / entries/paternalism。

15. J. Jackson *Truth Trust and Medicine* (London, Routledge, 2001) esp. chapter 9, pp.130-146.

16. See Chapter 7A on omitting information.

17. J. Tobias & R. Souhami, Fully informed consent can be needlessly cruel, *BMJ (Clinical Research Ed.)*, 307 (1993), pp.1199-1201. Reproduced

[165]

in L. Doyal & J.S. Tobias, *Informed Consent in Medical Research* (London: BMJ Books, 2001).

18. See R. Buckman, *How to Break Bad News* (London, Pan Books, 1994), esp. Chapter 4.

19. See T. Cullinan, Other societies have different concepts of autonomy. Letter to the *BMJ* republished. republished in L. Doyal & J.S. Tobias (eds), *Informed Consent in Medical Research* (London, BMJ Books, 2001).

20. R. Rena, *Testing Women, Testing the Fetus: The Social Impact of Amniocentesis in America* (Taylor & Francis Group, 1999).

21. S. Wolf, Erasing difference: race ethnicity and gender in bioethics. In A. Donchin & LM. Purdy (eds), *Embodying Bioethics: Recent Feminist Advances* (Maryland, Rowman and Littlefield, 1999).

22. J. Harris, *The Value of Life* (London, Routledge, 1985).

23. P. Alderson, In the genes or in the stars? Children's competence to consent. *Journal of Medical Ethics,* 18 (1992), pp.119–124.

24. A.E. Buchanan & D.W. Brock, *Deciding for Others: The Ethics of Surrogate Decision Making* (Cambridge, Cambridge University Press, 1989).

25. J. Coggon, M. Brazier, P. Murphy, D. Price & M. Quigley, Best interests and potential organ donors. *British Medical Journal,* 336 (2008), pp. 1346–1347.

26. Available in full at http://www.legislation.gov.uk/ukpga/2004/30/contents.

27. 对于这一问题的更多讨论，请参见 B. Farsides, Respecting wishes and avoiding conflict: understanding the ethical basis for organ donation and retrieval, *British Journal of Anaesthesia,* 108 (Suppl. 1) (2012 Jan), pp. i73–79。

28. PE. Schofield, P.N. Butow, J.F. Thompson, M.H.N. Tattersail, L. J. Beeney & S.M. Dunn, Psychological responses of patients receiving a diagnosis of cancer, *Annals of Oncology,* 14(1) (2003), pp.48–56.

29. 对于这一问题的有趣讨论，请参见 Des Autels *et al., Praying for a Cure When Medical and Religious Practice Conflict* (Lanham, MD, Rowman and Littlefield Publishers Inc., 1999)。

30. 参见 R. Macklin, *Against Relativism: Cultural Diversity and the Search for Ethical Universals in Medicine* (Oxford, Oxford University Press, 1999), Chapters 1-5; also David Heyd (ed.) *Toleration An Elusive Virtue* (Bognor Regis, Princeton, 1996)。

31. 例如,请参见 http://www.healthtalkonline.org and http://www.patientslikeme.com。

32. C. Williams, P. Alderson & B. Farsides, Is non-directiveness possible within the context of antenatal screening and testing? *Social Science & Medicine,* 54 (2002), pp.339-347.

8 职责、责任与稀缺资源

A 法律视角

Tracey Elliott
莱斯特,莱斯特大学法学院医疗保健法讲师

8.1 概述

[166] 当国民医疗服务体系于1948年建立时,其服务基于三个核心原则:满足每个人的需求;无偿提供医疗服务;基于临床需要提供治疗,而非基于支付能力。[1]尽管在国民医疗服务体系建立时,人们相信为民众提供无偿医疗服务最终会减少政府在医疗服务上的支出,但随着民众总体健康状况的改善[2],人们很快就明白这种期待既乐观又不现实。[3]预期寿命增长,医疗和制药发展(意味着许多以前无法治愈的疾病现在可以通过医疗手段得到管理或治愈,并且预防医学的范围已经大大扩展),以及患者对

[167] 药物效果期望的提高,都导致了医疗保健的供不应求。[4]历届政府都对国民医疗服务体系作出承诺,但如何公平分配有限的医疗资源的问题仍然存在,这是一个热门的政治问题,并引起了许多的哲学讨论。[5]1999年,国家卫生与临床优化研究所(NICE)成立,旨在"确保每个人都能平等地在国民医疗服务体系中获得治疗和优质照护"。[6]国家卫生与临床优化研究所通过"卫生技术评估"、对技术的医疗效益和成本进行循证评估并向国民医疗服务体系提出建议,在国民医疗服务体系内的治疗配给方面发挥了关键作用。在2012年撰写本文时,初级保健信托(PCTs)被要求在3个月内实施国家卫生与临床优化研究所提出的这些建议。[7]根据2012年《医疗和社会保健法案》的规定,国家卫生与临床优化研究所成为一个法人团

体,并更名为国家卫生与保健优化研究所,以反映其职权范围已扩大到包括英格兰社会保健质量标准的制定。[8] 该法将废除初级保健信托和战略卫生局(第 33 条和第 34 条),它们的工作将从 2013 年 4 月起由当地委托保健组织(CCGs)和国民医疗服务体系委托委员会接管。[9] 改革的全面影响仍有待观察,但随着 2012 年《医疗和社会保健法案》中有关医疗服务委托和定价的规定全面生效,国家卫生与保健优化研究所在医疗配给方面的作用可能会减弱。[10] 政府明确的目标是在 2014 年之前引入"基于价值"的药品定价方法。[11]

近年来,法院多次考虑对许多情况下国家卫生与保健优化研究所提出的建议和国民医疗服务体系信托作出的决定的合法性进行司法审查的申请。[12] 详细考察这一法律内容不在本章范围内,因为其涉及的资源决策是由专门考虑这些问题的委员会或专门小组作出的,并不因此成为护理人员一般职责的一部分。综上,法院一般不愿意干涉关于如何在患者之间分配稀缺资源的决定,除非发现在决定过程中存在某些具体缺陷——例如,在作出决定时没有考虑相关因素[13],或者决定可能被认为不合理。[14] 法院准备对有关拒绝治疗决定的决策过程进行严格审查,但不会就医疗的有效性或特定医疗判断的是非曲直发表意见。[15] 国民医疗服务机构制定拒绝为治疗提供资金从而为特殊情况保留资金的政策具有合法性,只要政策以公平合理的方式适用并且可以设想存在这种情况。例如,在 R (on the application of Ross) v. West Sussex PCT(2008)案中[16],原告是一名癌症患者,曾接受过包括沙利度胺在内的许多不成功治疗。初级保健信托拒绝对其唯一还可适用的治疗药物提供资助,该药物尚未经过国家卫生与保健优化研究所评估,其理由是其政策只是为特殊情况提供资金,但原告的情况并不特殊,因为有不止一例使用沙利度胺治疗的患者会遭受类似的副作用。行政法院认为这并非真正针对特殊情况的政策,因此是非法的,因为如果一名患者的情况可以与另一名患者的情况相比较,根据该政策,该患者实际上失去了获得资助的资格。为了具备资格,Ross 先生必须证明他的情况是独一无二的,而不仅仅是例外情况,但这实际上是不可能的。

本章的目的不是集中于探讨与国民医疗服务体系拒绝为医疗提供资金有关的法律挑战,而是探究护士在经济拮据的环境中工作时可能出现的法律问题。这方面的重要问题包括,处理过失索赔的法院是否以及在

[168]

多大程度上会考虑到经验和资源的缺乏,以及护士认为需要他们超出能力范围开展工作或承担专业责任时可选择的办法。然而,在考虑这些问题之前,必须首先厘清法律对护士的要求。

8.2 过失:注意标准

护士对患者负有注意义务。[17] 这就提出了注意义务何时产生的问题。通常这毫无争议,在入院治疗的情况下,患者住院时护士的注意义务就会产生。[18] 如果医院设有急诊科(A&E),即使在患者实际接受治疗或被送入医院病房之前,也应对到该急诊科接受治疗的人负有注意义务。[19] 近年来,许多小型医院的急诊科已经关闭,没有急诊科的医院会张贴告示说明不接收急诊患者,并将患者转到最近的医院。根据法律规定,这样的医院可能会拒绝治疗急诊患者并建议他们直接去最近的急诊科。在这种情况下,医院很可能被认为不对患者负有注意义务[20],然而,如果医院选择收治患者,注意义务就产生了。

如果护士违反对患者的注意义务并对患者造成伤害,过失责任就可能产生。护士未达到相关注意标准时就构成对义务的违反。那么,注意标准是什么?英格兰法律要求护士行使其专业的普通技能,即如果护士"按照所属专业负责任且技艺娴熟的医护人员认为适当的做法行事,则不具有过失"[21]。这是一项公认的法律原则,称为 *Bolam* 测试标准。*Bolam* 测试标准形成的标准是客观的,但这项测试标准由于对医学界过于恭敬而受到批评,因为注意标准是由医护人员决定的。抗辩临床过失行为的医疗从业人员可以逃避责任,只要其可以援引可被视为真实并代表"负责任的医护人员"的专家证据,就说明其做法"被认为是适当的"。[22] 在 Bolitho v. City and Hackney Health Authority(1998)案中[23],上议院采取了不如 *Bolam* 测试标准对医生那么恭敬的方法。在 Bolitho 案之后,如果法官判断关于一名医疗从业人员的执业是否符合负责任专业实践的专家意见时,认为"……在极少数情况下[24],可以证明专家意见经不起逻辑分析,法官有权认为意见不合理或不负责任"[25] 并拒绝采纳。作为这一决定的一部分,"法官在接受一份负责任、合理或值得尊敬的专家意见之前,必须确信在形成其意见时,专家已将注意力集中在比较风险和利益的问题上并就此事达成了一个有理据的结论"[26]。法院以专家证据不合理或不负责任为由拒绝接受专家证据的情况似乎相对较少。[27]

鉴于注意标准是客观的,如果护士未能达到注意标准,是否可以考虑经验不足、疲劳或缺乏资源等因素?现在我们将考虑这些事项对注意标准是否有影响。

8.3 经验不足和注意标准

对医生和护士的培训不可避免地涉及"在工作中吸取经验"的某些要素,正如大法官 Mustill 在 Wilsher v. Essex Area Health Authority(1987)案中承认:

"公立医院的医疗一直组织有序,从而使得年轻的医生和护士能够在工作中吸取经验。如果医院避免使用没有经验的人,他们就不能保障病房和手术室的人员配备,资历较浅的人员也永远无法获得经验。"[28]

如果一个新注册的护士或医生由于缺乏经验而犯了错误,他们是否会由于经验不足而被宽容对待呢?缺乏经验的护士会认为他们被期望达到的注意标准比经验丰富的护士低吗?答案是,对护士要求的注意标准并没有因为缺乏经验而降低。[29] 在 Nettleship v. Weston(1971)案中,上诉法院驳回了对初学开车的人的期望标准应低于更有经验的驾驶员标准的论点:

"……在我看来,在目前这种情况下,最好有一个相当肯定并合理确定的注意标准……法律要求的注意标准是合格的且有经验的驾驶员的标准。"[30]

Wilsher v. Essex Area Health Authority(1987)案中,法官考虑了医疗服务中的此类问题。[31] 在该案中,一名初级医生治疗特殊保育箱内的早产儿时,错误地将用于监测婴儿动脉血氧水平的导管插入了静脉而非动脉。上诉法院的多数意见认为注意标准并未因考虑到初级医生缺乏经验而进行调整。大法官 Mustill 认为,注意义务不应与医生个人的经验有关,而应与其所担任的岗位有关:

"……这个标准并非一个具有平均能力和掌握充分信息的初级实习医生(或任何岗位的医生)的标准,而是一个在提供高度专业化服务的单位中任职的人的标准。"[32]

[170]

根据这一方法,似乎注意标准可能因医疗保健从业人员所担任的岗位而异。此外,Glidewell 法官并未明确将注意标准与医生所担任的岗位联系起来,但同意 Mustill 法官的意见,即不因为考虑到经验不足而降低注意标准:

"在我看来,法律要求对实习生或初学者适用与更有经验的同事相同的评判标准。如果不这样做,经验不足往往会成为职业过失诉讼的辩护理由。"[33]

Djemal v. Bexley Health Authority(1994)案[34] 中法官采用了 Wilsher 案的观点,在该案中,主治医生是一名有 4 个月工作经验的高级实习医生。主审法官判决,本案应当适用的注意标准是"一名能够合理胜任工作的高级实习医生担任急诊人员应当尽到的标准,而不考虑工作时间长短"。[35] 在 Bova v. Spring (1994)案中[36],Sedley 法官明确表示,实习全科医生的最低注意标准不应低于有经验的全科医生的最低注意标准:"他的专业注意义务并不要求他无所不知或是保持正确,只要求他像一个称职的全科医生具备应有的知识、为患者的福祉尽心尽责。"Mustill 勋爵在 Wilsher 案中使用的"岗位"一词可能没有多大帮助,因为适用于特定医疗工作的注意标准具体取决于是由护士、初级医生还是顾问医生进行将是不幸的。[37] 法官建议应根据医生或护士提供的服务来判断注意标准。承担特定工作的护士必须以合理的技能和注意完成该工作。[38]

法律在确定注意标准时拒绝考虑经验是否不足,这乍一看似乎很严厉,但应该注意的是,经验不足的护士如果认识到自己缺乏经验并寻求上级的建议和帮助,他们通常不会被追究责任。[39] 例如,在 Wilsher 案中,该初级医生因要求专科住院医生检查其工作而被认为没有过失责任,而该专科住院医生则被认为应当承担责任。[40] 但是,承担治疗工作却缺乏必要注意或技能的护士或医生将被认为具有过失。[41] 这意味着护士确实必须意识到自己能力的局限性,能够识别自身能力与工作的差距并寻求帮助。例如,在发生于加拿大的 Dillon v. LeRoux(1994)案中[42],一名没有接受过急诊培训的家庭医生正在担任急诊科医生,患者入院时反映的症状包括剧烈胸痛、手脚刺痛、呼吸困难、汗流浃背。医生最初诊断为胃酸回流,而事实上患者是心脏病发作。法院认为医生因未让随时候命的内科医生协助其诊断而具有过失。如果一个更资深的护士或医生未能恰当地监督更缺乏经验的同事,他们很可能会被认为是违反了对患者的义务。[43] 例如,在 Drake v. Pontefract Health Authority (1998)案中[44],一位精神科顾问医生因允许实习医生在没有适当监督的情况下评估和治疗有自杀倾向的患者而具有过失。如果信托医院或卫生当局没有对初级医生和护士进行充分监督,也可能违反对患者的注意义务。在 Jones v. Manchester Corporation(1952)案中[45],一个缺乏经验的初级医生因疏忽给患者注射了麻醉剂,导致患者死亡。医院董事会不仅要对其雇员的过失承担替代责任,而且要直接承担过失责任:

"……不应该发生这种错误。医院管理委员会应当确保医院不会发生这类事件。他们不应在没有适当监督的情况下将患者交给缺乏经验的医生。"[46]

8.4 紧急情况、劳累过度和注意标准

有时专业人员可能在不理想的医疗条件下提供治疗,尤其是在紧急情况下,医院可能面临治疗大量需要紧急医疗救助的伤病患者。在 Wilsher 案中,Mustill 法官承认:

"……我同意,必须充分考虑到某些治疗可能必须在'战斗条件'下进行。紧急情况下可用的资源难以负荷,而且,如果一个人被要求同时做太多事情,那么即使他在做其中一件事时出错,也不应轻易被视为过失。"[47]

例如,发生于加拿大的 Rodych v. Krasney(1971)案中[48],一名醉酒的车祸受害者晚上被送往医生家。受伤的受害者拒绝进入医生的家,所以医生在他的车上为其进行了检查,唯一可用的灯光是手电筒和附近的街灯。医生观察到受害者轻微受伤,但未能发现他的胸部在事故中遭受了更严重的创伤。法院认为,医生在当时的情况下未能诊断出所受全部伤害并不具有过失。在这种情况下,法院在判断从业人员是否违反其注意义务时会考虑紧急情况。在紧急情况下,医疗人员可能会犯下在平常情况下不会犯的错误。如果护士在这种情况下犯了一个相当称职的护士可能会犯的错误,其行为就不具有过失。然而,即使处于紧急情况下,如果护士的行为被认为是不合理的,那么其仍可能被认定为具有过失。[49]

如果护士因为疲惫、劳累过度或极度焦虑而犯错呢?法院处理这类案件时是否会认为护士是处于"紧急情况"?似乎不是这样。法院可能很同情护士[50],但如果护士无法达到客观的注意标准,那么其将被认定为具

有过失。[51] 例如,在 McCormack v. Redpath Brown & Co(1961)案中[52],一位通常十分谨慎并称职的急诊人员未能诊断出患者凹陷性颅骨骨折,尽管他当时过度劳累,但仍被认为具有过失。

8.5 资源短缺

鉴于法院在决定过失是否成立时不考虑诸如经验不足或过度劳累的问题,那么在确定适当的注意标准时,法院是否会以及在多大程度上会考虑资源的稀缺? 在 Knight v. Home Office(1990)案中[53],Pill 法官认为对于政府部门而言,主张没有可用的资金支持额外安全措施并不是充分的理由[54],但他承认,其判决考虑了可用的资源,对关押在监狱医院中的精神病囚犯的注意标准不必达到精神病医院中的注意标准:

"不过,在决定所要求的标准时,法院必须铭记可用于公共服务的资源是有限的,资源的分配是议会的事…… 即使在监狱外进行治疗,所要求的注意标准也会因环境而异。例如,全科医生诊所里可用于处理紧急情况的设施无法像综合医院的急诊科那样充足。"[55]

然而,在 Brooks v. Home Office(1999)案中[56],Garland 法官拒绝接受在霍洛威提供产前护理的适当注意标准低于预期的狱外注意标准。

法院一般不愿意卷入有关如何分配有限资源的艰难决定中。这一点在 Ball v. Wirral Health Authority(2003)案中得到了 Simon 法官的承认:

"在资源有限且对医疗资源需求极大的医学领域,可能需要就如何分配资源作出艰难的决定。一般而言,英格兰公法和私法将此类决定留给那些有法律责任作出决定的人。某医学领域可能资金不足(例如,20世纪 70 年代的新生儿护理),或者某家特定医院可能没有另一家医院拥有的设施,这些事实可能引起公众和该领域专家的关注,但并不一定会构成可能受到资金不足或缺乏设施影响的患者提出过失索赔的基础……"[57]

在 Hardaker v. Newcastle Health Authority(2001)案中[58],一名患有减压病(DCI)的潜水员因当地医院的减压室在周末关闭而迟迟未被送进减压室,致使其遭受严重的永久性残疾。Stanley Burnton 法官承认,尽管卫生当局对 Hardaker 先生负有注意义务,"但他们的义务是被可用的资源限定的"[59]。鉴于减压病的情况相对较少,不能因为卫生当局未能随时保持减压室开放而认为卫生当局具有过失,因为"这种指控涉及对法院无法进行的资源分配优先权评估"。[60]

医院将对其雇员的过失行为承担替代责任。[61] 负责运营医院的人员通常还应"对患者负有不可委任的义务,以确保他们得到精心的专业治疗,而不考虑治疗他们的人的雇用形式"。[62] 在 Robertson v. Nottingham Health Authority(1997)案中,Brooke 法官将这一义务描述为"建立适当的护理体系的不可委任义务,包括有义务聘请有能力的工作人员,有义务提供适当安全的设备和安全场所,且提供的医院工作人员、设施和组织应当能为患者提供安全和令人满意的医疗服务"。[63] 然而,在 Farraj v. King's Healthcare NHS Trust(2010)案中[64],Dyson 法官认为,这一原则的确切范围仍在形成中[65],并且医院在多大程度上负有确保其患者得到精心专业治疗的不可委任义务取决于具体案件,以及在这种情况下"医院对患者负有这种注意义务是否公平、公正和合理"。[66] 对医院施加直接责任的根本依据如下:

"……医院负责照顾、监督和控制需要予以特别注意的患者。患者是易受伤害的人,他们将自己置于医院的照顾和控制之下,因此,医院对他们的福祉和安全负有特别的责任。"[67]

因此,医院可能由于为治疗和照护患者而建立的系统出现故障而被认为直接具有过失。在 Bull v. Devon Area Health Authority(1993)案中[68],双胞胎婴儿分娩的间隔时间延迟了一个多小时,结果导致第二名婴儿窒息并残疾。当时,医院在相距约一英里的两个地点运营。医院主张,考虑到这些情况和人力资源,延误既不可避免又有情可原,因而卫生当局没有过失。法院认为卫生当局应承担过失的责任,因为在这种情况下,系统已崩溃,注意标准已低于合理预期。[69]

代表卫生当局的人指出,医院"不能被期待做超出他们尽到最大努力所能做的事,只能尽可能有利地分配有限资源",但 Mustill 法官对此论点持怀疑态度:

"我对这一论点的态度有所保留,认同医院医疗是一项公共服务并不能减轻这种保留。虽然医院医疗确实是一项公共服务,但在其他公共服务领域,同样没有足够的资源使行政人员能够做任何他们想做的事情,但他们不一定会对不安全问题的指控作此答复。我并不认为公共医疗完全类似于其他公共服务,但假设它完全自成一格也许是有危险的。完整的回答必然是,如果说任何医院的制度不令人满意,也不比其他领域的现行

[174]

制度更令人不满意。"[70]

由于医院未能达到可接受的最低注意标准,上诉法院不需要解决这些更广泛的问题,尽管 Mustill 勋爵承认这些问题涉及"重要的社会政策问题,法院有朝一日可能必须解决"。但是,如果一家医院主张由于资源有限其并没有过失,因为其在这种情况下尽了最大努力,该医院将不得不提供一些证据来支持这种情况。[71]

虽然医院信托或卫生当局[72]在适当情况下可能因未能提供一个足以满足患者可预见需求的系统而直接承担过失责任,在考虑过失索赔是否成立时,其"不可委任义务"的全部范围以及法院准备在多大程度上考虑与资金分配有关的问题仍有待法院充分解决。

8.6 案例研究一

Alex 是在一家位于集镇的小医院工作的护士。医院的急诊科在 6 个月前关闭了,最近的急诊科现在离这里十英里远。医院入口处有一块大牌子,告知公众这些情况并建议需要紧急治疗的人到最近的急诊科就诊。在一个雾蒙蒙、冰天雪地的冬夜,大约凌晨 1 点,Marion 和 Geoff 乘车抵达医院。Marion 说,她发现 Geoff 坐在离医院不远的路边,旁边是一辆破旧的自行车,他似乎被一辆车撞了,但肇事车辆已经头也不回地开走了。Marion 在业余时间是一名训练有素的志愿急救员,在开车送 Geoff 去医院之前,她在事故现场对 Geoff 进行了急救。Geoff 有些休克,但尚能保持意识清醒。他头部受伤,躯干有大量瘀伤,可能在事故中肋骨骨折。Alex 决定把 Geoff 留在医院并为他提供她所能提供的治疗,直到救护车能把他送到最近的急诊科。[73]

从法律上说,Marion 没有义务帮助 Geoff,英格兰法律没有规定此种情况下的"救助义务"。然而,通过停车和对 Geoff 实施急救,Marion 承担了对他的注意义务。在这种情况下,急救人员的注意标准是"掌握专业技能的普通急救人员"应尽的注意。[74] 就 Alex 而言,由于医院没有急诊科,而且张贴了相关通知,她本可以拒绝收治 Geoff 并建议他们立即前往最近的有急诊科的医院。即使 Geoff 的病情因延误而恶化,Alex 和医院似乎都不会因过失而承担责任,因为他们对 Geoff 不负有注意义务。[20] 然而,一旦 Alex 决定将 Geoff 留在医院并在救护车到达之前进行临时治疗,她将对他负有注意义务。至于注意标准,在评估适用的注意标准时将考虑情况的紧急性。

8.7 稀缺资源:公开披露和保密

护士负有将患者利益放在首位,并在认为他们可能面临风险时采取措施予以保护的专业义务。[75] 护理与助产协会明确表示这项义务不仅适用于护士实际护理的患者,也适用于他们在工作过程中遇到或注意到的人。[76] 护理与助产协会《守则》[77] 要求护士:

- "如果你认为你、同事或其他任何人可能将某人置于危险之中,请立即采取行动"(第32条);
- "如果你遇到妨碍你在本守则或其他国家认可标准范围内工作的问题,请告知有关负责人员"(第33条);
- "如果护理环境中的问题使人们处于危险之中,请以书面形式报告你的担忧"(第34条)。

如果护士认为患者由于没有得到合理的护理而处于危险之中,并希望引起更广泛的关注,他们应该意识到,若公开系统故障,他们可能会违反患者保密原则。

护理与助产协会《守则》明确规定,护士必须"尊重人们的保密权"(第5条),并"确保人们了解将为他们提供护理的人如何以及为什么分享信息"(第6条)。然而,该守则不仅允许而且要求护士"如果认为某人可能受到伤害,应根据执业所在地的法律披露信息"(第7条)。护理与助产协会2009年保密咨询表就护士未经同意披露患者信息的情况提供了进一步指导。尽管"披露通常只有在个人同意信息被分享的情况下才是合法和合乎伦理的",但在特殊情况下,公众利益可为"否决个人保密权利提供正当理由,以获得更广泛的社会关注"[78]。此外,护理与助产协会保密咨询表指出:"根据普通法,工作人员获准披露个人信息以防止严重犯罪和支持对严重犯罪的侦查、调查和惩罚,和(或)防止虐待或严重伤害他人。"卫生部的《国民医疗服务体系保密实施准则》[79] 及其《关于公共利益披露的补充指引》[80] 和医疗总会于2009年发布的《保密》中的广泛伦理指引中关于保密以及医疗保健专业人员出于公共利益披露保密信息具有正当性的情况有进一步指导。[81]

[176]

由于专业指引明确指出未经患者同意披露保密信息必须在法律允许的范围内,因此有必要考虑法律的立场是什么。在 Attorney-General v. Guardian Newspapers(No.2)(1990)案中[82],Goff 勋爵指出以下情形中存在保密义务:

"……当一个人(保密人)在已经注意到或被认为已同意有关信息具有保密性的情况下获悉该保密信息,在任何情况下该保密人均不得向他人披露该信息。"[83]

在普通法中,医疗信息通常被视为保密信息,医疗保健专业人员对患者负有保密义务。在 Hunter v. Mann(1974)案中[84],Boreham 法官认为医生"与其他专业人员一样"负有未经患者同意不主动披露以其专业身份获得的信息的义务,特殊情况除外。[85] 此外,《欧洲人权公约》第 8 条第(1)款明确了保护患者的"私生活和家庭生活受到尊重的权利"。欧洲人权法院认为,就第 8 条规定的患者权利而言,尊重患者在医疗数据方面的保密权至关重要。[86] 为患者保密的义务在患者死亡后继续存在。[87]

然而,保密义务并不是绝对的。这在 Attorney-General v. Guardian Newspapers(No.2)(1990)案中[83]得到承认,Goff 勋爵指出:

"……尽管法律保护保密的基础是因为保密应受到法律维护,且保护具有公共利益,但这一公共利益可能会被其他支持披露并与之抗衡的公共利益所超过。"[88]

就医疗信息而言,保密具有很强的公众利益:如果患者担心与其健康有关的私密细节可能会被更广泛地披露,人们可能不敢寻求医疗建议或治疗。[89] 只有在信息披露具有更强的公共利益时,这种保密所代表的公共利益才可能被压倒。[90] 在 X Health Authority v. Y(1988)案中[91],高等法院颁布了一项禁令,禁止一家报纸刊登在英国执业的两名患有艾滋病的医生的身份信息。法院认为,对患有艾滋病的医生是否应继续执业这一问题进行自由和知情的新闻辩论所体现的公众利益,被保密的公共利益所超越,因为如果违反了保密义务,患者可能不愿意接受咨询或治疗。

相反,在 W v. Egdell(1990)案中[92],法院认为,出于公众利益,违反保密义务具有正当性。该案中,患者 W 开枪打死 5 人、打伤 2 人,为减轻责任而承认犯过失杀人罪,被羁留在一家精神病院。他的律师委托独立精神病顾问医生 Egdell 博士撰写了一份报告,以期在即将进行的法庭聆讯

[177]

中用该报告让 W 出院,或将其转移到当地的隔离病房。报告披露 W 对自制炸弹有着长期和持续的兴趣,并明确表示 Egdell 博士不接受 W 不再对公众构成危险的观点。鉴于这一不利报告,W 的律师撤回了向法庭的申请。然而,当 Egdell 博士发现这份报告不会被使用时,他向 W 所在精神病院的主任医师披露了报告副本,医院随后将一份报告副本寄给内政大臣,内政大臣又将一份副本交给特别法庭。上诉法院认为,如果处于 W 地位的患者委托进行独立的精神病报告,那么作出报告的医生无疑负有保密义务,但这一义务并非绝对义务。在本案情况下,向有关部门披露是合法的,因为降低 W 对公共安全构成的风险是出于公共利益的考虑:

"当一名男子因严重精神病而多次杀人,除非主管部门能够适当地作出知情基础上的判断,认为再犯的风险很小而可以接受,否则不应作出可能直接或间接导致他出院的决定。即使在保密关系期间,一名精神科的顾问医生在行使法院认为合理的专业判断时,也会了解到导致其作出判断的信息可能不充分并有可能对公众造成实际危害,此时其有权在所有情况下采取合理的措施,将担忧的理由告知有关部门。"[93]

同样地,尽管患者的保密权利受《欧洲人权公约》第 8 条保护,但该权利受第 8 条第(2)款限制:

"公权力不得干涉这项权利的行使,除非是依照法律规定,并且是民主社会为了国家安全、公共安全或国家的经济福祉,为了防止混乱或犯罪,为了保护健康或伦理,或者为了保护他人的权利和自由所必要的。"

任何对第 8 条规定的患者权利的干涉都必须是合法的,是为了实现第 8 条第(2)款所确定的合法目的之一,并且必须是"必要的",而这要求干涉"符合迫切的社会需要",并且"与所追求的合法目的成比例"。[94]

显然,在确定披露保密信息是否符合公共利益时所涉及的权衡可能非常困难。为了帮助有关人员作出这些决定,卫生部的《保密:实施细则》附件 B 和 2010 年《补充指南:公共利益披露》中提供了更详细的指引。该补充指南指出:

在某些情况下,显然符合比例的披露要求:

- 防止对其他一人或多人造成严重伤害,如虐待儿童或严重殴击;
- 将患有乙型肝炎的护士或医生在未采取适当预防措施保护患者安全的情形下进行易受感染医疗程序的情况上报;
- 预防、发现或起诉明显属于谋杀或强奸等严重犯罪的行为。[95]

[178]

然而,在其他不太严重的情况下,由于不太清楚是否适用公共利益进行辩护,建议在披露前寻求进一步指导。[96]

8.8 吹哨与现代技术

社交网站是与朋友和熟人交流的一种普遍方式:护理与助产协会估计大约有35.5万名注册护士和助产士使用Facebook。[97]考虑"吹哨"的护士可能会在社交网站上发布信息。以上讨论的与保密有关的问题必须得到仔细考虑,但还应注意的是,护理与助产协会于2011年7月更新了关于护士、助产士和护生使用社交网站的指引。该指引明确指出,此类网站不应当用于在线讨论与工作相关的问题,包括对同事的抱怨,即使讨论人匿名,此类讨论也可能不合适。随着内置摄像头的"智能手机"的普及,人们可能也会对关注的问题拍照并将这些照片发布到社交网站上。不过最好避免这种诱惑:该指引规定,在工作场所不应使用手机摄像头,患者和服务使用者的照片永远不应被上传至社交网站,即使他们要求你这样做。关于利用社交网站引发和升级关注的问题,该指引明确指出,这些网站不得用于吹哨目的。相反,护士应该遵循护理与助产协会在《提出和升级关注》中的具体指引。[98]

8.9 吹哨与1998年《公共利益披露法案》

正如前文已指出的,护理与助产协会要求护士、助产士和护生报告他们对工作场所可能危及其护理的人或公众安全的各方面的担忧。这适用于多种情况,包括:

[179]
- 对健康和安全的威胁或风险,如违反健康和安全规定;
- 关于工作人员行为的问题,例如,不专业的态度或行为,以及与平等和多元化有关的问题;
- 关于护士、助产士或其他工作人员的护理服务提供问题;
- 与护理环境有关的问题,如资源、产品、人、人员配备或机构整体关注的事项;
- 与同事健康相关的可能影响他们安全执业能力的问题;
- 误用或无法使用临床设备,包括缺乏适当的培训;
- 财务舞弊,包括犯罪行为和欺诈。[99]

然而,考虑报告与这些问题有关的担忧的护士可能会担心,他们进行报告可能会对他们的工作前景产生负面影响,并可能遭受纪律处分,甚至被开除。当护士关注顾问医生或机构不良实践时,对"直言不讳"的恐惧可能特别大。[100]2010年国民医疗服务体系员工调查显示,虽然82%的参与调查员工感到被鼓励报告差错、险情和事故,但11%的员工仍然担心报告错误可能导致他们受到惩罚或指责。[101]Robert Francis关于斯塔福德郡国民医疗服务体系基金会信托的调查报告(2010年)[102]强调了医院内不良实践和低标准照护与糟糕的投诉程序和管理、工作人员因担心被报复而害怕指出问题、投诉没有得到适当跟进,以及不鼓励有关人员配置问题的内部报告相结合可能出现的问题。

与吹哨有关的立法是1998年《公共利益披露法案》(PIDA),该法在1996年《就业权利法案》中新增加了第四部分,为英格兰和威尔士所有出于公共利益和善意披露担忧的员工提供了法律保护,使他们免受不公正对待或解雇,只要遵循了该法规定的程序。志愿工作者不受《公共利益披露法案》的保护,尽管卫生部认为国民医疗服务机构将他们的吹哨实践扩大到包括志愿者是一种不错的做法。[103]《公共利益披露法案》提供的保护可延伸至雇用合同终止后遭受的损害。[104]

首先,某些披露被视为"符合规定的披露",换言之,据1996年《就业权利法案》,其有权获得保护。进行披露的人员合理相信对信息的披露往往表明以下一项或多项:

(a)已实施、正在实施或可能实施刑事犯罪;

(b)一个人已经、正在或可能不履行他所负有的任何法律义务;

(c)已经发生、正在发生或可能发生不公正;

(d)任何个人的健康或安全已经、正在或可能受到威胁;

(e)环境已经、正在或可能受到破坏;或

(f)倾向于表明属于上述(a)至(e)项中任何一项的任何事项已经、正在或可能被故意隐瞒的信息。[105]

为了使披露获得保护,还必须满足一些其他条件。披露必须善意地向其雇主作出,或者如果雇员合理地认为雇主以外的人对此事负有唯一或主要责任,则可以向该人披露。[106]符合规定的披露也是受到法律保护的,例如,在接受法律咨询的过程中进行[107],或者如果雇主机构中的任何成员是根据王室大臣制定的任何法规任命,并且该披露善意地向王室大臣进行。[108] 最后一项规定适用于国民医疗服务体系雇员,并将允许他们善意地向卫生事务大臣作出符合规定的披露。根据《就业权利法案》第 43F 条,受保护的披露也可向"指定机构"作出。指定机构名单载于 1999 年《公共利益披露(指定机构)令》附表 1[109],目前包括:医疗质量委员会(CQC);普遍社会关怀委员会;威尔士保健委员会;国民医疗服务体系基金会信托的独立监管机构;健康与安全执行局和众多其他监管机构。如果向指定机构披露信息是善意的,并且进行披露的雇员合理地相信:(a)相关的失职属于指定机构的责任范围,并且(b)披露的信息和其中包含的任何指控实质是真实的,则该披露将受到法律的保护。[110]

如果符合《就业权利法案》第 43G 条规定的条件,则披露在其他情况下也受到保护:

- 雇员必须善意地进行披露[111];并且
- 雇员必须合理地相信所披露的信息和其中包含的任何指控实质上是真实的;并且
- 披露时:

  (ⅰ)雇员有理由相信,如果他(她)向其雇主或"指定机构"披露,他(她)将受到雇主的伤害;

  (ⅱ)在没有相关"指定机构"的情况下,雇员合理地认为,如果向雇主披露,与相关失职有关的证据很可能会被掩盖或销毁;或

  (ⅲ)该雇员曾向雇主或指定机构披露基本相同的信息;并且

- 在当下的情况下,进行披露是合理的。

在确定雇员进行披露是否合理时应考虑的因素特别包括披露对象的身份;失职的严重性和是否可能再次发生;披露是否违反保密义务;以前是否向雇主或指定机构进行过披露;以及雇员是否遵守了与披露相关的任何内部程序。[112]

如果雇员遇到极其严重的失职情况,可以作为紧急事项进行公开披露,而无须事先向其雇主或指定机构报告,也无须证明他们担心如果他们进行披露会受到伤害。[113] 如果披露是出于善意,并且合理相信披露的信息和包含的主张实质上是真实的,披露不是为了个人利益,并且任何处于此种情况下的披露都是合理的,那么对严重失职的披露将会受到法律的保护。[114] 在决定披露是否合理时,必须考虑披露对象的身份[115],因此护士在没有首先联系相关监管机构或专业机构的情况下直接向媒体披露信

息,或者向相关的下议院议员提出问题,或者在有理由相信发生犯罪行为的情况下向警方提出问题,这些行为都不具有正当性。

如果雇员进行的披露受《公共利益披露法案》保护并且受到雇主的不公正对待,他们可以通过劳动法庭向雇主提出索赔。如果披露是雇主(或其他雇员)作出的使该雇员遭受有害行为的决定中的一个重要因素,雇主将承担责任。[116] 上诉法院最近表示,如果吹哨人没有任何过错而受到损害,"法庭将需要以批判的、怀疑的态度审视雇主对这种不利对待所作的无辜解释是不是真正的解释"[117]。如果吹哨人胜诉,劳动法庭判令的赔偿将没有上限——在所有情况下都以公正和公平为基础。

如果雇主试图通过在雇用合同中加入"封口"条款来阻止雇员进行受《公共利益披露法案》保护的披露,那么该条款无效。[118] 然而,有媒体担心,在国民医疗服务机构和吹哨人之间达成的和解协议中仍在使用"封口"条款,由于雇用诉讼可能需要很长时间,雇员可能会受到接受此类条款的压力,并担心他们可能需要支付一大笔法律费用,因为劳动法庭通常不会判给胜诉原告其支付的费用。[119]

每个国民医疗服务体系信托都必须制定符合《公共利益披露法案》的政策和程序[120],社会伙伴关系论坛还出版了一本名为《为健康的国民医疗服务体系发声(2010年)》的指南,以帮助国民医疗服务机构遵循与吹哨人有关的最佳实践。[121] 护理与助产协会还另外制定了指引《提出和升级关注(2010年)》[122],建议在提出关注的问题时遵循四阶段程序。它建议首先向直属管理人员提出问题,如果无法做到,则向雇主指定的相关人员提出。之后,如果问题没有得到充分解决和(或)对其他人造成直接风险,建议其向组织内更高级别的管理人员提出问题,必要时,向医疗保健监管机构提出问题,尽管护士被建议始终要在采取最后一步行动之前征求意见。[123] 国民医疗服务体系章程和手册在 2012 年进行了更新,其中包括:期望工作人员尽早提出问题;保证国民医疗服务机构通过以下途径支持工作人员;确保工作人员关注的问题得到充分调查并有独立人士为其担忧的问题发声,明确《公共利益披露法案》规定的工作人员提出关于安全、不当行为或其他"符合规定的披露"的现有法律权利,保证其不受到损害。[124] 医疗质量委员会已经为在医疗质量委员会注册的医疗、社会和牙科保健人员制定了关于吹哨和如何向保健质量委员会提出关注问题的指引。[125]

[182]

8.10　吹哨和《欧洲人权公约》第 10 条

雇主不公正对待或解雇吹哨雇员也可能违反《欧洲人权公约》第 10 条第(1)款规定的言论自由权。最近的一个例证是 Heinisch v. Germany (2011) 案。[126] 在该案中，吹哨人 Heinisch 女士(以下简称 H)受雇于一家专门从事老年人医疗保健的公司，在一家养老院担任老年护士。医疗审查委员会发现该养老院提供的日常照护存在严重缺陷，这是由于人员短缺造成的。H 和她的同事还经常向管理人员反映，由于人员短缺，他们负担过重，使他们的职责履行难以达到可接受的水平，但这些都没有让情况得到改善。H 曾多次生病：一份健康证明书表示她是因工作过度而生病的。最后，H 委托一名律师函告养老院管理人员，要求他们说明打算如何避免刑事责任并确保对住在养老院的老人给予足够的照顾。当这些关切被拒绝时，H 通过她的律师对该公司提出了刑事诉讼，但该诉讼随后被检察院中止。H 因多次生病而被通知终止雇用关系后，她与工会联系，要求撤回对她的解雇，工会发出传单称 H 因生病而被解雇，要求撤回对她的解雇，并将解雇描述为"为了封住那些受雇者的嘴而采取的政治纪律措施"。H 把这张传单的复印件寄给了养老院，并在那里分发。在这个阶段雇主才知道 H 提起了刑事诉讼，而 H 因涉嫌教唆制作和散发传单而未经通知就被解雇。H 向国内法院提起诉讼，法院在上诉中认为，对 H 的解雇是合法的，因为她的刑事起诉提供了不经通知就被解雇的令人信服的理由。H 随后向欧洲人权法院(ECtHR)提起诉讼，主张养老院将她解雇和国内法院拒绝判令她复职侵犯了她依据《欧洲人权公约》第 10 条获得的言论自由权。

欧洲人权法院认为，鉴于 H 受雇于一家负责照护老年人和潜在弱势群体的机构，H 披露的信息"不可否认地符合公共利益"：

在越来越多的老年人受到机构照护的社会中，考虑到他们的特殊脆弱性，他们往往无法主动让自己所获得照护方面的不足得到关注，因而传播有关此类照护质量问题或不足的信息对于防止虐待至关重要。这一点在由国有企业提供机构照护的情况下更为明显，因为这关系到公众对国家适当提供重要照护服务的信心。[127]

法院认为有理由得出结论，任何进一步的内部投诉都不会有效地补救所投诉的事项，并判决 H 以刑事起诉的方式向外部报告是正当的。他们还认为,她在起诉时是善意的。在这种情况下,法院认为,在民主社会中,让公众了解国有企业在提供机构养老服务方面存在的不足非常符合公众的利益,超过了公司在保护其商业信誉和益处方面的利益,考虑到这样一种处罚可能不仅对公司的其他雇员,而且对护理服务部门的其他雇员产生严重的寒蝉效应,使他们不敢报告机构照护方面的任何缺陷,H 在未经通知的情况下被解雇的情况极其严重。[128]

从该案来看,法院在评估雇主对吹哨人采取的行动是否不成比例并违反《欧洲人权公约》第 10 条时,将考虑以下因素:

- 吹哨人所披露信息中涉及的公众利益;
- 是否有其他方法可供吹哨人补救所投诉的过错;
- 吹哨人是否善意行事;
- 所披露信息的真实性;
- 所遭受的雇主造成的损害;
- 雇主对吹哨人的处罚。

8.11 案例研究二

Jo 是老年急症病房的夜班护士长。她认为,由于两个事件的发生,近几周来她的患者的护理标准已经大大下降:(1)一名夜班护士的永久退出,以及(2)由经验少得多的机构工作人员替换经验丰富的护士。她特别担忧患者在她认为主要是由于没有足够有经验的人员护理的情况下死亡。

根据护理与助产协会《守则》,如果 Jo 认为患者处于危险之中,她应当立即采取行动,并以书面形式报告与护理环境有关的担忧。如果她没有做到这一点,那就等于她存在失职。Jo 显然存在这种担忧,因此应该及时报告。如果她的雇主规定了投诉程序,她应当遵循该程序。否则,她应遵循护理与助产协会关于提出和升级关注的程序,并首先向直属管理人员提出问题。此外,她也可能希望向皇家护理学会(RCN)提出她的担忧。她还应该向护理与助产协会、她的工会或职场公众关注组织(PCaW)寻求建议。如果她的担忧仍被置之不理,她可能最终寄希望于向保健质量委员会或其他医疗监管机构报告此事,但在采取这一步骤之前,她应该听取建议。

[184]

在提出她的担忧时,她应了解护理与助产协会关于保密的指引,并应遵守关于向医疗系统内其他人披露患者信息的书面信息共享规程。她不应该使用可识别患者身份的信息,除非这是绝对必要的。为了保护患者的健康,向第三方披露符合比例的保密信息可能是合法的。如果 Jo 因为提出她的担忧而遭受不公正对待或受到纪律处分,那么她可能希望受到《公共利益披露法案》的保护。根据《就业权利法案》第 43B 条,如果善意地向雇主披露,她的披露将被视为符合规定的披露,并受到第 43C 条的保护。如果她因进行符合规定的披露而受到损害,那么她可以通过劳动法庭向雇主提出索赔。她还可以就违反《欧洲人权公约》第 10 条言论自由权起诉。

8.12 总结

本章探讨了资金短缺的医疗服务中可能出现的各种法律问题。一方面,在国民医疗服务体系内的工作人员,不断地承受着提供达到可接受标准的服务,并在不断需要就有限资源分配作出艰难决定的体系内实现服务目标的压力。削减成本的措施可能意味着缺乏经验的护士被安排在他们认为需要承担超出其能力的工作岗位上。人员短缺可能意味着即使是经验丰富的工作人员也负担过重,或者在过度劳累或生病时必须工作。在这种情况下,正如我们所看到的,虽然法院可能会同情护士的困境,但并没有因考虑这些因素而降低注意标准。

另一方面,国民医疗服务体系资源的稀缺给护士带来了额外的职责和压力。当财务状况限制影响了向患者提供的护理质量,使他们处于危险之中,护理与助产协会《守则》要求护士应报告此事。然而,在表达他们的担忧时,护士可能需要考虑与患者保密有关的难题,并且在面对雇主不作为,担心吹哨可能导致自己遭受纪律处分甚至解雇的情况下,护士需要真正的勇气来履行他们的专业职责。《公共利益披露法案》向受到不公正对待的护士提供保护,他们出于善意指出了向患者提供的注意标准的失效,因担心向劳动法庭提出索赔所涉及的成本和压力,他们可能不得不对索赔做出妥协。如何在国民医疗服务体系内分配有限资源的问题可能不是由个别护士来解决的,但经济压力可能对患者护理造成的负面影响有可能对护理人员产生重大的法律后果。

8.13 注释和参考文献

1. http://www.nhs.uk/NHSEngland/thenhs/about/Pages/nhscoreprinciples.aspx

2. D. Hunter, *Desperately Seeking Solutions: Rationing Health Care* (London, Longman, 1997), p.20.

3. See *e.g. Report of the Committee of Inquiry into the Costs of the National Health Service* (Cmnd. 9663) (1956) para. 95.

4. 对这些问题的讨论,请参见: C. Newdick, *Who Should We Treat?* 2nd edn (Oxford, OUP, 2005), at pp.5-8; E. Jackson, *Medical Law: Text, Cases and Materials* (Oxford, OUP, 2010), pp.34-36。

5. See *e.g.* I. Kennedy, The technological imperative and its application in health care. In *Treat Me Right: Essays in Medical Law and Ethics* (Oxford, Clarendon Press, 1988), pp.287-299; N. Daniels, Health-care needs and distributive justice, *Philosophy and Public Affairs,* 10 (1981), pp.146-179; J. Harris, Qualifying the value of life, *journal of Medical Ethics,* 13 (1987), pp. 117-123; B. New & J. Le Grand, *Rationing in the NHS: Principles and Pragmatism* (London, King's Fund, 1996).

6. http://www.nice.org.uk/aboutnice/whoweare/who_we_are.jsp.国家卫生与临床优化研究所(NICE)是作为一个特别卫生署成立的: National Institute for Clinical Excellence (Establishment and Constitution) Order 1999 (SI 1999/220)。

7. http://www. nice. org. uk/media/B52/A7/TAMethodsGuideUpdatedJune2008. pdf.国家卫生与临床优化研究所运用 QALY(质量调整生命年)测量来评估医疗技术的临床和成本效益:http://www.nice.org.uk/newsroom/features/measuringeffectivenessandcosteffectivenesstheqaly.jsp.一般而言,如果药物的成本超过每质量调整生命年(QALY)3 万英镑,则该药物将不被视为具有成本效益。

8. Health and Social Care Act 2012, sections 232-234.有关规定于 2013 年全面生效。皇家护理学会已编制了一份关于该法案的简报: *What does the Health and Social Care Act 2012 mean?* 可点击以下网址查看 http://www.rcn.org.uk/_data/assets/pdf_file/0008/461798/HSCA_FINAL.pdf

9. Health and Social Care Act 2012, sections 13-28.

10. 2012年《医疗和社会保健法案》第4章规定了国民医疗服务体系内的定价,并规定建立法定税率以确定国民医疗服务专员应支付的价格。C.f. M. Brazier & E. Cave, *Medicine, Patients and the Law,* 5th edn (London, Penguin Books, 2011), para. 2.17.

11. 基于价值确定药品价格的方法旨在确保国民医疗服务体系支付的药品价格反映该药品在改善患者寿命和生活质量方面的价值:A. Maynard & K. Bloor, The future role of NICE, *BMJ,* 341 (2010), c6286; DH, *A new value-based approach to the pricing of branded medicines: Government Response to Consultation,* (2011) http://www.dh.gov.uk/prod_consum_dh/groups/dh_digitalassets/documents/digitalasset/dh_128404.pdf。

12. See *e.g. Eisai Ltd* v. *NICE* [2008] EWCA Civ 346; *R (on the application of Fraser)* v. *NICE* [2009] EWHC 452 (Admin); *Servier* v. *NICE* [2010] EWCA Civ 346; *R* v. *Cambridge DHA ex parte B* [1995] 1 WLR 898; *R* v. *North Derbyshire HA, ex parte Fisher* [1997] 8 Med LR 327; *R* v. *North West Lancashire HA, ex parte A, D & G* [2000] 1 W.L.R. 977; *R (Rogers)* v. *Swindon NHS Primary Care Trust* [2006] 1 WLR 2649; *R (on the application of Otley)* v. *Barking and Dagenham NHS Primary Care Trust* [2007] EWHC 1927; *R (on the application of Murphy)* v. *Salford Primary Care Trust* [2008] EWHC 1908 (Admin); *R (on the application of Ross)* [2008] EWHC 2252 (Admin); *R (on the Application of Booker)* v. *NHS Oldham and Direct Line Insurance Pic* [2010] EWHC 2593 (Admin); *AC* v. *Berkshire West Primary Care Trust* [2010] EWHC 1162 (Admin); *R (on the Application of Condiff)* v. *North Staffordshire Primary Care Trust* [2011] EWHC 872 (Admin).

13. *R* v. *North Derbyshire HA, ex parte Fisher* [1997] 8 Med LR 327. See also: *R* v. *Cambridge Health Authority, ex parte B* [1995] 1 WLR 898; *AC* v. *Berkshire West Primary Care Trust* [2010] EWHC 1162 (Admin).

14. 例如,请参见 *R (Rogers)* v. *Swindon NHS Primary Care Trust* [2006] 1 WLR 2649; *R (on the application of Ross)* [2008] EWHC 2252 (Admin)。

15. *R (Rogers)* v. *Swindon NHS Primary Care Trust* [2006] 1 WLR

2649; *R (on the application of Otley)* v. *Barking and Dagenham NHS Primary Care Trust* [2007] EWHC 1927; *R (on the application of Murphy)* v. *Salford Primary Care Trust* [2008] EWHC 1908 (Admin).

16. [2008] EWHC 2252 (Admin).

17. Gold v. Essex CC [1942] 2 KB 293; *Barnett* v. *Chelsea and Kensington Hospital Management Committee* [1969] 1 QB 428.

18. *Jones* v. *Manchester Corporation* [1952] QB 852, Denning LJ, 867; *Barnett* v. *Chelsea and Kensington Hospital Management Committee* [1969] 1 QB 428, Nield J, 435-6.

19. *Barnett* v. *Chelsea and Kensington Hospital Management Committee* [1969] 1 QB 428, Nield J.

20. See M. Brazier & E. Cave, *Medicine, Patients and the Law,* 5th edn (London, Penguin Books, 2011). para.7.2.

21. *Bolani* v. *Friern Hospital Management Committee* [1957] WLR 582, McNair J., p.587. 这一测试标准随后获得上议院批准: *Whitehouse* v. *Jordan* [1981] 1 WLR 246; *Maynard* v. *West Midlands RHA* [1984] 1 WLR 634。

22. See e.g. M. Jones, The *Bolam* test and the responsible expert, *Tort Law Review,* (1999), p.226; *Maynard* v. *West Midlands RHA* [1984] 1 WLR 634, Lord Scarman, at p.639.

23. [1998] AC 232. *C.f. Hucks* v. *Cole* [1993] 4 Med LR 393 (decided in 1968).

24. [1998] AC 232, Lord Browne-Wilkinson at 243. C.f. R. Mulheron, Trumping *Bolam:* a critical analysis of Bolitho's 'gloss', *Cambridge Law Journal,* 69 (2010) p.609,其中指出,*Bolitho* 测试标准比"罕见案例"标签更普遍地改变了医疗过失案件的结果。

25. *Bolitho* v. *City and Hackney HA* [1998] AC 232, Lord Browne-Wilkinson, 243. For more detailed analysis of the decision in Bolitho, see e.g.: M. Brazier & J. Miola, Bye-bye bolam: A medical litigation revolution? *Medical Law Review,* 8 [2005] p. 85;A. Maclean, Beyond Bolam and Bolitho, *Medical Law International,* 5 [2002] p. 205; R. Heywood, The logic of Bolitho, *Professional Negligence,* 6 [2006] p. 225; Mulheron, *supra* note 24.

[187]

26. *Bolitho, supra* note 25, Lord Browne-Wilkinson, at p.241. See e.g. *Marriott* v. *West Midlands RHA*［1999］Lloyds Rep Med 23; *French* v. *Thames Valley Strategic HA*［2005］EWHC 459（QB）, Beatson J,［112］; *Brown* v. *Scarborough and North East Yorkshire Healthcare NHS Trust*［2009］EWHC 3103（QB）; *Campbell* v. *Borders Health Board*［2011］CSOH 73（affirmed［2012］CSIH 49）.

27. See Maclean, *supra* note 25; Mulheron, *supra* note 24.

28.［1987］1 QB 730, at p.750.

29.［1971］2 QB 691.

30. *Ibid.,* at p.709.

31.［1987］1 QB 730.该案就因果关系问题向上议院提出上诉:［1988］AC 1074。

32.［1987］1 QB 730, at p.751. See also: *Jones* v. *Manchester Corporation*［1952］2 QB 852, at p.871.

33.［1987］1 QB 730, at p.754. C.f. the minority approach of Sir Nicholas Browne-Wilkinson VC 爵士持少数派观点,认为"为了获得必要的经验而适当地接受医院岗位的医生,只应对具有其资历和经验的谨慎医生不会做或不会忽略的作为或不作为承担责任"。因为他认为不这样做,"寻求在特殊科室获得专业技能的年轻见习医生或医生将会对治疗中的缺陷承担责任,而其本身并无任何个人过失"。(第 777 页)

34.（1994）（QB）Unreported, Lexis Transcript.

35. *Ibid.* Sir Haydn Tudor Evans（sitting as a High Court Judge）, at p.3. C.f. *Cattley* v. *St. John's Ambulance Brigade*（1988）（QB）Unreported, Lexis Transcript 87 NJ 1140/1986 C 133,在该案中,圣约翰救护车急救员被指控具有过失,法院认为该案中的注意标准是"行使并宣称拥有急救员特殊技术的普通专业急救员"标准。

36.［1994］5 Med LR 120.

37. M. Jones, *Medical Negligence,* 4th edn（London, Sweet & Maxwell, 2008）, paras 3-099-101.

38. *Ibid.* 3-100.

39. *Wilsher* v. *Essex AHA*［1987］1 QB 730, Glidewell LJ, at p.774, Sir Nicholas Browne-Wilkinson VC, at pp.778-779. C.f. *Junior* v. *McNichol*

(1959) *The Times*, February 11: House surgeon acting on instructions of consultant surgeon not liable.

40. *Ibid.*, Mustill LJ, at p.758, Glidewell LJ, at p.774.

41. *Ibid.*, Sir Nicholas Brown-Wilkinson VC, at p.777; *Payne* v. *St Helier Group HMC*〔1952〕CLY 2992; *Poole* v. *Morgan*〔1987〕3 WWR 217.然而,应当记住,要想在过失诉讼中获得胜诉,原告必须证明过失已经发生: see e.g. *Wilsher* v. *Essex AHA*〔1988〕AC 1074（HL）。

42.〔1994〕6 WWR 280（British Columbia Court of Appeal）。

43. "制定护理标准;在护理实践中观察,支持和监督病房工作人员"是护士长/病房管理人员角色的一部分: RCN, *Breaking Down Barriers, Driving Up Standards: The role of the ward sister and the charge nurse*（2009）, p.14。

44.〔1998〕Lloyds Rep Med. 425.

45.〔1952〕QB 852.

46. *Ibid.*, Denning LJ, at pp.871–872. The Board was adjudged to be responsible for paying 80 per cent of the damages.

47.〔1987〕1 QB 730, at p.749.

48.〔1971〕4 WWR 358.

49. *Cattley* v. *St John's Ambulance Brigade*〔1988〕LexisNexis Transcript, transcript No. 87 NJ 1140/1986 C 133, HHJ Prosser QC, p.7.关于紧急情况下的注意标准,精通法律的法官说:"任何面对紧急情况的人都不应遵守通常适用于不处于该情况的人的行为标准。这并不意味着在紧急情况下适用任何不同的标准;所要求的行为仍然是在该情况下合理的人的行为,在尽适当注意义务的人看来这些行为是合理的,紧急情况仅被视为情况之一。" [188]

50. See e.g. *Barnett* v. *Chelsea and Kensington Hospital Management Committee*〔1969〕1 QB 428, Neild J, at p.437.

51. Jones, *supra* note 37, paras. 3–104.

52. (1961) *The Times*, 24 March. *C.f. Deacon* v. *McVicar and Leicester Royal Infirmary*（1984）LexisNexis transcript:该案中,医生因原告宫颈功能不全而插入了子宫颈环扎术缝线。在分娩期间,医生因为忙不过来而未能移除这种缝线,导致原告子宫颈撕裂。医院被认为具有过失,因为原告没有获得尽到适当专业注意和施展适当技能的治疗。*C.f. Nickoils* v. *Ministry of Health*（1955）*The Times,* 4 February（CA）：在生病期间继续手术的外科医生将对在不适合的情况下继续进行手术承担责任。

53. ［1990］3 All ER 237.

54. *Ibid.,* 243.

55. *Ibid.,* 243.

56. ［1999］48 BMLR 109.

57. ［2003］Lloyds Rep Med 165, at ［32］.

58. ［2001］Lloyds Rep Med 512.

59. *Ibid.,* at ［54］.

60. *Ibid. C.f. Bull* v. *Devon AHA* ［1993］4 Med LR 117.

61. *Cassidy* v. *Ministry of Health* ［1951］2 KB 343; *Roe* v. *Ministry of Health* ［1954］2 QB 66.

62. *Farraj* v. *King's Healthcare NHS Trust* ［2010］1 WLR 2139, Dyson LJ, at ［88］.

63. *Robertson* v. *Nottingham Health Authority* ［1997］8 Med LR 1, Brooke LJ, at p.13. 也可参见 *Wilsher* ［1987］QB 747, Sir Nicholas Browne-Wilkinson V-C, at p.778 and Glidewell LJ, at p.775; *Child A* v. *Ministry of Defence* ［2005］QB 183, at ［32］。

Child A 案中，法院认为国防部对一名英国陆军官员的妻子和孩子不负有确保在德国医院进行治疗的人员给予应有的注意和施展充分技能的不可委任的义务。Farraj 案中，CA 认为国民医疗服务医院对原告就已经承包给独立实验室的试验不负有不可委任的注意义务。

64. ［2010］1 WLR 2139.

65. *Ibid.,* ［77］.

66. *Ibid.,* 参见 *Caparo Industries* v. *Dickman* ［1990］2 AC 605, 618. Farraj 案中，Dyson 法官指出（注释［79］）前面引用的 Brooke 法官的一般观察是顺带引用，因为 Robertson 案的观点是，由于向负责照护患者的临床医生传达相关信息的系统出现过失性故障，卫生当局应对受损伤的患者承担责任。

67. *Farraj* v. *King's Healthcare NHS Trust* ［2010］1 WLR 2139, Dyson LJ, ［88］, following Mason J in *Kondis* v. *State Transport Authority*

(1986) 154 CLR 672, at p.686.

68. [1993] 4 Med LR 117.

69. *Loraine* v. *Wirral University Teaching Hospital NHS Foundation Trust* [2008] EWHC 1565 (QB)是最近的一个例子,该案中,医院信托被认为负有直接责任。由于依赖患者确定潜在并发症,并且只有在似乎有必要从患者的记录中了解信息时才会对患者医院记录进行检索,医院通信系统被认定为有缺陷并使患者面临不可接受的风险。在 *C.f. Garcia* v. *East Lancashire Hospital NHS Trust* [2006] EWHC 2314 (QB)中,延误不被认定为过失。

[189]

70. [1989] 4 Med LR 117, 141-2.

71. *Richards* v. *Swansea NHS Trust* [2007] EWHC 487 (QB), Field J, at [31]; Jones, *supra* note 37, 4-123.

72. 看来直接责任可能延伸到其他机构,甚至在适当的情况下延伸到国务大臣:见 *Re HIV Haemophiliac Litigation* (1990) BMLR 171,在该案中,上诉法院认为对于国务大臣未能就艾滋病病毒感染的风险发出警告是否具有过失存在争议。

73. 本章中的案例研究是 Robert Lee 撰写的案例研究的改编和更新版本,并包含在本书第三版中。

74. *Cattley* v. *St. John's Ambulance Brigade, supra,* note 49.

75. NMC, *Raising and Escalating Concerns: Guidance for Nurses and Midioives* (2010), p.1.

76. *Ibid.*

77. See www.nmc-uk.org

78. http://www.nmc-uk.org/Nurses-and-midwives/Advice-by-topic/A/Advice/ Confidentiality/

79. (2003) http://www.dh.gov.uk, Annex B.

80. (2010) http://www.dh.gov.uk

81. (2009) http://www.gmc-uk.org

82. [1990] 1 AC 109.

83. *Ibid.,* at p.281.

84. [1974] QB 767.

85. *Ibid.,* at p.772. See also: *W* v. *Egdell* [1990] Ch 359, Bingham LJ, at

p.419.

86. Z v. *Finland* (1998) 25 EHRR 371; *MS* v. *Sweden* (1999) 28 EHRR 313; *Szuluk* v. *United Kingdom* (2010) 50 EHRR 10.

87. *Bluck* v. *Information Commissioner* (2007) 98 BMLR 1; *Lewis* v. *Secretary of State for Health* [2008] EWHC 2196 (QB); C.f. GMC, *Confidentiality* (2009), paras. 70–72.

88. *Ibid.*, at p.282.

89. See e.g. *Z* v. *Finland* (1998) 25 EHRR 371, 393.

90. *W* v. *Egdell* [1990] Ch 359.

91. [1988] RPC 379. See also: *H (a Healthcare Worker)* v. *Associated Newspapers Ltd* [2002] EWCA Civ 195.

92. (1990) Ch 359.

93. *Ibid.*, Bingham LJ, 424. *C.f. Stone* v. *South East Coast SHA* [2006] EWHC 1668 (Admin).

94. *Szuluk* v. *United Kingdom* (2010) 50 EHRR 10, [45]. *C.f. Re General Dental Council's Application* [2011] EWHC 3011 (Admin).

95. (2010) http://www.dh.gov.uk, para. 25.

96. *Ibid.*, para. 26.

97. http://www.nmc-uk.org/Nurses-and-midwives/Advice-by-topic/A/Advice/ Social-networking-sites/

98. (2010) http://www.nmc-uk.org/Documents/RaisingandEscalatingConcerns/Raising-and-escalating-concerns-guidance-A5.pdf

99. *Ibid.*, p.5.

100. See e.g. The Ritchie Report, *An Inquiry into quality and practice within the National Health Service arising from the actions of Rodney Ledward* (2000), paras. 12.2.3, 12.5, 18.1.1, 18.3.3, 18.3.6,

http://www.dh.gov.uk/en/Publicationsandstatistics/Publications/PublicationsPolicyAndGuidance/DH_4093337

101. Published March 2011, see: http://www.cqc.org.uk. These findings are reported in The NHS Constitution and Whistleblowing Consultation Report: September 2011, p.11:http://www.dh.gov/publications.

102. http://www.dh.gov.uk/en/Publicationsandstatistics/Publications/Publi-

cations PolicyAndGuidance/DH_113018

103. *Ibid.*

104. *Woodward* v. *Abbey National Pic* (*No.1*) [2006] EWCA Civ 822, [2006] ICR 1436, reversing *Fadipe* v. *Reed Nursing Personnel* [2005] ICR 1760, on this point.

105. Employment Rights Act 1996 (ERA), section 43B(1).

106. ERA, section 43C.

107. ERA, section 43D.

108. ERA, section 43E.

109. SI 1999/1549.该名单定期由法令增加,see e.g. the Public Interest Disclosure (Prescribed Persons)(Amendment) Order 2009, SI 2009/2457; the Public Interest Disclosure (Prescribed Persons)(Amendment) Order 2010, SI 2010/7 (in force: 1.10.2012)。

110. ERA, section 43F.

111. 并非基于善意的投诉,例如,由于基于"对其他员工的反对活动",将不构成受保护的披露。See e.g. *Ezsias* v. *North Glamorgan NHS Trust* [2010] UKEAT/0399/09/CEA。

112. ERA, section 43G(3). For an example of a successful claim made under section 43G, see *Kay* v. *Northumberland NHS Trust* (2001), reported on the Public Concern at Work (PCAW) website: http://www.pcaw.co.uk/law/casesummaries.htm

113. ERA, section 43H.

114. *Ibid.*

115. ERA, section 43H(2).

116. NHS *Manchester* v. *Fecitt* [2011] EWCA Civ 1190: 雇员在被雇用期间犯下的错误归咎于雇主。

117. *Ibid.* Elias LJ, [51].

118. ERA section 43J; Health Service Circular, HSC 2004/001.

119. See e.g. the 'Medicine Balls' column in *Private Eye,* written by Dr Phil Hammond: 'Shoot the Messenger' (2011) volume 1292; 'NHS Gagging Wars (cont)', (2011) volume 1303; H. Puttick, 'Gagging clause silences NHS whistle-blowers' (2012) Sunday Herald 26 August,

http://www. heraldscotland. com/news/health/gagging-clause-silences-nhs-whistle-blowers.18669895

120. Health Service Circular HSC 1999/198.

121. http://www.pcaw.co.uk/policy/policy_pdfs/SpeakupNHS.pdf

122. http://www. nmc-uk. org/Nurses-and-midwives/Raising-and-escalating-concerns/

123. *Ibid.*, at p.15.护理与助产协会建议向护理与助产协会、专业机构、工会或公众关注工作慈善机构(PCaW)寻求建议。公众关注工作慈善机构设立了一个无偿、保密的吹哨电话建议服务热线:020 7404 6609; http://www.pcaw.co.uk/index.htm.皇家护理学会(RCN)设立了一个吹哨热线:0345 772 6300, http://www. rcn. org. uk/support/raising _ concerns _ raising _ standards. See also the GMC guidance, *Raising and acting on concerns about patient safety*(2012), http://www. gmc-uk. org/static/documents/content/Raising_and_acting_on_concerns_about_patient_safety_FINAL.pdf。

124. http://www.dh.gov.uk/health/2012/03/nhs-constitution-updated/. See: The NHS Constitution for England(2012 edition), section 3a, p.11, http://www.dh. gov. uk/prod _ consum _ dh/groups/dh _ digitalassets/@ dh/@ en/documents/digitalasset/ dh_132958.pdf; *The handbook to the NHS Constitution for England*(2012 edition), pp.90, 100-1, 112-5, 143, http://www.dh.gov.uk/ prod_consum_dh/groups/dh_digitalassets/@ dh/@ en/documents/digitalasset/dh_132959.pdf

125. CQC, *Whistleblowing: Guidance for workers of registered care providers*(2012), http://www.cqc.org.uk/sites/default/files/media/documents/rp_poc_l00494_20120410_v3_00_whistleblowing_guidance_for_employees_of_registered_providers_afte_pcaw_comments_with_changes_tracked_for_publication.pdf

126. [2011] IRLR 922.

127. *Ibid.*, [71].

128. 欧洲人权法院判令非财产损害赔偿1万欧元。

B 伦理视角：如何做正确的事

David Seedhouse

VIDe 有限公司首席执行官，坎布里亚郡大学客座教授

8.14 概述

医疗资源匮乏是生活中一个不幸的事实。在没有充足资金的情况下，人们必须作出艰难的选择。然而，世界并不完美，有时护士必须作出这些选择。这可能意味着他们不能帮助所有他们想帮助的人，也可能意味着他们将无法为每位患者提供他们希望提供的充分护理。

为了不浪费资源并在整个医疗服务中尽可能公平，所有护士必须意识到定量配给有时是必要的。

护士必须认识到这些事实，必须做正确的事情。这至少是官方的立场：由专注于控制医疗保健成本的政府[1]、数位卫生经济学家[2]主张并发展，其中一些人投入大量精力制定的技术性的"配给公式"，逐渐被更多护士所接受，尽管他们通常并不情愿。许多民众也确实逐渐接受了"官方路线"，他们听取了各种专家的意见，并合理得出结论，如果了解内情的人士认为有必要实行配给，那么肯定有这种需要。

但官方的立场是正确的吗？当然不是每个人都这样想。例如，有人认为，任何政府的基本职责都必须是保护人民的生命和安全不受威胁，而且，由于在正常情况下，医疗保健在这方面比任何其他类型的公共服务更加有益（并且比一支闲散的军队要有用得多），那么作为对其公民的义务，政府必须将军事资金转向医疗服务。[3]还有人提出，在美国，医疗保健支出始终占国内生产总值的14%左右，这对医疗服务而言已经足够了。问题是并不是每个有需要的人都能获得医疗服务（数百万美国人没有医疗保险，也负担不起通过自费来获得他们需要的帮助）。[4]

与官方观点相反，有人还认为，新医药和新技术的发展必然无止境地刺激患者需求增长的看法是荒诞的。[5]正如加倍提供公厕或公车服务不会自动使公众利用这些服务的愿望或需要成倍增长一样，肾脏疾病患者的

[192]

[193] 数量有限,能够从冠状动脉旁路手术中受益的患者也有限,以此类推。也许如果更多的公共汽车以非常便宜的价格提供服务或者甚至完全不向使用人收取任何费用,人们会增加对公共汽车的使用,但即便如此,在任何时候想从一地到另一地的人数总是有限制的。

判断"官方说法"和"反对派阵营"孰是孰非并不容易。显然,两者至少有一部分是正确的。例如,在潜在接受者多于器官捐赠者的情况下,不可否认这种特定资源具有稀缺性。另一方面,同样毋庸置疑的是,如果从一些昂贵的"高科技"或供过于求的医疗服务中抽取资金,转而用于提供更好、更全面的预防性服务,那么现在许多因稀缺而得不到满足的健康需求就可以得到满足。

然而,显而易见的是,"资源辩论"背后存在着相当多的哲学和实践上的不确定性,其中大多数不确定性不太可能在不远的将来得到解决。"医疗费用"和"医疗福利"的性质在理论上并不一致。[6] 实践中甚至无法对许多现代医疗服务简单的财务成本进行核对。[7] 即使形成可靠的分类和计算,即使有人发明一种全面的"医疗服务计算规则",这些分类和计算方法的准确性和适当性也将不可避免地受到挑战。例如,不同的人甚至会以不同的方式看待相同的服务和相同的结果。对一个人来说,即使十分痛苦,再多活几天也可能有巨大的价值,而对另一个人来说,这毫无意义。

8.15 医疗资源稀缺下的护理

护士在面对这样无形的东西时能做些什么?近来几乎所有的护士都在管理人员和其他人明确对效率表示担忧并尽可能避免浪费和降低成本的环境中工作。关心如何最好地利用稀缺资源的护士该怎么做?他们怎么做到公平?他们如何应对他们所认为的不公平?他们要如何做才能改变现状?

任何个人能否在庞大复杂的系统中有所作为取决于两个因素。首先,很明显,这个人能做什么取决于其是否处于一个有权力和影响力的地位。其次,不那么明显的是,这个人能做什么取决于其是否清晰制定了目标。哲学(或清晰的思维)对第一个因素无能为力,但对第二个因素却有帮助(尽管只有一点点)。通过实践,护士可以提升对一般情况和自身情况的理解,学会界定关键术语(如"资源""配给""公平")的含义,并能更好地认识自己的角色(以及角色的限制)。

本章不是为了提供哲学教育。为了学习哲学,按照精心制订的学习计划进行数年学习是不可替代的。不过,我们可以展示一位对哲学有所了解的护士是如何至少开始对资源分配问题做出反应,从而洞悉应对看似不可能的情况的一种方法。

8.16 一个编号,还是一个自由的人?

护理是一个等级森严且常常是崇尚权威的专业。所有护士群体都有"尊卑秩序",不守规矩的护士在某些情况下会受到严厉的斥责。这是护理文化的一个深层次的方面。同样悠久的传统是大多数护士的级别低于医生。随着护士管理者的出现和护理作为一种职业逐渐得到认同,现在这些情况正在发生变化。然而,对于很多护士来说,他们仍然只能对医疗服务政策产生非常有限的影响。因此,当谈到"做正确的事情"时,大多数护士显然没有什么选择的机会;"正确的事情"由"体系"确定,而护士在体系中是一个"轮齿"或"编号",他们的唯一选择是去实施它。换言之,"正确的事"是交给他们做的事(这可称为第一种意义上的"做正确的事")。当然,还有一种"做正确的事情"的形式,可以理解为护士经过仔细考虑后采取她认为的最佳行动方案,无论这种行动是否为体系所建议。在这种形式下,"做正确的事情"反映良心和智慧(这可称为第二种意义上的"做正确的事")。现在让我们看看,Tracey Elliott 在本章第一部分举出的两个案例研究中,护士可以如何"做正确的事情"?

8.16.1 案例研究一

再来回顾一下第一个护士案例研究,A 是一个小医院的夜班护士,M 将肇事逃逸事故的受害者 G 带到了这家医院,尽管在医院门口有指示牌告知这里没有急诊科(第 8.6 节)。

就"第一种意义上的做正确的事情"而言,Tracey Elliott 已经部分给出了可能的答案,即"纯粹从法律上来讲,A 可以拒绝治疗 G,并敦促 M 和 G 前往最近的急诊科"。据官方说法,这家医院不提供急诊服务,因而护士没有进行任何护理的法律义务。此外,如果这家医院注重节约成本,而管理人员已经明确表示不进行急诊治疗,那么为了"第一种意义上的做正确的事",护士应当把潜在患者拒之门外——她必须这样做,无论她对此有什么想法,也无论她能提供什么帮助。既然她"做了正确的事",她就不会受到当局的处罚。

然而,在这种情况下(正如在所有情况下),护士可能会考虑"第二种意义上的做正确的事",也就是说,她可能不只是遵循常规做法,而是可能首先不厌其烦地分析当前状况,然后根据自己思考的结果采取行动。当然,如果她决定她必须告知 G 和 M 她无法帮助他们,并且他们得去最近的有急诊科的医院,那么实际结果将是相同的。然而,护士自己会比仅仅遵守规则有更透彻的思考,从而可能会更有把握并且更负责任。如果她决定"第二种意义上的做正确的事",她将如何思考? A 确实可以选择帮助受伤的人,而不是简单地让 M 和 G 离开,但如果她这样做,她可能会使自己面临更大的个人风险。如第 8.6 节提到的,"一旦选择对 G 提供护理和帮助,注意义务就产生了,接下来的问题就有关于适用的注意标准。很明显,治疗过失、A 提供的建议或者在向 G 提供急救治疗时沟通不畅,都可能导致责任的承担"。那么 A 应该怎么做?

当然,"第二种意义上的做正确的事情"是更复杂、并可能更令人担忧的选择。护士应该考虑哪些因素?她如何开始清楚地思考这一情况?如果她决定仔细考虑这一情况,她必须尽快思考,并且同时承受相当大的情绪压力,而这两者都不利于清晰地思考。鉴于此,护士可能会发现,从具体情境、结果和义务这三个不同主题来进行思考将会有所帮助。

8.16.1.1 具体情境

首先,A 必须评估风险。"风险"是一个统称,可以有多种解释方式。例如,护士可能会考虑受伤一方的风险(如果他没有立即得到帮助,他将受到什么影响?);她的良心面临的风险(如果她提供帮助后患者死亡,或者如果她不帮助并且患者死亡怎么办?);她未来职业生涯的风险;等等。她还必须在进一步思考之前确定她所进行的任何干预是否会对患者有益。如果她得到的是否定回答,并且如果让 G 去看急诊科显然更好,那么很明显,那就是 G 应该去的地方。另一方面,如果她确定自己可以提供一些帮助,她还必须了解自己的工作效率,以及她对自己工作效率的判断有多确定。此外,如果还有其他她可能正在帮助的患者,而不只有 G,她必须考虑是否应该先帮助他们,然后把她的注意力转到 G。

正如在许多情况下一样,此种情况下护士需要应对的具体情境是不确定的。A 不知道她的任何选择的结果是什么。正因为如此,她首先需要大体思考她的优先事项。

8.16.1.2 结果

例如,她是否最关心医院的声誉?她是否关心其他患者的安全,如果她专心护理 G,这些患者是否可能处于危险之中?或者她是否优先考虑在她眼前的受伤的患者?她可能无法在短时间内思考所有的后果,但如果她大体了解在这些可能的目标中哪个是最重要的,这将对她有很大的帮助。

[196]

8.16.1.3 义务

她是否有超越具体情境的义务或职责?例如,作为一名"护理专业人员",她是否必须尽其所能向明显正在遭受痛苦的 G 提供帮助?这由她来决定。然而,当她想到这一点时,她必须意识到,她不仅必须向自己证明她的决定是正当的,而且还必须向其他人证明。因此,如果她决定有义务对她看到正在承受痛苦的人进行干预,她还必须能够说明这是不是一项普遍性义务并且始终是她职责所在,或是否有一些因素(如具体情境和结果)可能让她免于负担这种义务。

8.16.2 案例研究二

现在回想一下第二个案例研究(见第 8.11 节),夜班护士长 J 认为,在令人痛心的情况下,患者死亡之前所接受的照护标准已下降。在这种情况下,显然有两种不同的"正确的事情"要做,甚至比在第一个案例中更为清晰。在此种情形下"第一种意义上的做正确的事"可以是什么都不做,因为情况太复杂了(护士可能知道全国各地都在经历类似的人员配备难题,她所处的情况又如何例外?),也可以通过第 8.11 节所述的"官方渠道"来解决问题。但是,由于身处体系中的所有"官方渠道"本身都允许(或被迫允许)这种情况,因此这一行动方案极不可能改善护士所处病房中的状况。"第一种意义上的做正确的事"几乎确定对现状没什么改变。

然而,如果护士考虑"第二种意义上的做正确的事",那可能是另一回事。尽管她最终可能会得出与"第一种意义上的做正确的事"相同的结论,但护士必须首先尝试作为一个不受体系影响的个体来进行思考。她可能会问,在这些情况下该怎么办?她必须解决的问题类似于案例研究一中 A 所考虑的问题,同样可以有效地分为三类。在这种具体情境下存在什么风险？"吹哨"会有效吗？护士的职业生涯有多重要？（有一些众所周知的例子表明,护士因追求她们认为公正的事而毁掉了自己的事业。）护士对她的患者负有的义务是否至上？或者,如果她被停职或解雇,她对同事或者她未来无法照顾的患者是否有更广泛的义务？原则上,她最重视哪些结果？她自己的幸福是最重要的吗？或者她病房里的患者获得尽可能好的服务是至关重要的吗？如果她的选择是后者,那么如果她成功地让自己的病房获得了充足的人员配备,而这来源于医院其他遭受巨大压力的病房,从而致使其他患者获得的服务质量降低,这是否要紧？如果她最终认为具体情境完全不可接受,必须采取措施加以改善,那么"第一种意义上的做正确的事情"很可能不再是一种选择。

8.17 原则性解决方案？

一些护士可能会发现尝试将"伦理原则"应用于资源分配困境是有所帮助的。近年来,这种方法已被广泛推荐,大多数"护理伦理"教科书都包含相当多关于"基本""伦理"或"哲学"原则的内容。[8]大多数护士可能至少会听说过为人们所经常提倡的"四项原则",它们是："无害"（不伤害）、"有利"（行善）、"尊重自主"（尊重患者的选择）和"公正"（见第2章）。[9]这组原则的吸引力在于它们似乎为人们提供了整理思绪的简单结构。而且,为了"解决"困境,似乎只需要抓住其中一个原则。例如,如果护士认为医生没有重视患者的意愿,她可能会将这种行为描述为"不道德"行为,而这纯粹是因为医生没有"尊重自主"（因此忽略或凌驾于医生可能具备的其他正当理由）。大多数护士可能都会遇到这种情况,并且可能会认为应当对其予以指责,但重要的是不要将运用单一原则（无论多么正当）与"伦理分析"相混淆。后者是一个更加复杂的程序,适当地进行伦理分析必然涉及对一系列"伦理原则"以及本节已经提到的其他考虑因素（具体情境、结果、义务）的反思。

这并不是说运用这些原则是无益的。关键在于,任何深思熟虑的伦理分析势必要求医疗保健分析师相当明智。在案例研究二中,核心问题似乎是"效率"理念与"公正"原则之间的直接冲突。换言之,护士 J 似乎认为她的患者受到了不公正对待,他们的利益被视为次于整个医院的利益,而医院必须尽可能"高效"地运作。然而,如果 J 真的要为这一情况据理力争,那么她仅仅高喊"这不公正!"是不够的,因为"公正"有多种理解方式,甚至可以用相互矛盾的方式来解释。

例如,有人认为理解"公正"的关键是把人们放在首位并给予他们应得的待遇;其他人并不同意,认为公正的基本标准是需求;还有一些人认为,只有当人们的权利得到维护时,才能实现公正。[10] 此外,老练的分析师倾向于根据所分析的问题以微妙的方式融合和调整这些不同的理解。对急性病患者进行管理的优点(或公正)的任何深入分析都必须考虑和解释在这种情况下的公正含义(这类患者是否有与医院其他患者一样的治疗权利,因而没有特别的优先权;他们是否具有非常迫切且重大的需要从而使得他们有权比需要不那么大的患者先获得治疗;出于某种原因,这类患者是否应获得特别关注并因此应获得优先治疗)。哲学家们习惯于进行这样的讨论,常常花费大量的时间试图理顺各种各样的问题,结果当他们把注意力转移到其他地方的时候,却看到这些问题再次缠结在一起。这样细致的思考需要具备相当多的专业知识和花费无数的时间,而护士通常都无法做到。这会让人们认识到这些问题的复杂性,认识到通过仔细分析才能适当处理这些问题的护士处于相当不利的地位。如果护士试图以机智的方式进行抗议,她很容易就会被击败。她的对手可以说:"我们没有时间进行这种反思",或者,"你建议的是需要对我们所做的每件事进行分析,而这不是一个实际的建议"(这当然意味着一切都可以不变——惯性不仅是一种自然趋势,而且是对现状感到满意的人手中的有力武器)。她的对手也可能会问:"公正是什么意思?"对们充分了解任何令人信服的答案都必须花费更多时间和精力,超过几乎任何护士所能提供的,并且了解即使护士确实在试图回答,他们随后也可以轻易地说:"请详细说明您所谓的需求/权利/公平"或其他任何护士不能完全解释的术语。

[198]

在这种情况下,护士有三种策略可供选择。她可能会花很多时间来研究自己所处的情况(她甚至可能会寻求训练有素的哲学家的帮助);她可能会选择一个更简单的过程,并使用"具体情境、结果和义务"框架来分析她工作中存在的问题(尽管她知道这并不是伦理分析的全部内容);或者她可以以其人之道还治其人之身。当对手问"你能再说详细点?"或者"你指的是什么意思?"的问题时,护士可能会反问:"你说的效率是什么意思?""你如何证明从这个病房撤走资源并为其他病房增加资源是正当的?"又或"你在这个医院的资源分配原则是什么,你凭什么证明这些是正当的?"

8.18 总结

本章的这一部分提出了一些问题,但只是粗略地给出了答案。剩下的问题由护士个人决定,我们还列出了很多书和论文,供他们寻求更详细的指引。最重要的是,如果护士认为自己能够系统地解决这个问题,她应当意识到所面对的任何资源问题的复杂性。不过,即使他们真的努力做到这一点,并且认为自己已经作出了一个有正当理由的决定,他们或许也只能做相对有限的事情,而不能改变世界。因为无论她做什么,都不太可能动摇那些专注于财务平衡表的政府。

然而,总有一些时候,护士可以做一些事情促使情况向好的方向发展,即使只是偶尔如此。例如,在案例研究一中,如果该名护士不仅决定治疗 G,而且决定在当地报纸上公布这一事实(因而既宣传该医院是一个富有同情心的机构,又让公众了解,如果有可用的资金,医院可以提供或恢复急诊服务),那么她的行为就可能会产生积极影响。另外,在案例研究二中,如果护士联系死于"痛苦境况"的患者的亲属并争取他们的支持,她可能会明智而有效地争取更多的资源。虽然采取这两种策略她都将面临非常重大的风险——如果她的参与被人所知,她可能会受到体系的指责——但她至少有机会做出令人满意的改变。换言之,她将致力于通过厚待她身边的患者来实现公正,将满足需要与应有待遇和维护权利结合起来。

总的来说,这在很大程度上取决于以下问题,以及在未来几年如何回答这一问题:通常,护士是继续主要做还是仅仅"做第一种意义上正确的事",或者这个职业是否越来越以"做第二种意义上正确的事"为目标,并投入自己的资源来确保这一目标的实现?如果是前者,那么很难看出护士将如何证明自己的职业地位,但是如果是后者,并且大多数护士能够并愿意思考"在这种情况下我该怎么做才是最好的"而不是问"我应该在这里做什么",那么护士群体可能会提供巨大的帮助:他们可能会打开对医疗服务进行内部辩论的大门,就如何最好地提供公共医疗服务展开真正的对话而不必担心受到制裁和报复——尤其是在公共医疗服务不足的情况下。可以肯定的是,只有不断地考虑是"做第一种意义上正确的事"还是"做第二种意义上正确的事",护士才能充分展现他们的"道德影响力",促使资源分配向着好的方向发展,因为从未考虑过"做第二种意义上正确的事"最终会不可避免地破坏了自己的道德推理能力。[11,12]

8.19　注释和参考文献

1. See *Health Care Analysis,* 1（1）（1993）, passim.

2. A. Williams, Cost-effectiveness analysis: is it ethical? *Journal of Medical Ethics,* 18(1992), pp.7–11.

3. J. Harris, Unprincipled QALYs: a response to Cubbon, *Journal of Medical Ethics,* 17(1991), pp.185–188.

4. C. Hackler, Health care reform in the United States, *Health Care Analysis,* 1（1）（1993）, pp.5–13.

5. A. Smith, Qualms about QALYs, *The Lancet,* 329（8542）（1987）, pp.1134–1136.

6. D.F. Seedhouse, *Fortress N.H.S: A Philosophical Review of the National Health Service*（Chichester, John Wiley and Sons, 1994）.

7. A. Culyer, The morality of efficiency in health care: some uncomfortable implications, *Health Economics,* 1（1）（1992）, pp.7–18.

8. I. Thompson, K.M. Melia & K.M. Boyd, *Nursing Ethics*（Edinburgh, Churchill Living-stone, 1988）.

9. R.P. Gillon, *Philosophical Medical Ethics*（Chichester, John Wiley and Sons, 1986）.

10. D. Miller, *Principles of Social Justice*（Cambridge MA, Harvard University Press, 2001）.

11. D.F Seedhouse, *Practical Nursing Philosophy: The Universal Ethical Code*（Chichester, John Wiley and Sons, 2000）.

12. D.F Seedhouse, *Health: The Foundations for Achievement,* 2nd edn（Chichester, John Wiley and Sons, 2001）

8.20 扩展阅读

Seedhouse,D.F.(2007) *Ethics:The Heart of Healthcare,* John Wiley and Sons,Chichester.

Seedhouse,D.F.(2005) *Values Based Health Care:The Fundamentals of Ethical Decision-Making,* John Wiley and Sons,Chichester.

9 心理健康护理

A 法律视角

Leon McRae
伯明翰,伯明翰大学伯明翰法学院法学讲师

有效回应已知的临床需求与促进患者自主之间的潜在紧张关系是本书中一个熟悉的主题。[1] 在心理健康照护方面,难以解决这一紧张局势已经导致 50 多年的立法工作付诸东流。不过,经过十年的讨论之后,于 2008 年年底生效的 2007 年《精神卫生法案》,对 1983 年《精神卫生法案》进行了实质性修订,同时也在较小程度上对 2005 年《心智能力法案》(MCA)进行了修订。对许多评论员来说,2008 年的修订代表了政府承诺不惜一切代价保护公众免受少数暴力患者的伤害。其中包括的更宽泛的精神障碍定义、基于可治疗性的强制治疗不再具有正当性以及社区治疗令的引入就是例证。尽管如此,新修订的《精神卫生法案》确实规定了进行 3 个月以上的电惊厥治疗和药物治疗的患者保护措施。对《精神卫生法案》的进一步修订是对《心智能力法案》的颁布和欧洲人权法院涉及 1998 年《人权法案》判决的直接回应。根据《精神卫生法案》和《心智能力法案》共同组成的法律框架,可在未经心智残疾者同意的情况下,剥夺其自由并对其进行治疗。

《精神卫生法案》的一项辅助性发展是近期对决定留院和治疗的专业人员进行了重新部署。《精神卫生法案》使得 "获批的心理健康专业人员"(AMHP)有效取代了 "获批的社会工作者"(ASW)。2008 年之前,"获批的社会工作者"是 "当地社会服务机构的工作人员",主要负责申请强制入院并向责任医疗官（RMO，全面负责患者照护的精神科医生）提供建议。根据《精神卫生法案》，责任医疗官的角色被"责任临床医生"（RC）取代，而"获批的心理健康专业人员"和"责任临床医生"的范围扩大，将护士、心理医生和职业治疗师也纳入其中。两类资格的取得仍然以能力为基础：有能力才能被批准为"获批的临床医生"（AC）。2008年《精神卫生（获批的临床医生）指引》附表2规定专业人员必须具备必要的能力，包括了解评估、治疗和多学科团队合作等《精神卫生法案》规定的法律责任，以及在得以适用的情况下应用《心智能力法案》的能力。"责任临床医生"的职责包括决定是否延长留院治疗期限（第3条、第37条），批准暂时离开医院（第17条），在特定情况下批准出院（第23条），以及确定患者是否适用于社区治疗令（第17A条第1款）。

然而，扩大享有上述资格的专业人员范围也存在问题。虽然此前为"获批的社会工作者"设计的完善培训计划被用作培训"获批的心理健康专业人员"，一些评论员担心，额外的经济成本可能导致护士的特殊培训需求无法得到满足。[2] 2008年《指引》所附的解释性说明仅仅指出，"具有顾问身份的精神病医生和心理医生"有望首批通过认证。虽然到目前为止，尚未有明确的护士认证政策出台，但很明显的是，增加专业问责并紧跟政策和实践变化正日益成为治疗环境的一部分。对于在医院多学科团队或养老院工作的护士，本章就目前提供心智残疾服务时面临的一些更为繁重或有争议的问题提供了一些深入的见解。但由于所涉及问题的复杂性，在此无法进行更详尽的说明，感兴趣的读者可以参考其他资料来源。[3] 本章将重点关注以下情况：依据《精神卫生法案》合法提供强制治疗；根据《心智能力法案》治疗缺乏能力的患者以及Bournewood诉讼对合法剥夺自由的影响；护士根据《精神卫生法案》享有的约束权；在医院如何管理暴力和攻击性患者（特别是采用隔离手段）；在社区进行精神治疗（社区治疗令）；根据初级特别法庭（精神卫生）程序的出院流程。

9.1 根据1983年《精神卫生法案》进行治疗

[203]　对根据《精神卫生法案》留院而不属于急诊的任何患者进行治疗是合法的。如果患者拒绝或缺乏能力同意护士提出的治疗，根据《精神卫生法案》和《心智能力法案》就要采取额外的保障措施。在一些情况下，对于

某些《精神卫生法案》认为太过具有侵入性的治疗需要予以特别监督(详见下文)。2008 年《精神卫生法案实施细则》制定的更具普遍适用性的原则为患者提供了进一步的保护。[4]《实施细则》的第 1 章包括"根据[本法]制定行动方案时应考虑的一系列指导原则"。[5]这些指导原则包括对患者的同意权施加最小限度的限制;在实施建议进行的治疗之前考虑患者的"看法、愿望和感受";患者、家属和看护人员参与治疗决定;要求"以最有效、高效和公平的方式"行事以满足患者的需求。虽然《细则》没有规定护士和其他专业人员的"法律义务"以确保这些原则得到遵守,但在引发法律质疑的情况下,法院将"审查违反原则的原因,以确保在具体情况中存在足够令人信服的正当理由"。[6]

《实施细则》明确指出,如果违反原则是合法的,表明有关人员遵守了 1998 年《人权法案》(HRA,被纳入 1950 年《欧洲人权公约》)。[7]这意味着将欧洲人权法院关于违反第 2 条(生命权)、第 3 条(不得对任何人施加酷刑、不人道或有辱人格的待遇或处罚)和第 8 条(私生活权)等条款问题的判例法(第 2 条)"纳入考虑"。然而,在现实中,尽管法院经常提及其根据《人权法案》质疑强制治疗理由的固有管辖权,但它们不愿意质疑医疗决定。[8]例如,在 R(B) v. Ashworth Hospital Authority(2005)案中,Hale 女男爵认为:

"精神病学不是一门精确科学……一旦国家剥夺了一个人的自由并将他留在医院接受治疗,国家就应该能够(有些人会说是有义务)为他提供他所需要的治疗。如果一个患者可以被留在医院,却不得不被拒绝进行医生认为他需要的无限期治疗,而只是矫正一些基本上无关紧要的类别,那将是荒谬的。"[9]

随着责任医疗官角色的变化,如今更多的专业人员被鼓励广泛参与医疗决定,护士将越来越有可能根据《精神卫生法案》在未经患者同意的情况下作出是否实施强制性精神治疗的复杂决定。即使护士不直接承担这一职责,他们也可能参与实施各种治疗,为此,精神卫生法案委员会(MHAC,现在的医疗质量委员会)强调了护士角色的重要性。[10]显然,在进行任何治疗之前,护士都希望能够确信患者是根据《精神卫生法案》的规定被留院。

9.1.1 第一阶段:患者是否被留院?

根据《精神卫生法案》实施的留院必须根据两位医疗专业人员关于患

者应依法被强制入院治疗的建议进行,而这将通过填写相关意见表来证明。[11] 相关意见表宽泛地要求精神科医生说明患者住院原因并说明为什么非正式住院不合适(见下文)。如果意见表填写不完整,而护士对此并不清楚并随后将患者送往医院,那么她将不承担任何责任。[12] 尽管如此,护士仍希望确保自己了解适用于各个患者的规定以及对治疗产生的影响。涉及住院表的相关条文规定在《精神卫生法案》的第二部分(民事规定)和第三部分(刑事规定),包括以下内容:

- 第 2 条(评估)
- 第 3 条(治疗)
- 第 35 条(将刑事被告还押到医院以便完成关于其精神状况的报告)
- 第 36 条(将刑事被告还押到医院接受治疗)
- 第 37 条(入院治疗令,根据第 41 条对留院机构适用可能的出院限制)
- 第 46 条(关于武装部队成员的指令)
- 第 47 条(囚犯住院治疗,根据第 49 条适用可能的出院限制)
- 第 48 条(民事犯或还押囚犯住院,根据第 49 条适用可能的出院限制)。

大多数患者将根据该法案第二部分(上文第 2 条和第 3 条)被留院。[13] 如果两个医疗专业人员同时提起医疗建议,护士将查看 A3 表(住院评估)或 A7 表(住院治疗)。[14] 如果评估是分开进行的,则适用的相关表格为 A4 和 A8。[15]

9.1.1.1 法律改革

对《精神卫生法案》更普遍的技术要求的关注,可能掩盖了《精神卫生法案》于 2007 年颁布后实现的重大立法变化。在本书的上一版本中,2006 年《精神卫生法案》提出了对该法案的住院要求进行全面改革,对不同精神障碍及其对治疗的顺从性进行分类。这些提议基于三个目的:(1)减少耻辱感,防止歧视,促进社会包容;(2)对公众和患者自身的风险管理;(3)保护人权。[16] 《人权法案》第 6 条仍然要求留院机构遵守《公约》权利,多年来,欧洲法中基于权利的论述愈发充实,确保了关于伦理法律改革的辩论。[17]

对许多人而言,2007 年《精神卫生法案》的修改证明了政府对保护公众的高度重视,以及希望加强对精神障碍者生活的掌控。20世纪90年代进行的几次凶杀案调查中发现现行体系对以前在精神科接受治疗的人的监督、治疗提供和出院后安排存在严重缺陷,这一发现成为了政府重视相关问题的关键催化剂。[18] 在残忍谋杀Russell家族成员的Michael Stone被定罪后,有人担心执业医师不愿意接手存在"精神变态"患者的治疗,这一关切得到了细致的审查。[19] 其中造成医学冷漠的两个原因尤其引人注目。首先,精神变态[或更常见的反社会人格障碍(ASPD)[20]]患者通常不乐意接受治疗,因为他们不认为自己需要治疗。[21] 精神科医生可能愿意收治那些更积极配合治疗的患者。[22] 其次,在2008年之前,长期住院(尤其根据第3条)需要进行医疗报告,将个人归为患有精神疾病、精神错乱、精神损伤或严重精神损伤者其中的一类,然后才能建议将其留院至多6个月。在精神变态(和精神损伤)的情况下,必须证明治疗有可能减轻或防止健康状况恶化(通常称为"可治疗性测试标准")。在Stone的看护人员评估他属于病情对治疗无反应的"典型精神变态者"之后,他出院了。[23] 政府随后认为[24]:

"1983年《精神卫生法案》……无法应对少数精神障碍患者所带来的挑战,他们的精神障碍会给他人带来巨大的风险……我们……需要摆脱1983年《精神卫生法案》中适用于某些精神障碍类别的狭隘的可治疗性概念。我们需要制订新的立法,让所有因精神障碍有对他人造成严重伤害的重大风险的人留在治疗环境中,使他们得到照护和治疗以管理自己的行为。"[25]

修订后的《精神卫生法案》包含对精神障碍的简化定义["任何心智的紊乱"(第1条第2款)];并且,长期住院仅指在社区进行治疗或作为非正式患者进行治疗并不足够的情况下,为"患者的健康或安全"或"保护他人"必须的"有效适当治疗"(第3条第4款)。[26] 一方面,应该修改法律以预防社会排斥问题,这是无可争议的[27];另一方面,如果公共保护主义是主要的政策驱动力,那么《实施细则》中"有效性""公平"和"患者参与"的要求是无法成立的。[28] 对于那些出于公共安全目的而被有效地不定期留院的患者来说,符合《欧洲人权公约》第5条(剥夺自由)规定的"适当的治疗"标准将是一种于事无补的安慰。[29]

9.1.2 可以在"强制入院治疗"的情况下合法地给予治疗吗?

一旦护士确信患者的住院是合法进行的,她将希望能够确信建议进 [206]

行的治疗包含在《精神卫生法案》的规定之中。2007年《精神卫生法案》扩大了"医疗"的含义。第145条第1款规定：

"医疗,包括护理、心理干预和专业心理健康训练、康复和照护。"

这里提到"心理干预"只是因为认识到许多患者已经从认知行为疗法、心理疗法、咨询或相关谈话疗法中获益,这些疗法可以单独使用,也可以与其他疗法结合使用。引用条款使用了"包括"一词,可确保合法给予的治疗方案选项并非详尽无遗。尽管如此,一些治疗方法被认为具有侵入性,或者可能对健康有害,精神卫生立法规定在这些治疗开始之前必须满足额外的保障措施。在《精神卫生法案》第四部分中,这些治疗方法被确定为电惊厥治疗(ECT),植入激素以减少男性性欲,3个月以上的药物治疗,以及精神障碍的神经外科手术(NMD,也称为精神外科手术)。[30]《精神卫生法案》第57—58A条讨论了最具侵入性的治疗形式,即激素治疗和神经外科手术;第62条涉及紧急情况下进行的治疗。我们将在之后对这些规定进行简短讨论。另外,第63条规定了无须同意的治疗。

9.1.2.1 无须同意的治疗

上述广泛确定的大多数治疗无须患者事先同意即可实施。《精神卫生法案》第63条规定：

"如果治疗是由'负责治疗的认可临床医生'进行或在其指示下进行的,则为患者的精神障碍而进行的任何治疗(不属于上述第57条、第58条或第58A条适用的治疗形式)无须获得患者同意。"

如该条所述,可强制实施的治疗干预需要采取法定保障措施(见下文)。此外,如果获得患者同意是建议进行治疗之有效性的先决条件,援引第63条将是无用的。在 R v. Ashworth Hospital Authority, ex parte B 案中[31],Hale女男爵在反社会人格障碍(ASPD)的背景下讨论了这个问题：

"一个(有人格障碍的)患者可能会被提供各种形式的心理治疗……但很明显,这些治疗只能在他配合的前提下进行。否则,治疗就只能是由护理人员提供咨询和指导以帮助患者遵守其行为的适当界限并控制其冲动。"[32]

[207]　　国家卫生与临床优化研究所指南已经确定了对接受心理治疗的具有反社会人格障碍(ASPD)的罪犯的"轻微但积极的治疗效果"。[33]与其他更常见的精神障碍相反,给药尚未证明对于这一群体有效。[34]除此之外,人们还支持那些评论员,他们长期质疑与人格障碍相关的不可接受行

为是否真的是精神障碍症状的证据。[35]

近年来,关于根据患者潜在的精神障碍证明强制身体干预的正当性也引起了很大争议,特别是进行剖腹产(见第 7 章)和强迫不情愿的患者或厌食症患者进食的干预。Jean McHale 在第 7.2.5 节中解释了由于潜在精神障碍需要进行强制剖腹产时所存在的法律和伦理问题。[36]

强迫进食的主要先例是 B v. Croydon Health Authority (1995) 案。该案中,B 患有边缘型人格障碍。[37] 在根据《精神卫生法案》第 3 条住院治疗的过程中,她拒绝任何进食。当她的责任临床医生提议采用鼻胃管进食时,她根据第 63 条认为医生无权这样做。Hoffman 法官认为,该治疗是"与核心治疗同时进行"的。[38] 他总结为:

"在我看来,如果一家医院能够在没有患者同意的情况下为他提供旨在缓解……自杀倾向的治疗,但却不能在没有患者同意的情况下应对企图自杀的后果,这似乎是很奇怪的。"[39]

几年后,根据《精神卫生法案》第三部分被留在布罗德莫精神病院的 Ian Brady,就其医生强迫其进食的决定请求司法审查。[40] 他主张作为对其留院的抗议,他已果断地进行绝食,这一行为并非人格障碍的后果。然而,Maurice Kay 法官同意责任临床医生的意见,即可以用 Brady 潜在的人格障碍解释其绝食行为,而鼻胃管进食对于治疗抵抗医疗机构的症状是一种正当的措施。虽然一个理性的人也可能以同样的方式质疑他们的留院条件,但这似乎并不重要。[41]

The ex parte Brady 案表明了将身体干预的正当性建立在因精神障碍而做出的不可接受行为的基础上是有局限性的。它还表明,法律有时无法促进有能力的患者参与治疗决定。对于(有能力的)患者而言,强迫鼻胃管进食无疑令人不快,但对其实施没有特别的保障措施。相比之下,《精神卫生法案》在根据第 57—58A 条规定进行潜在有害治疗方面采取了保留立场。

9.1.2.2 根据第 58 条进行的治疗

第 58 条为进行长期药物治疗和电惊厥治疗提供了额外的保障措施。《精神卫生法案》明确规定,这些保障措施的性质取决于患者是否在关键时刻同意并有能力同意。就这两种治疗而言,患者保留撤回同意的权利(第 60 条);此外,自《心智能力法案》通过后,如果患者在治疗开始后失去同意能力,必须将其视为如同已经撤回同意。在药物治疗方面,只有在

[208]

建议进行持续3个月以上的治疗时才会有问题。在那种情况下,只有当患者的"认可临床医生"或"第二意见指定医生(SOAD)"[42]证明患者能够同意并且同意时,治疗才能继续(第58条第3款第a项)。如果患者撤回同意,只有在"第二意见指定医生"证明患者缺乏能力或拒绝接受他或她认为在具体情况下适当的治疗时,治疗才能继续进行(第58条第3款第b项)。在判断"认可临床医生"的决定是否合理之前,"第二意见指定医生"将咨询另外两类人:一个是护士,另一个是除护士或医生以外的参与患者治疗的专业人员(第58条第4款)。因此,负责给药的护士会希望记录治疗开始的日期,这样做可以避免发生不愉快的法律诉讼的可能性。护士还希望确保"第二意见指定医生"在进行药物治疗前向患者说明了作出决定的理由。如果披露可能导致患者遭受严重的身体或精神伤害,则允许不披露理由。[43]由于专业人员担心患者可能缺乏对其病情的认识,披露理由通常被看作是减少对患者自主拒绝权不必要的干涉。

与3个月以上的药物治疗不同,电惊厥治疗不再能对有能力的患者强制实施(第58A条第2款)。只有当"第二意见指定医生"证明进行治疗是适当的并且患者没有作出有效的预先指示时,或有决定权的人没有反对治疗时,才能对拒绝治疗的缺乏能力且年满18岁(第58A条第4款)的患者进行电惊厥治疗。尽管如此,护士仍希望确保"第二意见指定医生"考虑建议进行的治疗是否符合患者的最大利益,无论是电惊厥治疗、药物治疗还是其他治疗。在R(B) v. Dr SS and others(2006)案中,符合最大利益的治疗被界定为以下治疗,

(a)需要立即进行以挽救患者的生命;或

(b)(不可逆)需要立即进行以防止病情严重恶化;或

(c)(并非不可逆转的或危险的)需要立即进行以缓解患者遭受的严重痛苦;或

(d)(并非不可逆转的或危险的)需要立即进行,并且属于防止患者暴力行为或对自己或他人构成危险所必需的最小干扰。

2009年,精神卫生法案委员会报告指出,自20世纪90年代以来,第二意见的数量急剧增加,并将此解释为是遵循了《精神卫生法案》规定程序的良好实践做法。[44]然而,在同一份报告中精神卫生法案委员会批评了"认可临床医生"对进行大剂量药物治疗的建议。[45]考虑到这种特殊形式的治疗可能对患者健康产生的问题性影响,应在T4表中明确注明患者的

拒绝。[46] 如果患者同意,则应填写 T2 表。[47] 虽然填写后表不会导致"第二意见指定医生"进行法定审查,但 2008 年《实施细则》规定,"认可临床医生"应确保"根据英国国家处方集(BNF)所规定的类别列明每类授权使用药品的数量,应明确列明每种药物或每类药物的最大剂量和给药途径"。[48]"认可临床医生"还应记录选择的药物的变化,不这样做可能被视为非法。在填写 T4 表时,"第二意见指定医生"不需要指定哪些药物正在被批准,只需要指定英国国家处方集中涉及的类别。此外,"第二意见指定医生"一般无须证明"认可临床医生"选择的剂量是合理的,除非它们超过英国国家处方集(BNF)建议的上限。

然而,这些要求并没有告诉我们"第二意见指定医生"委任计划在减少现实医疗权力方面的有效性。在 R(Wilkinson) v. Broadmoor Hospital Authority(2001)案中,Simon Brown 法官暗示整个体系运行良好。

当然,"第二意见指定医生"应该考虑"认可临床医生"的意见……但这并不能免除他自己判断"是否应进行治疗"的责任。毫无疑问,在治疗计划受到质疑的情况下,如果"第二意见指定医生"的证明和证据要发挥真正的作用,就有必要表现出一种比正常情况下不那么顺从的一面。[49]

虽然法院提倡质疑有争议的医学意见的意愿是有益的,但"第二意见指定医生"的问题可能会持续存在。Nell Munro 解释道[50]:

"'第二意见指定医生'知道,对患者的持续责任仍将由'认可临床医生'承担。因此,'第二意见指定医生'的作用不是对患者进行独立评估,而仅仅是审查预先制定的治疗计划的适当性,同时要记住,《实施细则》表明,对那些已经了解患者的人的意见要予以适当重视,并敦促'第二意见指定医生'和负责的临床医生在治疗计划上尽可能相互妥协、达成一致。"[51]

2004—2005 年,在"第二意见指定医生"参与的 1.05 万例病例中,9.3%的病例治疗计划略有改变,2.2%的病例有明显改变(占总数的 11.5%)。[52] 2008 年,精神卫生法案委员会报告称,变化的百分比已经增加到 27%,[53] 但目前尚不清楚治疗计划的实际改变程度,精神卫生法案委员会建议进行进一步研究。[54] 同年,精神卫生法案委员会发现被认为缺乏拒绝治疗能力的患者的相对比例有所增加。[55] 如果此种研究能够澄清第 58A 条的规定对拒绝治疗情况下能力评估的影响(如果有的话),这将十分及时,特别是在患者申请法院对"第二意见指定医生"决定进行司法审查明显地面临巨大困难的时候。[56]

实际上,这一点说明了护士通过将其对各自患者的发现传达给"认可临床医生"或更直接地传达给"第二意见指定医生"来帮助患者实现以能力为导向的决策的重要性。[57] 如果护士担心他们的发现或担忧没有得到倾听,应该将其发现传达给医疗质量委员会。[58]

9.1.2.3 根据第57条进行治疗

神经外科手术(NMD)和植入激素以降低男性性欲的外科手术尤其具有侵入性。根据《精神卫生法案》,即便该手术已由负责治疗的"认可临床医生"以外的医疗专业人员和医疗质量委员会委任的其他两名人员进行验证,也不允许对未同意该手术的患者进行手术(第57条第2款)。这一规定导致一个缺乏同意能力的人可能永远不会被允许接受"根据第57条进行的治疗"。此外,如果"认可临床医生"认为任何一种手术不适当,那么进行这些手术都是非法的(第57条第3款)。在实践中,关于手术是否适当的问题其实很少出现:申请获得第二意见的神经外科手术一直在稳步减少。在2007年至2009年期间,只有两份申请并且都已获得批准。[59] 对进行植入激素外科手术的申请几乎不存在。如果需要减少男性性激素,则优选使用激素药物,这将使治疗纳入第58条所规定的保障措施之内。申请神经外科手术的数量减少可能是由于谈话疗法作为一种替代方法被广泛运用[60] 以及人们认可临床医生的谨慎。

9.1.2.4 根据第62条进行急救

《精神卫生法案》规定第57—58条中包含的额外保障措施不适用于紧急情况(第62条第1款)。这意味着,对于超过3个月的药物治疗和电惊厥治疗,如果任何一种治疗对于挽救患者生命是即刻需要的,或者如果治疗("并非不可逆")对于防止患者病情严重恶化是必要的(第62条第1A款),那么第58条和第58A条不适用。第62条第3款将"不可逆"治疗定义为可能产生"不可逆的不利生理或心理后果"的治疗,"危险"治疗定义为"造成重大生理危害"的治疗。在该条中增加"不利"具有适用的不确定性,例如,除非临床医生预期有利的结果,否则不可能想象临床医生会提出进行神经外科手术。由于在手术之前无法知道结果,因此多数意见认为神经外科手术始终是危险的。该条似乎也不支持通过手术植入激素来控制男性性欲,因为即使选择药物治疗作为首选治疗途径也有潜在的危险后果。

精神卫生法案委员会提醒不要过度依赖第 62 条,以否定根据第 58A 条对被建议进行电惊厥治疗的患者提供的保护。[61] 如果第 62 条用于此目的,那么有一种富有同情心的解读是,医疗专业人员可能并不总是知道他们对"第二意见指定医生"的请求何时会得到执行。不过,对于超过 3 个月的药物治疗不必诉诸第 62 条。更可取的做法是,即使在 3 个月内只进行一次药物治疗,也建议由"第二意见指定医生"进行评估。

[211]

9.2 2005 年《心智能力法案》规定的治疗

《心智能力法案》是允许为了缺乏能力者的利益作出治疗决定的第二个重要法定框架,其中包括根据《精神卫生法案》非正式住院的患者和居家或在养老院里的患者。然而,《心智能力法案》与《精神卫生法案》在许多方面存在重要差异。首先,尽管能力状态的确定对于是否可以根据《精神卫生法案》实施某些治疗至关重要(见上述"第 9.1.2.2 节根据第 58 条进行治疗"),但《心智能力法案》确实授权在未经同意的情况下实施这些治疗(第 28 条第 1 款)。这是因为《精神卫生法案》已经根据医疗必要性在第四部分授予了这种权力。相比之下,根据《心智能力法案》为缺乏能力者的利益作出的治疗决定仍必须符合他们的最大利益。其次,与《精神卫生法案》不同,《心智能力法案》是一部基于原则的立法。法定原则的目的是通过为决策者制定一套更明确的优先选择,为有关向缺乏能力者提供治疗和护理的法律提供一个参考来源,从而提供比普通法更为清晰的法律依据。

9.2.1 该人是否因心智残疾而缺乏能力?

自主权是《心智能力法案》的精神核心:只有在确定患者缺乏能力以同意或拒绝建议进行的干预的情况下才能提供治疗。如果根据《心智能力法案》对一个人进行治疗,治疗必须视为符合该人的最大利益。这些核心理念包含在《心智能力法案》第 1 条规定的五项总体原则中:

"(2) 必须推定一个人有能力,除非证明他缺乏能力;

(3) 一个人不得被视为不能作出决定,除非已采取一切切实可行的步骤以帮助他作出决定而未能成功[62];

(4) 一个人不能仅仅因为作出了不明智的决定而被视为不能作出

决定[63]；

（5）根据本法为无能力者或代表无能力者采取的行为或作出的决定必须符合其最大利益；

（6）在采取行动或作出决定之前，必须考虑到意欲实现的目的能否以对人的权利和行动自由限制较少的方式有效地实现。"

《心智能力法案》第2条规定，一个人"如果在关键时刻由于心智或大脑的功能受损或受到干扰而无法为自己作出决定"，那么他就缺乏与某一事项有关的能力。[64]"关键时刻"一词在《实施细则》中有详细的定义：

对一个人能力的评估必须基于他们在需要时作出该具体决定的能力，而不是他们通常作出决定的能力。[65]

尽管相关的心智残疾可能是暂时性的，也可能是永久性的(第2条第2款)，但能力必须根据盖然性权衡来确定(第2条第4款)。能力测试标准规定在第3条中，并规定如果个人不符合以下情形，则他不能作出决定：

（a）理解与决定有关的信息；

（b）记住这些信息；

（c）在决定过程中运用或权衡这些信息[66]；或

（d）表达他的决定(无论是通过说话、使用手语还是任何其他方式)。

这里有两点值得澄清。首先，并不能仅仅因为某个人的决定是"不合理的"或"与大多数成年人的预期相反"而认为其缺乏能力。[67]此外，患者的"状况"(包括《精神卫生法案》规定的精神障碍或醉酒等临时状况)或任何相关的"身体特征"或"行为表现"都不应影响对患者是否缺乏能力的最终决定。[68]其次，协助评估能力的护士应特别注意该人是否无法通过询问引起怀疑的根本情况来"运用或权衡"相关信息。

如果决定是精神病性妄想的结果，妄想可能影响到是否相信相关信息，这无疑与无能力的评估有关。例如，如果不相信相关信息是因为患者认为提供信息的人不具备充分的资格，比如该人是一名实习医生而不是一名顾问医生，那么就没有必要称之为无能力。在其他情况下，这种不相信可能源于拒绝接受现实情况，例如，P可以返回自己的家，因而拒绝搬到养老院，这是明显不切实际的观点。再一次重申，对自己的前景抱有不现实的想法并不一定表明其无能力。有能力的人可以以这种方式行事，而他们这样行为的权利不会受到任何挑战；这并不是因为个人具有边际能力,或者处于应该予以改变的地位或具有相对脆弱性。[69]

在实践中,护士可能不需要进行能力评估,但是,在对未经同意而实施治疗提出指控的民事或刑事诉讼中,他或她将被要求根据盖然性衡平证明,他们的行为是由于合理地相信该人缺乏能力而引起的。[70] 在进行治疗前,检查患者病历将有助于他或她自己相信这一点。如果对该人在"关键时刻"的能力有疑问,那么在实施治疗之前,护士应向保护法庭申请评估。然而,正如 Brady 案所揭示的(见上述"第 9.1.2.1 节 无须同意的治疗"),法院也难以令人信服地从如下问题中解脱出来,即当一个人决定放弃被建议的治疗不太符合常理时,这是否意味着他不具备权衡相关因素的能力。[71]

9.2.2 该人被视为具有能力

普通法的立场是,有能力的患者可以拒绝接受建议进行的治疗,即使这有可能挽救生命。[72] 如果护士采取了合理步骤评估患者能力,并且随后进行的行为符合可以察觉到的患者最大利益,那么护士对具有能力但不同意治疗的患者进行护理和治疗可以依据《心智能力法案》第 5 条和第 6 条规定对涉嫌殴打侵权进行抗辩。

9.2.3 该人被视为缺乏能力

为无能力的人或代表无能力的人所做的任何行为或决定必须符合其最大利益是《心智能力法案》的一项关键原则(第 1 条第 5 款)。在 Re A (Male Sterilisation)(2000)案中,Butler Sloss 法官认为最大利益可能来自"医疗,情感和所有其他福利事宜"。[73] 在更早的 Re Y(Mental Patient:Bone Marrow Donation)(1996)案中,Connell 法官指出,在决定医疗方案时需要确定的是患者的最大利益而不是其他人的利益。[74] 然而,在实践中关注无能力患者治疗的治疗团队内部可能会存在许多"伦理差异"。[75]

在 Re S(Adult Patient: Sterilization)案[76] 中,Butler Sloss 法官认为医疗团队之间的争议应通过将问题提交法院以确定最佳选择来解决。一些人认为,这种对最大利益的更为限制性的定义同样是有问题的,因为虽然有很多选择可能对患者有益,但现实来讲只有患者有权主张具体哪些选择是有益的。就像宽泛定义一样,法院适用的限制性定义也引发了"不可估量的且无法解决的伦理尺度的问题"。[77]

《心智能力法案》通过指明"作出决定的人"来部分避免解决医学中多学科决策的问题(第4条第1款)。此外,第4条第6款在一定程度上减轻了对患者自主权推定的限制,该条规定,作出决定的人必须在合理确定的范围内考虑:

(a) 该人过去和现在的愿望和感受(尤其是他有能力时所作的任何相关书面声明);

[214]
(b) 如果他有能力,可能影响他作出决定的信念和价值观;并且

(c) 如果他能够作出决定,他可能考虑的其他因素。

根据第7款,"如向以下的人咨询是切实可行和适当的",(为了患者的最大利益)作出决定的人必须考虑以下人员的意见:

(a) 被该人指定就相关问题或此类问题进行咨询的任何人;

(b) 照顾该人或关心其福利的任何人;

(c) 被该人授予持续性代理权的任何人;并且

(d) 法院为该人指定的任何代理人,关于什么符合该人的利益以及特别是第6款所规定的事项。

此外,年满18岁的患者可以通过让预先决定在无能力期间生效从而完全规避最大利益测试,进而避免受到上述第4条第6款第c项的影响。[78] 第24条第1款规定,如果:

(a) 在他指明的时间及有关情况下,为他提供医疗保健的专业人员建议对他进行或继续特定治疗,以及

(b) 在那时他没有同意进行或继续治疗的能力,

那么特定治疗将不被进行或继续进行。

《心智能力法案》对预先决定(AD)和持续性代理(LPA)进行了严格解释。预先决定仅适用于拒绝治疗,持续性代理能够指定治疗偏好,但不排除为患者的最大利益提供治疗。预先决定和持续性代理都没有确保在患者无能力的情况下进行某种治疗的权限(第4条第7款)。预先决定不能用来证明造成死亡或加速死亡的正当性(第62条),或拒绝基本或必需的护理。[79] 此外,如果预先决定是有效的,则必须"准确"说明拒绝接受哪种治疗。[80] 如果患者的后续行为与其内容相矛盾,则其内容需要被重述。[81] 第25条第4款列出了不适用预先决定的其他原因:

(a) 该治疗不是预先决定中指定的治疗;

(b) 预先决定中指定的任何情况都不存在;或

(c) 有合理的理由相信存在患者(P)在预先决定时没有预料到的情况,并且如果他预料到这些情况他的决定会受到影响。

如果"认可临床医生"确信预先决定有效,他(或她)将不因宣布预先决定不适用而承担责任,如果认可临床医生"合理地相信"预先决定"有效且适用于治疗"[82],他(或她)也不承担拒绝或停止治疗的责任。[82] Peter Bartlett解释了对治疗提供者的潜在后果:

"这些确定性的标准各不相同:'确信'意味着比合理相信更高程度的确定性,因而在系统内创造了产生真诚怀疑的情况下保护治疗提供者免于承担责任的余地。有效且适用的预先决定能够产生实际效果,就如同P有能力并且在提供治疗时拒绝治疗一样,因此,如果治疗提供者对此类有效且适用的预先决定的存在深信不疑,那么他们对P的治疗将有可能构成殴打甚至刑事犯罪。同样,当没有合理理由相信这种预先决定存在时,不进行治疗很可能构成过失……在有疑问的情况下,可根据第26条第4款将有效性和适用性问题提交保护法庭。"[83]

[215]

重要的是要注意,预先决定与《精神卫生法案》第四部分规定的治疗是否可以合法进行无关。[84] 一旦患者正式留院,护士将在治疗前根据第57条、第58条和第58A条的特别保障措施考虑患者是否有能力(如上所述)。但是,被非正式留院但默许的无能力患者的立场是什么?

直到最近,法律上存在的一个空白是,《精神卫生法案》第四部分没有对那些缺乏能力但未对其遭遇的非正式留院或治疗提出抗议的患者提供程序性治疗保障。这一立场在Bournewood诉讼中受到质疑,当时决定的关键问题是:非正式患者何时、在何种情况下被剥夺自由?

9.2.3.1 Bournewood诉讼与剥夺自由权保护措施

HL v. United Kingdom(2005)案中考虑了何时对非正式患者有效留院的问题。[85] HL是一名患有严重自闭症的成年人,缺乏作出治疗决定的能力。根据《精神卫生法案》第131条(需要对精神障碍进行治疗),他作为一名非正式患者被收治,接受了5个月的治疗和自愿留院后,才被告知如果HL试图离开医院,他将被正式留院。HL父母要求放走HL交由他们照顾但被拒绝,于是他们申请司法审查。上诉法院和上议院均认为HL未被强制留院,并获准在欧洲人权法院(ECtHR)审查法律问题。欧洲人权法院随后认为,根据《欧洲人权公约》第5条第1款,HL已被非法剥夺自由。法院推论:

"缺乏监管与该法涵盖的适用于送入精神病院患者的广泛保障网络之间的对比是显著的……这在法院看来很重要……由于缺乏程序规定和限制,法院认为,医院的医疗专业人员完全控制了一名脆弱的无能力个人的自由和治疗……虽然法院并不质疑他们的行为符合他们认为的申请人最大利益,但程序保障的真正目的是保护个人不受任何误判和专业过失的影响。"[86]

[216]　欧洲人权法院的判决为时已晚,无法修改《心智能力法案》,因此政府通过在 2007 年《精神卫生法案》中引入高度复杂的[87]新剥夺自由权保护措施(DOLS)作为回应。《心智能力法案》(经修订)的第 4A 条和第 4B 条现在规定,在申请法庭决定时,只有在保护法庭授权、按照附表 A1 中规定的程序,或者为防止患者病情严重恶化有必要剥夺自由提供治疗时,对无能力患者的留院才是合法的。[88]

附表 A1 规定,国民医疗服务医院或养老院的"管理部门"必须向"监督机构"(初级保健信托或地方当局)申请剥夺自由权的标准授权书。《剥夺自由权保护措施实施细则》提供了一些有限的指引,说明何时对自由权的剥夺应该受到质疑,相关的考虑因素是:

- 每个案件的所有情况。
- 针对个人采取了哪些措施?什么时候需要采取措施?他们要忍受到什么时候?任何约束或限制对个人有什么影响?为什么这些措施是必要的?采取这些措施希望达到什么目标?
- 相关人、他们的家人或看护人员的看法如何?他们中有人反对这些措施吗?
- 如何实施任何约束或限制?对个人人身自由的任何限制是否超出了"约束"或"限制"的范围,构成了对自由的剥夺?
- 是否有限制较小的能够提供照护或治疗的选择以避免剥夺自由?
- 对个人施加的所有限制的累积效应是否等于剥夺自由,即使单个限制不会达到此效果?[89]

标准授权书请求必须在剥夺自由的 28 天内收到,从住院时或相关人丧失能力时起算。[90]如果由于迫切需要将患者留院而无法请求标准授权,管理部门可在请求结果出来之前剥夺相关人自由,最长期限为 7 天。[91]如果获得标准授权,监督机构必须指定看护人员、朋友或家庭成员中的一人,在被剥夺自由期间与此人保持联系并提供支持(患者代表)。[92]如果没有上述人员,监督机构将任命一名独立心理健康扶持者(IMHA)来履行这一职责。

监督机构将根据是否满足以下六项条件来决定是否给予标准授权:
- 相关人年满18岁(年龄要求)。
- 相关人患有《精神卫生法案》中规定的精神障碍(心理健康要求)。
- 相关人必须缺乏决定是否同意将其留院以进行照护或治疗的能力(心智能力要求)。
- 住院必须符合相关人的最大利益,即它构成了对相关人受到伤害之威胁的适当反应(最大利益要求)。
- 相关人不受《精神卫生法案》规定的强制治疗并且未拒绝住院,除非被法院指定的持续性代理人推翻(适格要求)。
- 相关人已根据《精神能力法案》作出有效且适用的预先指示拒绝治疗,或者如果住院与法院指定的持续性代理人的有效决定相冲突(无拒绝要求)。[93]

[217]

剥夺自由保障措施的评估可由同一评估员进行[94],但出于最大利益和精神卫生评估的情况除外。[95] 精神卫生评估员必须是根据《精神卫生法案》授权收治患者的医生[96],在注册后有三年的精神障碍诊断或治疗经验,并接受过规定的培训。然而,最大利益评估员——其还需要进行年龄和无拒绝评估[97]——可以是"认可心理健康专业人员(AMHP)"、注册社会工作者、一级护士、职业治疗师或特许心理医生,前提是该专业人员具有两年的经验并接受了规定的培训。[98]

一旦授予标准授权书,其最长有效期为12个月,但可以续期。监督机构应将结果通知相关人、管理部门和在最大利益评估中接受咨询的人员。[99] 相关人还应被告知具有审查权。[100] 一般而言,在监督相关人情况的正常过程中,管理部门将被期望提醒监督机构一项或多项资格要求似乎是可审查的。如果相关人或其个人代表要求,监督机构还应对评估进行审查。[101] 然后,评估员将确定任何资格要求是否"可审查",并在必要时进行单独评估。如果看起来没有任何内容可审查,则不需要采取进一步行动。如果在资格要求的可审查性、一项或多项资格要求的重新评估、标准授权的期限、其目的或授予的条件方面仍存在分歧[102],保护法庭可以更改或终止标准授权,或指示监督机构更改或终止标准授权。[103] 如果管理部门未能将有关事项提交给保护法庭,则可能会涉及欧洲人权委员会第5条第 4 款(快速听证权)以及第 5 条第 1 款(自由权)。如果问题是没有将可能被剥夺自由的情况通知监督机构,护士应根据管理部门提出的标准或紧急授权申请,确保向责任临床医生、医院管理人员或养老院管理人员提出任何关于非正式患者或养老院中的人的能力状态的担忧。事实上,只有出于善意,一些非常脆弱的人才能对涉及剥夺自由的任意决定提出挑战。

9.3 《精神卫生法案》和《心智能力法案》的杂项规定

[218]　本章的其余部分将讨论 2007 年《精神卫生法案》和《心智能力法案》的其他重大修改。这些问题与护理实践高度相关,并对已经讨论过的那些规定进行补充。第一是护士的约束权;第二是对暴力或攻击性患者的管理;第三是社区的强制治疗令;第四是初级特别法庭(精神卫生)。

9.3.1　非正式住院患者与护士的约束权

如前所述,根据《精神卫生法案》,患者可以同意作为非正式患者住院(接受评估或治疗)。对于有能力撤销非正式治疗同意的患者,唯一的选择是出院或正式留院[第 3(2)条]。例如,由于根据《精神卫生法案》第四部分的非正式住院和治疗被认为是必要的,在患者病情已经恶化的情况下,将其转为正式留院可能是适当的。[104] 有时,患者可能会在其法律状态改变之前试图离开医院。为了防止这种情况发生,《精神卫生法案》第 5 条第 4 款规定,"规定类别"[105] 的护士可以在医生到达之前约束非正式患者长达 6 小时,如果该护士合理地认为:

(a)患者患有精神障碍,为其健康或安全或为保护他人有必要立即限制其离开医院;并且

(b)为了根据第 2 款提供报告而确保医生或临床医生立即出诊是不现实的。

在行使该权力之前,护士将比较医生或"认可临床医生"[106] 的到达时间与患者离开医院的意图,以及这样做可能产生的后果。2008 年《实施细则》规定,护士应尽一切努力"说服患者等待医生或'认可临床医生'到来,再进行进一步讨论"。[107] 其他相关因素包括:

- 任何证明思维混乱的证据

- 患者目前的行为,特别是惯常行为的任何变化
- 患者最近是否收到亲戚或朋友的消息
- 最近在病房发生的任何干扰行为
- 其他患者的任何相关参与
- 该患者曾有的任何不可预测或冲动行为
- 已经进行的任何正式风险评估
- 从多学科团队其他成员获得的任何其他相关信息[108]

护士行使其约束权的决定必须记录在 H2 表上[109],并且必须在行使该权力之前将该表发给医院管理人员。[110] 一旦在表上记录,如果医生或"认可临床医生"在到达时通过完成进一步的报告(第 5 条第 5 款)行使各自的约束权,则可以将患者留院长达 72 小时。但除非适用民事规定,护士应考虑根据《精神卫生法案》第四部分进行治疗。

在某些(有限)情况下,填表可能不可行或不相关;例如,尽管患者没有威胁说要离开医院,但他们可能表现得有攻击性,或者被认为对他人构成风险。在这种情况下,根据 1967 年《刑法》第 3 条第 1 款,可由一人(可能是护士)在风险持续期间使用"为预防犯罪合理需要的强制"。普通法也准许运用合理强制以防止破坏和睦的行为,包括殴打、闹事或其他妨碍。[111] 但是,如果同时判定患者试图离开医院,则应在施加约束后尽快完成 H2 表。

如果符合患者的最大利益,也可以合理并适当地限制缺乏能力的患者出院(《心智能力法案》第 6 条)。约束的合法性(但不是适用的程度)取决于护士是否合理地相信患者缺乏能力,以及是否用于防止可能对患者造成的伤害甚至是可能很严重的伤害。

2005 年,精神卫生法案委员会评论,第 5 条第 2 款约束的使用有所减少,这"或许应该受到欢迎,因为其使用的减少可能反映的不是精神卫生服务中强迫行为的减少,而是事实上的留院被更多地使用"。[112] 很明显,如果住院患者从一开始就缺乏能力,他们将被正式留院,或者剥夺自由权保护措施的适格标准将被适用(后者不适用于正式留院的患者)。但是,对于不缺乏能力的非正式留院患者,强制留院的威胁仍然很大。

例如,Hoge 等人发现,38.6% 的抽样患者(n=34)认为,如果他们不同意非正式留院,他们将面临正式留院;此外还"记录了多方的影响企图"。[113] 虽然不应忽视家人、朋友和看护人员对住院"决定"的潜在影

响,但医疗专业人员的胁迫尤其有可能破坏治疗关系,或导致患者从一开始就避免寻求精神治疗或照护。

9.3.2 对暴力或攻击性患者的管理

我们已经知道,被非正式留院、对自己或他人构成威胁的患者可能会被考虑将其正式留院的护士强制约束。当正式留院的患者表现出暴力和攻击性,无论该等行为是否由潜在疾病或其症状引起,必要时可以根据《精神卫生法案》第四部分强制进行药物治疗。[114]

《精神卫生法案实施细则》提醒:"失常行为"可能是与潜在疾病无关的许多因素造成的结果,包括无聊、过度刺激、过于拥挤、沟通困难、情绪困扰、患者混住、挑衅以及喝酒或药物影响。[115] 这一常识分析的建议是,相比采用更具侵入性的程序(如药物治疗、约束或隔离),应优先采用早期识别、预防和降阶梯技术的策略(见下述第9.3.2.1节)。然而,这对于像反社会人格障碍这样的疾病可能行不通,因为这类患者可能表现出"愿意运用不受约束的攻击来支持控制或独立的需要"。[116] 虽然可以选择使用抗精神病药物等对这类患者进行强制药物治疗,但使用这类药物更可能是"为了照护这些非常麻烦的患者的精神科医生、护士和其他工作人员的利益"。[117] 这种(进一步)模糊治疗疾病与其症状之间的区别应引起法律上的规制。此外,从伦理角度看,存在一个悖论:不希望使用药物来"约束问题患者"的护士更可能采取管理策略而非治疗策略。对于危险、暴力和有问题的患者,管理策略可能包括采取有争议的隔离措施。

9.3.2.1 隔离

《精神卫生法案实施细则》将隔离定义为"在监督下将患者限制在一间可能上锁的房间内"。[118]《精神卫生法案》没有提及"隔离"这个词,尽管它可以被解释为构成第145条意义上"照护"的要素之一,但我们可以认为,隔离并不是治疗。《实施细则》指出,其唯一目的是"遏制可能对他人造成伤害的严重失常行为",[119] 而事实证明,在这种情况下,降阶梯技术暂时还不足以达到目的。[120] 因此,应尽可能将隔离保留为最后手段,在尽可能短的时间内使用,而不是作为惩罚、威胁、应对人员短缺,或管理自我伤害行为的手段。[121] 如果正在考虑对非正式留院的患者进行隔离,这应被视为需要考虑正式留院的证据。[122]

隔离患者的决定可以由医生、"认可临床医生"或负责病房的专业人

9　心理健康护理

员作出。[123] 多学科团队应在隔离开始后"尽快"审查其必要性[124]; 如果确认需要继续隔离, 则必须每两小时由两名护士(或其他适格的专业人员, 其中一人已参与最初的决定)审查, 同时医生或"认可临床医生"必须每四小时进行一次审查。[125] 根据《实施细则》:

在患者隔离期间, 隔离室里应当随时能看到一名适格的专业人员和能听到他的声音。[126]

进行这一观察的目的是监督患者的病情和行为, 并确定结束隔离的时间。观察程度应根据个人情况确定。必须至少每15分钟编制一份书面报告。[127]

[221]

此外, 用于隔离的房间应:

- 保护隐私不被其他患者知晓;
- 安全可靠;
- 提供充足的家具、加热、照明和通风设备;
- 保持安静, 但不隔音, 并应有引起注意的方法(应向患者解释如何操作)。[128]

人们一再呼吁禁止隔离, 近年来, 患者对《实施细则》的无约束力提出了挑战。在 R(on the application of Munjaz) v. Mersey Care NHS Trust 案这一影响深远的案例中[129], Ashworth 高度戒严精神医院在隔离三天后提供一次医疗审查的政策被质疑违反了《实施细则》。法院认为《实施细则》具有指导地位, 虽然不具有法律约束力, 但应当予以遵守, 除非有充分理由不这样做。法院认为, Ashworth 是一家高度戒严精神医院, 这使得其有理由不遵守《实施细则》, 因为"患者出现在那里是因为他们无法通过其他机构可以提供的精神卫生服务得到治疗, 不能防止他们伤害别人"[130]。Bingham 勋爵补充道: "信托所采用的程序不允许专断或随意作出决定。这些规则是可获得、可预见和可预测的。"[131]

近年来, 精神卫生法案委员会特别关注违反伦理的隔离实践。2008年, 其指出, 实际发生的隔离通常被用另一种"委婉说法"指代, 这实际上剥夺了患者根据《实施细则》受到的保障。[132] 另外, 它特别提到了高度戒严的法定精神治疗并证明隔离室的卫生条件不好和缺乏盥洗室(增加了违反《欧洲人权公约》第3条"禁止有辱人格的待遇"的可能性)。[133] 最近, 医疗质量委员会对《实施细则》所预测的使用长期隔离, 使用前未尝试降阶梯治疗, 以及在使用前出现失常行为进行了评论。在一个案例中, 医

疗质量委员会抱怨:

"委员会非常担心似乎在未达到隔离门槛的情况下使用了隔离,没有在最短的时间内使用,也没有作为最后的手段……人权问题可能是由对最初和持续隔离的不良记录和隔离理由引起的。"[134]

在 Munjaz 案中,申请人的律师认为,信托的隔离政策与限制第 8 条所保障的私生活权的正当理由之一(保护健康或伦理)不成比例。然而,Bingham 勋爵已经宣布信托的政策没有违反第 3 条,他指出"适当使用隔离不会不成比例,因为它将与引发隔离的必要性相符"[135]。隔离可以并且被不恰当地使用的事实表明"引发隔离"的必要性在某些情况下是专业人员的权宜之计。因此,对于护士而言至关重要的,是护士只有在有充分理由的情况下才使用隔离,并在切实可行的范围内尽量符合《实施细则》的规定。

9.3.3 社区治疗令

[222] 目前为止的讨论集中于对那些被正式或非正式留在医院或照护机构内的人进行治疗和提供照护。这种强调无疑是正确的:正式住院接受医院照护的患者人数[136],以及以残疾为中心的卫生立法的强制性推动力使得了解医疗权力的适用和限制成为必要。然而,在过去近 50 年的时间里,医院照护明显萎缩,而转向社区护理[137],包括根据《心智能力法案》将老人留在(私人)养老院。社区中许多有能力的人不需要正式住院,而《精神卫生法案》第四部分的规定不能适用,使得照护和治疗过程需要获得同意。

在 2007 年《精神卫生法案》修订之前,只有根据第 3 条正式留院并符合第 17 条离院规定的患者才能在社区接受强制治疗。对于这些患者,问题是医生是否可以短暂地援引第 3 条以实现长期离院(最初为 6 个月,有权续期),或在离院期间将患者重新送往医院以便重新适用第 3 条[请记住,援引第 3 条的法律理由是,"除非他被留院",否则不能提供治疗(强调提供)]。在 R v. Hallstrom, ex parte W 案以及 R v. Gardner, ex parte L 案中[138],法院判决,这种对强制入院治疗的使用违背了议会的意图[139],并且排除了对非正式治疗是否适当的认真考虑。[140] 这一情况现在可能会通过引入 2007 年《精神卫生法案》中规定的监督社区治疗[也称为社区治疗令(CTOs)]而得到缓解,因为其引入意味着如果第 17 条规定的离院时间超过七天,责任临床医生就有义务实施社区治疗令(CTO)(第17条第2款和第17条第2A款)。

社区治疗令的目的是让患者出院后能够继续接受治疗,不再需要留院。社区治疗令仍然是授权强制门诊治疗的众多法律机制之一,其中包括第17条"离院和监护"。[141]然而,社区治疗令显而易见的重要性在于其使用的频率日益增加。截至2011年3月31日,共有4291人被实施社区治疗令,较前一年增长了29.1%。[142]但正如John Dawson所解释的那样,随着这种指数式的增长,它们的潜在益处和风险尚未得到充分理解:

要求与社区服务机构保持联系可以防止患者疾病复发,或降低其后果的严重性。它还可以减轻一个人的疾病对其家人和朋友造成的压力,降低他们造成伤害的可能性,防止他们被捕,或避免他们被刑事司法系统处理从而致使他们可能被监禁或直接接受法院心理健康照护……另一方面,社区治疗令可能太容易被使用,或使用时间太长,或可能被强加给不适当类别的患者,或其使用可能成为一种防御性医疗实践形式,旨在转移公众对关闭精神病医院的关注,或者……它们的存在可能会妨碍更多的专业人员努力让患者自愿参与。[143]

[223]

实施社区治疗令的标准规定在《精神卫生法案》的第17A条中。该条规定,在"认可心理健康专业人员"达成协议后,一名被留院的不受限制的患者——即不受法务大臣施加的释放限制——的责任临床医生可以"书面指示"患者成为"社区患者"。只有根据第3条留院的患者、根据第17条离院的患者、那些受到入院令(针对精神紊乱的罪犯)或转移令(从监狱转移到精神病医院)约束的人可以成为社区患者。与第17条为治疗离院和留院(第3条)一样,社区治疗令的有效时间为6个月[除非由责任临床医生或初级特别法庭(精神卫生)终止]。如果仍符合第17A条第5款的相关标准,则社区治疗令可以再延长6个月(之后可以再延长一年):

(a) 患者患有某种性质或者程度的精神障碍,应当接受治疗;

(b) 为其健康或安全或为保护他人,其应当接受此类治疗;

(c) 他可能被召回……可以提供这种治疗,而不必继续将他留在医院;

(d) 责任临床医生有必要行使权力……将患者召回医院;并且

(e) 他可以得到适当的治疗。

《精神卫生法案实施细则》规定,在社区治疗令对患者生效之前,责任临床医生将对患者进行评估，判断患者出院后病情是否会恶化。[144] 医生在进行评估时，将参考患者的病史和"任何其他相关因素"来评估病情恶化的风险。[145] 相关因素将包括患者目前的精神状态，以及患者对治疗的了解和态度。[146] 尽管正式同意不是施用社区治疗令的先决条件，但应通过与患者的看护人员和患者本人商量来确定。[147]

在社区治疗令生效期间，能否合法地对患者进行治疗取决于能力问题，在超过3个月的药物治疗和电惊厥治疗下则取决于"第二意见指定医生"的证明（第4章第一部分）。[148] 如果患者缺乏能力，可以在未经患者同意的情况下予以治疗，但不得使用强制[149]，也不得使用电惊厥治疗。如果患者已进行有效且适用的预先指示，或被授权决定的人代表患者拒绝，那么预先指示或拒绝具有约束力。即使在紧急情况下，对有能力的患者也只能在他们同意后才可进行治疗，除非他们被召回医院（此种情况下适用《精神卫生法案》第四部分）。[150] 在这种情况下，为强制进行药物治疗让不同意的患者重新入院（根据第63条）可能是不可抗拒的，这或许会增加医疗从业人员和患者之间进行强制"谈判"的风险，尤其是当事先并没有与患者进行充分协商。

[224]　如果社区治疗令附加了不现实的"可选条件"，也可能导致患者被召回。可选条件的性质取决于患者的情况，但可能包括患者何时何地接受治疗、住院要求，以及患者避免与其精神障碍相关的"已知风险因素或高风险"情况的规定。[151] 违反这些条件可能会被认为患者无法"在社区安全地治疗精神障碍"。[152] 一旦被召回医院，患者可能会被留院（最长72小时）以进行重新评估或者根据第3条被直接留院，或者，如果符合精神卫生法的相关规定，可以重新发布社区治疗令。如果患者重新获得社区治疗令，责任临床医生应告知患者和咨询者该决定以及适用的条件。[153]

《实施细则》规定，这些条件应"保持在与实现其目的一致的最低数量"并证明与发布社区治疗令的标准相联系的明确理由。[154] 在缺乏明确理由的情况下，责任临床医生可能不得不修改或删除某些条件（无须咨询"认可心理健康专业人员"）。如果不这样做，可能会因条件不相当而引起《公约》的质疑。更一般地说，《精神卫生法案》第132A条规定，医院管理人员有责任"在切实可行的情况下"尽快将《精神卫生法案》中的相关条款告知任何（再）获得社区治疗令的患者。其还必须告知患者他们有权向初级特别法庭（精神卫生）申请审查可选条件和强制门诊治疗的必要性。[155]

9.3.4 出院:初级特别法庭(精神卫生)

属于《精神卫生法案》第二部分规定的社区或住院患者可由其责任临床医生、医院管理人员或初级特别法庭(精神卫生)准许出院。根据第三部分,犯刑事罪后被送往医院的患者只有在获得法务大臣的同意后才能出院。然而,无论是在社区还是在医院,所有被剥夺自由的患者都有权参加特别法庭听证以审查继续留院的合法性。[156] 此外,如果他们不行使这一权利,医院管理人员应定期在入院后6个月到期时,以及之后每3年为他们申请听证(第68条)。

特别法庭听证是一个询问式而非对抗式的过程,因此医院管理人员需要在听证后三个星期内提交报告,包括患者的基本信息、责任临床医生编写的医疗报告和通常由社会工作者编写的社会情况报告。如患者根据第2条被留院,则在听证后7天内提交上述材料。[157] 此外,如果听证会涉及住院患者,则必须在报告中附上其当前的护理计划[158],并提交一份涵盖以下事项的护理报告:

(ⅰ)患者对目前提供的精神障碍治疗的理解和接受的意愿;

(ⅱ)患者所受到的观察程度;

(ⅲ)患者被隔离或约束的任何情况,包括被认为有必要隔离或约束的原因;

(ⅳ)患者在可能被留院期间未经许可而出院的任何情况,或在被准许出院后未在要求时返回的任何情况;

(ⅴ)患者伤害自己或他人,或以暴力威胁他人的任何事件。[159]

在获得必要材料后,特别法庭成员(法律、医疗成员和法庭成员)的作用是确定医疗机构是否证明了存在"真正的精神障碍",使得继续剥夺自由具有正当性,从而符合《欧洲人权公约》第5条第1款第e项的要求(见 Winterwerp v. The Netherlands [160])。根据《精神卫生法案》第72条第1款第b项,在特别法庭认为以下要求未被满足的情况下,患者有权出院:

(ⅰ)患者患有某种性质或程度的精神障碍,使得将其留在医院接受治疗是适当的;或

(ⅱ)为该患者的健康或安全,或为保护其他人,该患者须接受此种治疗;或

[225]

(ⅱa)患者能够被提供适当治疗;或符合下列情形

(ⅲ)在最近亲属就患者出院令被禁止后提出申请的情形下,患者如果出院可能会以对自己或他人造成危险的方式行事。[161]

医疗质量委员会报告称,2009年进行了12122次特别法庭听证会,高于前一年的7295次。[162] 另有50%的申请没有进行听证会,其中约70%是因为患者已经出院,其余部分是患者撤回申请。[163] 导致撤回申请最有可能的原因是患者从正式入院变为非正式入院,或者他们获得了社区治疗令。

精神卫生法案委员会在其最终报告中对将患者状态从符合第3条规定改为符合社区治疗令的做法表示担忧,因为这会导致对留院的上诉失效,但适用第3条入院"不会停止生效"(见第17条第D款第1项)。[164] 在法律质疑之后[165],现在看来,如果患者在上诉后获得社区治疗令出院,则根据第3条的留院将失效。虽然可以对患者重新适用第3条,但精神卫生专业人员可能会仔细考虑特别法庭决定。这样做有两个正当理由:当时不知道与听证会有关的信息[166],或者留院机构认为特别法庭在法律问题上犯了错误。如果决定似乎有误,通常的做法是向特别法庭申请暂缓其决定,等待向上级特别法庭提出上诉。[167]

然而,特别法庭的决定很少会被撤销。2009年,在3500个社区治疗令上诉听证会中,只有5%(占申请总数的29%)导致了出院;被留院患者的出院率为14%。[168] 这些数字普遍偏低的原因之一是特别法庭医疗成员进行的事实调查性质。其需要检查患者和"检查与患者留院或治疗有关的任何记录"。[169] 虽然这是为了保证调查的客观性,但有证据表明,医疗成员会倾向于采纳责任临床医生对患者是否适合出院的看法。[170] 由于《精神卫生法案》第72条第1款第b项第i分项中的"性质"和"程度"概念属于医疗概念,法律成员和特别法庭成员可能会遵从医疗成员的意见。[171] 可能的结果是,作出的决定与患者对其病情的自我理解相冲突。尽管如此,如果医疗成员"在听证会结束前未形成结论性意见",且其他成员"可以不同意"医疗成员对证据和提交材料的意见,则该决定不能被指责为违反《欧洲人权公约》第6条(公平和公开听证的权利)。[172]

造成低出院率的另一个原因可能是,如果披露医疗和社会材料"可能对当事人或任何其他人的身心健康或状况造成严重损害",那么医生保留不披露医疗和社会材料的权利。[173] 在 Roberts v. Nottinghamshire Healthcare NHS Trust 案中[174],法官 Cranston 认为,对健康的伤害应该被广泛理解为包括:"自我伤害或对他人的伤害。这一问题需要进行事实调查,考虑申请人的性格、既往情况、他所受到的照护等所有问题……"[175]但是,请注意,根据2008年《特别法庭程序(初级特别法庭)(卫生、教育和社会保健分庭)规则》,现在实施了更严格的不披露测试标准。根据第14条第2款,特别法庭应下令披露,除非"披露可能会对该人或其他人造成严重伤害",并且"考虑到司法利益作出此类指示是相当的"[176],同时医疗记录不包含来自第三方的敏感信息。[177]虽然这些规定可能会增加患者获得披露的机会,但如果从一开始就保留病历,这可能完全让其他人不会进行申请。因此,医疗从业人员在引用根据《精神卫生法案》对患者留院的条文证明不披露医疗报告有正当性前应审慎考虑。

未根据《精神卫生法案》留院的患者的留院审查由《心智能力法案》附表A1规定。附表A1要求管理人员参考剥夺自由保障措施中包含的资格要求去审查剥夺自由的必要性(见上述第"9.2.3.1节Bournewood诉讼和剥夺自由保障措施")。一旦被留院者、其代表(将由监督机构委任)或独立心智能力扶持者提出请求,就会触发这一程序。如果在审查期间发现剥夺自由保障措施中包含的某项资格要求未得到满足,则应根据《精神卫生法案》让患者出院或将其正式留院。

然而,正如本章所强调的,一旦运用《精神卫生法案》的强制权力,就可能会侵犯患者的自主权,并且如今在以残疾为基础的立法中越来越强调共同决策,理想情况下后一种做法应该是最后手段之一。 [227]

9.4 注释和参考文献

1. 例如,参见 Chapters 7A, 10A.

2. N. Glover-Thomas & J. Laing, Mental health professionals. In L. Gostin, P. Bartlett, P. Fennell, J. McHale & R. Mackay (eds), *Principles of Mental Health Law and Policy* (Oxford, Oxford University Press, 2010), p. 309. [Hereinafter Principles of Mental Health Law and Policy].

3. *Ibid*, P. Bartlett & R. Sandland, *Mental Health Lau: Policy and Practice,* 3rd edn (Oxford, Oxford University Press, 2007), with the 4th edn due in September 2013; P. Fennell, *Mental Health: The New Law* (Jordans, 2007).

4. Department of Health, *MHA Code of Practice Mental Health Act 1983*

(TSO 2008). (A separate Code applies in Wales: see Welsh Assembly Government, *Mental Health Act1983 Code of Practice for Wales.*)

5. *Ibid.*, at para. 1.1.

6. *Ibid.*, at para. iv.在实践中,过去对非自愿治疗合法性的司法评估显示了对精神科决策的明显尊重。例如,参见 *R* (on the application of *PS*) v. *G* (*RMO*) and *W* (*SOAD*) [2003] EWHC2335, para. 39; *R* (*JB*) v. *Haddock and others* [2006] EWCA Civ 961, paras 32–3。

7. *Ibid.*, at para. 1.7.

8. 例如,可参见 *R* v. *RMO, Broadmoor Hospital and Others, ex parte Wilkinson* [2002] EWHC 429, paras 22, 26.

9. *R* (*B*) v. *Ashworth Hospital Authority* [2005] UKHL 20, paras 30–31.“有义务”的提法来自 *Kolanis* v. *United Kingdom*(2006)42 EHRR 12,其中提出,精神病科"有权利也有义务"提供医疗服务(尽管这一义务并非基于事实)(第 29 段)。Nell Munro 评论说,治疗精神障碍的规范性目标,即"最大限度地保障患者和社区的健康和安全"(强调提供),使得司法机关避免了不必要地限制专业人员有效治疗的能力。See "Treatment in hospital", in *Principles of Mental Health Law and Policy,* note 2 above, pp. 475–476。

10. *5th Biennial Report 1991–1993* (London, TSO, 1993), at para. 7.15.

11. 由于只有精神科医生才能诊断出精神障碍,其建议仍然是"入院程序的基石"。See P. Bean, *Mental Disorder and Legal Control* (Cambridge University Press, 1986), p.35。

12. 《精神卫生法案》第 6 条第 3 款规定:"根据本法[本]部分的规定、依据必要的医疗建议正式提出的任何患者入院申请,无须进一步证明即可受理,既不需要提出申请或给出任何此类医疗建议的人员的签名或资格,也无须证明其中陈述的事实或观点。"此外,除非被法院驳回,否则入院仍然合法。See *R* v. *Managers of South Western Hospital, ex parte M* [1993] QB 683。

13. 截至 2011 年 3 月 31 日,2010—2011 年期间,国民医疗服务和独立医院共有 30092 人入院,其中约 2138 人属于第三部分。See The Health and Social Care Information, Centre Health and Social Care Information Centre, *Inpatients formally detained in hospitals under the Mental Health Act, 1983*

and patients subject to supervised community treatment, annual figures, England 2010–11, October 2011(Department of Health, NHS Information Centre, 2011), pp.4, 12。

14. Schedule 1 of the Mental Health (Hospital, Guardianship and Treatment) (England) Regulations 2008, SI 2008/1184. [228]

15. *Ibid.*

16. Joint Pre-Parliamentary Scrutiny Committee House of Lords. House of Commons, *Report on the Draft Mental Health Bill, Session 2004–2005,* HL Paper 79–1, HC 95–1. Sessions 2004–2005, 2005, paras 18–22.

17. Notably, *X* v. *United Kingdom* (1981) 4 EHRR 188.

18. See, for example, J.H. Ritchie, D. Dick & R. Lingham, *The Report of the Inquiry into the Care and Treatment of Christopher Clunis* (London, HMSO, 1994).

19. 此前在法律中被定义为"持续性心神不调或心智无能……导致异常攻击性或严重不负责任的行为"(第1条第2款)。医学上对精神变态的定义仍然存在,已确定的特征被归为人际因素(表面魅力、浮夸、病理性说谎、控制);情感因素(冷酷无情、不悔改、肤浅、不承担责任);冲动的生活方式(冲动、吸引注意、不负责任);和反社会行为(违反一般规则)。See C.S. Neumann, R.D. Hare& JP Newman, The super-ordinate nature of the Psychopathy Checklist-revisited, *Journal of Personality Disorders,* 21 (2007), pp.102–117.

20. 青春期晚期被广泛定义为"不负责任和无视社会规范、规则和义务的粗暴和持续态度", World Health Organization, *The ICD-10 Classification of Mental and Behavioural Disorders: Clinical Descriptions and Clinical Guidelines* (Geneva, WHO, 2002), p.204。

21. W.H. Reid & C. Gacono, Treatment of antisocial personality, psychopathy, and other characterological antisocial syndromes, *Behavioural Sciences and the Law,* 18 (2000), pp.647–662.

22. 就内部入院决定的这一证据是非决定性的。就入院到可靠的医院,参见 A. Grounds, L. Gelsthorpe, M. Howes, D. Melzer et al, Access to medium secure psychiatric care in England and Wales. 2: a qualitative study of admission decision-making, *Journal of Forensic Psychiatry and Psychology,* 15

(1)(2004),pp.32-49。

23. South East Coast Strategic Health Authority, *Report of the Independent Inquiry into the Care and Treatment of Michael Stone* (2006), http://www.kent.gov.uk/ publications, council-and-democacy/michael-stone.htm

24. Cm 5016-1, at para.1.15.

25. 当然,如果医疗专业人员愿意与患者接触,"可治疗性测试标准"不构成留院的障碍。此外,面对不确定的预后效果,法院此前判决,如果患者患有精神障碍,留院治疗是合法的。See *R* v. *Cannon Park MHRT, ex parte A* [1994] WLR630.

26. 适当治疗测试标准现在也适用于依据《精神卫生法案》第 36 条、第 48 条和第 51 条(经 2007 年《精神卫生法案》第 4 条第 3 款修订)的入院。根据第 7 条第 3 款在第 145 条中插入第 4 款,该项表面上似乎重新实施了一种形式的"可治疗性"测试标准:"本法中提及的任何医疗……应解释为指旨在缓解或防止疾病或其一个或多个症状或临床表现恶化的医疗。"然而,值得注意的是,治疗只需具有缓解或防止疾病临床表现恶化的"目的",包括目前已经出现或推测未来会出现的风险,留院的理由取决于已经提到的事项。

27. Department of Health, *Personality Disorder: No Longer a Diagnosis of Exclusion. Policy Implementation Guidance for the Department of Services for People with Personality Disorder* (London, Department of Health, 2003).

28. See note 4 above, paras 1.5-1.6.

29. 欧洲人权法院指出,将一名病情可能无法接受治疗的患者留院从表面上看并不违法;就第 5 条而言,为了公众的利益,需要控制和监督患者就足够了。See *Hutchinson Reid* v. *United Kingdom* [2003] 37 EHRR 211, at para 51.

30. 第 57 条第 2 款将其定义为"任何破坏脑组织或破坏脑组织功能的外科手术"。

31. [2005] UKHL 20.这一案件涉及一名人格障碍罪犯,他正在挑战医生根据《精神卫生法案》对他在留院期间出现的精神障碍进行强制治疗的权利。

32. At para.10.

33. *Antisocial Personality Disorder: The NICE Guideline on Treatment,*

Management and Prevention (National Collaborating Centre for Mental Health. The British Psychological Society and the Royal College of Psychiatrists, 2010), p.191.

34. N. Khalifa, C. Duggan, J. Stoffers, N. Huband *et al,* Pharmacological interventions for antisocial personality disorder, *Cochrane Database of Systematic Reviews,* (8)(2010), CD007667, p.2.

35. 例如,"……精神障碍是从(他的)反社会行为中推断出来的,而反社会行为是由精神障碍解释的"。B. Wootton, *Crime and Criminal Law* (Stevens, 1981), p.90.

36. 现在看来,《心智能力法案》(第5条和第6条)的引入可能会排除对有能力的妇女进行强制剖腹产。This conclusion is supported by the decision in *St George's Healthcare NHS Trust* v. *S* [1998] 3 All ER 673, per Lord Justice Judge, at p.773. For further discussion, see R. Jones, *Mental Health Act Manual,* 11th edn (London, Sweet and Maxwell, 2008), p.329.

37. 被定义为"人际关系、自我形象和影响以及从成年早期开始的显著冲动的不稳定普遍模式,存在于各种情形中,并显现为极度努力避免真实或想象中的放纵,包括自伤或自残"。See American Psychiatric Association, *Diagnostic and Statistical Manual of Mental Disorders: DSM-IV-TR, text revision* (Washington, DC, American Psychiatric Press, 2000), p.629.

38. *B* v. *Croydon Health Authority* [1995] 1 All ER 683, at 298.

39. Ibid, at 688.

40. *R* V. *Collins and another, ex parte Brady* [2001] 58 BMLR 173.

41. 相反,如果建议在精神病院外进行治疗,法院支持人格障碍患者拒绝进食的权利,但前提是该人有拒绝进食的能力(否则将构成殴打侵权)。See *Secretary of State for the Home Department* v. *Robb*[1995] 1 All ER 677(HC);对于社区中的个体情况,参见 A. David et al., Mentally disordered or lacking capacity? Lessons for managing serious deliberate self-harm? *BMJ* (*Clinical Research Ed.*), 341 (2010)。

42. 第二指定意见医生(SOAD)由卫生事务大臣任命;他或她的工作受医疗质量委员会监督。

43. *R* (*Wooder*) v. *Feggetter and another* [2002] EWCA Civ 554, at para. 34.

44. *Coercion and Consent: Mental Health Act Commission 13th Biennial Report 2007-2009* (London, TSO, 2010), at para. 3.35.在其 2008 年版中，它指出："我们怀疑存在两方面的结合，即患者越来越不舒服和临床医生对同意问题的认识越来越提升，后者包括临床医生越来越重视第二意见指定医生的服务（无论是作为对患者的保护，还是对自己的保护）"，See MHAC, *Risks, Rights and Recovery 12th Biennial Report 2005-2007*(London, TSO, 2008), at para. 6。

45. *Ibid*, at para. 3.37.

46. Section 27(2) of the Mental Health (Hospital, Guardianship and Treatment)(England) Regulations 2008, SI 2008/1184.

47. *Ibid.*, section 27(3)(b).

48. *MHA Code of Practice 2008,* note 4 above, at para. 16.14.

49. *R (Wilkinson)* v. *Broadmoor Hospital Authority* [2001] EWCA Civ 1545, at para.33.

50. Treatment in hospital, in Principles of Mental Health Law and Policy, note 2 above, p.495.

51. See the *MHA Code of Practice 2008,* note 4 above, paras 24.64-67.

52. MHAC, *In Place of Fear, 11th Biennial Report 2003-2005* (London, TSO, 2005), at fig.63.

53. MHAC, 13th Biennial Report 2005-2007, note 46 above, at para. 3.36.

54. *Ibid.*, paras 3.35-3.36.

55. *Ibid.*, at para. 3.53.

56. 法院认为，"除非患者能够证明第二意见指定医生没有解决他本应解决的任何实质性问题，或者他给出的理由存在重大错误，否则法院不会批准司法审查"。See *R (Wooder)* v. *Feggetter and another* [2002] EWCA Civ 554, at para. 35.

57. 相反，"除了显而易见的原因表明如果不这样做就完全没有必要要求第二意见，并不清楚为什么应该优先考虑第二意见指定医生的意见。也不清楚为什么第二意见指定医生的意见比她的认可临床医生的意见更符合患者最大利益"。See N. Munro, Treatment in hospital, in *Principles of Mental Health Law and Policy,* note 2 above, p.495.

58. 另一种方法是利用《1998年公共利益披露法》。该法力求保护为公共利益披露信息的个人并使个人能够在进行某种形式的披露后遭受不公正对待的情况下主张法律补救。

59. See MHAC, *13th Biennial Report 2007-2009,* note 46 above, at para. 3.62.

60. *Ibid.,* at para.6.88.

61. 据报告,在23%的病例中,是在第二意见指定医生达到之前处理的。See *13th Biennial Report 2007-2009,* note 46 above, at para. 3.57。

62. 合理可行的措施包括"简单的语言、手语、视觉呈现、计算机支持或任何其他方式"。See the *MCA Code of Practice 2008*（London, TSO, 2008）, at para. 4.17.

63. 在Re T（Adult: Refusal of Treatment）(1992)案中,Donaldson勋爵指出"作出选择的理由是理性、非理性、未知还是根本不存在的"都不重要。at 187.

64. 2008年《心智能力法案实施细则》提供的例子包括:精神疾病、痴呆症、严重学习障碍、头部受伤后的脑震荡,以及酗酒或吸毒的症状。See note 64 above, at para. 14.12.

该条仅适用于16岁以上的人(见第2条第5款);低于这一年龄,普通法对充分理解和成熟的测试标准占上风。See *Gillick* v. *West Norfolk and Wisbech Area Health Authority*［1986］AC 112.

65. MCA Code of Practice, note 64 above, at para. 4.4.

66. 在普通法上,存在需要"相信"相关信息的附加要求。See *Re C*（*adult: refusal of medical treatment*）(1994) 1 WLR 290, at 295; approved in *Re MB*（*Medical Treatment*）［1997］2 FLR 426.

67. *Per* Lord Donaldson in *Re T*（*adult: refusal of medical treatment*）［1993］Fam 93, at 796.

68. *MCA Code of Practice,* note 64 above, at paras 4.8-4.9.

69. P. Bartlett, *Blackstone's Guide to the Mental Capacity Act 2005,* 2nd edn (Oxford, Oxford University Press, 2008), pp.51-52.

70. Section 5(1)(b) of the MCA.这种方法遵循了普通法,在普通法中,"医生可以进行干预的唯一合法情况是,如果患者被认为缺乏决定能力"。See *Re MB*（*Medical Treatment*）(1997) 38 BMLR 175（CA）, *per*

Butler Sloss LJ.然而,补救可能是名义上的损害赔偿[例如,Re B 案(Adult: Refusal of Medical Treatment)(2002)2 All ER 449 中,遭受法律上认为的攻击被判 100 英镑(违背有能力的患者自己的意愿进行通气治疗)]。

71. For discussion, see P. Fennell, Detained psychiatric patient: forcible feeding and the right to die, *Medical Law Review,* 8 [2000], pp.251–256.

72. *Re MB (An Adult: Medical Treatment)* [1997] 2 FCR 541.这一理由在随后的案件中得到了广泛的遵循;例如,参见 *Re S (Sterilisation: Patient's Best Interests)* [2000] 2 FLR 389。

73. *Re A (Male Sterilisation)* [2000] 1 FLR 549, at 555. For a more recent example, see *Trust A* v. *H (An Adult Patient)* [2006] 9 CCLR 474, at paras 25–26.

74. *Re Y (Mental Patient: Bone Marrow Donation)* [1996] 2 FLR 787.

75. P. Fennell, Inscribing paternalism in the law: consent to treatment and mental disorder, *Journal of Law and Society,* 17 (29) (1990), p.43.

76. [2001] Fam 15.

77. S. Holm & A. Edgar, Best interest: a philosophical critique, *Health Care Analysis,* 16(2008), pp.197–207.

78. 预先决定将优先于第 4 条第 7 款中规定的任何其他机制:见第 26 条第 1 款。这也意味着在根据第 5 条进行非同意治疗情况下,护士将无法对殴打进行辩护。

79. 2008 年《心智能力法案实施细则》规定:"预先决定不能拒绝对于让一个人保持舒适的必要行为……包括保暖、遮盖、保持清洁和用嘴进食和喝水。" See note 64 above, para. 9.28.

80. *Ibid.*, at para. 9.11.

81. *HE* v. *A Hospital NHS Trust, AE* [2003] EWHC 1017.

82. Section 26(2)–(3).

83. See note 71 above, pp.82–83.

84. Schedule 1A, section 4(2) of the MCA.

85. *HL* v. *United Kingdom* [2005] 40 EHRR 32.

86. *Ibid.*, paras 120–121.

87. Peter Bartlett 认为:"令人震惊和痛苦的是,这些修订内容在法典中占据的篇幅与之前的整个《心智能力法案》几乎相同,除了其附表。起草工作有时让人感到讨厌,毫无必要地复杂。这是非常不幸的。2005 年通过的《心智能力法案》是一个负责决策的合理非专业人士能够合理理解的立法;修订版本并非如此"。See note 71 above, p.97.

88. 对于那些被非正式留院的有能力患者来说,在不顺从治疗情况下的正式留院,其(潜在)威胁可能是一种未受监管的胁迫形式。

89. Department of Health, *Mental Capacity Act 2005: Deprivation of Liberty Safeguards* (Code of Practice) (London, TSO, 2008), at para. 2.6.

90. MCA, schedule A1, at para. 24. Authorisation lasts for one year: see schedule A1,paras 42(2), 51(2).

91. *Ibid.*, at para. 78(2).

92. *Ibid.*, paras 139-140.

93. *Ibid.*, paras 12-20.

94. *Ibid.*, at para. 129(1).

95. *Ibid.*, at para. 129(5).

96. Mental Capacity (Deprivation of Liberty: Standard Authorisations, Assessments and Ordinary Residence) Regulations 2008 (SI 2008/1858), regulation 4.

97. *Ibid.*, regulation 5(2).

98. *Ibid.*, regulations 6-9.

99. MCA, schedule A1, paras 57-58.

100. *Ibid.*, at para. 59.

101. *Ibid.*, at para.102.

102. *Ibid.*, section 21A(2).

103. *Ibid.*, section 21A(3).

104. 尽管如此,在实施治疗之前,"在可行的情况下,护士仍应在进行治疗之前征求患者的同意"。See *MHA Code of Practice 2008,* note 4 above, at para 23.37.

105. 2008 年《精神卫生(护士)(英格兰)令》第 2 条第 1 款将"遵医嘱部门"界定为根据 2001 年《护理和助产令》注册的精神健康或学习障碍专科护士。

106. 第 5 条第 4 项规定的是紧急措施。因此,有权将患者留院的医生或经批准的临床医生不应"仅仅因为这是被允许的最长时间而在就诊

[232]

前等待六个小时"。See *MHA Code of Practice 2008,* note 4 above, at para. 12.32.

107. *Ibid.,* at para. 12.27.

108. *Ibid.,* at para. 12.28.

109. See Schedule 1 of the Mental Health (Hospital, Guardianship and Treatment)(England) Regulations 2008, SI 2008/1184.

110. *MHA Code of Practice 2008,* note 4 above, at para. 12.24.

111. *Albert v. Lavin* [1982] AC 546 (HL).

112. *11th Biennial Report 2003-2005,* note 54 above, at para. 4.26.

113. S. Hoge, C.W. Lidz, M. Eisenberg, W. Gardner *et al.,* Perceptions of coercion in the admission of voluntary and involuntary psychiatric patients, *International Journal of Law and Psychiatry,* 20 (2) (1997), pp.167-181.

114. *Re KB (adult) (mental patient: Medical treatment)* (1994) 19 BMLR 144, per Ewbank J. at 146.

115. See note 4 above, at para. 15.5.

116. L.S. Benjamin, *Interpersonal Diagnosis and Treatment of Personality Disorders,* 2nd edn (New York, Guilford, 1996), p.197.

117. *Hansard,* HL Deb, Ser 5, Vol 426, col 1064-65, 1982 (1 February), per Lord Elton.

118. See note 4 above, at para. 15.43.

119. *Ibid.,* at para. 15.43.

120. *Ibid.,* at para. 15.8.

121. *Ibid.,* at para. 15.45.

122. *Ibid.,* at para. 15.46.

123. *Ibid.,* at para. 15.49.

124. *Ibid.,* at para.15.50.

125. *Ibid.,* at para. 15.51.

126. *Ibid.,* at para. 15.55.

127. *Ibid.,* at para. 15.56.

128. *Ibid.,* at para. 15.60.

129. [2005] UKHL 58.

130. Per Lord Hope, at 70.

131. *Ibid.*, at 34.

132. *12th Biennial Report 2005-2007,* note 46 above, at para. 2.132.

133. *Ibid.*, at para 2.133.

134. *Monitoring the Use of the Mental Health Act in 2009/10,* p.74.

135. See note 131 above, at 33（emphasis supplied）.

136. 例如,2011 年 3 月 31 日,有 16642 名患者被留院在国民医疗服务医院和独立医院。See note 13 above, p.4.

137. 从 1954 年到 2004 年,总床位容量从 15.4 万张下降到 3.24 万张。See L. Warner, Acute care in crisis, in The Sainsbury Centre for Mental Health, *Beyond the Water Towers: The Unfinished Revolution in Mental Health Services 1985-2005,* p.37.

138. [1985] 3 All ER 775.

139. *Ibid.*, at 1107.

140. *Ibid.*, at 1110.

141. 关于与社区治疗令的关系,参见 M. Kinton, Towards an understanding of supervised community treatment, *Journal of Mental Health Law,* 17（7）（2008）, pp.7-20。

142. See note 13 above, p.4.

143. Community treatment orders, in *Principles of Mental Health Law and Policy,* note 2 above, pp.514-515.

144. See note 4 above, at para. 25.8.

145. *Ibid.*, at para. 25.9.

146. *Ibid.*, at para. 25.11.

147. *Ibid.*, at para. 25.14.

148. 在这方面,4A 的标准与第四部分的标准一致。See section '9.1.2.2 Treatment under section 58' above.

149. *MHA Code of Practice,* note 4 above, at para. 23.16.

150. *Ibid.*, at para. 23.14.

151. *Ibid.*, at para. 25.34.任何情况都应记录在患者记录中: at para. 25.35。

152. *Ibid.*, at para. 25.11.

153. *Ibid.*, at para. 25.36.

154. *Ibid.*, at para. 25.33.

155. 更有可能的出院途径是在当前期限届满后不更新社区治疗令(根据第20B条第1B款),或在被召回医院后责任临床医生允许出院(第17G条)。

156. 权利的范围各不相同。社区患者或因治疗被留在医院的患者有权在留院的第一个和第二个6月内,以及此后每隔12个月要求进行由特别法庭法官、医疗成员和非医疗专业成员参加的听证会。受限制患者有权在限制实施后的第二个6个月内,以及此后每12个月申请听证一次。见第69条第1款第a项。由于28天的留院期较短,被留在医院接受评估的患者(根据第2条)应在前14天内提出申请。See section 66(2)(a).

157. The First-tier Tribunal (Health and Social Care Rules Chamber) Rules 2008, rule 15.文件和报告中必须包含的内容的准确细节内容载于实践指导(健康和社会保健室)精神卫生案例中。

158. *Ibid.*, at paras 5, 8.

159. *Ibid.*, at paras 18–19.

160. [1979] 2 EHRR 387, at 37.为了确定情况是否如此,越来越多的护士被要求就继续剥夺自由是否正当进行陈述。

[234] 161. 医院管理人员的出院禁止由责任临床医生提交的禁止证明授权,责任临床医生将证明患者如果出院将对自身或他人构成危险(第25条)。然而,出院禁止可以被特别法庭推翻。

162. *Monitoring the Use of the Mental Health Act in 2009/10,* p.62.

163. *Ibid.*

164. *12th Biennial Report 2005–2007,* note 46 above, at para.4.89.

165. *AA v. Cheshire and Wirral Partnership NHS Foundation Trust* (2009) UKUT 195.

166. See *R (on the application of Von Brandenberg (aka Hanley) v. East London and the City Mental Health NHS Trust, ex parte Brandenberg* [2003] UKHL 85, at 10.

167. First-tier Tribunal (Health and Social Care Rules Chamber) Rules 2008, rule 5.

168. See note 164 above, p.62.

169. First-tier Tribunal (Health and Social Care Rules Chamber) Rules

2008, rule 34.

170. 例如,Elizabeth Perkins 发现,医疗成员"……与患者的医生在会议前进行某种对话并非罕见"。See *Decision-Making in Mental Health Tribunals* (London, Policy Studies Institute, 2003), p.30. See also N. Ferencz & J. Maguire, Mental Health Review Tribunals in the UK: applying a therapeutic jurisprudence perspective, *Court Review: The Journal of American Judges Association,* 37 (1) (2000), pp.48-52.

171. 在考察了 50 个特别法庭听证会后,Richardson 和 Machlin 发现"……没有一个被观察的特别法庭……反对医疗成员的意见"。See G. Richardson & D. Machlin, Doctors on tribunals: a confusion of roles, *British Journal of Psychiatry,* 176 (2000), pp.110-115.

172. *R (S)* v. *MHRT* [2002] EWHC 2522 (Admin), at para. 23.

173. Data Protection (Subject Access Modification) (Health) Order 2000, Article 5.

174. [2008] EWHC 1934 QB.

175. *Ibid.,* at para. 10.对这一判决的讨论,参见 L. McRae, Withholding medical records without explanation: a Foucauldian reading of public interest, *Medical Law Review,* 17 (2009), pp.438-446。

176. Supported by the Upper Tribunal in *RM* v. *St. Andrew's Healthcare* [2010] UKUT 119(AAC).

177. *Dorset Healthcare NHS Foundation Trust* v. *MH* [2009] UKUT 4 (AAC).

B 伦理视角：强制与自主

Harry Lesser
曼彻斯特大学哲学中心哲学荣誉研究员

[235]　在心理健康护理领域,有两个伦理问题占据着主导地位,一是在面对那些似乎暂时或更长期地缺乏充分理性的人的时候,如何坚持尊重他人这一伦理原则。二是何时运用强制手段(无论是强制住院、强制治疗还是强制约束)具有正当性的伦理问题。这两个问题密切相关,均涉及对一个人能力的判断。因为只有当服务对象或患者的心智判断受损或发育不良以至于他们没有能力自己决定是否应该住院或如何治疗时,强制才可能被认为具有正当性。这种情况有时确实发生在一些患有生理疾病(例如谵妄)的人身上。当然也可能发生在儿童、失去意识的人以及醉酒或吸食毒品的人身上。然而,对于患有精神疾病的人来说,情况似乎更为棘手,由于不确定服务对象是否有能力,故而很难作出决定。此外,决定除了需要根据可以确定范围内的事实作出,还必须遵循适当的伦理精神和具有伦理上的正当理由。

　　如本章第一部分所述,有关精神卫生的法律有2005年《心智能力法案》和1983年《精神卫生法案》,后者在2007年做了大幅修订。此外还包括为这两项法案发布的具有实质重要性的《实施细则》。从某种意义上说,它们也是法律的一部分,尽管它们只提供指导,但很明显的是法院将期望医疗专业人员遵守这一指导,除非其有充分的理由不遵守。目前的法律条文至少在三个方面与伦理非常一致:它认为必须始终保持对他人的尊重;它赞成应当首先推定成年患者有能力并且不应受到强制;它还就决定何时需要强制提供详细的建议和标准。应当保持对人的尊重这一点可能不会有争议。但是,要理解为什么在伦理上我们应该推定一个人是有决定能力的并且只有在有充分证据证明的情况下才放弃这种推定还需要进一步的讨论。

9.5 强制的伦理运用

对于成年患者,即使他们精神失常,也应尽可能避免运用强制,并且运用强制需要具有正当性。这出于两个原因,一是个人自主权本身非常重要,应该予以保护,除非它阻碍了其他重要价值:有些人甚至会说,如果人们打算做或似乎有可能做一些会破坏或严重损害自身或他人自主权的事情,除非需要对其加以限制以维持未来的自主权从而让他们能够独自作出决定,其自主权都应当予以保护。二是人们即使不是完美的法官,也是他们自身利益的最佳判断者。当没有客观答案符合他们的最大利益而只考虑主观偏好时,情况尤其如此:例如,虽然有时医疗的利大于不利,但有些时候只有服务对象自己可以决定对于他们来说为改善其状况而持续忍受如副作用的痛苦是否值得。因此,在伦理和法律上,有能力的成年人不得被强制性治疗或强制性住院。

[236]

然而,似乎很明显的是,并非所有成年人都具有必要的能力,而这种能力的缺乏不仅可由无意识(典型情况)或暂时由于醉酒、服药或谵妄引起,还可由精神疾病引起。即使 Thomas Szasz 是患者自由的坚定支持者,认为"精神疾病"无论如何都完全不是一种疾病,也不是一种"大脑疾病",因为患病的器官是大脑,而不是心智,他也同意某些脑部疾病,如晚期老年痴呆症,使得患者就像实际上无意识一样不具有决定能力,因而必须由他人代表他们作出决定。[1] Szasz 认为这种情况只占(他所说的)所谓精神疾病的一小部分。但有证据表明还有许多类似的案例,在这些案例中,一个人的妄想信念或情绪压力使他们没有能力作出决定:第一个例子是许多厌食症患者不承认他们对自己造成的伤害,第二个例子是临床重度抑郁症患者根本无法作出任何决定。

不过,这也说明了问题所在。秉持错误的、基于糟糕依据或没有依据的信念并不是"精神病患者"所特有的,这在统计上是绝对正常的,因为一个人的判断会被自己的情绪扭曲。然而,我们不仅将这些正常情况与诸如妄想、抑郁、恐惧或上瘾等区别开来,而且专家们,有时甚至是我们这些外行,都经常可以轻松判断一个人是否正常或精神失常:只有少数似乎处于临界状态的情况除外。正反向误诊都存在著名案例,既涉及对非精神病患者的长期留院,也涉及未能对患精神疾病的人留院。但这些案例往往可能是因为没有考虑到证据。有时,这是一个有讽刺意味的蓄意的政治举动,例如,在前苏联让政治异见者住院。[2] 有时,这是因为假设某些类型的"不道德"或反社会行为始终是精神疾病的迹象,并且不再进一步调查,如将未婚母亲"送进精神病院"或者多年来将同性恋归类为精神疾病。有时仅会考虑很少的证据,例如,在 Rosenhan 试验中,某大学心理学系的几名精神正常的人员仅仅因为抱怨听到声音而被判断为精神病患者。[3] 有时,证据因意识形态原因而被低估,比如 RD Laing 的追随者(虽然也许不是 Laing 本人)忽视一个人的近亲属所说的话。[4] 这些犯下错误的事例仅仅表明,决定必须适当考虑可获得的证据。

正如上文所述,也正如《心智能力法案实施细则》所规定的那样(第19页),这反过来意味着:我们必须一开始就假设一个人有能力作出自己的决定,即理解、权衡、记住和运用信息,并将其决定传达给他人(见《心智能力法案实施细则》第45页)。只有在考虑了所有相关证据后,才应判定他们不具备这种能力;《细则》特别指出,一项决定在医疗专业人员看来并不明智甚至非常不明智,这一事实并不足以证明患者无决定能力。只有在采取了所有切实可行的措施来帮助有关人员之后,特别是在向他们提供了他们能够理解的相关信息之后,才能判定他们无决定能力(《心智能力法案实施细则》第29—39页)。此外,在强制住院的情况下,问题不仅仅是该人是否有决定能力,而是他们的无能力是否可能导致他们对自己或他人的伤害,即他们是否患有严重的精神障碍,使自己或他人处于危险之中。

此时我们必须再次审视 Thomas Szasz 的反对意见,他认为这完全不是一个医学问题,而是伦理和政治问题。如果有人伤害他人,那是法律问题;如果他们伤害了自己,那就是他们的事了。至于是否有人应该仅仅因为推测人们可能伤害自己或他人而进行干预,这是一个政治问题。如果一个人认为自由是最高的政治价值观,那么他就会认为,不应该仅仅以一个人可能做什么为理由对其进行干预,而只应该是在他们确实试图这样做的时候才进行干预。如果一个人有不同的政治和伦理观点,他可能会支持干预。但根据 Szasz 的说法,这是价值观问题,而非医学问题。

然而,这是基于这样一种信念:即除非一个人受脑部疾病影响严重,以至于实际上根本无法作出决定,否则他们总是有能力作出决定——他们的决定和行为可能明智或愚蠢,正当或邪恶,但不能被归类为"没病"

或"有病"。不过强有力的证据可以反驳这一信念,证明即使某人作出了决定,也可能是由于或严重受以下因素的影响,如一种或一系列妄想信念、记忆或感知功能的严重紊乱、躁狂或抑郁等情绪障碍,不能控制自己的欲望或幻想,或不正常地缺乏良知或对他人的关心。如果这种情况经常发生而不仅仅是"一次性的",并且如果这对此人行为的影响足够严重,那么将此人视为精神病患者是正确的;有时将他们视为对自己或他人具有危险也是正确的,因为他们的心理机能受损。诚然,所有这些情况都有与之类似的正常状态,但后者不妨碍一个人对自己行为负责,因而他们可能愚蠢或邪恶或两者兼而有之,但不是"有病"。尽管如此,处于不安状态的人与处于类似状态的人是不同的,有时他们是如此不同以至于任何与他们打交道的人都能清楚地看到这一点,即使他们无法用语言来界定差异。我们可能无法确定,但如果考虑所有证据,则也许能获得高度盖然性。再次重申,犯错误通常是因为证据未得到适当考查,而非诊断不可能。

[238]

因此,伦理上要求强制留院的决定只能基于有充分证据表明他们有精神障碍,并且由于或部分由于精神障碍而对自己或他人造成危险。同样,只有在患者没有能力对其治疗作出决定的情况下,才应作出实施强制治疗的决定。这两个决定都不应该基于惩罚而作出,不管该人的行为多么令人不快;这可能要求护士有一定的自我意识,因为人们虽会在意识层面上拒绝这种动机,但却会在不知不觉中受到影响。决定也不应该基于某人的便利作出。在此需要保持谨慎,特别是当"某人"指的是家人的时候。一方面,用早些时候的话来说,有些人被送进精神病院的时候并没有精神病,只是因为他们让他们的家人感到尴尬。另一方面,有些人有严重的精神病,但却仍然被允许让他们家人的生活变得难以忍受,威胁到生命并以谋杀或自杀告终,所有这些都是因为家人一直说的话没有被认真考虑。因此,主张人们不应仅仅因为这有利于他们的家人或其他任何人而住院时,我们不应该否认,在决定他们是否"有精神病"和危险时,家人或通常与他们有紧密联系的人提供的证据可能是至关重要的,决不能掉以轻心。

未能考虑所有证据的更多的失败案例值得我们研究。如上所述,有些精神病医生出于意识形态原因而低估了患者家人所说的话。另一方面,如果已经假定患者患有精神病,那么患者自己说的话也可能被错误地低估。此外,还需要正确解释用词和行为,这需要了解不同的说话和行为方式:在一个地方绝对正常的称呼形式和行为方式有时会被来自其他地方的交谈者认定为不正常或不恰当。

处理证据的另一个要素是不允许一项证据、甚至一种证据具有决定性。Rosenhan 试验(见上)就是一个例子:人们只因为听到声音的这一个证据被诊断为患有精神病,而这实际上是一个谎言!特别是,一个人大体上与患有某种类型精神疾病的人相似,或者来自某种特定精神疾病高发群体的事实无论如何都不应当具有决定性。如果没有直接或间接证据,某人的行为不足以判断他有精神障碍。如果行为怪异,此人可能只是有不寻常的品味:我们应当注意,同性恋被归为一种疾病的时间并不长。如果一个人的行为残忍、具有破坏性,而不仅仅是不同寻常,这本身并不能证明他们患有精神病。毕竟,这可能表明他们道德败坏,而不是"有病"。

至少有三种证据才能够证明一个人患有精神疾病。第一类证据是熟悉他们的人如家人和同事的报告。第二类证据是人们对自己经验的看法,无论是感性的、情感的还是两者兼而有之。值得注意的是,像 Szasz 这样反对整个精神疾病概念的人断言诊断仅仅基于行为是错误的:这在很大程度上是基于一个人自己的经验。但必须注意,在描述他们的经验时,这个人可能会说谎,夸大或曲解事实:装病(故意假装生病)和疑病(夸大症状的严重性)不仅限于生理疾病。

第三类证据大致来自行为方式。这包括许多非常不同的表现:许多不同种类的强制和上瘾行为;由恐惧症导致的行为(有些恐惧症很轻微,不会造成大问题,但其他恐惧症可能会妨碍正常生活,如极端恐旷症);以及怪异的和(或)对自己或他人有害的行为。尤其最后这一点可能引发思考:如果这种行为对他人有害,这是精神疾病的结果还是仅仅因为对他人的需要和权利漠不关心。正如人们有时所质问的那样,这个人是坏人还是疯了?[5]

例如,偷窃本身并不是精神疾病的征兆:它可能只是表示不诚实和不关心他人。但是,偷没有用处或价值的东西,或者只偷特定类型的东西,或者在必然会被抓到的时候偷东西,就是证明存在精神问题的证据,尽管并不具有决定性。有些人会认为具有某些欲望本身就是一种疾病,比如折磨他人的欲望。但是,如果一个人自己认为按照这种欲望行事是错误的,并且具备控制自己行为的正常能力但没有做到这一点,那么就有充分的理由说他们没病,而是行为不端和邪恶。有人可能会说,只有当人们不仅有一种怪异的欲望或者一种对自己或他人有害的欲望,而且无法控制它时,才属于患有精神疾病。因此,行为本身不能说明这个人"是疯还是坏":需要证据来证明这个人能控制什么,不能控制什么。虽然我们可能永远无法完全确定某个特定的人的行为是否并非因为他们自己的过错,而是因为他们的心智或情感能力在某种程度上受到严重损害("疯"),或者故意选择做伤害他人的事情("坏"),但考虑的证据越多,就越有可能在某方向上确立盖然性。

然而,提到"伤害"会引发另一个问题。人们正在评估的是某人的判断能力是否受到损害,从而对自己或他人构成危险。但有人可能会反对,认为此人所判断的价值观和优先事项不同于评估他们的人持有的价值观和优先事项,而此人是根据其判断行事。因此,人们说他们的判断力受到损害和他们将要做的事情是有害的(即"构成危险"的意思),只是因为评估者将不同的价值观强加给他们。

[240]

然而不必这么悲观。首先,我们可以有一个更客观的"伤害"概念。一般来说,任何降低一个人行为能力的行为都可以说是客观地伤害了他们,因为无论一个人认为自己应该做什么,无论他是否相信自己的目标是好的和正确的,这都会干扰他追求这些目标。因此,无论一个人有怎样的价值观,这种行为都不可取。从这个意义上说,死亡是造成伤害最突出的例子,而其他可能造成轻微或严重伤害的例子包括损伤、疾病、受骗、失去或被剥夺财产、被监禁或捆绑等。如今在某些情况下,为了获得某种益处,为了自己或他人,或者为了避免更糟糕的事情,人们能够忍受以上任何一种有害后果,甚至是死亡:一个人为了逃避兵役而砍掉一根手指被认为是理性的,尽管可以说是不对的。但当一个人不能看到或承认这类相当严重的事情正在发生、即将发生或很可能发生在自己或他人身上,除非他们改变自己的行为,或显然对其发生漠不关心,那么认为他们患有精神病很可能是恰当的,他们会对自己或他人构成危险并被要求强制住院。

对此种说法仍有反对意见。可以说,当行为对自己构成危险,但当事人无法看到它、承认它或认为它是一种危险,那么这确实是一种疾病,是一种干扰人们适当生理机能的非自愿情况。但如果行为对他人构成危险,那么用"疾病"这个词表述合适吗?也就是说,将人格障碍归为精神障碍的一种类型是否合理？问题不仅仅在于他们目前无法治疗，而在于他们原则上可能是无法治疗的。记忆力丧失，知觉扭曲，躁狂和抑郁，成瘾，恐惧症都可能被称为疾病；但缺乏自我控制和缺乏良心是否可以归为同一类？（哲学家 Anthony Flew [6] 在几年前提出了这个问题。）

人们希望在此做出区分包括三个理由。首先，第一个列表中的情况有时（诚然，并非总是）都能与类似的"正常情况"相当清楚地区分开来，而要将没有自控力、没有良心或没有同理心的非自愿精神障碍与纯粹的自私或邪恶区分开来则要困难得多：你能确定自己面对的不是普通的不法行为吗？其次，其他疾病对患者是一种危险，而这些疾病首先是对其他人构成了危险。再次，缺乏良知和自我控制像其他情况一样是非自愿的吗？（成瘾可能是由自愿的自我放纵引起的，但它本身是一种非自愿状态。）

[241] 关于第一个反对理由，人们可能会说做出这种区分更困难，但并非不可能。关于第二个和第三个理由，有人可能会说，将"疾病"或"障碍"的观念适用于这些情况实际上是扩展了概念，通过应用于精神疾病而被扩展。但是，如果存在充分的理由，扩展一个概念并没有错：精神疾病的概念被错误地扩展的事实并不表明它不能被正确地扩展。那么，为什么在这种情况下它可能是正确的呢？

首先，它正在扩展到"危险的人"。其次，由于精神异常，他们是危险的。有时，无法控制自己并让自己的利益凌驾于他人的利益之上是非常令人遗憾的"正常"行为，也就是说，一个人要对未能控制自己的行为负全部责任。但是，根本无法控制某些欲望或情绪，或者根本看不到道德的意义（不同于拥有和自己所处社会不同的道德观念），或者无法看得到其他人甚至是重要的人，都是不正常的。事实上，这是极端不正常的，不仅仅是统计上的不正常：这些情况下，一个人在某种程度上被切断了正常的人类理解和关系，除非他们学会隐藏它。

可能仍有人反对说，有些"正常"的人更危险，法律的威胁对正常人和非正常人都能形成控制，因此，以他们可能犯罪为理由把没有犯罪的人关进精神病院是不对的。但这是一个在很大程度上（当然不是完全）可识别的群体（识别可能很困难，但肯定是可能的，而且是可以做到的），尤其他们不可能受到法律的威慑；更应当预防他们犯下殴打或谋杀等罪行，而不仅仅是事后惩罚或监禁他们。因此，最好将疾病的概念延伸到包括这类群体,就像现在法律中所规定的那样,并希望能够找到对他们的生理或心理的治疗方法,而非接受他们以自由的名义进行谋杀和殴打。但为了安全起见,需要抵制将"无辜"和"正常"的人归入这一网络的诱惑。

因此,我们可以最后总结一下关于强制住院的伦理立场。其目的是,所有且只有那些因精神障碍而对自己或他人造成危险的人才应被强制住院(如果他们不会自愿住院的话)。我反对 Szasz 和其他人的观点,认为这一目标是可以理解的,而且在伦理上站得住脚,即使像现在法律上的规定一样包括那些有人格障碍的人。因此,目前的法律在伦理上完全站得住脚。就强制住院而言,需要在两个问题上对其进行伦理规范:首先,作出住院决定必须完全基于有关人员有精神障碍,而这使他们变得危险。其次,这必须完全基于证据决定,并运用尽可能多的证据。

9.6 强制治疗

相对于强制入院,关于强制治疗有四个主要的伦理问题。第一个问题再次涉及决定能力:只有当患者或服务对象确实无法决定与他们的治疗相关的问题时,才应当进行强制治疗,并且应推定他们有决定能力,除非证据表明情况并非如此。关于判断某人是否有决定能力所涉及的问题此前我们已经讨论过了。但我们尤其需要注意,某人被强制入院的事实本身并不表明他们无能力决定治疗;他们可能确实患有精神障碍,对自己或他人构成危险;但他们仍然可能有能力决定他们是否应该接受治疗,以及应该如何治疗。因此,强制的问题需要重新考虑;它并没有因为强制入院而得到解决。Simona Giordano[7]在一篇文章中对这一问题进行了很好的解释:结论可能看起来令人惊讶,并且事实上这不是法院迄今为止所采取的观点(见上述第9.1节引用的 Hale 女男爵的意见),但是一旦人们认识到在某一领域无决定能力本身并不能证明在另一领域也无决定能力,即使两者密切相关,这也可以被认为是适当的结论。毫无疑问,通常情况下,患者或服务对象在两个领域皆无能力,但情况并不总是这样,也不是自动发生的——需要进一步的测试来确定是否应当对一个人进行强制治疗。毕竟,如果在3个月后继续药物治疗,那么必须重新评估患者能力(见上述第9.1.2节):这将是对同一原则的不同类型应用,即一项评估

[242]

不能无限期地在所有领域保持有效。

第二,确定的任何治疗都必须符合患者的"最大利益":此时伦理和法律是完全一致的。从伦理学的角度来看,特别重要的是,法律不仅"客观地"界定了"最大利益",而且还考虑了患者的品味和价值观,只要患者不处于一问一答的状况,我们就可以发现这些爱好和价值观。事实上,这意味着如果他们能够自己作出决定,同时不受纯粹是疾病导致的心理特征的影响,但在其他方面与现在一样,也就是说,如果他们不受任何心理障碍的影响,但拥有与目前相同的爱好、目标和价值观,尤其是那些涉及长期承诺的选择上,他们将会作出什么选择?在第9章第一部分中,Leon McRae 指出,在拒绝治疗方面,任何年满18岁的人都可以通过作出他们未来失去能力时应当进行何种治疗的预先指示来规避这一切;在某种意义上,确定一个人的"最大利益"是试图确定如果他们作出了预先指示,他们会指示什么内容。

但是,法律对"最大利益"的定义中有一个客观要素。该客观要素在上述第9.1.2节提到的 R(B) v. Dr SS and others 案中得以阐明。不管拯救生命需要什么,防止健康严重恶化、防止或结束严重痛苦(如果不是以作出可能被视为有害而不可逆转的改变为代价)或防止可能伤害个人或他人的暴力行为都被视为符合患者的最大利益。在大多数情况下,这似乎在伦理上是正确的,因为不管患者的愿望和价值观是什么,被防止的内容都会阻止他们继续行动(如死亡!)或者严重干扰他们的行动能力。因此,不管他们的爱好、需求和价值观如何,采取这一行动是符合他们利益的,即使这需要强制。

[243] 然而,这引发了进一步的伦理问题。首先,这是否同样适用于严格来说不属于医疗性质的治疗,如让那些不进食就会饿死的人强制进食,或者对自然分娩会死亡或遭受严重损伤的人强制剖腹产(见上述第9.1.2节)。至少在强制进食方面,法律规定这同样得以适用,并且认同这似乎通常是恰当的。同样,在这些情况下,剖腹产符合母亲的最大利益,如果母亲确实没有能力作出决定,强迫她进行剖腹产应当是合法的,虽然剖腹产应当尽可能避免强制进行。

然而,尽管仅仅从治疗不具有医疗性质这一事实出发,似乎并不会改变伦理立场,但如果拒绝治疗的后果确实非常严重,那么应当考虑其他相关因素。其一是,如果继续活着要承受永久和严重的精神或身体痛苦,而这些痛苦无法以任何其他方式得到缓解,那么死亡可能符合一个人的最大利益。在此,天平就发生了变化,而且,如果某人明显想要寻死,并且这种想法在他们身处的情况中是完全合理的,那么人道主义不仅不会要求强制进食,还会避免对他进行仅能延长生命而不能减轻痛苦的治疗。重要的是,治疗或不治疗的决定应尽可能符合患者自身的意愿,或经评估认为最可能是患者的意愿。我们不应该仅仅站在他人的视角上看待他们的处境就自动认为他们延续生命值得或不值得。

最困难的伦理问题似乎是在母亲拒绝剖腹产的情况,这种情况下进行剖腹产不是为了保护她的健康,而是为了孩子的需要。考虑到如果母亲生下一个大脑受损的孩子她将遭受多大的痛苦,她的机会将受到多大的限制,那么剖腹产可能仍然符合母亲的长期最大利益。因此,如果没有其他方法阻止一个严重受损的孩子出生,并且如果她仍然拒绝同意剖腹产,那么要求她进行剖腹产是合法的,也是符合她的最佳利益的;但需要重申的是,这应该成为最后诉诸的决定,尽可能避免走到这一步。

因此,在某些情况下,无论是在法律上还是在伦理上,一个人的最大利益可能与他们当下期望的不同,尽管与他们的长远期望并无二致。从法律上和伦理上看,关键是要运用所有证据对其最大利益进行适当评估。在目前讨论的案例中,这在某种程度上更容易评估,因为问题不在于他们的长远期望和价值是什么,而在于是否需要通过治疗来减少或防止对满足这些期望和价值的干扰,不管这些期望和价值可能是什么。但是,人们通常有必要超越这一点,试着确定患者具体的长远期望和价值。《心智能力法案实施细则》特别提到,在这方面应当考虑到个人所表达的看法,对他们的情况的了解,以及熟识他们的其他人说的话(第65页),而不是从他们的生活质量自动假设(同上),从他们的年龄、外表、一般状况或行为进行自动推断(第71页)。

[244]

另外,还需要咨询了解患者或服务对象的其他人。法律(见上述第9.2.3节)要求咨询四类人:患者指定的任何人、患者授权的任何人、他们的看护人员,以及法庭任命的任何代理人。《实施细则》走得更远,实际上要求咨询可能提供有益证据的任何人。我们可以说,法律和伦理在如何确定最大利益方面事实上是一致的,因为它们都关涉强制治疗的标准:在这两种情况下,只要时间允许,都需要适当考虑所有证据,而不是只选择其中的一部分。

关于强制治疗的第三个问题同样适用于自愿治疗的患者。这是本节开头提到的问题，即无论需要对患者或服务对象进行何种形式的治疗或约束，应当始终保持对他们的尊重。从伦理上讲，即使患者未给予护士应有的尊重，即使他们对此负有伦理责任，护士也必须始终保持对患者的尊重（一些精神病患者病情太重，无法对其行为负责，但其他人仍然负有伦理义务）。被尊重的权利不能被剥夺，这与其他一些权利不同。

实践这一点重要的是要注意，这不仅仅是护士个人对待患者个人的问题，同时也是设计保持对患者尊重的程序而不仅仅是为了方便工作人员的问题。更重要的是，它需要通过教育新工作人员和资深工作人员树立榜样等方式培养一种尊重的文化。当一个病房，甚至一个机构形成一种不尊重患者的文化时，可能会发生最严重的虐待患者情况。伦理上要求在合理的范围内对于需要做什么进行更细致的考虑，无论在病房的一般架构或在手术室或日间中心，还是在与患者个人打交道时，而不仅限于法律和《实施细则》所规定的内容。总的原则便是如此，但护士仍然必须考虑如何将其应用于特定情况。这可能是一项艰难的工作，但能产生积极的效果，因为患者觉得他们受到尊重，所以"麻烦"少了，问题也不那么严重了，因此，这不仅是一项伦理义务，对护士和患者也都有实际的益处。

第四，有关躯体治疗的伦理问题。到目前为止，最常见的躯体治疗方式是用药，但也有电惊厥治疗、神经外科和激素植入手术。后三者在使用前均涉及特殊的法律保障措施（见上述第 9.1.2 节）。它们也变得越来越罕见（又见第 9.1.2 节）：植入激素似乎已经完全被停用；神经外科手术已经很少进行，并且至少将不再作为强制治疗手段；电惊厥治疗仅限于特别可能受益的患者。尽管这些治疗特别具有侵入性，它们也只会引起一般躯体治疗（稍后将简要讨论）将引起的伦理问题。因为，如果治疗确实对患者有利，进行这种治疗和其他治疗一样是正当的。侵入性治疗在伦理方面的特点是，需要特别彻底和仔细地事先查明该治疗是否真的可能有益处而不是有害：我们都知道，过去不慎使用侵入性治疗犯下了令人震惊的错误。但由于这类治疗越来越罕见，有时甚至被停止使用，而且由于法律要求在决定是否应该使用这种治疗方法时需要特别小心，此处的伦理本质上就是严格和谨慎地适用法律。

然而，对于一般的躯体治疗，包括用药，在伦理上有三个反对意见需要考虑。首先,躯体治疗只能解决精神疾病的症状,而不能解决产生症状的根本状况。它们可以缓解抑郁、上瘾、强烈欲望(如酗酒)或恐惧症,但不会影响导致问题产生的心理或社会状况。然而,即便这是事实,缓解症状也会带来一些益处,有时甚至可以带来很多益处。更重要的是,症状可能必须先得到缓解,患者才能开始解决根本问题。例如,一个临床抑郁症患者可能会因为很多原因而抑郁,比如失业、住宿条件糟糕、暴力的伴侣或三者兼而有之,但抑郁可能需要通过药物治疗来缓解,然后他们才能对其原因采取任何措施。

其次,有人认为,试图通过生理手段而非理性论证来改变一个人的精神状态本身就是错误的。但正确使用躯体治疗恰恰是为了消除理性思考的障碍。因为这些障碍通常(当然并非总是)具有生理基础,或者由于大脑和神经系统的生理状态而恶化。用药可以使人停止听到声音或经历其他类型的幻觉或知觉、记忆障碍,或不再因突然发生可怕的个性变化而受到影响,或不再处于临床上无法作出任何决定的抑郁状态,这是在恢复而不是消除理性思考的能力。行为疗法也是如此:如果它有助于将一个人从赌博成瘾或酗酒等状态中解脱出来,那么它就有助于提升理性。

再次,反对意见是,为了使一个人与社会保持一致并试图改变统计上不寻常但无害的行为,躯体治疗被滥用了。例如,过去人们试图通过激素疗法或厌恶疗法"治愈"同性恋,这种治疗本身不让人反对,人们反对的是这种治疗的用途。如果治疗是对有能力的患者强制实施,无论是通过实际强迫、威胁或社会压力,或者如果治疗不符合患者的最大利益(如上所述),那么所有治疗都是令人反感的。

事实上,心理疗法和"谈话"疗法在其可能的用途方面引发了与躯体治疗类似的伦理问题。从某种意义上说,强加心理治疗是不可能的:因为一个人可以被迫参加一对一对话或小组会话,但不可能被迫允许这些疗法产生任何效果。但所有类型的隐蔽操纵都是可能的:从使用心理学技巧在头脑中灌输想法的意义上说,"洗脑"可能真是一种误解,但说服人们遵守人们对他们的预期,以及至少在公共场合说一些对于医务人员或治疗师等"权威"来说可接受的话语,却绝不是误解。[8]在这种情况下,表面上治疗专家不引导患者也不评头论足,但事实上患者在考虑采纳某种观点和想法时都会受到来自治疗专家或群体相当大的压力,这可能在两方面令人反感:这样做事实上是强制性的,采纳这些想法并不符合患者或服

[246]

务对象的最大利益,尤其是在涉及错误信念的情况下。这方面的一个极端例子是"错误记忆"综合征:有证据表明,虽然许多童年遭受性虐待的记忆是真实的,但也有一些人记得遭受过性虐待是被他人说服的结果,而这件事根本没有发生过。

这再次表明,从伦理学的角度来看躯体治疗并不特殊,但应当符合对所有治疗都适用的相同标准,即符合患者的最大利益,不对有能力的患者强制进行治疗,无论是实际强迫还是施加过度心理压力,并在整个治疗过程中始终保持对患者的尊重。这一讨论引出的第四点是应该诚实地进行治疗:如果患者能够理解治疗的目的及其可能的后果,那么必须告知他们自己正在经历什么。在这方面,躯体治疗有一点益处,那就是与"谈话"治疗方法相比,不太容易欺骗患者或隐瞒真实情况。

最后,应该再次指出,目前法律关于强制治疗的规定与这些伦理标准高度一致,而伦理上要求的是真正彻底和认真地适用《实施细则》。这尤其要求做到两点。一是适当考查患者是否有决定能力,如果他们无能力,则查明什么才是真正符合他们最大利益的决定。二是保持尊重和诚实对待患者。这又引出了一个重要的普适观点,即总体而言,护理伦理和医疗伦理主要不是为了制定一套特殊的伦理原则,而是关于将伦理的一般原则适用于护士所处的具体情况。

9.7 隔离和社区治疗令

上述第9.3节从法律角度讨论的两个截然不同的伦理问题在此仍然存在。它们是使用隔离来应对暴力或攻击性患者,以及使用社区治疗令(CTOs)。法律本身未明确提及隔离或"受监督的约束",但在《精神卫生法案实施细则》第15条中进行了讨论;并且法律在这个问题上的态度再次与伦理立场高度一致。正如 Leon McRae 所指出(见上述第 9.3.2 节),有许多人完全反对使用隔离;但证据似乎表明,尽管使用隔离的必要情况可能很少,人们并不总是能以隔离之外的任何其他方式应对暴力患者。

[247] 从伦理上说,最重要的一点是,无论是通过药物、身体约束还是实际隔离,约束都应该始终是最后诉诸的手段。这不仅意味着,除非已经迫切需要防止某人伤害自己或他人,应首先尝试其他缓解紧张情况或

让处于焦虑状态的患者冷静下来的方法。这也意味着,首先应高度重视防止此类情况发生的方法,应制定消除潜在暴力或冲突情况的程序,护士应当了解这些程序,形成强调"消除"措施的伦理态度,并且将约束,尤其是隔离作为只有在其他方法都无济于事时才可以使用的方式。如果每个病房都这样做,那么即便有时仍然需要隔离,隔离使用的概率也会大大降低。

符合伦理地使用隔离的另一个关键注意事项是,即使在非常困难的情况下,也要保持对患者的尊重。这意味着只有在必要时才应使用隔离,而不得将其作为惩罚或为医护人员便利而使用;隔离所使用的房间应安全且不让患者感觉不必要的不适;隔离期应为所需的最低期限;不应该对患者进行不必要的羞辱。而且,再次重申已经提出的一点,如果能将尊重患者确定为一项规则,那么需要采取隔离措施的患者行为也将相对不那么经常发生。这里需要再次强调,伦理要求的是真正彻底和仔细地实施法律和《实施细则》。

社区治疗令的使用(见上述第9.3.3节)与隔离的使用在两个方面形成了对比:社区治疗令的使用正在增加,并且可以被视为给予服务对象更多而不是更少的自由。从伦理上说,社区治疗令应当用于使本应被留院的人能够在社区生活,前提是他们继续接受治疗、服用处方药并满足任何其他要求的条件:最好(又见第9.3.3节)将这些条件保持在最低限度。从某种意义上说,这种治疗不具有强制性,因为它不是强行实施的。但从另一种意义上说,它也是强制性的,因为如果患者或服务对象拒绝或忽视遵守条件,并且这种行为被上报,那么就可以强制他们住院或返回医院。此外,通常情况下,护士负有报告患者未遵守条件之情况的明确伦理和法律义务:这既是因为未服药的患者可能对自己或他人构成危险,也是因为他们正在帮助运行一个增加而不是减少自由的系统。当然,有时可能会存在不必要地使用社区治疗令的情况。比如对于不需要药物治疗的患者,他们的自由会因社区治疗令受到干扰,而不是被赋予更多自由。这是否可以证明护士故意不报告患者的情况具有正当性是一个困难的问题:虽然有人会说,护士需要确信社区治疗令是不必要的和有害的。幸运的是,这种情况可能并不常见。

9.8 结论

[248]

所有这些讨论都在护理与助产协会《守则》的第 16 和 17 段中得到提炼:"你必须了解有关心智能力的法律,确保缺乏能力的人仍然处于决策的中心,并得到充分的保护","如果你在紧急情况下提供了护理,你必须能够证明你的行为符合某人的最大利益"。最后一次重申,在这一领域,法律和伦理本质上是一致的,但伦理上要求以非常具体和明智的方式遵守法律和《实施细则》,根据现有证据确定患者是否有能力(并从推定他们有能力开始),仔细考虑(在时间允许的情况下)什么符合他们的最大利益,并确定尊重所有患者的含义。大部分细则是适用于团队而非个人的,并且与实践和态度有关,但必须记住的是团队的所有成员都要为团队的工作负责。

与此相关,护士需要把《守则》第 32 段铭记于心:"如果你认为你、同事或任何其他人可能会将某人置于危险之中,你必须立即采取行动。"因此,如果某一病房内的实践做法和态度不满足这些要求(过去常常如此),护士有义务在可能的情况下设法加以改进。如果他们确信这是事实,并且没有其他方法来应对这种情况,他们甚至有义务向上级报告:这种做法可以适用于某个特定患者的治疗或一般标准。不过,我们希望这种需求不会经常出现。因为在心理健康护理领域,我们可以说,如果法律和《实施细则》得到彻底、明智的实施,并适当地适用于特定情况,那么就真正符合最佳实践;如果这种状态已经达成,我们需要予以维持,如果目前这种情况还没有发生,我们需要达到这种状态。

9.9 注释和参考文献

1. Jonathan Miller, *States of Mind: Conversations with Psychological Investigators* (London, BBC publications, 1983).

2. Peter Reddaway & S. Bloch, *Soviet Psychiatric Abuse: the Shadow over World Psychiatry* (Barnes and Noble, 1985).

3. D.I. Rosenhan, On being sane in insane places, *Science*, 179 (1973), pp.250-258.

4. Caroline Dunn, *Ethical Issues in Mental Illness* (Aldershot, Ashgate,

1998), pp.43-59

5. Michael Bavidge, *Mad or Bad?* (Bristol, Bristol Classical Press, 1989).

6. Anthony Flew, *Crime or Disease?* (London, Macmillan, 1973).

7. Simona Giordano, For the protection of others, *Health Care Analysis,* 8 (2000), pp.309-319.

8. J.A.C. Brown, *Techniques of Persuasion: from Propaganda to Brainwashing* (Harmondsworth, Penguin Books, 1963).

10 危重患者

A 法律视角

Jo Samanta

莱斯特,德蒙福特大学莱斯特德蒙福特法学院,首席法学讲师

10.1 概述

[249] 照护危重患者可能会遇到一系列法律、伦理和实践挑战。这一点非常重要,因为每年有超过11万名患者被送入国民医疗服务体系重症监护室。[1] 在英格兰,目前有3730张成人重症监护病床、405张儿科重症监护病床和1368张新生儿重症监护病床,病床使用率分别为82%、73.6%和70%。[2] 事实上,这些数字很可能低估了真正的患病情况,因为重症监护并不总是在重症监护室或加护病室进行的,具体照护地点将取决于需求。

[250] 向这些易损患者提供高质量照护可能会受到资源限制等附带因素的影响,而这可能会减少可用的床位和使用专业人员的机会。规范危重患者照护的法律框架非常广泛,包括民法(如过失行为)、刑法(医生协助自杀和安乐死)、公法(司法审查)和欧洲法(临床研究)。所有这些内容都以人权和平等为基础。其他治理领域包括正式投诉制度和专业监管。

本章的第一部分介绍与护理危重患者有关的法律框架,第二部分探讨其伦理基础。第一部分包括两个主要方面:①有决定能力的患者和②缺乏决定能力的患者,无论是成年人、儿童还是婴儿(无决定能力的患者)。许多危重症成人患者由于身体虚弱、意识障碍和疼痛综合征,以及可能无法沟通,将被归为后一类。幼儿和婴儿则由于年龄而缺乏决定能力。

10.2 有能力的成年人

许多重症患者将缺乏决定能力,但其他患者能够为自己作出决定。年龄较大的儿童也可能属于后一类。

10.2.1 评估能力

英格兰法上存在可反驳推定:除非另有证明,否则成年人具有行为能力(2005年《心智能力法案》第1条第2款)。然而,在重症监护情况下,由于格拉斯哥昏迷评分(Glasgow Coma Score)低或深度镇静,很明显患者缺乏能力。在其他情况下,患者是否有能力的问题就不那么确定了。能力评估分为两个阶段。首先,患者心智功能或大脑功能是否受损或紊乱?第二,这种受损或紊乱是否意味着此人无法在需要的时候作出决定?因此,能力评估是针对具体决定和具体时间的,需要由负责提供治疗或照护的人员进行。该人员必须"合理相信"患者缺乏能力,并应记录其决定的依据。

2005年《心智能力法案》第3条第1款规定,如果人们不能理解和记住所需信息,并且不能在决定过程中权衡这些信息,那么他们就无法作出相关决定。具备决定能力还要求个人能够表达其作出的决定。仅能短暂地记住信息并不一定表明其缺乏决定能力。这可能是为那些接受干扰精神敏锐度的药物或镇静治疗的患者而做的一个重要考虑。除非需要紧急决定,否则应当让患者在最清醒的时刻作出决定。

当患者病情严重时,疼痛、疲劳和药物作用等因素都会暂时影响他们的决定能力。恐惧、震惊和焦虑也会导致能力丧失。法院承认,不寻常或奇怪的决定可能会引发对患者能力的怀疑。这种怀疑可能与作出和大多数人的预期相反的选择有关,特别是在同时还有其他理由怀疑该患者能力的情况下[3],虽然一个完全理解情况的人不应该仅仅因为作出不明智的选择而被视为缺乏能力,而应接受客观的评估。

[251]

该法案要求,患者不得被视为缺乏决定能力,"除非为获得决定能力而采取的所有实际措施都没有成功",尽管在紧急情况下,机会可能有限。第3条第2款规定,"任何人如果能够理解以适合其状况的方式(使用任何加强沟通的手段)向其进行的解释,则不被视为无法理解与某项决定有关的信息"。患者还必须被告知其决定的后果,包括他们未能作出决定的后果(第 3 条第 4 款)。在不确定患者是否具备能力的情况下,负责患者整体治疗的高级临床医生需要作出决定(通常由多学科团队提供意见)。

有决定能力的患者有权通过同意或拒绝临床指标性治疗来行使其自我决定权。有能力患者的有效同意是决定性的,成人患者可能会拒绝拯救生命的照护,即使这违背了客观评估的他们的最大利益。在这种情况下继续治疗可能构成犯罪或民事违法行为。缺乏决定能力的患者接受符合其最大利益的临床指征治疗,或以必要性原则为依据的临床指征治疗(见下述第 10.5 节)。因此,裁定成年人缺乏决定能力对该人的后续照护具有相当大的影响。

10.2.2 拒绝治疗

无论危重患者的决定能力如何,代表他们作出决定的诱惑都是难以抗拒的。然而,即使存在危及生命的情况也不能使得未经同意的治疗合法化。[4] 如果有决定能力的患者拒绝可能挽救生命的干预措施,卫生专业人员将需要"非常谨慎和详细地考虑患者的决定能力",并且"决定的后果越严重,作出决定所需的能力程度也相应地越高"。[5] 在这种情况下,在充分告知患者可能的后果后,卫生专业人员应记录讨论情况和作出的决定。[6]

10.2.3 治疗请求

患者通过同意或拒绝临床指征治疗来影响他们接受的照护。尽管患者(或其扶持者)可以要求特定治疗,但只有在符合临床判断的情况下,才会允许此类要求。[7] 正因如此,自主选择作为自由意志的实质性行使,往往被认为是拒绝临床指征治疗选择的消极权利,而非积极的选择权。

10.3 有能力的儿童

在英格兰法上,童年一直延续到 18 岁。但是,根据立法或普通法规定,儿童在此之前可以给予有效的治疗同意。

10.3.1 16 岁以上儿童

为了进行治疗性干预,1969 年《家庭法改革法案》第 8 条第 1 款规定:

"年满 16 岁的未成年人同意接受任何手术、医疗或牙科治疗的效力应与其成年时的效力相同,如果未经同意进行治疗将构成对其人身的侵犯;而凡未成年人根据本条已就任何治疗给予有效同意,则无须就该治疗取得其父母或监护人的同意。"

因此,16 岁或 17 岁的有决定能力的儿童同意接受治疗的效力与有决定能力的成年人同意接受治疗的效力相同。

第 8 条第 2 款规定,"手术、医疗或牙科治疗"包括为诊断目的而进行的任何程序,以及辅助治疗的其他程序。例如,包括手术前的麻醉。如果未成年人无法相信、记住和权衡信息并传达所作出的决定,那么可将法定推定抛诸一旁。在这种情况下,将适用 2005 年《心智能力法案》的规定。

尽管 1969 年《家庭法改革法案》第 8 条适用于诊断和治疗的同意,但它并未规定为移植或参与研究等目的。第 8 条第 1 款使得父母同意的需要被取代,但不会使任何本应有效的同意无效,除非在《法案》规定的情况下。这意味着父母同意的权利并没有被排除,他们可以不理会孩子的拒绝决定。普通法适用于 16 岁以下的儿童。

10.3.2 16 岁以下的成熟儿童

16 岁以下的儿童可能已经足够成熟,可以根据他们对所作决定含义的了解和理解来给予同意[Gillick v. West Norfolk and Wisbech Area Health Authority(1985)案]。随着未成年人的成熟和成长,他们获得了为自己作决定的更大自主权。一旦一个未成年人被认为有能力给予同意,父母从被要求参与变为建议参与。然而,认定未成年人具有"Gillick 能力"并不妨碍卫生当局、社会服务机构或亲属将左右为难的情况提交法院判决。

如果儿童坚持保密,这应该得到尊重。这一观点在 R(on the application of Axon) v. Secretary of State for Health(2006)案中受到质疑,理由是 Gillick 能力削弱了对家庭生活的尊重,从而侵犯了《欧洲人权公约》第 8 条规定的父母权利。有人主张,如果父母要对子女的身体、精神和道德福利尽到责任,他们需要了解所有相关信息。法院虽然赞同这些论点,但认为有义务尊重成熟未成年人的自主权。第 8 条第 1 款规定,父母享有的家庭生活权(即被告知给予孩子的医嘱的权利)将随着孩子的成熟而减少,并在孩子能够自己作出决定后停止。

在重症监护情况下,获得有决定能力的未成年人的同意通常不会引起争议。接受并遵循医嘱时,不会发生冲突,而拒绝治疗往往伴随着困难和进退两难的局面。

10.3.3 拒绝治疗

尽管"Gillick 能力"比同意治疗有更广泛的适用范围,但法律不愿允许未成年人拒绝建议进行的临床治疗。Re W(a minor)(medical treatment: court's jurisdiction)(1993)案确认,无论儿童年龄或个人成熟程度如何,其都无权否决负有父母责任者的同意(前提是该建议符合儿童的最大利益)。如果父母拒绝同意临床指征治疗,可通过法院指令获得同意。

16 岁的 W 患有严重厌食症。在法庭审理时,她已濒临死亡。地方当局(负有父母责任)要求宣告强迫 W 在她拒绝去的诊所接受治疗并不违法。虽然强调必须根据未成年人的年龄和成熟程度适当考虑他们的意见,上诉法院驳回了 W 的拒绝,认为 1969 年《家事法改革法案》第 8 条和"Gillick 能力"都不适用于这种情况。考虑到青少年和他们的父母在治疗上的分歧可能导致家庭矛盾,法官们建议卫生专业人员将棘手的分歧提交法院。

Re W 案件中的指导意见随后被应用于 Re M(child:refusal of medical treatment)(1999)案。在该案中,15 岁的 M 在突发性心脏衰竭后需要紧急心脏移植。尽管她的父母赞成移植,但她拒绝同意,理由是她不能带着尸体的心脏来面对生活。于是卫生当局根据 Re W 的先例将案件提交法院。情况的急迫性意味着必须联系值班法官并很快作出决定。M 的意见通过她的律师传达给法官。尽管这些意见被推翻了,为了 M 利益,法官还是详细记录了他的推理过程。

诸如 Re W 案和 Re M 案的判决如果不能得到实施,那么这些判决将收效甚微。法院承认,对不愿意接受治疗的年幼患者进行治疗可能需要实施约束。尽管授权最低限度约束的指令是保守而谨慎地发布的,指令可通过向法院申请获得。[8] 皇家护理学会发布了有关强制未成年人接受治疗问题的指引。[9] 如果约束相当于剥夺自由,那么可能需要采取额外的保护措施,如 1989 年《儿童法案》第 25 条规定的保护措施,或运用 1983 年《精神卫生法案》。

对于照护拒绝接受临床指征治疗的未成年人的护士来说,法律似乎没有为他们的自主选择提供足够的保护。然而,青少年有限的拒绝同意机会因《欧洲人权公约》获得了新的可能性。《欧洲人权公约》强调生命权(第2条)、自由不被剥夺的权利(第5条)、正当程序(第6条),以及保护家庭生活和私生活的权利(第8条),这可能有助于提升对未成年人参与决定过程的权利的尊重。

保护自主选择的另一个可能途径是1997年《人权与生物医学公约》。虽然英国不是该公约的签署国,但它对英格兰法院具有说服力。《人权与生物医学公约》决心采取"必要措施,保障在生物和医学应用方面的人类尊严,以及个人的基本权利和自由"。[10] 具体而言,其中第6条第2款坚持认为,"未成年人的意见应被视为与其年龄和成熟程度成比例的一个日益重要的决定因素"。这些条文似乎共同为保护成熟未成年人的自主权利提供了有益的支持。此外,虽然违反《人权与生物医学公约》权利不构成直接诉因,但若根据1998年《人权法案》提起诉讼,它可被用作间接实质诉因。

可见,有关有决定能力的未成年人拒绝治疗的法律是更具务实性的,而非仅原则性规定。如果儿童具有充分的决定能力并足够成熟从而能够对治疗给予同意,那么这些特点应当使他同样能够拒绝治疗。总而言之,存在着未成年人能够自己给予同意的一段时期,但如果他们拒绝接受客观上被认为符合他们最大利益的治疗,那么法院或负有父母责任者可以代表他们同意。

10.4 缺乏能力的患者

危重患者往往缺乏作出医疗决定的能力,必须以他们的最大利益为出发点进行治疗。2005年《心智能力法案》为16岁以上的患者提供了法律框架,而普通法适用于年幼的儿童和婴儿。护士凭借其独特的洞察力和知识,可以在多学科团队中为确定最大利益提供极其有益的观点。

[255]

10.4.1 最大利益:指导原则

"最大利益"原则用于综合考虑并确定哪种方法或决定最适合缺乏决定能力的患者。它不仅包含临床方面,还包括更广泛的福利、社会和情感利益。

对于成年患者,2005年《心智能力法案》第4条第6款提供了需要考虑的相关因素清单。这些因素包括(只要合理可确定):

(1) 此人过去和现在的愿望和感受
(2) 如果他有决定能力,可能会影响他的决定的信念和价值观
(3) 如果他能够决定,他可能会考虑的其他因素。

假定不能基于无关的或歧视性因素(如外表、残疾或行为)作出,决定者必须考虑患者在未来某些时候恢复决定能力的可能性。决定者有义务咨询其他人,并尽可能考虑由患者确定的应当就此种问题进行咨询的任何人的意见。成年患者可能已经委任了个人福利法律代理人,在其丧失决定能力后可以代表他们同意或拒绝治疗(见下述第10.5.6节)。如果患者进行了预先指示,将适用特定规则(见下述第10.5.5节)。

对于缺乏决定能力的儿童,有父母责任者(见下述第10.6.1节)可以同意接受符合儿童最大利益的临床指征治疗。当存在相互冲突的医疗、情感和福利利益时,我们可能需要进行权衡,如果有多个治疗选择,那么我们应当选择对儿童的未来选择限制最小的治疗。

在可行的情况下,延长寿命的尝试通常符合患者的最大利益。然而,这并非确定不变,如果患者没有希望好转,必须考虑治疗的益处、负担和风险。在某些情况下,如果开始或继续治疗不会产生任何医疗效果,那么停止或不治疗可能是合法的,前提是这样的决定符合患者的最大利益。

10.4.2 争议

当亲属和医疗专业人员在关于什么对患者最有利的问题上根本达不成一致时,重症监护中可能出现紧张局面。在这些情况下,在争议解决之前推迟行动可能是值得的。成年患者独立心智能力扶持者(见下述第10.5.8节)等独立扶持者的参与或外部第二意见可能会有所帮助。然而,在紧急情况下,这样的过程可能会导致不符合患者最大利益的医疗延误,因此可能需要由高级临床医生进行判断。

英格兰法认为,在发生争议时,医生的作用是确定临床指征选择的范围,而法院的职责是确定患者的最大利益。医生不必在其专业判断和法院指令之间作出选择,因此也不必被迫提供特定治疗[Re J(aminor)(wardship: medical treatment)(1990)案]。但是,医生有义务定时检查患者的病情[Wyatt v. Portsmouth NHS Trust(2005)案]。

10.4.3 保护法庭

在举棋不定或有争议的情况下,保护法庭有权宣告因符合缺乏决定能力成年患者的最大利益而做出或将要做出的任何行为具有合法性(2005年《精神能力法》第15条第1款第c项)。对于儿童,法庭将运用1989年《儿童法案》第1条第3款的法定福利一览表。宣告性指令使得法庭可在一项干预进行前表明法律立场,而不是在事件发生后作出判决。

某些医疗决定非常重要以至于这些决定只能由法庭作出[除非患者有个人福利法律代理人(见下述第10.5.6节)或进行了有效的预先决定(见下述第10.5.5节)]。这包括建议不进行或撤回对处于永久性植物状态(PVS)的患者的输液和供水。[11]

10.5 无能力的成年人

缺乏能力的成年人不能给予有效的同意,在没有有效和得以适用的预先决定的情况下,给予的临床指征治疗遵照必要性原则并符合患者最大利益。

10.5.1 限制和剥夺自由

重症监护环境中的患者可能需要身体约束,或者更常见的是,为了个人安全或能够对其进行治疗,需要镇静约束。为了符合法律规定,实施约束的卫生专业人员必须合理地相信这具有必要性,并且使用约束的时间和数量与伤害的可能性和严重性成比例(2005年《心智能力法案》第6条)。如果约束程度可能相当于《欧洲人权公约》第5条第1款所指的剥夺自由,则需要采取额外的保护措施。

剥夺自由权保护措施是2005年《心智能力法案》所规定的法律框架的一部分,旨在保护缺乏能力的人不被任意剥夺自由。[12] 在重症监护情况下,约束最常用于符合患者最大利益的治疗目的,但如果需要约束"以控制患者的活动",则应根据机构政策进行提前正式申请[Cheshire West and Chester Council v. P(2011)案]。过度约束的使用可能会让卫生专业人员受到一系列刑事或民事处罚,或移交专业监管机构。

10.5.2 植物人状态

处于植物人状态(VS)的患者可能未患有"危重病",因为适当的照护以及维持供给营养和水(通常通过经皮内镜胃造口术)可以使他们存活多年。然而,在照护他们的过程中可能出现的伦理和法律问题更普遍地反映了与护理重症患者相关的问题。此外,如果发生危及生命的紧急情况,可能需要决定是否放弃或不进行挽救生命的治疗。

在 Airedale NHS Trust v. Bland(1993)案中,一名少年在 1989 年希尔斯堡足球场惨案后遭受缺氧性脑损伤,处于植物人状态。上议院支持了对该少年停止供给营养和水并不违法的宣告。尽管 Anthony Bland 可以独立呼吸,但他的生命是靠鼻胃管喂食维持的。在被批准的宣告中,医生以继续治疗不会产生治疗、医疗或福利利益为理由撤回维持生命的治疗(包括鼻胃管喂食)并不违法。法院认为,虽然生命的神圣性是一项重要标准,但它不是绝对的,不会迫使卫生专业人员在所有情况下继续治疗。

护士通常认为供给营养和水是基础护理的一个方面,顾名思义,除非患者拒绝或即将死亡,否则应提供基础护理。然而,鼻胃管喂食可以与基础护理区分开来,因为前者涉及医疗技术的应用(*per* Lord Keith in *Bland*)。因此,决定撤回营养和水的供给是一项临床决定,并且医生没有义务提供徒劳的治疗。上议院建议,议会应对 Bland 案中涉及的伦理、社会和法律问题进行审查,并且在此期间,只有得到预期法院宣告的支持才能对处于植物人状态的成年患者撤回维持生命的治疗。

继 Bland 案之后,又出现了一系列案件。在 Frenchay NHS Trust v. S(1994)案中,上诉法院听取了对一名严重过量服药后深度昏迷患者的诊断提出的质疑。S 的护士确信他遭受了痛苦,并且有一些临床证据表明他有自愿行为。在他的鼻胃管断开后,医院提出了宣告申请,需要紧急更换鼻胃管从而让他继续生存。虽然法定代表律师以未确诊为由提出上诉,但迫于时间压力上诉败诉。法院认为 Frenchay 案与 Bland 案有所不同,因为 Frenchay 案中需要紧急作出决定。法院认为,此类紧急情况意味着不可能完全遵循 Bland 案的指导。这一判决在两个方面存在争议:首先,对处于植物人状态的患者的诊断是模棱两可的,尽管自 1996 年以来已有实质性的诊断指导。[13] 其次,鼻胃管本可以重新插入从而允许对问题进行更深思熟虑的分析。由于法律认为撤回治疗和不治疗的后果相同,如果该判决确实正确的话,那么重新插入鼻胃管从而在充分考虑情况后再撤回不会有什么不利影响。自 Bland 案以来,处于植物人状态的患者受到了相当多的关注。根据上议院医学伦理特别委员会的建议,皇家内科医师学会出版了《永久性植物状态》[13],随后得到英国医学会和法定代表律师的认可。[14] 这一指引包括了一些旨在保护患者最大利益的保护措施。

Bland 案之后的案例显示,对于达不到指引中要求的病情,法院也逐渐愿意允许撤回对患者的治疗。在 Re D(medical treatment)(1998)案中,法院未遵守在最初损伤和诊断之间应该至少间隔 12 个月的保护措施。在该案中,D 在 1995 年 9 月发生事故后遭受脑损伤,1996 年 3 月被诊断为植物人。尽管法定代表律师的证据表明 D 的病情不符合植物人的最终确诊标准,法院仍批准了医院关于不重新插入脱落的鼻胃管的申请。An NHS Trust v. G(2001)案违反了植物人的诊断应该由两名独立医生确认的要求,法院仅以一名专家证人的证据为依据。Re G[Persistent Vegetative State(1995)]案中无视了 Bland 案中表明应当高度重视患者亲属意愿的最终保护措施,在该案中,法院认为母亲的反对并不会否决撤回维持生命治疗的宣告的合法性。

10.5.3 最低意识状态

最低意识状态(MCS)指的是那些尽管具有严重的认知障碍但有证据表明存在最小但确定的意识的患者。在这些情况下,停止治疗(根据 Bland 案,包括鼻饲液体和水)将比应用于植物人状态时更难证明具有正当性。所作出的决定将取决于专家意见和每个病例的具体事实。在评估患者的最大利益所在时,法院倾向于采用类似于为婴儿作决定时所采取的财务状况表法(见下述第 10.6.2 节)。

这些原则在 W and M v. An NHS Trust(2011)案中经受检验。[15] 保护法庭被要求宣告对一名感染病毒性脑炎后处于最低意识状态的妇女停止人工供给营养和水的合法性。M 的亲属称,M 一直坚持她绝不想以这种状态活着。虽然法律要求在确定患者最大利益时必须考虑患者以前的愿望和感受,但 M 没有作出有效和得以适用的预先决定,如果她这样做了,法院就会遵守这一决定。证据表明 M 的非正式陈述中没有明确解决这一法院必须考虑的问题。在这些情况下,最重要的是保护生命。法院认为,虽然 M 显然经历了疼痛和不适,而且她所能做的事情受到了严重限制,但有证据表明她表现出积极迹象,而且可以合理期待这些迹象能够通过有计划的刺激疗法得到加强。

最近的证据表明,一些处于植物人或最低意识状态中的患者可能能够通过检测隐蔽认知加工的功能成像进行交流。运用此种技术的经验仍处于初期阶段,但可能会对此类患者的护理产生深远影响。

10.5.4 闭锁综合征

闭锁综合征发生在脑干损伤后,会干扰活动的自动控制,导致所有(或几乎所有)随意肌完全瘫痪。虽然意识通常不会受到干扰,但《心智能力法案》规定,如果人们无法传达他们的决定,必须将他们视为缺乏能力。计算机技术的最新发展加之眼球跟踪设备使得一些闭锁综合征患者能够进行交流,尽管速度缓慢。

在 R(on the aplication of Nicklinson) v. Ministry of Justice(2012)案以及 R(on the application of AM) v. Director of Public Prosecutions(2012)案中,两名患有闭锁综合征的原告希望结束自己的生命,为此需要其他人的协助。在英格兰法中禁止为结束生命而采取积极措施,这相当于积极安乐死或协助自杀。Tony Nicklinson 认为,在他的情况下,自愿安乐死可以因必要性获得合法辩护。另一名原告 Martin(基于人权理由)认为,检察长(DPP)、律师公会和医疗总会有义务事先澄清协助自杀案件中的起诉和纪律处分政策。这两起案件都败诉了,因为肯定判决将产生非常重大的后果并将代表法律的重大变化。因此,这是一个由议会而非由法院决定的问题。法院还认为,检察长和监管机构不负有澄清其政策的法律义务。

10.5.5 预先照护计划

被送入加护病室的患者可能已经通过预期指示为自己的无能力做好了准备,表明了他们在此情况下想避免进行的治疗。这可能尤其适用于慢性病患者,如进行性神经系统疾病或恶性肿瘤患者。这些预期指示被称为"预先照护计划",包括预先决定、愿望声明和个人福利法律代理人的指示。愿望声明对卫生专业人员没有约束力,但它们可以提供有益的证据证明先前有能力的患者的价值观和选择。

有能力的成年人可以作出预先决定从而在将来无能力时拒绝接受治

疗。在一个人丧失能力后,有效的预先决定将具有与同时发生的拒绝治疗同等的约束力,只要拒绝维持生命治疗的决定采用书面形式并且已经签署和被见证。2005年《心智能力法案》第24条和第25条规定了预先决定须符合一系列法定要求。首先,为了使之生效,作出预先决定的人必须有能力并且年满18岁。其次,预先决定仅在该人缺乏决定能力的情况下才具有相关性。最后,预先决定对拒绝治疗具有约束力,但对积极的治疗要求不具有约束力。预先要求也许会为表明哪种医疗方案将符合患者最大利益提供有益指示,但它不具有决定性。如果已经授权他人对预先决定涉及的相同治疗以持续性代理决定,或该人已做出任何与预先决定不一致的其他行为,那么预先决定无效。预先决定可以随时被撤销,但前提是该人有能力撤销。

主治医生有职责与多学科团队合作,判断预先决定是否有效并得以适用。如果有疑问,医生可以向保护法庭申请宣告(2005年《心智能力法案》第26条第4款)。在此期间,为了患者最大利益可以开始维持生命的治疗或采取措施防止患者病情恶化。

A Local Authority v. E and others(2012)案涉及患有厌食症的临终妇女E。她曾两次试图作出拒绝通过强制进食方式进行维持生命治疗的预先决定。法院认为,E对体重增加的强迫性恐惧意味着她没有足够的能力作出有效的预先决定,强制进食符合她的整体最大利益。

在2005年《心智能力法案》实施后,首个关于预先决定有效性的报告案例是X Primary Care Trust v. XB and YB(2012)案。在该案中,XB患有运动神经元病,由有创通气装置维持生命。虽然他不能说话,但他能使用沟通板。2011年,他作出预先决定(基于从互联网下载的格式文件),在失去沟通能力的情况下拒绝接受维持生命的治疗。本文件提及供审查的日期为2012年5月2日。2012年,XB失去沟通能力后,出现了两个问题。首先,一名看护人员担心XB没有明确同意这份预先决定。基于看护人员的担忧和审查日期,初级保健信托申请宣告预先决定的有效性。证据表明预先决定显然是有效的。在作出决定当时看护人员不在场,而审查日期的确定既未得到XB的同意,也未与XB进行讨论。该案于2012年5月1日结案,Theis法官提出以下意见:

(1)关于预先决定有效性的问题应作为紧急事项进行调查。
(2)预先决定没有固定的格式,但应遵循2005年《心智能力法案》

[261]

(第9.10至9.23段)。

（3）需要充分考虑形式审查日期的影响，因为这些可能会使预先决定的原本意图落空。

10.5.6 个人福利法律代理人

2005年《心智能力法案》允许委任代理决定人，在个人丧失能力后为其作出健康和福利决定。授权文书称为"医疗保健与福利持续性代理委托书"（2005年《心智能力法案》第9条第1款第a项）。授予持续性代理的手续详见2005年《心智能力法案》附表1，除非遵守这些规定，否则该授权将无效。与其他代理决定人一样，法律代理人必须以患者的最大利益为出发点作出决定，同时考虑患者在未来某个时候恢复能力的可能性。如果文件明确授权，法律代理人有权作出关于维持生命的决定，在重症监护情况下，个人福利法律代理人将"站在缺乏能力的患者的立场"上进行决定。

10.5.7 代表

如果一个人在涉及个人福利的事项上缺乏决定能力，并且时间允许，法院可以委任一名代表（通常是患者亲属或法院人员）作出符合该人最大利益的决定。代表不得拒绝同意维持生命的治疗，只有在患者缺乏作出有关决定的能力时，代表才可以采取行动。

10.5.8 独立心智能力扶持者

独立心智能力扶持者（IMCA）的角色主要是在只有职业保健提供人员可确定其最大利益的情况下支持缺乏能力的"无人扶助"患者。在这些情况下，当需要就重大医疗行为作出决定时，必须咨询独立心智能力扶持者。

如果看护人员认为亲属或代理人的行为不符合患者的最大利益并且需要保护患者免受可能的虐待，独立心智能力扶持者也需要作出指示。如果需要作出紧急治疗决定，则不适用独立心智能力扶持者流程。在这些情况下，治疗必须符合患者最大利益。

10.5.9 不尝试复苏指令

在心肺急救的情况下，必须决定是否尝试一种或多种形式的复苏。

复苏委员会《复苏指南》提供了指导。[16] 如果患者尚未就是否应尝试心肺复苏作出明确的预期决定,并且不知道患者的意愿是什么,那么就推定医疗专业人员应做出合理的尝试以使患者苏醒。

在预计心脏或呼吸会骤停的情况下,有能力的患者应参与决定过程。讨论和结果的总结应记录在病历中。如果未让患者参与决定,也应仔细记录这样做的理由。

对于缺乏能力的患者,作出是否尝试复苏的决定须基于最大利益(2005年《心智能力法案》第4条)以及此类努力是否徒劳。标准形式文件最常被使用以遵守内部机构治理政策和安排。尽管作出决定的责任在于首席临床医生,但不尝试复苏决定应该是与多学科医疗团队(以及在可能的情况下与患者)讨论的结果。[17] 决定的必要考虑因素包括人权、平等立法和机构政策。

10.6 无能力的儿童和婴儿

幼儿和婴儿总是缺乏作出治疗决定的能力,同意将由为儿童最大利益行事的代理人给予。

10.6.1 父母责任

"父母责任"的概念是指大多数父母对其子女拥有的权利、义务和权力。虽然父母责任可以包括同意接受治疗的权利,但并非一成不变。在某些情况下,父母责任允许将决定责任委托给他人,在紧急情况下,负责照护儿童的人可以采取合理的行动以保障或促进儿童的福利。[18] 对于重症儿童,授权进行紧急干预不需要征得同意,尽管在时间允许的情况下,应获得负有父母责任者的同意[Gillick v. West Norfolk and Wisbech Area Health Authority(1985); Glass v. UK(2004)案]。

[263]

我们并不总是能直截了当地确定谁负有父母责任。妇女在孩子出生后自动承担父母责任,而孩子的父亲可以根据登记的孩子的出生时间和地点承担父母责任。如果他在孩子出生时或之后与母亲结婚,他将自动负有父母责任。相比之下,未婚父亲无法自动获得权利。如果他的名字被记录在出生证上(登记时或重新登记时)[19]、通过法院获得父母责任令,或依据与孩子母亲签订的经法院登记的父母责任协议,他将负有父母责任。[20]协议的形式由法律规定,并且必须在高等法院登记才能生效。民事伴侣通过同样的途径负有父母责任,离婚并不会使父母的权利消失。第二女性家长可通过相同的程序负有父母责任。[21]如果父母双方都有父母责任,那么在法律上获得任何一方同意即可,除非是一些被认为属于"特殊类别"的程序必须获得父母双方的同意,例如,非治疗性干预。

这意味着,未婚父亲作为其子女代理人的能力应该在其指令被遵守之前予以确认。如果这看起来有点多余,但请记住,在学校接受父亲对孩子享有权威之前,学校也必须确认父亲的代理能力,这样就易于理解了。

10.6.2 婴幼儿的最大利益

法院确定危重症儿童最大利益的方法并不总是一致的。父母责任(见上述第10.6.1节)的行使必须符合儿童最大利益,以维护儿童的福利为指导原则。临床治疗的进步意味着,在以前被认为没有希望的情况下,恢复幼儿和婴儿的健康或维持他们的生命成为可能。当评估儿童的利益时,虽然尊重生命的神圣不可侵犯是首要标准,但在某些情况下,保守疗法而非有治愈可能的方法可能最符合儿童利益。

英国医学会在《不进行和停止延长寿命的医疗》[22]中指出,确定儿童和成人患者最大利益的标准是相同的,包括:就患者与他人进行互动的理解力和能力,提供潜在的认识;患者是否会遭受严重且不可避免的疼痛和痛苦。该指引强调,应评估将要进行的治疗的价值,而非评估儿童的价值。

皇家儿科与儿童健康学院在《不进行或撤回对儿童的维持生命治疗》[23]中确定了可能考虑保守疗法而非维持生命的五种情况。当儿童脑死亡或处于植物人状态(见上述第10.5.2节),保守治疗可能得到允许,还包括"不可能"治疗、治疗"毫无成效"或"难以忍受"进一步治疗的状况。[23]虽然前两种情况似乎相对没有争议,但后一种情况下,医疗专业人员和亲属之间存在相当大的分歧空间。虽然指南不是法律,但它们在一些案件中直接影响了裁判思维。Re C(a minor)(medical treatment)(1998)案涉及一名患有脊髓性肌萎缩症的重症婴儿,脊髓性肌萎缩症是一种以反复出现的呼吸骤停为特征的终末期病症。虽然她似乎仍能与父母进行有意义的互动,但医学意见是,进一步辅助其呼吸是徒劳无功的,并且不符合她的最大利益,再进行复苏将使她遭受不必要的痛苦。C的父母是正统犹太教徒,他们同意停止供氧,但前提是如果他们的女儿出现呼吸窘迫,应当重新开始供氧,而临床团队并不同意这一前提条件。为了解决争议,卫生当局申请宣告撤回治疗是合法的。通过同意宣告,法院认为虽然生命的神圣性是一个基本考虑因素,但在儿童遭受痛苦的情况下这并不具有决定性意义。

对于治疗"毫无成效"的情况,法院已经形成了一套判例法。患者通常包括通过医疗干预可能存活多年、但其持续存活被认为伴随着严重疼痛和痛苦的儿童。Re J(a minor)(wardship: medical treatment(1991)案是一个早期判决。在该案中,J 有严重残疾,他的医生认为他失明、耳聋、无法讲话。他预期寿命有限,很可能发展为痉挛性四肢瘫痪。然而,J 会经受与其他婴儿相同程度的疼痛和不适。在评估不进行进一步积极治疗是否符合 J 的最大利益时,法院考虑了再辅助呼吸造成的痛苦、进一步恶化的可能性,以及他的整体预后。"临界方程"是儿童的生活质量与赞同维持生命的有力推定相平衡。法院基于延长生命被认为对于 J 而言无法忍受而同意作出宣告。

这一判决以及其他类似判决可能会因为相对重视医生对婴儿生活质量的看法而受到批评。在残疾儿童是否可以学会与他人进行有意义的互动,或者至少从生活中获得些许满足方面,心理医生、物理治疗师、教师和养护之家工作人员本可以比新生儿重症监护医生获得更多重视。但除非这些专家已经参与治疗年幼患者,否则他们不太可能被要求向法院提供证据。他们具有潜在价值的见解和观点可能被忽略,因而法院评估患者未来生活质量的依据可能不完整。

根据皇家儿科与儿童健康学院指引,对于进一步的维持生命治疗被认为"难以忍受"的情况,法院已不再采用明显的 *Bolam* 测试方法。"无法忍受"的概念也没有那么重要了。在 Wyatt v. Portsmouth NHS Trust (2005)案中,严重脑损伤的婴儿 Charlotte 失明失聪,无法移动。她的病情被描述为"非常严重",进一步的侵入性治疗被认为是患者无法承受的。然而,她的父母却不同意,认为应该尽一切努力保护她生命的内在价值。Hedle 法官通过同意医院所申请的撤回侵入性治疗合法的宣告,认为"该儿童无法承受"的观念在确定最大利益方面具有重要指导价值。他强调了不进行积极干预的本质益处,例如,增加父母接触的机会和增加更安宁死亡的可能性,而没有执着于进行进一步侵入性治疗的缺点。上诉法院拒绝接受无法容忍或任何其他单一测试,支持以这一方法确定什么最符

[265]

合缺乏能力患者的最大利益。这一方法随后得到了遵循。[Re L(medical treatment:benefit)(2005)案; Re B(A child)(Medical Treatment)(2008)案; An NHS Trust v. H(2013)案]。

自 Wyatt 案以来,"无法忍受"的概念似乎将成为更广泛地考虑有助于儿童整体福利的因素之一。[24] 在进行最大利益评估时,护士和其他与儿童有大量接触的人的看法将非常重要。An NHS Trust v. MB(2006)案涉及一名患有严重的脊髓性肌萎缩症的两岁儿童,这是一种退化的和逐步发展的疾病。在诉讼时,MB 无法像同龄人一样利用他的肌肉,尽管他勉强能感觉到脸部和四肢的活动。在评估他的最大利益时,法院采用了"资产负债表"的方法并将分析纳入判决。法院认为,目前的余额是赞成继续维持生命的治疗,理由是延续生命的利益净余额,其中包括与父母的价值关系。在未来,当停止治疗的益处超过延续生命的益处时,MB 应该被允许死亡。将他的生活贴上"无法忍受"的标签被认为无济于事,而对 MB 的利益平衡进行仔细评估是可取的。

相比之下,Re K(a minor)(2006)案与 MB 情况不同,该案涉及的 6 个月大的孩子没有与 MB 类似的积累的经验。法官认为,鉴于 K 的疼痛、痛苦和不适并未因进食的乐趣而得到缓解,没有现实证据表明她感受到了简单的生活乐趣。因此,法官认为停止提供全胃肠外营养并辅以保守治疗将符合她的最大利益。同样,在 Re OT(a child)(2009)案中,对于一个 10 个月大、几乎没有意识但由于为维持生命所进行的侵入性程序而遭受巨大痛苦的孩子来说,不升级治疗是恰当的。An NHS Trust v. Mr and Mrs H & Ors(2012)案对现行法律进行了有益的概述。

10.6.3 关于治疗的家庭纠纷

在对孩子共同承担父母责任的情况下,一个人的同意在多大程度上能够满足法律的要求?1989 年《儿童法案》第 2 条第 7 款规定,他们中的每一个人都可以单独给予同意,无须另一人也给予同意。然而,上诉法院判决,除非负有父母责任的每个人都同意,否则不应执行某些决定。[25] 这些决定包括选择性非治疗手术,如包皮环切术,而不仅仅包括重症儿童照护可能需要的典型治疗。出于谨慎,建议对于非紧急和不可逆转的程序,应获得所有负有父母责任者的同意,当存在冲突时应提交法院决定。

10.6.4 亲属与卫生专业人员之间的分歧

如果父母和卫生专业人员就哪种医疗方案符合儿童最大利益完全达不成一致意见,可通过安排多学科病案讨论获得来自中立第三方、独立支持者的第二意见或者由独立的伦理委员会审查来解决。然而,当严重且难以解决的分歧涉及维持生命的治疗,应通过向法院申请判决来获得法律意见,此时护理团队的观点可能具有影响力。

尽管法院介入家庭生活可能被视为不正当的国家干预,但"为了保护健康或伦理,或为了保护他人的权利和自由"(《欧洲人权公约》第8条第2款)可能是必要的。保护儿童的生理、心理或情感福利被视为法院进行干预的合法依据。

国民医疗服务体系信托或卫生当局未能将涉及有争议治疗的情况提交法院可能被视为侵犯《欧洲人权公约》第8条第1款尊重私生活和人的身心完整的权利。在Glass v. UK(2004)案中,欧洲人权法院审查了朴茨茅斯医院这一国民医疗服务体系信托对一名严重身心残疾的12岁患者的管理。在他因呼吸道感染而紧急入院期间,他的医生认为他正处于肺病终末期,为缓解病情开始注射海洛因,并下了"不复苏"令。信托主张没有时间向法院申请所采取的紧急治疗符合患者最大利益的宣告,但法院并未被说服并认为在没有法院支持的情况下不理会母亲的决定违反了第8条。

涉及危重儿童的有争议的治疗决定经常被提起诉讼。Re D(wardship:medical treatment)(2000)案涉及一名患有严重且不可逆的肺病、心力衰竭、肝功能失常、肾分离和学习困难的男孩。信托决定在发生呼吸或心搏骤停时不进行人工通气,但关于这是否符合D的最大利益引起了强烈的争议。通过同意该宣告,高等法院认为相对较短的寿命延长所带来的益处未超过积极治疗所造成的痛苦。相反,在Re T(a minor)(wardship: medical treatment)(1997)案中,孩子的父母反对医疗干预。T被诊断为胆道闭锁,医生建议进行肝移植以挽救生命。之前进行的手术使T遭受了疼痛和痛苦,这让他的父母要求不再进行大手术。由于独立专家和T的父母(他们也是卫生专业人员)之间无法达成共识,因此该案件被提交到法院。高等法院关于移植符合T最大利益的判决在上诉中被推翻,理由是短暂的幸福生活,安详地结束生命不会比"终身服用药物和可能还需进行侵入性手术"更糟糕。法院判决,父母的意见应该具有决定性。在Re

[267]

T案中,尽管父母提出了具有说服力的"更广泛的考虑",但通常是由护士提醒其他人注意相关因素和问题。

Re A(conjoined twins:surgical separation)(2000)案是医疗专业人员与患者父母之间发生重大冲突的典型案例。Jodie 和 Mary 都被认为是活产个体,尽管 Mary 的心肺实际上不起作用,几乎完全依赖 Jodie 存活。进行分离术会让 Jodie 存活下来,但会不可避免地导致 Mary 立即死亡。在父母基于虔诚的宗教信仰拒绝同意后,卫生当局向法院申请宣告。上诉法院判决手术是合法的,即使这会不可避免地导致 Mary 的死亡。尽管法院强调,这一有重大影响的判决是针对本案独特的事实作出的,但由于分离术(积极行为)是 Mary 死亡的直接原因,因此仍然具有争议。

这一判决难以与既定的法律原则协调。根据英格兰法,积极安乐死是谋杀,且良好的动机不能成为借口。法院认为,Mary 根据《欧洲人权公约》第 2 条享有的生命权没有受到侵犯,因为外科医生"无意"导致 Mary 死亡。就第 2 条而言,"意图"的含义仅限于国家意图造成死亡的情况。相反,手术的目的是挽救 Jodie 的生命。

10.6.5 忽视儿童的医疗需求

如果儿童的医疗需求被承担父母责任者忽视,后者将丧失作出治疗决定的权利。如果时间允许,案件应提交法院判决,如有必要,可在数小时内安排移交。在更为紧急的情况下,可以为儿童的最大利益提供治疗,因为保障和促进儿童的福利是医疗保健的一个不可或缺的部分。护士应警惕在可能导致冲突的敏感情况下存在的潜在困难。建议护士提前参考政策声明和专业指引。

[268] 当基于最大利益或继续治疗无效而决定不进行或停止治疗,则视为解除了保护生命的义务。护士良好的沟通和人际交往技能对于缓解可能伴随这些情况的矛盾、分歧和误解有着相当大的益处。在重症监护决定中,护士往往处于独特的地位,能够在患者、患者家属和其他医疗专业人员之间进行积极的调解。

10.7 资源

重症监护是一个资源密集的专科,政府资助的医疗服务无法为所有人提供最先进的治疗。优先事项必须予以确定。法院不愿意卷入有关分配医疗资源的决定,因为政策问题应由议会决定。

判例法显示,即使对于持续存活取决于可获得的治疗的重症患者,也不一定要例外地作出判决。[26] 尽管如此,法院经常发现存在很多推翻已经作出的资源决定的程序违规的行为。在地方一级,作为其确保安全照护环境的职责的一部分,护士应监督资源的使用情况。护士应通过适当渠道报告他们所关注的问题,并可从护理与助产协会《守则》中获得指导。[27]《守则》要求护士在出现妨碍护士按照专业标准工作的情况时通知主管部门。如果环境问题使患者护理或福利面临风险,则护士应以书面形式提出自己的担忧。

在照顾危重患者时,通常会强调与医疗保健有关的法律问题。保障和保护生命的首要义务有时可能需要与患者的最大利益相调和。对法律和专业发展保持敏感是护理危重患者的有效方法的重要组成部分。

10.8 注释和参考文献

1. National Institute for Health and Clinical Excellence, *'Critical Illness: Rehabilitation after a Period of Critical Illness' Clinical Guideline 83* (London, NICE, 2009).

2. Department of Health, *Statistical Press Notice* (London, Department of Health, 2012). (Available at: http://mediacentre.dh.gov.uk/2012/10/26/statistical-press-notice-monthly-critical-care-beds-cancelled-urgent-operations-and-delayed-transfers-of-care-data-england-september-2012-and-revisions-for-january-2012-august-2012/).

3. *Re T (Adult)* [1992] 4 All ER 649 *per* Lord Donaldson.

4. 这一点在一系列权威机构中都很明显: *Re C (Adult, refusal of treatment)* [1994] 1All ER 819; *Re MB (Adult, medical treatment)* [1997] 38 BMLR 175 CA; *St George's Healthcare NHS Trust* v. *S*; *R* v. *Collins and others, ex parte S* [1998] 3 All ER 673; *Re T(Adult)* [1992]4 All ER 649。

5. *Re MB (Adult, medical treatment)* [1997] 38 BMLR 175 CA.

6. Nursing and Midwifery Council, *The Code: Standards of Conduct, Performance and Ethics for Nurses and Midwives* (London, Nursing and Mid-

wifery Council, 2008). (http://www.nmc-uk.org/Documents/Standards/nmcTheCodeStandardsofConductPerformanceAndEthicsForNursesAndMidwives_LargePrintVersion.PDF).

7. R (*on the application of Burke*) v. *General Medical Council* [2006] QB 273.

8. See *Re S* (*a minor*) (*consent to medical treatment*) [1994] 2 FLR 1065, *Re C* (*detention: medical treatment*) [1997] 2 FLR 180 and applied recently in *A Primary Care Trust* v. *P, AH and A Local Authority* [2008] 2 FLR 1196.

9. Royal College of Nursing, *Restrictive Physical Intervention and Therapeutic Holding for Children and Young People. Guidance for Nursing Staff* (London, Royal College of Nursing, 2010). (Available at: http://www.rcn.org.uk/_data/assets/pdf_file/0016/312613/003573.pdf).

10. Preamble to the Convention on Human Rights and Biomedicine, 4 April 1997.

11.《心智能力法案实施细则》对该法的解释提供了指引。必须向保护法院提交进行裁决的情况,详见 8.18 段。The Code can be accessed at http://www.justice.gov.uk/downloads/protecting-the-vulnerable/mca/mca-code-practice-0509.pdf.

12. The DoLS Code of Practice provides a range of examples and detailed guidance at http://www.dh.gov.uk/prod_consum_dh/groups/dh_digitalassets/@dh/@en/documents/digitalasset/dh_087309.pdf.

13. Royal College of Physicians, The permanent vegetative state. *Journal of the Royal College of Physicians,* 30 (1996), pp.119–121.

14. Royal College of Physicians, *The Vegetative State: Guidance on Diagnosis and Management* (London, Royal College of Physicians, 2003). (http://bookshop.rcplondon.ac.uk/contents/47a262a7-350a-490a-b88d-6f58bbf076a3.pdf).

15. *W* (*by her litigation friend, B*) *and M* v. *An NHS Trust* [2011] EWHC 2443 (Fam).

16. Resuscitation Council (UK), *Resuscitation Guidelines* (2010) http://www.resus.org.uk/pages/GL2010.pdf.

17. Resuscitation Council (UK), *Decisions Relating to Cardiopulmonary*

Resuscitation: A Joint Statement from the BMA, the Resuscitation Council (UK) and the Royal College of Nursing (London, Resuscitation Council (UK), 2007). (available at: http:// www.resus.org.uk/pages/GL2010.pdf).

18. Children Act 1989, section 3(5).

19. From 1 December 2003 (in England and Wales), from 15 April 2002 in Northern Ireland and 4 May 2006 for Scotland.

20. Children Act 1989, section 4.

21. Children Act 1989, section 4ZA.

22. English V. *Withholding and Withdrawing Life-prolonging Medical Treatment, 3rd end* (Oxford, Wiley-Blackwell, 2007)

23. Royal College of Paediatrics and Child Health, *Withholding or Withdrawing Life-saving Treatment in Children: A Framework. for Practice, 2nd edn* (London, Royal College of Paediatrics and Child Health, 2004).

24. 尽管在 NHS Trust v. MB 案和 Wyatt 案中对"无法忍受"进行了说明,纳菲尔德生物伦理委员会(Nuffield Council on Bioethics)报告《胎儿和新生儿医学中的重症监护决定:伦理问题》(2006)指的是"无法忍受"的生活。

25. *Re J (Specific Issue Orders: Child's Religious Upbringing and Circumcision)* [2000] 1FLR571 at 577 (d).

26. See, for example, *R* v. *Central Birmingham Health Authority, ex parte Walker* [1987] BMLR32; *R* v. *Cambridge Health Authority, ex parte B* [1995] 2 All ER 12 (CA). *R (Rogers)* vv. *Swindon Primary Care Trust* [2006] 1 WLR 2649, *R (Otley)* vv. *Barking & Dagenham NHS Primary Care Trust* [2007] EWHC 1927 and *R (Ross)* vv. *West Sussex Primary Care Trust* [2008] EWHC 2252.

27. Nursing and Midwifery Council, *The Code: Standards of conduct, Performance and Ethics for Nurses and Midwives* (London, Nursing and Midwifery Council, 2008). (http://www. nmc-uk. org/ Documents/Standards/ nmcTheCodeStandardsofConductPerformanceAndEthicsForNursesAndMidwives _ LargePrintVersion.PDF).

B 伦理视角

Robert Campbell
大曼彻斯特,博尔顿大学副校长(学术)

10.9 概述

[271]   为什么危重患者的治疗会带来特殊的问题？康复机会大、获得有明确指征且有效的治疗措施的患者很少给我们带来伦理问题。我们面临的挑战是,不清楚什么样的治疗会有效,或者说,是否有任何治疗会有效。不幸的是,在这些我们需要与患者进行清晰而细致沟通的情况下,我们也经常发现他们病得太重、太害怕或太不知所措,无法倾听和理解我们所说的话。有时,患者的状况会使这种情况更加复杂化;对于负责照护他们的人员来说,幼儿、年迈患者和那些有沟通或学习困难的患者都让他们面临特别的挑战。

正如之前已充分指出,照护职责也会产生法律责任,护士和其他有关专业人员对患者负有注意义务,这在法律上和道德上都远远超出了我们通常理所当然地对他人负有的义务。这可能意味着,我们的责任远远超出了我们的舒适圈,延伸到我们的培训并没有真正使我们具备应对能力的领域。伦理可以帮助我们了解这些领域,让它们少一点不真实,并让我们有机会提前准备应对方法。

10.10 同意

我们从同意开始说起,因为它绝对是医疗保健的基础。在法律上,未经他人同意而与之发生身体接触是一种殴打,但没有身体接触,几乎不可能进行任何医疗、护理保健或治疗。对于日常治疗,如补牙或眼科检查,同意是被推定的,并且患者仅仅在场就内含了其同意。对于更复杂、不常见或有潜在危险的干预,需要履行更正式的程序来确定同意。这是因为法律和道德(以及常识)都认为同意不仅仅是说"好的"。要给予任何真正意义上的同意,你必须知道你同意的内容是什么,你的同意必须是真实的,即非强迫的。在 Re T (adult:refusal of treatment) (1992) 案中,T (基于宗教原因)签署了一份拒绝同意输血的意见书。她被告知除了输血还有其他选择,但医护人员没有向她宣读意见书的内容,也没有和她讨论拒绝输血的可能后果。法院认为,当 T 随后在重症监护中失去意识并且需要输血才能存活时,医护人员不能依据这一拒绝而不作为。这一拒绝不可信赖,因为不存在具有说服力的证据表明 T 确实了解她拒绝的内容。

[272]

如果我让你在一张空白纸的底部签字,接着我在上面打印一份赠予契据,将你所有的财富转让给我,那么没有人会认为这是一份真正的协议。你没有意识到你正在同意什么,更不用说你是否愿意同意了。同样,如果任何口头或书面声明要被视为真正的同意,患者必须理解治疗建议的性质。什么算是"理解治疗的性质"这一问题更为复杂,但法院相当合理地认为,它涉及的不仅仅是被告知将要做什么。尤其是它还包括对治疗可能产生的后果有一些了解,以及正如 Re T 案显示的,拒绝治疗的可能后果以及它们的可能性有多大。

对许多危重患者来说同意治疗困难重重的原因有二。首先,他们的状况可能使他们难以表示同意,或者可能意味着他们根本不能表示同意〔因为他们没有意识或者不再能给予完全同意(见下述第 10.10.2 节和第 10.11 节)〕。其次,决定一个合适的治疗方案可能不完全是一个临床问题。在有些情况下,每当某一特定医疗程序被实施时,其效果却越来越差,对患者的益处也会相应减少。保守治疗或对症治疗尤其如此,这对阻止潜在疾病没有任何作用。在某个阶段,由于治疗的益处太过轻微,或者治疗引起的不适或可能的副作用大大超过治疗的益处,医护人员必须作出判断。同样,治疗可能不确定或具有风险,虽然不确定程度可能属于医学问题,但是否值得冒险却并非医学问题。积极的化疗可能会给晚期癌症患者带来缓解病情的渺茫机会,但让患者忍受这一治疗必将引起的严重不适值得吗? 在生死攸关的问题上,有些人可能认为任何机会都值得一试,无论多么渺茫。而其他不同意的人也有充分合理的理由。

10.10.1　为什么同意很重要?

医疗团队的工作是考虑他们可支配的资源,尽最大努力帮助患者。当然,一旦患者被收治,这也就成为了他们的法律和伦理义务。如果不是精神错乱,难以想象患者怎么会反对治疗。不是每个人都希望自己得到最好的治疗吗？我们为什么还需要获得他们的同意？其中有四个主要原因。

第一个原因与上一节末尾提出的问题有关，与专业知识和随之而来的权威有关。大多数人会同意，在通常情况下，受过医学训练的工作人员更有可能知道特定干预或治疗的可能结果。那种知识赋予他们权威，而这也是我们对他们信任的基础。然而，判断为了在将来获益值得冒多大风险或者能够忍受多大痛苦或不适却不属于该专业知识领域。必须作出决定的人才具有关于这些问题的专门知识以及因此而产生的权威（也可见下面的第四个原因）。

第二个原因在于人的理念。大多数人类都是人，大多数人都是人类，但这些术语的含义并不相同。[1] 人类是特定生物物种的成员，而人是有计划、有目的、有能力自由选择的道德主体。从人格的角度来看，所有人在道德上都是平等的，没有任何内在的理由让我们倾向于一个人的计划和目的而不是另一个人的计划和目的。但不是每个人都能实现他们的每一个计划，我想要的可能与你想要的冲突，甚至可能使你无法得到你想要的。这就是为什么我们需要调解、妥协、谈判，最终还需要法律。但这些程序并没有忽视一个人的道德能动性。相反，只有当这些程序适用于能够作出选择并依此行事的人时才有意义。

忽视患者同意或拒绝治疗的权利其实是忽略了患者作为主体的这一事实，并假定以特定方式治疗患者的计划是唯一重要的计划。用康德的话来说，就是把患者当作一种手段来达到目的，而不是将患者本身视为目的。因此，这属于没有给予与你自己具有同等道德重要性的患者应有的尊重和尊严。如果你认为你的计划和选择很重要，那么你必须承认他人的计划和选择同样重要。不遵循这一点是不合逻辑的，也是麻木不仁的。

第三个原因与人的心理有关，而非逻辑或道德。如果治疗征得并获取了患者的同意，那么患者将在许多方面感到自己的权利得到了满足。第一，他们将作为作出决定的团队中平等的一员。他们将采取行动，而不是被采取行动。第二，他们不会太担心即将发生什么，因为如果同意是真实的而非被操纵的，他们会理解其中所涉及的内容及其影响。第三，他们将保持对自己处境的控制，在人们极易受到伤害和可能感到痛苦的情况下，这显然是非常重要的，而且在某些情况下确实是至关重要的。他们会感到自己是自主的并且实际上自主;并且因为"自主"一词仅仅意味着一个自由的道德主体,即一个自由的人,这让我们与第一点再次联系起来。同样重要的是注意,无论患者是否同意治疗建议,这一赋权过程将继续下去。

第四个原因与人类易犯错有关。人们可能会犯错,尤其是他们可能错误地认为什么对另一个人有益。医疗团队由各个领域的专家组成,但只有我最清楚什么对我有益。诚然此处也存在易错性。我可能错误地认为什么符合我的最大利益。我们都知道这是可能发生的。但与其他人相比,我在这个问题上不太可能出错,因为我了解自己,我也有动力作出正确决定,这是其他人所没有的。我将承担后果,无论好或坏。[2] 因此,至关重要的是,当需要决定什么对我有利时,是由我作出决定,即使我可能需要他人给予专家建议。在实践中,这意味着我必须有机会决定是否接受所提供的治疗,即使其他人可能认为我作出的决定是错误的。

[274]

10.10.2 拒绝治疗

在英格兰法和美国法中[3],我显然有权拒绝治疗,无论这在其他人看来多么不合理。理论上,违背我的意愿进行治疗将成为提起殴打诉讼的理由。不太清楚的是,当这种治疗是在挽救生命或可能挽救生命的时候,我在多大程度上有拒绝治疗的权利。因为在实践中,拒绝挽救生命的治疗往往被视为无法合理给予或拒绝同意的初步证据。[4]

这并非完全不合理。正如我所认为的,拒绝接受牙科治疗或髋关节置换术不仅与你有关,而且也会困扰着你,让你在事后改变主意。拒绝挽救生命的治疗却不会如此。这不仅仅是一个实际问题,因为如果同意的伦理重要性与自主性有关,即自我决定,那么选择一个你知道很可能导致你死亡的医疗方案似乎与此矛盾。当没有自我去作决定,自我决定就消失了。也许我们可以仅仅把这当作一个令人费解的怪事,因为还存在很多我们容易接受的其他例子:比如那些冒着生命危险帮助他人而失去生命的人;选择死亡而不是违背比自己的生命更重要的原则或价值观的人;以及那些理性地选择自杀的人。然而,讨论后一种情况确实会带来一些实际困难,在面对拒绝接受挽救生命的治疗的人时也会遇到这些困难。人们应该作出自己的决定并从自己的错误中吸取教训的普遍原则在此太具有伤害性。如果选择自杀或拒绝治疗被证明是错误的,基于情况的特殊性,那么从中吸取任何教训都为时已晚。正如只有当患者完全理解自己同意的内容时,同意才是真实的,同样只有当患者完全理解自己拒绝的内容时,拒绝挽救生命治疗的决定才应该得到尊重[见上文关于 Re T(adult: refusal of treatment)(1992)案的讨论]。

10.11 能力

[275]　　最后一点与了解和理解有关。如果我被蒙在鼓里,被误导或者根本不理解内容的本质,显然不能说我给予了同意。医生和其他任何具有专业知识的群体一样完全有能力以非专业人士不能理解的方式解释某些事情。如今,这种情况比过去更为少见了,大多数医生都至少明白这是他们应该努力避免的事情。尽管如此,对于复杂的问题作出既对非专业人士来说易于理解,同时又准确和完整的解释并不总是那么容易。患者也不总是善于承认他们没有完全理解并希望得到再次解释。换言之,任何人都有可能在缺乏了解或真正理解的情况下仍然给予明示同意。然而,某些类型的人的同意并非只是在特定情况下有问题,而是通常都有问题。用法律术语来说,这些人缺乏同意的能力,不是因为他们不理解,而是因为他们不能理解,别人也不能让他们理解。小孩子就是一个明显的例子。这并不是因为他们不能作出选择,而是因为他们对世界的了解不够,无法意识到他们的选择可能意味着什么。他们不断发展的知识意味着他们逐渐能够更好地理解,因此,越来越能够给予真实和知情的同意。换言之,决定能力没有存在与否,而是一个逐渐形成的东西。孩子们可以被告知或商量可能发生的事情,而不准备自己作出最终决定。抑或他们可能准备在某些领域作出决定,但在其他领域则不然。实际上,法律是否愿意允许 18 岁以下的未成年人作出治疗决定取决于这些决定的严重性。与成年人一样,未成年人的能力确实可以被削弱或部分削弱。

　　例如,在 T 案中,法院判决患者拒绝治疗的决定是在患者母亲的不正当影响下作出的,并且有理由相信患者没有完全理解其决定的含义。确定这类问题可能非常困难。在美国的 Mary C. Northern 案中[5],法院为她委任的监护人将她描述为"……72 岁……而且……拥有良好的记忆力和回忆能力,能准确地回答问题,谈话连贯、聪明,心智健全"。她因冻伤和烧伤而双脚生坏疽,但拒绝按照外科医生的极力主张进行双脚截肢。尽管在其他方面似乎完全符合理性,但在谈话中,她表现出了对活下去的强烈渴望,同时非常想保住自己的脚。她似乎无法理解这两者同时发生的可能性只有十分之一,而且除了抽象的假设,她还坚决拒绝去设想她将不得不在两者之间作出选择的事实。最终法院决定批准手术,显然是因为接受了这样一种观点,即认可一个明显有能力的成年人可能在一个具体决定中无决定能力。鉴于判决书太长,无法在此引用,我们可以简单理解为,这似乎是一个正确的判决。关于她的脚部状况的认知,Mary Northern 可能既有通常的理性能力,又有病理性障碍,她认为脚部状况已经好转,而她的医生欺骗了她或者弄错了状况。

设想下面这个情况: [276]

30 岁的孕妇 Carla 因胎膜破裂需要马上生产。鉴于胎儿所处的位置,继续允许自然分娩存在子宫破裂的严重风险。胎儿的生命也正处于危险之中,医疗团队希望立即进行剖腹产。Carla 极度痛苦,非常担心失去孩子,但她仍然基于宗教原因拒绝剖腹产。Carla 是福音教派基督徒,但不是科学派基督徒或耶和华见证会教徒,牧师团队中没有人知道任何可能会反对这一手术的其他基督教派。

这是不是对治疗的合理拒绝?我们可以把 Carla 描述成一个仅仅是对剖腹产手术存在病理性阻滞的理性患者吗?我们可能更希望认为 Carla 不是非理性的,她只是有我们其他人不认同但无法反驳的信仰。但是 Mary Northern 的非理性最终让她拒绝放弃关于她的脚部状况的信仰,没人能向她证明她的信仰是错误的。是什么让信仰变得非理性,这一问题一时很难得到准确的回答。这可能有助于区别非标准宗教信仰与像 Mary Northern 这样的人的宗教信仰,因为 Mary Northern 的宗教信仰不知从何而来,除了似乎孤注一掷地希望情况与他们实际所处情况不同,他们没有任何根据。大多数宗教信仰确实形成了一个体系,他们被许多人共享,并在文化上传播——这验证了这些宗教信仰的理性,即使并非由不信仰的人确认。这并非毋庸置疑,但很有说服力。

10.11.1 平衡权利和义务

然而,这里还存在另一个使人忧虑的因素。母亲拒绝治疗不仅涉及她自己,还关系到她未出生的婴儿。Re S 案[6] 提出了一个问题,即如果一个人拒绝治疗会对第三方产生影响,那么应该在多大程度上允许他拒绝治疗。很明显,该案(横卧的足月胎儿威胁到了胎儿和母亲的生命)的判决考虑到了胎儿的福利,以及母亲决定的合理性。无论法律立场是什么,这都是无法回避的问题。胎儿已足月。法律可能不承认未出生婴儿的权利,但从伦理上说,断言足月胎儿与新生婴儿有任何重大区别是很奇怪的。可能有争议的是,是否可以通过所谓的"大规模侵入人体"[7]即剖腹产来挽救其生命。在一个类似的美国案例 Angela Carder 案中,允许剖腹产的初审判决在上诉中被推翻,Angela Carder 的父母在另外提起的对医疗事故、意外致死和侵犯民事权利的诉讼中从医院获得了未公开的损害赔偿。在那个案件中,母亲和孩子都没有在手术中幸存下来。虽然这位母亲患有蔓延到全身且无法治愈的骨癌和肺癌,但死亡证明将剖腹产列为死亡促成因素。[8]

[277] 剖腹产是一种重大的外科手术,它涉及外科手术可能发生的所有风险和危险。为了让他人受益而让某人承受这些风险似乎并不合理。在美国的一个案例中,法院判决不能强迫某人捐献骨髓(这是一种比剖腹产风险小得多的手术),即使不这样做会导致第三方死亡(因为只能找到一个与组织类型相匹配的人)。[9]但这并不意味着这个人没有捐献骨髓的伦理义务,也不意味着我们不会因为他们逃避这一义务而看不起他们。我们也很难断定这一案件对 Re S 案产生了影响。那些自愿怀孕的人通过怀孕已经要对所怀的孩子承担一定责任。而且剖腹产并不是一种严重到没有人会去冒险的危险或不寻常的干预措施。所宣布的母亲的拒绝理由也不像看上去那样条理清晰。据报道,Re S 案中的夫妇认为剖腹产违背了他们作为重生基督徒应当遵循的原则。据《卫报》,大多数福音教派基督徒并不认同不允许进行剖腹产的观点,如果孩子的生命处于危险之中,他们甚至还会提倡剖腹产,而只要不输血,耶和华见证会教徒也不反对剖腹产。[10]

在此显然需要在任何人都具有的拒绝挽救生命治疗的权利和未出生婴儿的权利之间实现平衡(即使英格兰法通常不承认这一权利,但这一权利必须具有一定的道德力)。对于给出的理由的条理性也必须打个问号,尽管可能仅止于此。这些考虑应该会影响到拒绝治疗时所发生的情况,或者表明其将会产生影响。在 Re S 案的情况下,拒绝将不会在表面上被接受。医护人员将会并且应该解释拒绝的后果并说服患者重新考虑。在这种情况下,最好向患者的心理医生咨询。如果患者只是误解了他或她的宗教信仰要求,那么这种情况可以就此得到解决,而无须诉诸法律。

这种对拒绝治疗的回应能得到适当理解,因为我们对患者作出的决定和(或)其理由有道德不安感。但是,尽管希望反对这一决定有充足的伦理理由,不赋予这种反对以法律效力同样有充足的政策原因。换言之,我们可能不同意(或许是极其不同意)这一决定,却不曾思考对患者实施另一种行动方案的正当性。而且,很明显,我们有充分的理由认为,如果有一般政策要求对不愿意接受手术的妇女实施剖腹产将是极其糟糕的。

10.12 预先指示

正如前文提到的那样,患者可能不再能够对治疗给予同意。这可能是由于精神或身体状况恶化,或两者兼而有之。在这种情况下,治疗变成了医疗团队认为什么符合患者最大利益的问题。通常人们可能认为,如果存在所谓的"预先指示",这种情况就会比较容易得到解决。预先指示可以采取各种形式,从简单的陈述("如果情况真的发生了,我不想作为一个植物人活着")到更正式的"生前遗嘱",这在美国比较普遍。生前遗嘱有两种,一种是说明你不再希望继续治疗的情况的较为简单的正式声明;另一种是一份持续性医疗保健代理人授权书,有效指定一名代理人在你不再能自己作决定时代表你作出决定。[11] 简单的生前遗嘱可能会有问题。首先,它总是假设的("如果以下情况发生,这就是我希望的……"),并且也是一般性的,而不是具体的。这种情况不可避免,因为我们在立遗嘱时试图预测可能发生的事情,而不是处理实际情况。然而,这意味着很难确定遗嘱的原意如何得到适用,因为实际发生的情况未必与设想的情况完全相同。如果遗嘱制定者像大多数人一样不具有行医资格或医学知识,这一点尤其明显。另外,还存在时间跨度问题,这基于两个完全不同的原因。第一个原因可能是最明显的,即在立遗嘱和遗嘱生效之间的间隔时间内,治疗可能会发生变化。某人如果知道治疗的升级程度,他们宁愿被允许死亡也不愿接受某种治疗,进而可能会作出完全不同的选择。第二个原因与人格同一性随时间而变化有关。年轻的我为年迈的我决定什么符合最大利益在多大程度上是合理的?例如,在必要的时候,我可能会对风险承担采取完全不同的态度。或者我可能会变成一个完全不同的人。

[278]

Dworkin[12]引用了 Margo 案。在该案中，Margo 患有老年痴呆症。"尽管她生病了，或者也许正是由于这一原因，……她无疑是我所认识的最快乐的人之一。她的心灵正在经历着某种优雅的退化，这让她无忧无虑并且总是感到快乐。"[13] 这是老年痴呆症的一个不太常见的后果，更通常的情况是老年痴呆症让人们感到焦虑、困惑和极度迷惘。但这正是问题的关键。如果 Margo 考虑到痴呆症的可能性并进行预先指示，她很可能会决定，一旦她患有老年痴呆症，她就不希望接受对任何其他危及生命疾病的治疗。如果她进行了预先指示并且出现了有关情况，那么尊重 Margo 曾经作为理性人的自主权并遵守预先指示中的意愿是否会更好？还是说更好的做法是为现在的 Margo 谋求最大利益，并对她患有的任何偶然发生、威胁生命的疾病进行治疗，除非发展到她的老年痴呆症进一步恶化？[14]

10.12.1 死亡的权利

死亡的权利是否存在？我们已经看到，有决定能力的患者（即了解自己情况并能作出适当决定的人）有权拒绝治疗，即使这可能缩短他们的生命。同样，自杀在1961年被合法化。[15] 然而，协助自杀仍然是非法的，其根本原因想必是，如果将之合法化，那么一个意图谋杀的人太过容易将之作为虚假的辩护。这并不意味着真正协助自杀是不道德的，人们可以很容易想象到这种情况，尽管这一点并不明显。[16] 但存在一个难题，即什么算作协助，是提供方法、鼓励、建议还是提供实际支持？这正是 Diane Pretty 面临的问题，当时她要求检察长（DPP）裁定她的丈夫是否会因帮助她前往瑞士而被起诉，在瑞士，医生可以协助她自杀。她患有运动神经元病，担心在她准备前往瑞士时，如果没有丈夫的帮助她将无法成行。上议院和欧洲人权法院都支持检察长拒绝提供任何此类保证，[17] 尽管检察长于2010年2月发布的最新政策中[18] 明确表示，在"犯罪嫌疑人的行为可能被描述为面对被害人自杀的坚定愿望而不情愿地进行鼓励或帮助"的情况下，Diane Pretty 在设想的具体情况中不太可能提起诉讼。但具有讽刺意味的是，Diane Pretty 在这项政策制定之前就去世了。

也许同样讽刺的是，越来越多的公众接受，至少在某些情况下向决心死亡的人提供某种形式的协助（如果上述政策是这样规定）可能是由于医学能够让人们活得比五六十年前更长。存在争议的是，在某些情况下，比如 Diane Pretty 患有慢性和退化性疾病的情况,我们能够推迟死亡这一事实并不具有明显益处,因为我们无法恢复健康,甚至不能部分恢复健康。一个人宁愿早死还是即使越来越不舒适也想多活几年,显然是一个非常主观的问题,而协助自杀最有力的论据也许是它能让人们作出符合他们偏好的选择。

10.12.2 中止治疗

同意或拒绝治疗不是这一领域的唯一问题。对于一些患者的治疗可能被停止,因为他们即将死亡,而仅仅延长死亡过程将被认为不恰当也不人道。美国和英国医学会以及天主教和英国国教都赞同这一观点,对医疗总会来说,这显然是一种良好的医疗实践:

"生命有一个自然的终点,医生和其他照护患者的人需要认识到,在患者病情发展的过程中,死亡可能即将来临。在这些情况下,医生不应在不顾已经知道的患者意愿,或对是否治疗的利弊进行的最新评估的情况下,力求延长死亡过程。"[19]

"当不容辩驳的证据表明即将发生的生物性死亡是患者和(或)其近亲属的决定,应当停止使用延长生命的非常手段。"[20]

[280]

"目前,狭义的安乐死意味着杀人,将其扩大到包括在允许患者死去可能更好的情况下,不通过人为方式保护生命的决定,这是一种误导。此种决定加上让患者尽可能善终的决心可能是相当合法的。"[21]

"……通常,一个人只能使用普通方法……也就是说,不为自己或他人带来任何沉重负担的方法……因此,如果试图进行复苏似乎对家庭构成了此种负担,以至于人们出于良心无法将此种负担强加给家庭,他们可以合法地坚持要求医生停止这些尝试,并且医生可以合法地遵守。"[22]

对故意杀人和使用止痛药或停止治疗从而致使缩短生命进行区分必须依然作为一项指导原则,尽管其在实践中的区别十分细微。[23]

人们普遍认为,这一立场涉及对积极安乐死和消极安乐死的道德区分。许多人似乎认为,如果他们认为安乐死可以被证明是完全正当的,那么消极而非积极安乐死更容易被证明具有正当性。他们似乎还认为,尽管英格兰法律严格禁止积极安乐死,有时它确实允许进行消极安乐死。医生和律师似乎都相信这是事实。例如:

"一个唐氏综合征患儿出生时患有肠梗阻。如果不清除障碍物,孩子就会死亡。在此……外科医生可能会说,'因为这个孩子患有唐氏综合征……我不打算做手术,而是顺其自然'。没有人能说这位外科医生拒绝进行将挽救孩子的手术是在犯谋杀罪。

"一个严重残疾的孩子被施加足以导致其死亡之剂量的药物,而除此之外这孩子不会死。如果医生是故意为之,那么陪审团可以说:是的,他在杀人,他在谋杀那个孩子。

"允许儿童死亡和采取行动杀死儿童之间有着重要的区别。[24]

"没有儿科医生会夺去患儿生命,但我们接受允许患儿死亡的观点,我知道这种区别很细微,但我们都深深地感受到,有时这符合患儿的利益。"[25]

这可能是最具误导性的,不应该只从表面来看待。我不是一名律师,并且这方面的法律很复杂,但很清楚的是,被动地对某人的死亡负责本身在法律上不构成对谋杀或过失杀人指控的辩护理由。Bonnyman 是一名医生,他意识到他的妻子表现出了糖尿病的所有症状,却没有告诉她。他的妻子认为自己只是患了一次特别严重的流感,因而没有去治疗,而后死亡。Bonnyman 医生被判过失杀人罪。[26] 还有许多其他类似的案例。Pitwood 是一名平交道口看守员,当火车接近时,他没有关闭闸门,因此被认为应对随后发生的死亡事件负责[27];Gibbins 和 Proctor 被认为应对他们没有喂养导致孩子死亡负有刑事责任[28];Stone 和 Dobinson 因疏忽造成了一位在他们照料下的受抚养亲属死亡,被判犯过失杀人罪[29]。

英格兰法认为,尤其谋杀和过失杀人是可以通过作为或不作为犯下的罪行。当然,如果死亡是由某人的作为造成的,通常比较容易确定责任人,那就是做出相关行为的人。但是,如果因为未能作为而导致某人死亡,谁要对此负责?此处的责任人是任何负有作为法律义务但未能作为的人。根据一位权威学者的说法[30],这一义务可以通过合同、特殊关系(如亲子关系或医患关系)或一个人自愿照顾另一个人而产生。但在著名的 Donoghue v. Stevenson 案中,Atkin 法官认为,我对"……受我的行为如此密切和直接影响的人负有注意义务,因此,当我考虑进行相关作为或不作为时,我应该合理地考虑他们受到的影响"[31]。这一对注意义务的定义更加全面,也许幸运的是,它只适用于民事侵权案件。不管怎样,显然医疗团队对患者负有注意义务,肆意或鲁莽地忽视这一义务致人死亡可能导致谋杀或过失杀人的刑事起诉。那么,在 Bland 案[32] 中,上议院为什么

[281]

会在知道不治疗患者会导致患者死亡的情况下批准不治疗？

Tony Bland 是希尔斯堡足球惨案的受害者。由于受伤，他昏迷了，而且直到 1993 年，他的父母向法院申请停止对他人工补充营养和水分时，他都一直处于持续性植物状态。法院认为，人工补充营养和水分是一种治疗形式。他们还认为，由于 Bland 先生极不可能恢复意识，这种治疗对他没有益处，停止这种治疗属于法律许可的不作为而非委托，也就是说，医疗团队没有继续治疗 Bland 先生的义务。

理由如下：

（1）医生没有义务继续治疗无法从中受益的患者。

（2）有依据的医学意见认为，处于持续性植物状态且没有恢复希望被视为患者无法从中受益。

（3）生命神圣不可侵犯的原则不是绝对的，例如：

——患者明确拒绝治疗，即使拒绝治疗很可能导致死亡。

——绝食囚犯拒绝进食并且不得强制喂食。

——如果患者生命垂危，即将死亡而治疗只会延长痛苦。

（4）适用人工补充水分和营养需要医学干预，并被医学界广泛视为医学治疗。

[282]

这里的主要原则并不是只要患者没有被真正杀死就允许让其死亡，而是照护患者并不需要（在不能治愈且极不可能康复的情况下）对患者进行毫无益处的医疗干预。但同样清楚的是，相关治疗对 Bland 并不是不利的。治疗对他没有益处，对他也没有坏处。如果医生没有义务继续治疗 Bland，他们也没有义务不治疗。但对于 Bland 的亲属和朋友，尤其是父母，治疗是有益的，他们将免于继续看到他们的儿子处于这种异常痛苦的状态，并总算能够哀悼两年前遭受的损失。无论如何，这不是一个可以忽略不计的益处。此外，如果不管发生什么都不能再做任何事情来伤害或造福 Bland 本人，那么让与他最亲近的人从中获得最大益处来进行选择似乎是妥当的。

但是，如果我们将 Tony Bland 案和 Cox 案的情况加以比较会很有意思。在该案中，患者 Lilian Boyes 生命垂危并感到剧痛，请求 Nigal Cox 医生帮助她死去。医生给她注射了致死量的氯化钾，并于 1992 年被判意图谋杀。如果不区分积极安乐死和消极安乐死，确实很难从表面上看出该案件与 Bland 案的区别。Butler-Sloss 法官在 Bland 案上诉法院庭审中的言论似乎涉及了此种区分。

Nigel Cox 医生注射了致死剂量致人死亡,他的立场有所不同,因为这是一种外部的侵入行为,不符合他作为医生应尽的注意义务。Bland 先生的医生和 Cox 医生之间的区别在于,前者是允许身体内已有疾病发挥作用的作为或不作为,后者在于引入了外部致死因素。[33]

《卫报》的主笔将这一立场称为"哲学上的谬论"(1992 年 11 月 20 日),从表面上看也许是这样。不正确的是在这两种情况之间不存在其他与伦理相关的区别。下面的内容不应被视为暗示对 Cox 医生的任何批评。Cox 医生似乎处于极其艰难的处境,而且出于真诚,他可能正在诚心诚意地做他认为唯一能对 Boyes 女士有所帮助的事。但在这种情况下 Cox 的决定是否正当(无疑我难以了解所有相关信息,我倾向于认为它是正当的),对其正当性的解释必须不同于停止对 Tony Bland 治疗之正当性的解释。

这种区别的根源是一个现在被许多人质疑的古老概念,称为"双重效果原则"。我认为,它不应被视为解决伦理问题的规则,而应被视为一种可以阐明特定情况下问题所在的指引。它区分一个人的意图和对自己行为的预见后果。这一原则表明,尽管一个人对自己打算做的事负全部责任,但不对行为的预见后果负责,仅对行为意欲达到的效果负责,只要:

(1)所做的事至少在伦理上是被允许的。
(2)目的必须仅包括实现所做的事的有利影响,而不包括不利影响。
(3)不利影响必须不能成为促成有利影响的手段。
(4)所做的事的好影响和坏影响必须相当。

Cox 医生想必是希望让 Lilian Boyes 的死成为他认为唯一可以免于让她承受更多疼痛和痛苦的方法,治疗 Tony Bland 的医疗团队是希望让他免于承受更多痛苦(或者至少是为了让他的亲属免于痛苦,因为 Tony Bland 自己可能什么都不知道),虽然预见到这可能会导致他的死亡。这两个真实案例的实际后果可能并无区别,因为它们都导致了相关患者的死亡。尽管如此,这一区别很重要,因为它们被视为在未来可能相似但永远不会完全相同的案件中采取行动的先例。

我不认为可以允许消极安乐死是因为这仅仅是允许病人死亡而不是为了使他们死亡而采取行动的问题。但我确实认为,在患者即将死亡,或者治疗让患者很痛苦,并且成功机会非常渺茫的情况下,如果患者和

(或)其亲属同意,停止继续治疗有正当性。

某一事件的伦理责任不取决于其发生是因为一个人的作为还是没有作为,而是取决于一个人的意图和义务。如果没有治疗的义务,也具有不治疗的令人信服的理由,通常应当完全允许停止治疗,即使这样做会导致患者死亡。

那么 Cox 医生呢？显然不能以这些理由为他开脱,因为这些理由不适用于他的情况。我们可以想象,在什么情况下患者的痛苦是如此之大,而立即补救的可能性是如此之小,以至于杀死患者是防止疼痛的唯一可行手段。在国家灾难或战争中,或在世界上医疗资源极其有限的地区,可能会出现这种情况。在那些情况下,采取行动以尽可能容易且迅速地导致患者死亡可能不会是不正当的。也许 Nigel Cox 认为自己就是身处那些情况中。如果不参与其中,就不可能有发言权。这必定是一个我希望永远不要作出判断的问题。基于这一原因,我不能断定 Cox 所做的事是错误的,但也正因为如此,基于政策理由,这也是法律绝不会允许的。

10.13 注释和参考文献

1. 例如,有人怀疑婴儿、胎儿或那些虽然生物学上依然活着,但对周围的世界没有任何反应的人是不是严格意义上的人。[See Robert F. Weir, *Abating Treatment with Critically Ill Patients* (New York, Oxford University Press, 1989), pp.70-71 and 405-412.] 也可以说,高等类猿类和鲸类动物(海豚、江豚和鲸)可能是所需意义上的人。[See Peter Singer, *Practical Ethics* (New York, Cambridge University Press, 1979) passim.] 关于这一争论的有益调查可见于 Hugh LaFollette, *Ethics in Practice,* 3rd edn, (Oxford, Blackwell, 2007), Part II, sec. 14-17。

[284]

2. 对于这一观点更完整、更经典的阐述,参见 John Stuart Mill。*On Liberty.* [这本书有很多版本,但一个近期出版的不错的、并包含评论文章的版本是由 John Gray 和 G.W.Smith 主编的 *J.S.Mill on Liberty In Focus* (London, Routledge, 1991)]。

3. 许多专业行为守则也非常强调这一点。例如,参见 the Nursing and Midwifery Council, *The NMC Code of Professional Conduct: Standards for Conduct Performance and Ethics* (London, NMC, 2008)。

4. 参见 Margaret Brazier, *Medicine, Patients and the Law,* 5th edn (London, Penguin, 2011), Chapter 6。

5. John Arras & Nancy Rhoden (eds), *Ethical Issues in Modern Medicine,* 3rd edn (New York, McGraw-Hill, 1989), pp.72-79.

6. 参见 *Re S (a minor) (consent to medical treatment)* [1994] 2 FLR 1065。

7. John Terry 法官,在 Re S 案中作为证据引用的美国 Angela Carder 案(哥伦比亚特区上诉法院,1990)。将他的言论与 Judith Jarvis Thompson 在 A defense of abortioon, *Philosophy and Public Affairs,* 1(1)(1971),pp.57-66 中的论点比较;孕妇不再需要对她所怀胎儿的福利负责,也不必对其他任何人的福利负责。如果她要对它的存在负责,她可能负有注意义务,但这种义务是有限度的,她在伦理上没有义务为此而冒生命危险。See also Anton Tupa (2009), Killing, letting die, and the morality of suicide, *Journal of Applied Philosophy,* 26 (1) (Feb 2009).

8. 参见 the *Guardian,* 20 October 1992, p.23。

9. 参见 R. Campbell & D. Collinson, *Ending Lives* (Oxford, Blackwell, 1988), P.174。

10. 参见 the *Guardian,* 14 October 1993, p.3。

11. 另参见 the Mental Capacity Act 2005, sec. 9, Shaun D. Pattinson, *Medical Law and Ethics* (London, Sweet and Maxwell, 2006), Chapter 14 and Jean McHale and Marie Fox, *Health Care Law,* 2nd edn (London, Sweet and Maxwell, 2007), pp.1078-1082.

12. R. Dworkin, *Life's Dorminion: An Argument about Abortion, Euthanasia, and Individual Freedom* (New York, Vintage Books, 1994), p.218.

13. A.D. Firlik, Margo's logo. *Journal of the American Medical Association,* 265 (1991), P.201.Quoted by R. Dworkin (1994), *op.cit.*

14. R. Dresser, Dworkin on dementia: elegant theory, questionable policy. *Hastings Center Report,* 25 (1995). 另参见 D. Degrazia, Advance directives, dementia, and 'the someone else problem', *Bioethics,* 13 (5) (1999), pp.373-391。

15. Jean McHale & Marie Fox, *Health Care Law,* 2nd edn (London, Thomson, 2007), p.1001.

16. R. Campbell & D. Collinson, *Ending Lives*（Oxford, Blackwell, 1988）, ch.5.

17. Shaun Pattinson, *Medical Law and Ethics*（London, Thomson, 2006）, p.490.

18. *Policy for Prosecutors in Respect of Cases of Encouraging or Assisting Suicide,* CPS 2010.

19. General Medical Council（2002）*Withholding and Withdrawing Life-Prolonging Treatment: Good Practice in Decision-making,* para. 12.

20. *Journal of the American Medical Association*（1974）, 227.

21. Church of England National Assembly（Board for Social Responsibility）（1975）*On Dying Well,* Church Information Office, p.10 and the *Guardian* 20 November 1992,（leading article）.

22. Pope Pius XII, *The Pope Speaks,* 4, no. 4, p.396.

23. 1992 年 10 月英国国教主教院认可的原则，David Sheppard 在 [285] 1992 年 10 月 27 日给《卫报》的信中予以引用。

24. 摘自 Arthur（1981）案审判记录中的附带意见，引自 H.Kuhse, A modern myth..., *Journal of Applied Philosophy,* 1(1),pp.21-38.

25. Arthur（1981）案中儿科顾问医生的专家证词，引自 D. Brahams & M. Brahams, The Arthur case, *Journal of Medical Ethics,* 9, pp.12-15.

26. （1942）28 Cr APP 131.

27. （1902）19 TLR 37.

28. （1919）13 Cr App Rep.

29. [1977] QB 354, [1977] 2 All ER 341.

30. R Card, R Cross & PA Jones, *Introduction to Criminal Law,* 17th edn（Oxford, Oxford University Press, 2006）, p.32. See also Dennis Barker, *Glanville Williams: Textbook of Criminal Law,* 3rd edn（London, Sweet & Maxwell, 2012）, sec. 12.3.

31. [1932] AC 562.

32. （1993）2 WLR 316.

33. Court of Appeal: *Airedale NHS Trust* v. *Bland,* December 9, 1992.

11 临床治理

A 法律视角

Vanessa L. Mayatt

柴郡 Mayatt 风险咨询有限公司总监

11.1 临床治理的出现

[286] 几十年前,大西洋两岸的商界不得不面对一系列从令人难堪到灾难性的组织发展。这些发展使人们对公司管理财务和整体事务的能力产生疑问。由此,Polly Peck、Maxwell、Enron 及其他公司面临的组织问题果不其然推动了更严格的组织管理方法的诞生。这导致了目前对治理的要求,而这如今已成为大西洋两岸大型私营组织日常运作的一个必需部分。

为应对这一公司动荡,公司进行了一系列旨在确定各组织应采取何种步骤以良好地治理公司的调查。每一次后续调查都以前一次调查的原[287] 则为基础,从而共同塑造了当前的公司治理方法和内部控制要求。这些要求规定在伦敦证券交易所上市公司力求遵守的《公司治理综合准则》(以下简称《综合准则》)[1] 中。

《综合准则》涉及确立公司目标、识别实现该等目标的风险及建立内部控制系统以确保不会发生经营失败。因而它涉及风险管理,并将风险管理纳入公司日常运作。简言之,公司治理是指从事后挽救转向更积极主动的风险管理方法。虽然遵守《综合准则》是自愿的,但各公司强烈感受到在公布的年度报告中积极声明其治理及内部控制安排的压力。该等安排须经内部及外部审计员,以及通常由一名董事会成员领导的公司风险管理小组仔细审查。

私营部门公司治理的发展在很大程度上反映在公共部门上。医疗保健行业与商界一样经历了一系列备受关注的事件,使人们质疑医院、信托和其他医疗保健提供者的管理水平,以及临床医生治疗和照护患者的水平。哈罗德·希普曼(Harold Shipman)的数百名患者死亡、布里斯托尔皇家医院多名婴儿死亡,以及肯特和坎特伯雷医院子宫颈癌筛查服务的错误,都表明个人及其工作的医疗保健系统的失败。官方调查报告中对这些重大事件总结的教训,与其他事件一同形成了目前对临床治理和风险管理的期望。这些期望与有关私营公司的期望并无不同。

公共部门有自己的"综合准则",体现为英国财政部的橙皮书《风险管理:原则和观念》。[2] 财政部文件承认风险管理、成功实现经营目标及满足利益相关者需求之间的联系。公共机构(包括医疗保健行业)的审计委员会使用橙皮书确定其风险管理策略,并制订内部控制安排。外部审计员,例如国家审计署(NAO),也使用财政部的指引来判断公共机构的管理水平。

在医疗保健行业,治理包括临床治理安排。1999 年发布的指引《新国民医疗服务体系临床治理》[3] 将临床治理定义为"一个使得国民医疗服务机构负责不断提高其服务质量,并通过创造优质临床治疗蓬勃发展的环境来保障高标准治疗的框架"。临床治理被描述为类似于机构良知和医疗的"跳动的心脏",概括了机构提供安全、高质量患者治疗的责任。[4]

11.2 临床治理的发展

20 世纪 90 年代初,随着国民医疗服务体系信托的成立,临床风险管理的概念在英国医疗保健行业得到了发展。证明临床风险的性质和程度的证据来自医疗过失索赔、对临床体验和患者预后的抱怨,以及改进国民医疗服务体系信托中临床事件报告的安排。当时,在通常的信托中,报告的临床事件证明了用药错误的严重性、产生用药错误的多种方式,以及糟糕的临床决策和临床实践,所有这些方面都会导致不可接受的患者预后。很明显,尽管绝大多数患者都得到了医疗保健部门及其雇用的敬业工作人员的良好服务,但有清晰证据表明,在提供患者治疗的质量方面存在一些基本的组织问题。这一证据推动了对提高质量的追求和临床治理的发展。

[288]

20 世纪 90 年代末,咨询文件《一流服务:新国民医疗服务体系的质量》[5]规定了改善医疗保健服务质量的安排。该文件的主要内容包括:

- 服务和治疗的国家标准
- 在当地提供高质量的医疗服务
- 新成立的健康促进委员会(CHI,现为医疗质量委员会)有效监督进展
- 进行患者和用户体验全国调查

这一发展是国民医疗服务体系现代化议程的一部分,而临床治理被视为这一策略的核心。临床治理是提高医疗质量的代名词。该文件指出,临床治理原则适用于所有提供或管理国民医疗服务体系患者医疗服务的人员。它还规定了信托首席执行官负有代表信托委员会确保服务质量的责任。

在这份咨询文件[5]发布之后,1999 年《卫生法》规定了对医疗保健质量的法定义务。根据这项立法,信托首席执行官对确保医疗保健质量负有最终责任。次年,鉴于哈罗德·希普曼(Harold Shipman)案的发生,一次独立调查得以进行。调查的部分内容是考虑需要对现行制度进行何种改变以对未来的患者提供保护。这致使医疗总会从 2003 年开始要求医生定期进行重新验证。

11.3　目前的临床治理

20 世纪 90 年代,国民医疗服务体系信托和其他医疗机构几乎普遍制定了管理临床和其他风险领域的单独安排。虽然这使机构内具有相关专业知识的人能够一起分析特定的风险领域,并就需要进行哪些改进作出明智的决定,但同时这也导致了风险管理方法的分化和某些重复劳动。因而,对综合治理的及时期望是正确的,因为这意味着不再以孤立的方式应对风险领域,治理安排也因此得到简化。

1999 年《新国民医疗服务体系临床治理》中提出了临床治理的五年愿景[3],包括对文化变革、质量共同承诺、与利益相关者共同参与工作、多学科团队合作以及董事会层面领导的期望。该指南为信托、卫生当局和初级保健团体设定了一系列目标。1999—2000 年期间,这些机构将被期望:

- 确定带领临床治理的临床医生并建立监督临床治理的适当安排
- 形成统一的对实施临床治理的能力和实力进行基线评估的流程和时间表,并随后制定实施方案
- 在年度报告中报告临床治理安排。

这些期望需要一份综合的质量改进计划的支撑,就信托而言,该计划包括医院医生参与审计计划、循证实践的常规应用和持续专业发展(CPD)计划。因此,这些内容是临床治理的一些主要组成部分。

国家审计署将临床治理的主要原则总结如下:
- 质量改进的一致方法
- 明确临床质量体系的责任划分
- 识别和管理风险,以及解决临床绩效不佳问题的有效流程

国家审计署设想,这包括落实安排和制度以便及早发现和分析问题并迅速采取行动防止再次发生。[6]

2004年,卫生部(DH)引入了综合治理,作为发展更为综合的全面风险管理方法的一种手段,同时结合了临床、管理、财务和公司责任的原则。卫生部随后于2006年出版了《卫生部综合治理手册》。[7]该指引将综合治理定义为"信托领导、指导和控制其职能以实现机构目标、安全和服务质量,并与患者和看护人员、更广泛的社区和合作伙伴组织相关的系统、流程和行为"。因此,综合治理关注风险管理,从而实现机构目标,满足利益相关者的需求。虽然表述不尽相同,但其含义与英国财政部的风险管理要求或《综合准则》的实际要求并无不同。[12]卫生部指引包含对所有医疗保健机构将制定综合治理的最佳实践安排,以及这些安排将在所有医疗保健群体和临床网络中发挥作用的期待。

[290]

在政府换届后,2010年的白皮书《公平与卓越:解放国民医疗服务体系》[8]进一步推进了与质量相关的议程。这一白皮书阐述了政府对英格兰国民医疗服务体系的长期计划及其对建立一个在全世界具有最好效果的国民医疗服务体系的总体目标。在质量和治理方面,该白皮书:
- 使患者能够对医院和临床科室提供的医疗质量进行评价
- 要求医院公开错误
- 要求更加关注健康结果和实现这些结果的质量标准
- 要求国民医疗服务体系根据临床可信和循证结果衡量标准进行解释

白皮书中也阐述了问责安排的变化,毫无疑问,这是由信托和相关监管机构在斯塔福德郡事件中的重大失误驱动的。政府将成立一个独立的国民医疗服务体系委托委员会,负责健康结果和资源分配,并领导质量改进。因此,该委员会将在英格兰国民医疗服务体系的治理和质量安排方面发挥关键作用。白皮书扩展了国家卫生与临床优化研究所和医疗质量委员会的角色,详细内容可在本章下一节中了解;另外它还将监督(Monitor)的作用从监管基金会信托扩展到经济监管,并承担保障服务提供具有连续性的额外责任。

卫生部成立了国家质量委员会(NQB),该委员会于2009年3月首次召开会议。该委员会还将在推进白皮书要求方面发挥关键作用,特别是在质量方面。该委员会被认为在保证质量和确保整个国民医疗服务体系在质量问题上的一致性方面发挥作用。白皮书计划对医疗服务的提供和委托进行了重大改革,而国家质量委员会在过渡时期起着关键作用。显然,委员会面临的一个特殊挑战是在英格兰国民医疗服务体系发生重大变化期间如何确保医疗质量和患者安全不受损害。

2010年2月,国家质量委员会发布了一份名为《国民医疗服务体系早期预警制度回顾》的报告[9],探讨了国民医疗服务体系应当预防质量上的严重失误并采取行动。对斯塔福德郡国民医疗服务体系基金会信托严重失误的调查揭露了信托内部结构和治理安排的缺陷,导致机构缺乏对质量的关注。2010年国家质量委员会报告也不无意外地确认了在治理方面需要对董事会进行进一步指引。国家质量委员会于2011年3月发布了更为详细的指引:《国民医疗服务体系质量治理——一份对医疗保健提供者董事会的指南》。[10]该出版物的目的是向医疗保健提供者董事会澄清什么是良好的治理安排,从而让他们能够更有效地推动持续改进,并确保达到质量和安全水平。

如今英格兰法律要求国民医疗保健提供者制作质量报告。《质量报告条例》[2010年《国民医疗服务体系(质量报告)条例》]于2010年4月生效。根据该立法,医疗保健提供者必须每年公布其质量报告。第一份报告于2010年6月发布,涵盖了2009—2010年度的活动。对于2010年质量报告,要求涉及急性、精神卫生、救护车和学习障碍国民医疗服务体系信托。试点工作强调了初级保健机构对初级保健信托(PCTs)和战略卫生局(SHAs)必要的依赖程度以产生高标准的质量报告。因此,初级保健提供者编制质量报告的法定义务推迟到 2012 年 6 月,涵盖 2011—2012年。同时,鼓励初级保健机构编制 2010—2011 年质量报告,但没有作出法定要求。

2012 年《医疗和社会保健法案》废除了初级保健信托和战略卫生局。与质量报告相关的立法已经修改,以反映国民医疗服务体系内部的这些机构变化。2012 年《国民医疗服务体系(质量报告)修订条例》的一部分于 2013 年 2 月 4 日生效,其余部分于 2013 年 4 月 1 日生效。修订后的法规要求医疗保健提供者将其质量报告草案提交给国民医疗服务体系委托委员会或临床委托小组,以及任何地方健康观察机构。

质量报告本质上是关于国民医疗服务体系医疗服务提供者提供的服务质量的报告,它们以电子方式发布在国民医疗服务体系选择(NHS Choices)和医疗保健提供者网站上,并发送给卫生事务大臣。质量报告被视为信托通过以下方式:

- 证明其对持续、循证质量改进的承诺
- 为了患者的利益确定他们需要改进的方面
- 接受监督人员关于他们意欲实现目标的挑战和支持
- 被公众和当地利益相关者认为负责质量改进

最近发生的另一个变化是设立了国家改进和效率主任一职。担任这一职务的人有提供建议以帮助国民医疗服务体系履行其质量(和其他)承诺的职责。当前质量议程的另一个层面是质量、创新、生产力和预防(QIPP)计划。这本质上是一项针对临床医生、国民医疗服务体系工作人员和患者的参与计划,旨在解决地方和国家层面的医疗质量和效率问题。

那么,目前关注质量对临床管理有何意义?国家质量委员会认为临床治理主要是国民医疗服务体系信托的临床医生和临床管理人员关注的重点。它承认临床治理在国民医疗服务体系中被广泛接受,并涉及确保和改善照护提供质量所需的文化、结构和程序。由于管理人员和临床医生的关注点是相同的,即提供最高质量的医疗保健,国家质量委员会称区分质量治理和临床治理没有多大意义。[10] 然而,可以说质量和临床治理的所有要素并不完全一致。这一点可以通过构成质量的要素来说明,如 Darzi 勋爵所述:

- 向患者提供治疗和照护的有效性
- 向患者提供治疗和照护的安全性

[292]

- 患者接受治疗和照护的体验[11]

国家质量委员会恰当地认为医疗保健提供者董事会对提供的医疗质量负有最终责任。董事会有责任建设适当的机构文化,并对衡量和监督质量予以安排。虽然表述可能有所不同,但这与本章开头讨论的适用于私营部门的《综合准则》和英国财政部橙皮书中规定的董事会要求并无多少出入。[1,2]

在政府中,除了个别例外,卫生政策都是一项被下放的责任。因此,国民医疗服务体系的结构以及治理和监管安排确实有所不同,苏格兰、威尔士和北爱尔兰的国民医疗服务体系对于医疗保健的委托和提供与英格兰不同。同样,问责安排、监管机构的存在和作用也有所不同。影响英格兰医疗保健部门的立法与英格兰以外的地区无关。显然,所有地区都存在共同利益的领域,如全科医生合同和疫苗接种,这些利益通常通过英国卫生部门之间的合作来解决。

通过观察苏格兰的医疗保健提供情况可以发现地区间的差异。在苏格兰,14个地区国民医疗服务体系委员会负责运营苏格兰的国民医疗服务体系。苏格兰尚无国民医疗服务体系信托。每个国民医疗服务体系委员会内部各有两个主要机构,即运营部门和社区卫生部门伙伴,前者承担了苏格兰以前的国民医疗服务体系信托的职责,后者负责规划和提供初级保健和社区服务。国民医疗服务体系委员会就以下内容对苏格兰政府部长负责:

- "HEAT"目标
- 国家指南和标准
- 年度责任调查

"HEAT"是健康改善(Health)、效率(Efficiency)和治理改善、获得(Access)适合个人的服务以及治疗(Treatment)的缩写。因此,HEAT目标包括临床治疗。

英国其他地区的监管和检查安排也与英格兰不同。苏格兰的安排再次体现了这一点,在苏格兰有两个关键机构——苏格兰国民医疗服务体系医疗保健改善计划(HIS)和医疗保健环境督查(HEI)。苏格兰国民医疗服务体系医疗保健改善计划负责设置照护和治疗标准,然后根据标准审视委员会的表现。苏格兰国民医疗服务体系医疗保健改善计划并不具有与独立医疗保健提供者有关的强制执行权以外的其他强制执行权。它的调查结果将纳入委员会的年度问责调查。医疗保健环境督查是苏格兰国民医疗服务体系医疗保健改善计划的一部分,负责检查医院是否符合与医疗保健相关的感染标准。医疗保健环境督查在三年内对每家苏格兰医院进行两次检查,其中一次检查结果会予以宣布,另一次不宣布。

苏格兰的近期发展值得在临床治理背景下予以考虑。2011年2月,苏格兰议会通过了一项有关患者权利的法案。2011年《患者权利(苏格兰)法》于2011年3月获得御准,规定了患者接受医疗保健时的权利。该法尚未完全通过,但一旦通过,将在法律上要求:
- 苏格兰部长制定患者权利和责任章程
- 国民医疗服务机构坚持医疗保健原则
- 在最长等待时间内开始治疗

法律规定的患者权利是指医疗保健:
- 以患者为中心
- 提供有益于健康和福祉的最佳医疗保健
- 允许和鼓励患者参与决定

患者也有权对所接受的医疗保健服务给予反馈、意见、提出担忧或投诉。

11.4 医疗保健机构在临床治理中的角色

在英格兰,有许多机构与医疗保健部门合作,负责临床和质量管理。每个机构都有与之相关的角色,这些角色在某些情况下存在重叠。下面将概述四个医疗保健机构的职权范围和职能:
- 医疗质量委员会(CQC)
- 国家患者安全局(NPSA)
- 国家卫生与临床优化研究所(NICE)
- 国民医疗服务体系诉讼管理局(NHSLA)

11.4.1 医疗质量委员会

医疗质量委员会作为一个政府资助机构于2009年4月1日成立。它是英格兰医疗和成人社会保健的独立监管机构。医疗质量委员会取代了之前的三个机构:医疗保健委员会、社会保健检查委员会和精神卫生法案

[294] 委员会。医疗保健委员会在临床治理方面发挥着特殊作用,它通过对医疗保健部门内发生的严重事件进行临床治理审查和调查来实施临床治理。然而,医疗质量委员会的主要工作重点是确保满足政府的质量和安全标准。医疗质量委员会负责检查在医院、牙科诊所、救护车、养老院和家中提供的服务是否符合这些标准,其职权范围覆盖了独立的医疗保健行业。

临床治理和质量贯穿于医疗质量委员会执行的标准。其中虽然提到了质量,但没有提到临床治理。以下为五个基本标准:

- 尊重患者,参与照护并提供支持,对提供照护予以告知
- 满足患者需求的照护、治疗和支持
- 患者安全
- 由具备适当技能的人员正确履行职责提供照护
- 照护提供人员对其服务进行例行检查

当医疗质量委员会检查发现不符合标准时,可能会采取一些措施,包括处以罚款或警告、停止进行医疗服务、暂停或注销照护服务的注册。医疗质量委员会活动的年度报告在每年3月底发布,可通过其网站查询。

医疗质量委员会和监督(Monitor)之间达成了一份谅解备忘录(MOU),其中规定了两个监管机构各自的职权范围,以及它们如何合作。医疗质量委员会是根据2008年《医疗和社会保健法案》成立的,负责医疗和社会保健服务的质量,包括基金会信托提供的服务。监督(Monitor)最初的角色仅限于根据2006年《国民医疗服务法》规定对基金会信托的授权、监督和管理。谅解备忘录规定了两个机构在提供医疗保健和调查结果方面的交流安排。这两个监管机构是继续运作有利,还是进行职能合并对英格兰国民医疗服务体系和治理安排更为有利,还有待观察。

11.4.2 国家患者安全局

2002年,在《肯尼迪关于布里斯托尔皇家医院儿童心脏手术公开调查报告》发表后,国家患者安全局主席表示,该机构的成立是为了革新国民医疗服务体系中的患者安全。[12]他介绍了收集有关问题的信息、从中吸取教训,以及采取措施拯救生命和防止不良事件再次发生的安排。国家患者安全局在临床治理中发挥着关键作用。

在2000年由英格兰首席医疗官主持的一份报告公布后,国家患者安

全局(NPSA)于 2001 年成立。[13]《有记忆的机构》(OWAM)解决了报告事件或者潜在事件中与患者相关的问题,以及总结的经验教训和防止事件再次发生之安排的不足。在国民医疗服务体系医院中,当时每年约有 90 万件伤害或可能伤害患者的事件发生。临床差错的规模和改善患者安全的范围越来越清晰。

国家患者安全局的首要任务之一是建立全国患者事件记录系统。国家患者安全局旨在改变阻碍全面报告事件的国民医疗服务体系内部文化,并改善患者医疗服务的提供。因此,它集中于需要消除国民医疗服务体系内部的怪罪文化,并创造开放和学习的文化。作为一个中立机构(卫生部的非政府中介公共机构),它自称能够促进卫生保健机构之间的学习和经验分享。

与其他机构一样,国家患者安全局在其存在期间不断发展,目前有三个部门覆盖了英国医疗服务,分别是患者安全部、全国临床评估服务和全国研究伦理服务。前两个部门与临床治理有关。患者安全部的重点是降低接受国民医疗服务体系服务的患者的风险并改善其安全。全国临床评估服务处理有关个体临床从业人员表现的问题,以帮助确保他们的实践既安全又有价值。目前,国家患者安全局的持续推动作用体现为,在全国范围内分析患者安全事件,并识别风险和行动以防止反复或降低结果的严重性。然而,政府已经决定废除国家患者安全局,并计划最终将国家报告和学习系统(NRLS)的职责移交给国民医疗服务体系委托委员会。希望这一变化不会减损该系统在改善临床治理安排方面的价值。

11.4.3 国家卫生与临床优化研究所(NICE)

国家卫生与临床优化研究所也在临床治理中占有一席之地。它成立于 2004 年,是一个独立机构,其前身是 1999 年成立的一个早期组织,二者首字母缩写相同,但职权范围略有不同。国家卫生与临床优化研究所目前负责制定旨在促进健康以及预防和治疗疾病的全国指引。除了指引,还负责制定质量标准并管理全国数据库以改善健康状况,预防和治疗疾病。

国家卫生与临床优化研究所临床实践指南确认了适用于特定症状的治疗并以可获得的最佳证据为支撑。虽然指南的目的不是无视临床决策,但其意在作为最佳实践指南运用。因此,遵循临床指南有可能避免临床风险,并实现良好的临床治理。

[296]　　　临床指南发布后,卫生机构应根据国家卫生与临床优化研究所指南的要求调查其管理临床症状的实践。这一调查将包括考查实施指南所需的资源,以及成功实施指南所需的制度。在临床实践与国家卫生与临床优化研究所指南明显不同的情况下,更重要的是需要投入时间和资金,以实现必要的改变。

　　国家卫生与临床优化研究所开发了国民医疗服务体系证据系统(NHS Evidence),让医疗保健专业人员轻松获取有关质量和最佳实践信息,从而根据可获得的最佳证据作出医疗决定。患者也可以获得这些信息,他们可以在与临床医生讨论其照护和治疗的性质时使用这些信息。涉及可预期医疗保健的质量标准正在被制定。这些标准将表明临床治疗或过程何时是高效、经济、安全的,并让患者有良好体验。因此,它们对临床医生和患者都是有用的工具。政府设想,国家卫生与临床优化研究所的质量标准也将用于告知医疗服务的委托,监管检查将根据这些标准进行。

11.4.4　国民医疗服务体系诉讼管理局(NHSLA)

　　国家医疗服务体系诉讼管理局(NHSLA)是根据1977年《国民医疗服务法案》第11条设立的一个特别卫生管理局。其于2002年制定的框架文件详细阐述了其作用和职能。[14] 它的职能是管理一系列计划,这些计划汇集了与履行各种责任相关的成本,包括与临床过失相关的责任。国家医疗服务体系诉讼管理局处理与国民医疗服务体系信托和其他医疗保健机构有关的临床过失索赔,管理临床过失信托计划(CNST)。这项计划于1994年实施,是英格兰为应对临床风险而推出的第一项重大举措。临床过失信托计划本质上是一个风险共担计划,成员机构每年缴纳一笔费用。缴款水平取决于过去的索赔经历、产科等高风险医疗活动的范围,以及遵守若干标准的表现。为了在三个合规层面上取得进展,临床过失信托计划成员需要能够证明管理临床风险的更为复杂和稳健的安排。临床过失信托计划成员对标准的遵守需要在其临床治理安排中推进。由于大多数信托成员尚未达到3级合规,绝大多数仍处于1级,因此仍需要作出努力以改善临床风险管理,从而推进临床治理。

　　作为综合治理驱动的一部分,临床过失信托计划一般临床风险管理标准于2006年3月底被国民医疗服务体系诉讼管理局急救信托风险管

理标准取代。最近,国民医疗服务体系诉讼管理局根据医疗保健机构的类型制定了其风险管理标准。实际上有如下三组标准:

- 急性、社区、心理健康、学习障碍和独立部门标准
- 救护车标准
- 临床过失信托计划产妇标准

[297]

因此,信托仍有必要注意余留的临床过失信托计划和较新的国民医疗服务体系诉讼管理局标准,确定他们需要做些什么才能根据标准认定为表现良好。

标准评估由独立专家审计和风险管理机构代表国民医疗服务体系诉讼管理局进行。风险管理机构还负责国民医疗服务体系诉讼管理局风险管理计划的日常运行。它已经开发了证据模板来帮助评估进行。

国民医疗服务体系诉讼管理局的总体目标是改善医疗保健提供者的风险管理。除了风险分担计划、标准制定和标准评估,国民医疗服务体系诉讼管理局还发行出版物并举办了学习良好实践的活动。2010—2011年度,国民医疗服务体系诉讼管理局收到 8655 件针对国民医疗服务机构的临床过失索赔,这比前一年增加了 2000 多件。这一增长的原因可能是患者及其家属更加意识到医疗服务提供者对患者的责任,或者表明临床风险仍未得到有效管理。

2010 年 12 月,卫生部委托 Marsh(保险经纪人和风险顾问)对国民医疗服务体系诉讼管理局进行独立调查,其中包括国民医疗服务体系诉讼管理局在风险分担职能方面的表现,其表现是否与索赔的上升趋势有关,以及是否更有效运作。调查的背景是,在 2009—2010 年期间,提交给国民医疗服务体系诉讼管理局的索赔中有 62% 涉及临床过失,这一年的临床过失赔付额为 7.87 亿英镑,两者都显示出上升趋势。Marsh 的调查报告于 2011 年 4 月发表。[15]

调查还涉及索赔管理和风险管理框架,以及国家医疗服务体系诉讼管理局的战略和文化方面。调查的主要结果包括:

- 国民医疗服务体系风险分担计划仍然有效,这一点被广泛接受和认可
- 国民医疗服务体系诉讼管理局保持对该计划的有效组织和管理
- 在索赔管理和风险管理激励方面运用更多商业运营方式可以改善国民医疗服务体系诉讼管理局的运作情况

在战略问题上，Marsh 认为，国民医疗服务体系诉讼管理局可以在患者安全问题上发挥更大的作用。有人认为，这可以通过将所报告的索赔和未引起索赔的事件（目前由国家患者安全局处理）的信息汇集在一起，并对索赔的根本原因进行更多的分析和沟通，从而能够更有效地吸取教训来实现。卫生部将如何推进国民医疗服务体系诉讼管理局调查的建议还有待观察。

11.5 重新验证和适于执业

[298] 许多医疗灾难的核心是有关临床医生的能力问题。人们已将医疗行业与其他行业及其确保专业人员的持续能力的安排进行了比较。在医疗保健之外，审计绩效、接受监督、检查工作程序、再培训和实施书面指南是许多机构日常工作活动的组成部分。其他行业关于这些方面的安排以及医疗服务质量不佳使人们更加关注培训临床医生的安排是否适当。

自 1858 年成立医疗总会（GMC）以来，对医生监管的最重大变化是医生的重新认证。20 世纪 90 年代末以来，人们指出根据过去的条件对医生进行继续注册已不再足够，哈罗德·希普曼（Harold Shipman）等医生的行为确实清楚地表明了这一点。从 2005 年起，医生需要向其管理机构医疗总会证明他们的临床实践紧跟发展并且他们适于执业。[16] 目前约有 20 万名医生在医疗总会注册，每名医生都必须提供适于执业的证据以确保继续在医疗总会注册。

医疗总会的《保持良好医疗实践》[17]发布于 1998 年，当时整个患者医疗质量领域正在发生重大变化。在该文件中，医疗总会指出：

"在国民医疗服务体系中……雇主正在建立当地的'临床治理'——保持患者医疗质量的正式安排……与此同时，医疗行业和管理人员需要努力建立有效的地方医疗监管安排……良好的医疗实践和健全的当地临床治理是前进的关键。"[17]

因此，重新验证是临床治理的关键部分。

医生需要不断积累证据以证明他们的临床技能紧跟发展并且他们仍然适于执业。作为地方评估程序的一部分，证据与同事意见将予以定期审查。证据也必须提交给医疗总会。2004 年 7 月，医疗总会制定了发放执业执照的计划，医生需要持有执照才能在英国执业。未能或拒绝参与重新验证的医生将失去执照。医疗总会根据诸如临床实践调查作出的限制个人执业的决定现在可以被公众知悉,并且体现在医生的执照上。

不仅仅是医生的专业活动受到监管。在英国,除医疗总会外,还有监管医疗专业人员的其他八个机构[18],覆盖了包括诸如护士和助产士(护理与助产协会-NMC)、药剂师(总药学委员会-GPC)和牙医(牙科总会-GDC)等人员。这些机构的目的是通过制定卫生专业人员必须遵守的行为、教育和伦理标准以保护和促进公众安全。监管机构可以通过将卫生专业人员从他们的注册簿中删除,从而事实上取消他们的合法执业活动。

[299]

11.6 临床治理的背景

医疗保健部门的临床治理安排需要在管理风险(最广义)、遵守健康和安全法律要求的背景下推进。因此,了解风险管理并遵守健康和安全法律与临床治理之间的关系非常重要。

11.6.1 风险管理

无论是为了盈利和为股东创造价值,还是为公众提供服务,所有机构的存在都有一个目的。此外,所有机构都需要满足其利益相关者的期望,无论他们是股东、合作伙伴、服务购买者、雇员还是民众。在实现机构目标时,机构将会面临实现这些目标的风险。风险管理涉及识别这些风险,评估其产生的可能性和对机构的影响,并就如何控制这些风险作出决策,以确保组织目标的实现不受到损害。

机构通过多种方式控制其面临的风险,包括:
- 风险规避(停止或不参与引发风险的活动)
- 风险容忍(不做更多事情)
- 风险应对(采取措施减少风险产生的机会及其后果)
- 风险转移(转移至其他机构,如保险公司或合资伙伴)

医疗机构通过这四种方式控制风险,正如以下例子所表明的:
- 将患者转诊至具有适当临床专业知识的医疗保健提供者——相当于转诊机构规避风险
- 判断控制(但不消除)风险的现有安排是否充分——风险容忍
- 引入制度安排以提高工作人员进行特定临床程序的能力并确保

有经验的人员在场监督活动——风险应对

• 向国家医疗服务体系诉讼管理局支付与临床过失信托计划相关的款项——风险转移

从这些例子中可以清楚地看到临床治理和风险管理之间的联系。

[300]

机构不可能完全解决所有风险,也不希望这样做。风险管理是基于对可获得资源以及应对风险后机构准备接受的剩余风险水平的实际考虑。经营一个机构是具有固有风险的过程;风险的性质和程度取决于机构的业务及其运行参数。顾名思义,私营机构往往没有公共机构那么倾向于规避风险,因为创业精神内在地包含着承担风险的意愿。上届政府在建立新学校、道路和医院的私人主动融资(PFI)安排中利用了这一点。私人主动融资交易本质上承认了私营部门接受风险的更大能力和意愿。

医疗保健机构在实现其机构目标时必须面对各种风险。这些风险可分为外部风险、运营风险和与变化相关的风险。[2] 医疗行业受到与政府更迭及其期望、绩效目标,以及在既定预算内运作的需要相关的重大外部风险的困扰。总体而言,该行业无法控制这些风险,但可以采取多项措施降低相关风险。例如,由于新医院大楼延迟竣工,无法吸引和留住骨干工作人员,以及本组织在利益相关者中的声誉,将导致运营风险的产生。运营风险将包括因提供临床服务而产生的风险。变化也会产生风险:例如,当一个信托与其他一个或多个信托合并时,以及当临床服务的提供在邻近的医疗保健提供者之间重新分配时。所有这些例子都有可能或多或少地阻碍机构目标的实现。

11.6.2 健康与安全法律要求

尽管推动了综合治理,但医疗保健机构常常感到意外的是,不良的临床实践可能导致违反健康与安全立法的刑事诉讼。立法的要求,尤其是1974年《工作健康与安全等法案》第3条规定的保护患者的义务,在医疗保健机构或临床医生个人的企业理念中通常不是最重要的。然而,在导致患者死亡的临床事件发生后,目前已有多个诉讼胜诉。以下根据第3条起诉的案件表明了这一发展:

• 诺福克郡和诺维奇国民医疗服务体系信托因心脏血管造影期间患者死亡而被起诉,被处以包括5.8万英镑费用的罚金[19]

• 某大学医院因麻醉过程中发生的不相关事件造成两名患者死亡

而被起诉,被处以包括约3万英镑费用的罚金[19]
- 某苏格兰信托因患者自杀而被起诉,被处以罚金1万英镑[19]
- 某大学医院因其设备维护不当而未能完成手术,导致患者死亡而被起诉,被处以包括5万英镑费用的罚金[20]
- 南安普顿大学医院国民医疗服务体系信托因对两名未能诊断出中毒性休克综合征导致患者死亡的医生管理不善而被起诉,被处以包括11万英镑的罚金[21]

[301]

在最后一个案件发生之前,两名治疗死去患者的实习医生被判严重过失杀人罪。每个医生都被判18个月监禁,暂停执业两年。根据健康和安全立法对信托提起刑事诉讼与他们未能充分监督实习医生有关,据称这导致了患者死亡。最终该信托认罪并被处罚金。因此,无效的临床治理安排可能导致对医疗机构和个人的法律制裁。

11.7 实践中的临床治理:总结

从本章中可以清楚地看到,临床治理领域是内容甚多、相当复杂和不断演变的。许多与医疗保健相关的机构负责处理医疗保健中的治理问题,这些机构的职权是制定标准、指导和检查工作实践,并在安排不符合当前要求和标准时处罚机构和个人。

为了在医疗保健机构中适当推进临床治理,机构高层,即董事会和高级管理人员必须作出明确承诺。任何机构的董事会都应关注风险管理和有效治理的安排。机构通常通过组建由适当人员构成、直接向董事会报告的委员会负责治理和风险管理来做到这一点。因此,医疗机构可选择在广泛的治理和质量议程范围内推进临床治理,或成立单独的委员会专门负责临床治理。不论采取哪种方式,这些高级别委员会将负责决定策略和必要的机构安排,并定期向董事会汇报进展情况。审计委员会通常在机构内部审核临床治理安排在实践中的运作情况,医疗质量委员会及其他机构则进行外部审核。

为支持高级别委员会,临床治理应成为所有影响患者的人职责中的一部分。这些人不仅包括医生和护士,还包括联合医疗保健提供者、药剂师和临床支持服务人员。为了实施良好的临床治理,这些个人和团队需要积极参与以下活动:

- 持续专业发展（CPD）
- 绩效评估
- 临床审计
- 事故和不良事件报告
- 从错误中吸取教训

[302]

- 实施最佳临床实践
- 承诺提供高质量的医疗服务

医疗保健机构从制定良好的临床治理安排中受益，具体是通过：

- 减少临床过失信托计划缴款
- 积极的医疗质量委员会和监督调查
- 提高患者照护质量
- 降低临床风险水平
- 为患者带来更好的预后
- 训练有素和称职的工作人员

相反，在最坏的情况下，没有进行良好的临床治理安排的医疗保健机构可能面临国家和地方媒体对其未能实现目标的负面关注、批判性报告的发布，以及临床过失信托计划的经济处罚和在刑事法院被起诉。患者在临床干预后丧生或生活质量糟糕，为临床治理不善付出最终代价。这本身应该是临床治理追求卓越的持续驱动力。

11.8　注释和参考文献

1. The Combined Code and Cadbury, Greenbury and Hampel Reports can be accessed at: www.ecgi.org/codes/documents/combined_code.pdf

2. HM Treasury, the 'Orange Book', *Management of Risk Principles and Concepts* (London, The Stationery Office, 2004).

3. NHS Executive, *Clinical Governance in the New NHS,* HSC 1999/065 (Department of Health, 1999).

4. Clinical governance: assuming the sacred duty of trust to patients, Professor Aiden Halligan, 2005.

5. NHS Executive, *A First Class Service: Quality in the New NHS* HSC 1999/32 (London, Department of Health, 1998).

6. National Audit Office, *Achieving Improvements in Clinical Governance: A Progress Report on Implementation by NHS Trusts,* HC 1055, 2002-03 (London, The Stationery Office, 2003).

7. Department of Health, *Integrated Governance Handbook 2006: A Handbook for Executives and Non Executives In Health Care Organisations* (London, Department of Health, 2006).

8. Department of Health, *Equity and Excellence: Liberating the NHS* (London, Department of Health, 2010).

9. National Quality Board, *Review of Early Warning Systems in the NHS,* 2010.

10. National Quality Board, *Quality Governance in the NHS-A Guide for Provider Boards,* 2011.

11. Department of Health, *High Quality Care for All: NHS Next Stage Review* (London, Department of Health, 2008).

12. NPSA Board statement, 18 January 2002.

13. Department of Health, An Organisation with a Memory: Report of an Expert Group on Learning from Adverse Events in the NHS, 2000.

14. www.nhsla.com.

15. Marsh, NHS Litigation Authority Industry Report, April 2011. [303]

16. General Medical Council, The Policy Framework for Revalidation: A Position Paper, July 2004.

17. General Medical Council, *Maintaining Good Medical Practice,* 1998.

18. Gifford Phil, Fit to Practise? Effective professional regulation in the UK, *Health Care Risk Report,* 16 (2010/2011), p.17.

19. Vanessa L. Mayatt (ed.), *Tolley's Managing Risk in Healthcare: Law and Practice,* 2nd edn, (London, Lexis Nexis, 2004).

20. http://news.bbc.co.uk/1/hi/england/staffordshire.

21. Vanessa L. Mayatt, Health and safety prosecutions following harm to patients, *Health Care Risk Report,* 12 (2006), p.9.

主要网站

www.hm-treasury.gov.uk

www.dh.gov.uk

www.npsa.nhs.uk

www.cqc.org.uk

www.nice.org.uk

www.nhsla.com

www.gmc-uk.org

www.hse.gov.uk

www.nhs.uk

B 伦理视角

Lucy Frith
利物浦,利物浦大学医疗服务研究系生物伦理学与社会科学高级讲师

临床治理的主要目的是提高国民医疗服务体系和其他医疗保健服务提供者所提供的医疗质量,自 20 世纪 90 年代中期以来,它一直是医疗保健政策的核心部分。临床治理在英国发展,部分是为了应对备受关注的医疗不良事件(如布里斯托尔皇家医院案),这些事件表明需要更强有力的程序来确保医疗保健质量。[1] 本章的目的是讨论临床治理和相关质量改进机制的一些根本伦理主题和原则。 [304]

11.9 临床和质量治理

"临床治理是将质量的所有组成部分(包括患者和公众参与)结合在一起的框架。"[2] 临床治理程序是影响医疗保健提供的所有方面的总体框架。有人认为,这些组织要素在临床治理的定义中并未得到普遍反映,并提出以下定义:"临床治理被定义为促进对投入、结构和流程的综合管理以改善医疗服务提供的结果,卫生人员在其中对临床质量承担更大责任的医疗保健机构治理体系。"[3]

以这种方式看待临床治理反映了其发展趋势——现在人们越来越关注"质量"的更广泛的组织方面内容。临床治理被视为临床医生和临床管理人员的职责,但质量治理涉及让整个机构提供高质量的医疗。[4] "临床治理"一词的使用越来越少(卫生部的临床治理主页不再活跃,已经存入档案并被"质量治理"取代)。在本章中,我仍将使用"临床治理"作为一个总括术语,以表示医疗保健机构为促进"高质量"医疗的提供而制定的一般程序和结构。

临床治理的主要要素包括:

1. 聚焦患者和公众参与——2006 年《国民医疗服务体系法案》更新

[305]

了国民医疗服务机构让公众参与和咨询公众的义务。联合政府在2010年《公平与卓越:解放国民医疗服务体系》白皮书[6]中为国民医疗服务体系制定的计划进一步推动了这一趋势,其喊出的口号是"没有我,就没有我的决定"。

2. 临床有效性——这可能涉及制定标准。国家卫生与临床优化研究所(NICE)和国家服务框架(NSF)等机构负责制定标准,并旨在确保国民医疗服务体系内医疗服务的平等获取和标准化。

3. 患者安全和风险管理——重点是考虑患者可能受到的伤害,预防此种伤害,报告风险和意外事件并从中吸取经验教训。

临床治理中使用的结构和流程几乎处于持续变化之中,2012年《医疗和社会保健法案》将带来更多的、尚未预料到的变化。英格兰不断变化的医疗保健环境的一个重要特征是,越来越多地让其他机构代表国民医疗服务体系提供服务。这些机构可能是独立(私营)或第三方服务提供者,如社会企业。目前,有近2500家独立医院和诊所提供广泛的服务。[5]鼓励机构提供医疗服务意味着国民医疗服务体系将成为众多医疗服务提供者中的一员。因此,这些其他机构如何管理其治理计划将是一个有待考虑的发展领域。

11.9.1 质量的定义

临床治理理念和程序的基础在于界定优质医疗保健的概念。为了有意义地探讨质量,我们需要了解在这种语境下质量的含义。Darzi在《国民医疗服务体系下一阶段调查》[7]中提出了一个质量的定义,该定义目前普遍用于政策文件中。质量包括以下三个要素:

• 有效性——这通过临床结果和与患者相关的结果来衡量

• 安全——这是一个关键要素,并在《有记忆的机构》等出版物中成为备受关注的话题[8]

• 患者体验——这在政策中变得越来越重要。患者在照护中的体验应该被视为与其治疗的医疗环节一样重要

这些质量要素映射于临床治理要素中。

质量的定义和衡量方式正在从以前对绩效目标的关注(例如,削减等候者名单和降低感染水平)转变为越来越注重结果衡量和患者满意度。《国民医疗服务体系结果框架》规定了国民医疗服务体系应实现的目

标,并为新的国民医疗服务体系委托委员会提供了问责机制:"这意味着确保贯穿整个体系的问责制重点关注的是为患者带来的结果而非实现结果的过程"。[9] 对这些"良好"结果的确定已经从医学上定义的结果发展为包括"患者报告的结果测评",其试图考虑什么是患者认为的有效照护并确保患者有积极的照护体验。也可以说人们对医疗保健的期望发生了变化,因而高质量的照护需要包括如下要素:在治疗过程中给予患者尊重、考虑患者的意见和担忧,以及提供更多的照护地点选择等要素。例如,作为质量测评的一部分,医疗质量委员会关注人们受到尊重、同情、体贴对待和尊严得到维护的权利。[5] 因此,先前被隐藏的照护伦理在质量测评中显现出来。

[306]

现在,我将考虑临床治理的三个要素:患者体验、临床有效性和标准制定、患者安全和风险管理。

11.10 患者体验和参与

患者的观点和意见主要通过两种方式被越来越多地纳入卫生事业计划和组织中:关注患者的医疗保健体验,将其作为一项重要的结果;让患者参与卫生保健政策决策。

11.10.1 患者体验

作为一个质量指标,更多地关注患者体验是建立在先前主动让患者参与服务设计和改进的基础上。2012—2013年《国民医疗服务体系运营框架》指出,国民医疗服务机构必须主动获得患者反馈,予以积极响应,并据此改进服务。这包括根据投诉、患者意见、地方和国家调查以及"实时"数据技术反映的结果采取行动。[10] 2012年,国家质量委员会(NQB)发布了《国民医疗服务体系患者体验框架》,其中列出了影响患者照护过程的重要因素。

国民医疗服务体系患者体验框架:

1. 尊重以患者为中心的价值观、偏好和表达的需求,包括:文化问题;患者和服务使用者的尊严、隐私和独立性;对生活质量问题的认识以及共同决策;

2. 协调和整合整个医疗和社会保健系统的照护;

3. 进行临床状况、进展、预后和照护过程的告知、沟通和教育,以推动自主、自我照护和健康促进;

4. 躯体舒适,包括疼痛管理、帮助日常活动以及干净舒适的环境;

5. 情感支持,缓解患者对相关问题的恐惧和焦虑,如临床状况、预后、疾病对患者本人及其家人和经济的影响。

[307] 6. 欢迎患者和服务使用者所信赖的家人和朋友参与决定,且应了解和顺应他们作为照顾者的需要;

7. 传递过渡和衔接信息,帮助患者离开临床环境实现自我照护,通过协调、规划和支持使患者轻松过渡;

8. 关注患者就医过程,如在等待住院,或入院后被安排进病房前,以及在门诊、初级保健或社会保健预约或就诊的等待时间。[11]

国家卫生与临床优化研究所最近发布了成人护理的患者体验指引。这一指南为创造可持续变化提供了依据和方向,将引导国民医疗服务体系文化真正转向以患者为中心。[12] 制定的患者体验质量标准包括"患者受到有尊严的、体贴的、怜悯的、有礼貌的、体现尊重、理解和诚实的对待"。

Darzi 报告指出,需要一部章程来规定国民医疗服务体系的核心价值观和原则,这将是确保这些价值观得到正式体现和保护的"有力方式",从而为更多地考虑医疗保健服务的伦理问题奠定了基础。[7] 2009 年,首个《国民医疗服务体系章程》出台。2009 年《卫生法》规定,所有提供国民医疗服务的机构(国民医疗服务体系、私营和第三方提供者)在其所有行动和决定中必须"参考"章程。"随着我们的医疗保健体系越来越多的由多种机构提供服务并且越来越自主和具有企业精神,需要在整个系统树立价值观以重申国民医疗服务体系对工作人员、患者和公众的社会责任,并促使人们将患者、工作人员和公众的需求放在首位。"[13]

关注患者的价值观,关注患者家人和朋友如何融入其中,这关乎很多人重视的医疗保健要素,且很多人认为是创建一个更好的伦理关怀环境的关键。这些"较柔性"的措施脱离了狭义的临床结果,抓住了以前被忽视的医疗保健要素,并在一定程度上解决了以前由于质量的定义而引起的问题。正如 Campbell 教授指出,"'质量提升'一词被使用,似乎其含义不言而喻。但在缺乏规范的情况下,这一术语就像'量'一样空洞,只是一种衡量维度"[14]。随着 Darzi 定义和更多以患者为中心的质量定义的融入,人们试图承认"质量"是一种价值判断。既然质量指标也包括患者对照护的体验,这些更为主观的因素也获得了更多的承认。然而,尽管并入"较柔性"的措施确实带来了更多的评价内容,我们需要记住在质量的定义上可能存在分歧,并且没有一种"正确"的方法来定义或解释该术语。因此,关于我们应该做什么的问题将要求我们作出重要的价值判断,这些判断应该清晰不含糊,因而能够被证明具有正当性,而不仅是假设具有正当性。

11.10.2 让患者参与

患者通过多种方式参与讨论和决定应当提供哪些服务。许多患者调查已经开展,从医疗质量委员会的全国调查、地方信托和初级保健信托的年度患者调查,到病房级别的小规模调查。患者调查从一开始就一直是临床治理的一部分;现在患者调查更注重患者参与实际决定,咨询患者有关国民医疗服务体系应当提供的医疗服务范围,而不仅仅是调查他们对现有服务的看法。原则上,这是一个积极的举措。给予患者机会去影响提供服务的范围以及这些服务如何被提供,是对知情同意理念的延伸。

[308]

然而,患者论坛(一个自发成立的患者健康机构联盟)在一份讨论文件中强调,随着提供国民医疗服务结构的变化,患者群体可能比以前更难影响决策:

> 关于患者和公众参与的政策缺乏稳定性和一致性,使得与政府和卫生部形成建设性对话的氛围变得困难……一系列监管机构和后续机构为卫生政策创造了一个高度复杂的环境……激进的政策应运而生,而当人们理解其后果时,对其施加影响已经为时已晚。[15]

2007年,下议院的一份报告[16]处理了关于患者参与的政策缺乏稳定性的问题,这一问题还在持续,过去十年的政策变化说明了这一点。2003年,患者和公众参与健康委员会成立;然而一年后,卫生部的一份调查报告建议废除这一机构。[17]该机构负责委任和支持2004年在每个国民医疗服务信托和初级保健信托地区设立的患者和公众参与论坛(PPIF)。2006年,该机构宣布废除这些论坛。2008年,这些论坛被地方参与网络取代。随着2012年《医疗和社会保健法案》出台,这些网络将被地方健康观察机构取代,英格兰健康观察将成为医疗质量委员会的法定委员会。在筹备健康观察的过程中,人们已经意识到政策的持续变化及其造成的破坏。[18]政府关于患者和公众参与的政策需要以一种真正让人们有机会影响变革的方式实施,否则患者和公众参与将只是一种毫无意义的花言巧语,仅为了给人一种国民医疗服务体系由公众共识治理的印象。

11.11　临床疗效—设定标准

[309]

各种机构已经被设立来为国民医疗服务体系制定标准和政策。其中,国家卫生与临床优化研究所制定循证临床指南和为良好的临床实践提供信息,该机构的一项关键职能是对医疗干预进行系统评估。例如,在2012年,国家卫生与临床优化研究所批准对心房颤动患者使用药物达比加群(Pradaxa)以预防中风。这可以作为华法林的替代药物以降低中风和血凝块的风险。由于需要经常体检和监测,一些患者服用华法林可能会有困难,而使用达比加群则不需要如此频繁的检查。这是50年来首次对有中风风险的房颤患者在预防中风治疗上的变化。[19] 国家服务框架(NSF)的总体目标是确保国民医疗服务体系中所有患者获得公平和标准化医疗,并将相关政策联结起来以制定国家综合政策。根据当前的卫生政策,这些框架现在被称为"结果战略",是国民医疗服务体系结果框架的一部分。[20] 例如,癌症战略于2011年启动,其目标包括:提高生存率,在2012-2015年多挽救5000条生命;促进生活方式的改变以减少可预防的癌症并帮助早期诊断;改善患者支持和患者体验。[21] 这些框架将临床和成本效益的最佳证据与服务使用者的看法相结合,以确定提供特定服务的最佳方式。

制定临床治理标准的目的是确定对某一病情的"最佳"治疗或方法,并在整个国民医疗服务体系中落实这些发现,从而提高医疗服务质量。这些标准将通过考虑医学证据和采用严谨方法科学地确定最佳治疗来制定,例如,之前提到的药物达比加群(Pradaxa)的技术评估。我想探讨的是循证医学将告诉我们哪些治疗方法更科学的观点,我认为尽管医学可以对治疗决定做出重要贡献,但价值判断仍会纳入质量评估。这一观点在患者与专业人员共同制定指南的过程中逐渐得到认同。[22]

称一种治疗有效因而质量更好的说法包含了非客观的价值判断,即对于什么是预后良好的判断。人们普遍认为临床试验的目的是发现药物的某些效果,例如,降低血浆胆固醇水平;这些效果可以通过实验室设备测量,该设备产生的结果将独立于试验者的知觉,因此可以说是客观的。

然而，效果的重要性不是数据中固有的，而是我们自己强加给数据的价值，无论这种效果是否被称为良好结果。疗效、良好结果、质量和"更好"的治疗不是等待医学发现的预先存在的事实：它们是对特定治疗效果重要性的价值评估。[23] 因此，称一种治疗有效是总结一个人对数据的看法。

11.11.1 我们如何在成本效益决策中使用数据

如果我们同意临床试验产生了关于特定药物或疗法相互作用的公认事实数据："证据本身不会自动指示如何进行患者医疗，但会提供作出决定的事实依据"。[24] 有效性证据可能形成为采取特定行动提供充分理由的基础，但需要价值判断来告诉我们是否应该采取该行动。正如 Muir Gray 在《循证医疗》中所说，"关于患者群体或人群的决定是在综合考虑三个因素后作出的：证据、价值观、资源"[25]。

价值观决定我们应该如何使用数据和科学证据的一个中心领域是确定优先级。[26] 当国家卫生与临床优化研究所等机构决定建议哪种医疗保健干预措施时，它们必须平衡两种可能相互竞争的主张：我们是否将促进患者个体的利益作为首要目标并专注于治疗有效性？或者，考虑到集体利益，这种个体伦理是否应该让位，即一种以人群为基础的伦理并关注治疗的成本效益？

Alan Maynard 认为，循证医学（EBM）的重点是找出哪些治疗方法最有效，因而以个体伦理为基础。[27] 循证医学关注的是找出对特定患者最有效的治疗。然而，最有效的治疗可能并非最具成本效益的。接受以人群为基础的伦理的医生更关心的是建议一种具有成本效益且符合社会整体利益的治疗方法，而不仅仅是符合患者个人的利益。这是所有医疗保健系统必须作出的关键价值判断之一，而这并不是一个可以通过诉诸科学证据来解决的困境：只有确定我们希望看到以什么样的价值观推动医疗保健才能解决这个问题。

作为国家卫生与临床优化研究所的职权范围，其对于医疗保健技术的评估不仅是基于临床效果，还包括成本效益（见 Hughes 和 Doheny[28] 对此类决定的案例研究）。尽管公众对临床疗效具有所谓的客观性持认可态度，但以成本效益为由拒绝治疗往往被视为一种医疗保健配给形式——纯粹以缺乏资金为理由拒绝治疗选择。在对国家卫生与临床优化研究所于 1999—2005 年间作出的决定进行调查时，Raftery 指出，五分一的指引意见拒绝使用干预措施,其余建议使用限制措施。[29]

在一些案例中,国家卫生与临床优化研究所就其不在国民医疗服务体系中提供特定治疗的决定与患者群体产生了冲突(如21世纪初关于治疗多发性硬化症的β干扰素药物的争论)。2005年,国家卫生与临床优化研究所审查了其关于治疗老年痴呆症的用药指引,并发布了指引草案,指出不应再将安理申(Aricept)、加兰他敏(Reminyl)和艾斯能(Exelon)提供给国民医疗服务体系覆盖的患者,因为它们不具有成本效益。这一建议受到老年痴呆症协会等团体的高度质疑,并促使老年痴呆症药物联盟行动的成立。该机构反对在国民医疗服务体系中提供这些药物的限制。国家卫生与临床优化研究所在2006年提出各种呼吁并发布附加指引[建议这三种药物仅适用于简易精神状态量表(MMSE)得分在10到20分之间的中度老年痴呆症患者]之后,于2011年又发布指引,允许为早期至中度老年痴呆症患者开这三种药物,并允许为老年痴呆症晚期患者开易倍申(Ebixa)。正如老年痴呆症协会所说:"这是药物获得运动的一个重要阶段,老年痴呆症协会特别希望在国家卫生与临床优化研究所指引中删除简易精神状态量表(MMSE)评分的具体参考。治疗的获得将基于对病情严重性和患者反应的更全面评估,而不是受某一特定指标得分的约束"。[30]

[311]

这个例子说明了两个要点。首先,患者和患者群体(在本例中是老年痴呆症协会)对有效治疗的定义可能与制定标准机构所认为的不同。其次,权衡应该建议何种治疗需要考虑成本因素,在这一情况中,有人声称国民医疗服务体系的支出并未因为接受服务者带来益处而被证明具有正当性。然而,老年痴呆症协会认为国家卫生与临床优化研究所成本效益评估的关注范围过于狭隘,没有考虑照护患者的成本主要由其家庭承担这一事实。这样细想,没有科学的方法来回答某种治疗的价值所在,应当由社会来决定哪些价值观和优先事项是重要的。

11.11.2 实践中的标准

在临床治理之下管理质量的主要方式之一是通过使用临床护理路径和临床指南。临床治理过程的一部分是系统地评估当前实践并制定代表最佳实践的临床指南。自1994年4月以来,所有信托都必须证明它们已经开始制定临床指南。指南背后的理论依据是既要提高医疗质量,又要

减少获得医疗服务方面的不平等。正如国家卫生与临床优化研究所指出:

良好的临床指南旨在提高医疗质量。它们可以改变医疗保健过程,并尽可能增加人们康复的机会。临床指南可以:
- 为医疗专业人员提供治疗和照护建议
- 用于制定标准,以评估卫生专业人员的临床实践
- 用于卫生专业人员的教育和培训
- 帮助患者作出知情决定
- 改善患者与卫生专业人员之间的沟通[31]

服务提供和健康结果的区域差异被视为国民医疗服务体系的中心问题。例如,国民医疗服务体系差异图谱[32]非常详细地显示了不同地区在一系列指标上的差异(如开处方、治疗、住院人数、患有特定疾病的人数和住院时间)。地区间差异的例子有:"全英格兰抗痴呆药物的处方率相差25倍;英格兰某些地区的Ⅱ型糖尿病患者获得最高标准医疗的可能性是其他地区的两倍。"[32] 有人声称旨在结束被视为"邮编幸运医疗"现象的2004年国家卫生与临床优化研究所[33]不育症治疗指南,在某种程度上缓解了不育症治疗的地区差异。[34]

[312]

在将指南应用于个人治疗时可能会出现伦理困境。产生预期效果的治疗方法因人而异。根据个人体验、社会和家庭状况、优先事项等,即使是具有相同疾病表现的患者也可能对各种结果给予不同程度的重视。指南可以包括对适用于所有患者的质量评估,但这可能与个人对理想利益的特定观念及其个人质量评估相冲突。许多作者都提醒大家注意承认良好的结果必须视为与患者相关这一点的重要性。Hopkins 和 Solomon[35] 以中风患者的管理为例说明了这一点。他们说,治疗过程和康复结果无法预先确定,因为每个人的缺陷都是独一无二的。因此,治疗专家必须专注于特定患者的目标和需求。

指南依赖于患者的同质性,即患者非常相似。一方面,在中风康复中,患者之间差异很大,很难编写一份精确定义的临床指南。另一方面,在医疗保健的有些领域,患者差异要小得多,例如拔除智齿。在这种情况下,指南可能会很有益。"在日间手术等情况下,很容易产生单一病历。在重症监护环境中,情势千变万化;在护理学院,临床护理路径和针对性的护理计划更为适合。"[36] 指南可能更适用于某些领域,然而,不能将

其扩展到可能不适合的医疗保健领域。即使患者患有同样的病情,也不应不假思索地应用指南。应当为患者的需要和愿望留出考虑空间。可以说,由于许多治疗决定的个性,很难制定反映每位患者治疗偏好的指南。[37] 这种为患者编写标准化临床护理路径的努力可能会与当前医疗政策的另一个努力即更加以患者为中心相冲突。

11.11.3 制定指南

指南可以以积极的方式使用,并可以通过让患者参与制定指南和设定标准来提高患者的自主权。患者往往与医疗保健专业人员有非常不同的观点,征求他们对提供医疗保健的意见可能大有价值。国家服务框架负责综合服务使用者的意见以确定提供特定服务的最佳方式。国家卫生与临床优化研究所让公众与患者参与指南制定,他们可就提案发表评论、加入国家卫生与临床优化研究所委员会并对指南主题提出建议。患者团体也可以参与指南的制定。这样做的益处是,患者和看护人员可以深入了解:

- 患有特定疾病的人或其支持者所面临的实践、生理和情感挑战
- 个体患者希望从治疗和照护中获得不同的满足
- 人们对不同照护和治疗方案的接受程度
- 哪些因素可能影响患者对不同类型治疗和照护的偏好
- 不同的患者群体是否对年龄、种族、性别或残疾有不同的看法或需求
- 患者和看护人员需要哪些信息和支持来帮助他们理解和应对自己的情况[38]

服务使用者参与了国家卫生与临床优化研究所精神卫生指南的编写,而这使得所编写的指南有所改善。有人认为此种参与可以在指南制定和服务使用者参与的三个主要领域取得进展:

- 将证据转化为建议
- 优化建议的可接受性
- 协调不同类型的知识[39]

然而,患者参与指南的制定,其有用性值得怀疑。首先,具有讽刺意味的是,旨在消除个人观点和有限病例报告即经验性知识(尽管是那些专业人员的经验性知识)的循证医学在经历最初的发展之后,患者参与指南

制定试图将这种知识形式带回临床实践。虽然这种患者参与从表面上看不是一个问题(尽管可能存在将科学产生的知识与这种不同形式的知识相结合的问题),但可能存在一些困难。它可能会变得相当具有象征性——由一或两名患者代表所有患者发言,如果他们仅表达了个人意见,就可能被质疑能否"代表"患者的全部观点。在患者参与过程中,征求有限的意见的方式通常不具有体系性。为了更好地获得患者的意见,应进行设计合理的研究(例如,深入定性访谈)。要想做到这一点存在实际问题(时间、金钱),但如果患者参与同当前卫生政策认为的一样重要,那么就需要制定强有力的方法以征求意见并让患者参与指南的制定。

也有人认为患者没有像专业人员那样评估证据的本领。提高患者参与度的一种方法是提供培训,使患者能够更积极地参与该过程。然而,通过为服务使用者提供如何评估科学证据和指南制定的培训和支持,他们可以成为"专家型"患者。这可能会导致他们远离他们的经验知识基础,"成为一名学者"。[40]

van de Bovenkamp 和 Trappenburg[40] 的一项文献综述发现,几乎没有证据表明积极的患者参与可以提高指南的质量或合理性,大多数研究和评论只是简单地说明这种参与是重要的或基于原则性理由。他们用这种方法强调患者参与的一个危险是,人们容易认为如果患者参与了指南本身的制定,那么就没有必要在个人层面上关注患者的偏好,因为这些偏好被假设为已经在制定阶段纳入指南中了。如 van der Weijden 等人所说:"患者参与临床诊疗指南(CPG)制定本身就是一项重要的创新,不能替代患者或消费者参与个人临床决策。事实上,不能指望患者代表提供关于患有特定疾病的'患者'偏好和'患者'体验的信息。"[37] Van de Bovenkamp 和 Trappenburg[40] 表明,在文献中,有一个较上文概述的积极概念更为罕见的患者参与指南制定概念,即指南应为患者个人偏好留出空间。他们建议,这可以通过加入一节关于患者与医生的沟通来实现,以便将讨论和患者偏好纳入治疗计划。因此,有必要"制定灵活的指南使患者能够参与并促进其参与医疗决定"。[37]

以这种方式使用指南可以使患者更好地掌握相关信息并促进患者与专业人员之间更大程度的共同决策。例如,当患者入院时,他们可以获得一份临床指南,写明在治疗过程中应该会发生的情况。这将使他们有质疑和挑战提供给他们的治疗的知情基础。该模式已被利物浦一家医院采

[314]

用。医护人员将向患者解释该指南并且患者在住院期间通常可以运用该指南。[41]患者有了一份他们可以在任何阶段都可以参考的文件,因而不必在治疗开始时接受所有信息。

11.12 患者安全和风险管理

监督医疗保健质量的主要方式之一是通过采用临床风险管理计划(CRM)(例如,国家患者安全局)。医疗保健专业人员有促进患者个人的福祉并确保他们得到最好和最安全医疗的职责。在这一部分中,我将研究如何使用这些计划来创造一个使专业人员更容易履行其伦理义务的环境。

可作为预防患者伤害重要措施的临床风险管理计划(CRM)中的一个方面是险情报告和不良事件通知。这类事件是国民医疗服务体系的一个常见问题:2011年4月至6月期间,共有333654个事件被报告,最常见的单一类型事件是发生在综合医院或急症医院(72%)的患者事故(27%)。[42]2010—2011年,医院和社区卫生服务部门收到了97500个书面投诉,其中44.8%涉及医疗人员,22.1%涉及护士、助产士和健康访视护士。[42]

为了纠正这些问题:"国民医疗服务体系需要建立一个统一的机制来报告和分析出错的情况,并形成一种差错或服务失误能得到报告和讨论的、更为开放的文化。"[8]当前的主题是通过坦诚文化促进患者安全[43],这在联合政府的白皮书《公平与卓越:解放国民医疗服务体系》中得到了重申[6],"我们将要求医院公开错误,并在出现某种问题时总是告诉患者"。这种开放观念基于两个论点:首先,如果专业人员开诚布公,那么患者可以更好地应对安全事件。[43]人们重视诚实,而掩盖错误的欺骗往往会导致比错误本身更大的问题。其次,有一种伦理观点认为,人们应该诚实地告诉患者发生了什么——不管这种披露的后果如何。"重要的是要记住,说抱歉不是承认责任,而只是做正确的事"。[43]

一个有趣的伦理问题是,在错误并未造成任何实际问题的情况下是否应该告诉患者错误的存在。Chamberlain等人[44]认为,即使没有造成损害,也应披露此类错误。他们认为这可以增加医患关系中的信任,促进公开讨论和知情同意,并对医疗保健机构有益。然而,正如他们所指,这可能有不利的一面,因为患者可能会因此对他们的医生失去信任,更加担心他们的医疗保健。任何差错或险情的披露都有一定技巧,他们给出以下建议:

- 及时披露差错。不要等着看患者或家属是否发现差错。
- 不要使用模棱两可的语言误导患者。清晰简练地使用患者和家属能够理解的术语。
- 解释可能的结果,包括医疗团队是否未能预见到任何长期后果。
- 请患者或家属提问。
- 为差错道歉,并阐明将向医疗机构报告差错。[44]

国家患者安全局指引[43]也包含了关于接洽患者和处理披露的有用建议。

减少任何导致患者伤害、工作人员失职事件和一般不良实践的程序都值得称赞。然而,考虑到其运行的环境,这种方法存在困难。Janet Lyon[45]认为,为了运行一个适当的接近失误报告系统,工作人员必须能够信任他们的雇主在负责任地使用信息。各种案例表明情况可能并非如此。Stephen Bolin 博士是布里斯托尔皇家医院的麻醉顾问,他花了五年时间试图引起人们注意开展儿科心脏手术的问题。出于对工作人员不报告事件的担忧,1998 年《公共利益披露法案》通过,使工作人员能够在不危及其职业生涯的情况下提出对危险实践或不良实践的担忧,保护吹哨人免受解雇或不公正对待。然而,即使有法律保障措施,工作人员也可能会因为必须向风险管理人员报告错误和事故而受到威胁(有关报告错误的实际情况的讨论,参见 Wu[46])。2005 年至 2009 年期间在斯塔福德郡医院信托发生的事件等后来的案例表明,信任环境并不总是能建立起来。该信托被发现存在一种缺乏信息共享并关注程序而非医疗质量的"封闭文化"。

[316]

有人指出,工作人员往往是不良事件的"第二受害者",我们需要认识到事件中所涉及的工作人员的需求以及如何支持他们。[47]国民医疗服务体系执行官[48]表示"风险管理流程并不具有惩罚或规训目的。"有人还指出提供消息的人应当保持匿名,其所提供的信息应保密。这种保密性可以确保接近失误报告计划能够有效地实现既定目标。现在,在如何保证适当的治理安排以确保医疗质量方面,医疗保健提供者董事会获得了更多指导。[4]因此,这种治理安排可以用于创造一种帮助专业人员合乎伦理地执业的工作环境。这种环境的要素被认为是在创造:开放的文化、公正的文化、报告的文化、学习的文化,以及一种知情的文化。[49]这将有利于工作人员和患者,并确保实现风险管理计划的伦理目标。只要雇主牢记工作人员可能具有的恐惧,就可以培养信任文化,建立非惩罚性机制来解决工作人员的担忧。

医疗总会关于适于执业报告机制的研究项目的研究结果可以证明这种文化正在形成。最近的数据显示,医疗总会对医生适于执业问题的调查有所增加:2010 年有 2000 多次,比 2009 年增加了 18%,92 名医生被从注册簿中除名,是一年中有史以来最高的总数。[50] 医疗总会认为这不是因为医生变得更糟,而是因为:

- 公众态度的变化,部分原因是对引人注目的案件有所了解
- 同事态度的变化,主要是由于察觉到提出保密问题系统的改进
- 发现和应对绩效问题的治理和管理系统得到改善,并更加注重结果和维持高标准的患者安全。[51]

医疗总会规定,医生有义务向适当的主管机构报告其同事的执业行为可能不当[52],护理与助产协会在其守则中也有此类要求。[53] 对主张某人不称职的适当回应显然取决于所报告的事故或不称职的类型。严重的不当行为或故意漠视患者的福祉应被予以纪律处分。在此更值得关注的问题是从业人员并非故意造成事故或错误的情况。无论事故是不能胜任还是过程不完善造成的,这些因素都应该能够在从业人员不受任何形式的纪律处罚的情况下得到解决。

11.13 结论

将提高医疗保健质量作为当务之急可以被视为一个积极的举措,以确保医疗服务提供者和个体从业人员对其提供的医疗质量承担更大的义务和责任。然而,尽管我们都希望保证医疗保健服务的质量,但"质量"一词其实很难定义。一旦人们认识到我们应该做什么的问题在伦理层面具有重要的意义,那么这些伦理和价值判断就能得到更深入的讨论并经受考验。

11.14 参考文献

1. G. Scally & L. Donaldson, Clinical governance and the drive for quality improvement in the new NHS in England. *British Medical Journal*, 317 (1998), pp.61-65.

2. D. R. Steel, Foreword from Scotland. In: Royal College of Nursing, *Clinical Governance: A resource guide* (London, RCN, 2007) http://www.clinicalgovernance.scot.nhs.uk/index.asp (accessed May 2012).

3. C. Som, Clinical governance a fresh look at its definition. *Clinical Governance,* 9 (2) (2004), pp.87-90.

4. National Quality Board, *Quality Governance in the NHS-A guide for provider boards* (NQB, 2011), https://www.gov.uk/ government/ uploads/ system/ uploads/attachment_ data/file/152061/dh_125239.pdf.pdf.

5. Care Quality Commission, *The State of Health Care and Adult Social Care in England* (London, The Stationery Office, 2011).

6. Department of Health, *Equity and Excellence: Liberating the NHS* (London, The Stationery Office, 2010).

7. Department of Health, *High Quality Care for All* (*the Darzi Report*) (London, DoH, 2008).

8. Department of Health, *An organisation with a memory: Report of an expert group on learn-ing from adverse events in the NHS* (London, DoH, 2000).

9. Department of Health, *The NHS Outcomes Framework* (London, DoH, 2011).

10. Department of Health, *The Operating Framework for the NHS in England 2012-13,* (London, DoH, 2011).

11. National Quality Board, *NHS Patient Experience Framework* (London, NQB, 2012), https://www.gov.uk/government/uploads/system/uploads/attachment_data/file/146831/dh_132788.pdf.pdf.

12. NICE *Patient experience in adult NHS services: improving the experience of care for people using adult NHS services,* NICE clinical guideline 138 (London, NICE, 2012).

13. Institute for Innovation and Improvement. *Living our Local Values* (London, NHS,2008).

14. A. Campbell, Clinical governance-Watchword or buzzword? *Journal of Medical Ethics,* 27 (suppl. I) (2001), pp.i54-56.

15. Patients Forum, Options for the future (London, The Patients Forum, 2006).

16. House of Commons, *Health Committee Patient and Public Involvement in the NHS Third Report of Session 2006-07* (London, The Stationery Office, 2007).

17. Department of Health, *Patient and public involvement: A brief overview* (London, DoH,2004) www. dh.gov.uk/ PolicyAndGuidance/ OrganisationPolicy/PatientAndPublicInvolvement.

18. Department of Health (2011) HealthWatch Transition Plan.

19. NICE (2012) Dabigatran etexilate for the prevention of stroke and systemic embolism in atrial fibrillation, Technology appraisals, TA249-Issued: March 2012.

20. Department of Health (2011) *NHS Outcomes Framework 2012/13* (London, DH, 2011).

21. Department of Health (2011) *Improving outcomes: A strategy for cancer*, DH.

22. A. Boivin *et al.*, Patient and public involvement in clinical guidelines: International experiences and future perspectives. *Quality and Safety in Health Care*, 19 (2010), p. e22.doi:10.1136/qshc.2009.034835.

23. I. Kerridge, Ethics and EBM: Acknowledging bias, accepting difference and embracing politics. *Journal of Evaluation in Clinical Practice*, 16 (2010), pp.365-373.

24. W. Rosenberg & A. Donald, Evidence Based Medicine: An approach to clinical problem solving. *BMJ (Clinical Research Ed.)*, 310 (1995), pp. 1122-1126.

25. J. Muir Gray, *Evidence-Based Health Care: How to Make Health Policy and Management Decisions* (London, Churchill Livingstone, 1997).

26. A. Maynard, Rationing health care: An exploration. *Health Policy*, 49 (1999), PP.5-11.

27. A. Maynard, Evidence-based medicine: An incomplete method for informing treatment choices. *The Lancet*, 349 (1997), pp.126-128.

28. D. Hughes & S. Doheny, Deliberating Tarceva: A case study of how British NHS managers decide whether to purchase a high-cost drug in the shadow of NICE guidance. *Social Science and Medicine*, 73 (2011),

pp.1460-1478.

29. J. Raftery, Review of NICE's recommendations 1999-2005. *British Medical Journal,* 332(2006), pp. pp1266-1268.

30. Alzheimer's Society (2012) The story so far http://alzheimers.org.uk/site/ scripts/documents _ info. php? documentID = 489 (accessed May 2012).

31. NICE (2012) Clinical guidelines.http://www.nice.org.uk/ aboutnice/ whatwedo/aboutclinicalguidelines/ about _ clinical _ guidelines. jsp (accessed May 2012).

32. NHS Right Care (2011) *The NHS Atlas of Variation 2.0.* http:// mediacentre. dh. gov. uk/2011/12/12/ atlas-maps-out-variation-in-nhs/ (accessed May 2012).

33. NICE (2004) Fertility: Assessment and treatment for people with fertility problems, http://www.nice.org.uk/page.aspx? o=CG011.

34. Department of Health (2009) Primary care trust survey: Provision of IVF in England 2008.

35. A Hopkins & JK Solomon, Can contracts drive clinical care? *BMJ (Clinical Research Ed.),* 313 (1996), pp.477-478.

36. D. Kitchiner & P. Bundred, Integrated care pathways. *Archives in Disease in Childhood,*75 (1996), pp.166-168.

37. T. van der Weijden *et al.,* How to integrate individual patient values and preferences in clinical practice guidelines? A research protocol. *Implementation Science,* 5 (2010), p.10.

38. NICE (2009) Factsheet 1: How NICE develops clinical guidelines and what documents we publish.

39. E. Harding et al., Service user involvement in clinical guideline development and implementation: Learning from mental health service users in the UK. *International Review of Psychiatry,* 22 (2011), pp.352-357.

40. H. van de Bovenkamp & M. Trappenburg, Reconsidering patient participation in guideline development. *Health Care Analysis,* 17 (2009), pp. 198-216.

[319]

41. D. Kitchiner *et al.,* Integrated care pathways. *Journal of Evaluation in*

Clinical Practice, 2（1）（1996）, pp.65-69.

42. National Reporting and Learning System（2012）*Quarterly data workbook,* http://www. nrls. npsa. nhs. uk/resources/collections/quarterly-data-summaries/？entryid45＝133438（accessed May 2012）.

43. National Patient Safety Agency,（2009）Being Open, DH.

44. C.J. Chamberlain *et al.,* Disclosure of non-harmful errors and other events. *Archives of Surgery,* 147（3）（2012）, pp.282-286.

45. J. Lyon（1996）*The Trojan Horse: Problems of CRM,* MSc Dissertation, University of Liverpool.

46. A. Wu, Medical error: The second victim. *BMJ（Clinical Research Ed.）,* 320（2000）, pp.726-727.

47. A. Wu & R. Steckelberg, Medical error, incident investigation and the second victim: Doing better but feeling worse? *Quality and Safety,* 21（2012）, pp.267-270.

48. NHS Executive, *Risk Management in the NHS*（London, HMSO, 1994）.

49. Patient Safety First,（2010）Implementing human factors in health care, London.

50. GMC（2012）GMC Fitness to Practise Statistics, http:// www.gmc-uk.org/news/10866.asp（accessed May 2012）.

51. GfK NOP Social Research（2011）Research into Fitness to Practise referrals, JN 452511.

52. General Medical Council（2006）*Good Medical Practice*（London, The General Medical Council）.

53. Nursing and Midwifery Council, *The NMC Professional Code of Conduct: Standards of Conduct, Performance and Ethics*（London, NMC, 2008）.

12 临床研究与患者

A 法律视角[*]

Natasha Hammond-Browning
南安普敦,南安普敦大学南安普敦法学院法学讲师

对患者的临床研究问题给护士带来了复杂的生物伦理和法律困境。在过去的25年里,护士在临床研究中扮演着越来越重要的角色,这主要是因为循证医学越来越受重视,也因为参与研究可能有助于证明他们的专业地位。然而,有人认为护士中的研究型人才仍然太少,大多数护士在实践中没有足够的研究意识。[1] 为试图弥补这一点,护理、助产与健康访视国家战略致力于制定"一项战略以影响研发议程,加强开展护理、助产和健康访视研究的能力并利用研究支持护理、助产和健康访视实践"[2]。这些举措要求护士必须清楚了解从事临床研究可能的伦理和法律后果。

临床研究提出的基本伦理法律问题涉及从事研究的卫生专业人员和医学本身的利益与作为研究对象的患者或志愿者的福祉之间的平衡。[3] 在这样的背景下,本章旨在探索实施临床研究的法律框架。应当注意的是,护士与任何其他卫生专业人员负有相同的伦理和法律义务[4],尽管护士的特殊地位及其与患者的关系有时可能会带来特殊的问题。然而,正如之前的皇家护理学会指引所强调的,"从伦理角度来看……护士与任何其他卫生专业人员一样,没有权利隐藏在从属、服从和顺从的观念背后以证明他们在研究中避免承担个人责任具有正当性"[5]。

---

[*] 本章为本书第三版相应章的修订版,原由伯明翰大学的 Marie Fox 撰写。

值得一提的是,尽管这一领域的立法干预正在增加,也涌现出大量专业指引,但相对而言仍然缺乏规范研究的明确法律规则。因此,尽管1986年《动物(科学程序)法案》和1990年《人类受精与胚胎法案》规定设立法定机构以监管和许可对动物[6]和人类胚胎[7]进行的研究,但从来没有一个法定制度以类似方式许可对患者的研究。同样地,该领域的普通法缺乏专门适用于医学研究的判例法。因此,规范研究的法律框架一直在很大程度上借鉴了与常规治疗同意有关的原则,以及主要源自国际宣言的卫生专业人员指南,而这反过来又影响了专业机构颁布的执业守则。然而,在过去十年中,这一领域的法律有了重大发展。首先,对临床试验的担忧促使卫生部提出了一个临床治理框架,同时引入了一项关于进行临床试验的欧盟指令,该指令旨在协调整个欧盟对此类试验的监管,并要求英国制定新的法规来管理某些类型的临床研究,这些法规自2004年起生效。最近,英国政府向议会提交了建立以国家研究伦理服务(NRES)为核心的卫生研究局(HRA)的新法规,作为其成长计划的一部分。[8] 该机构随着2011年《卫生研究局条例》的颁布于2011年12月1日成立,其职权范围仅限于英格兰。

12.1 临床研究的定义

[322]

临床研究在传统上有多种分类方法。它首先区别于使用被批准用于治疗目的的方法和技术进行的传统治疗。其次,临床研究被细分为两大类研究。第一类包括那些不涉及对受试者任何直接干预的内容,例如,涉及心理观察[9]、个人病历或组织样本的使用。第二类是因涉及对受试者的直接身体或心理干预而引起了更大关注的侵入式研究,但其实很难区分这两类研究。本章的重点是探讨对人类的侵入式研究问题,但鉴于大众的关注和后续立法,下面也(简要)讨论使用个人信息和组织样本进行研究的问题。对人类的侵入式研究通常又分为两类:

(1)对患者进行治疗性研究,使用可能对个体患者有直接益处的新方法和技术。

(2)涉及新流程和药物的非治疗性研究,纯粹或主要出于科学目的而不太可能使个体参与者受益。虽然可能预示着一些集体利益,但试验的目的是获取科学知识,并且通常对健康志愿者进行。[10]

值得注意的是,这种治疗性与非治疗性的二分法,已经引发了许多生物伦理学术研究并受到了攻击。评论员们认为基于以下原因这种区分存在问题:第一,在某些情况下,治疗性研究可能比非治疗性研究更危险。第二,通常很难区分研究和创新治疗。例如,目前尚不清楚诸如锁孔手术的新外科手术方法是否应该像引入新的药物疗程那样受到特别监管。[11] 第三,为回应有组织的健康压力团体(如艾滋病患者)的游说,高质量的临床治疗和负责任的研究已被视为统一体而非二分的。[12] Priscilla Alderson 认为"'治疗的'是一个异常模糊、不科学的词语,它表达了对未来可能毫无根据的希望,就好像它们是当前的现实一样,它混淆了研究的目的和研究活动……科学严谨性要求从结果、有效性和效率方面对研究进行评估"。[13]

尽管这些观点是正确的,但考虑到明显属于非治疗性的研究取得的进展是以许多生命受损害为代价,保留治疗性与非治疗性研究的区别也许有充分的理由。就这一点来说,历史上这些代价明显是由社会上受压迫群体的成员过度承担了。[14] 这种区别的一个主要优点是它能够让评论员主张非治疗性研究语境下存在披露风险的更大的义务。[15] 因此,修订《赫尔辛基宣言》(规范研究的著名国际协定)引起了相当大的争议,该宣言于 2000 年不再区分治疗性研究与非治疗性研究。正如一些评论员所指出的那样,治疗性与非治疗性研究之间的隐含区别仍然构成了国家专业机构颁布的大量研究伦理指引的基础。[16] 并且,在 2006 年伦敦 Northwick Park 医院对缓解自身免疫和免疫缺陷疾病的复方药 TGN1412 进行的一期试验中,参与其中的六名健康志愿者身体所遭受的毁灭性损害所引发的问题表明,治疗性与非治疗性的区别可能继续具有伦理价值。当然,Northwick Park 试验也对监管框架的总体效力提出了疑问,下文将对此进行讨论。这些质疑涉及向参与者披露的风险信息的有效性、提供给参与者以引诱其参与的金额(每位参与者获得 2000 英镑)、新推出药物与过去的试验关注的较简单复方药相比的复杂作用方式、先前动物试验的可靠性、未能从海外来源获取专家信息、在给药时没有"错开给药",以及决定让健康志愿者而不是本来不太容易受到毒性影响(但招募起来更困难、更耗时)的癌症患者服药。最近,保险覆盖范围也更加广泛。[17]

[323]

12.2 临床研究规范

12.2.1 国际宣言

《赫尔辛基宣言》的颁布在很大程度上是由于卫生专业人员在纳粹德国参与了等同于对被污名化的社会和族裔群体进行折磨的医学实验。事实上,临床研究引起的许多伦理法律问题都源于纳粹时代。《纽伦堡法典》在纽伦堡审判纳粹战犯的余波中颁布,该法典于1964年被世界卫生组织的《赫尔辛基宣言》修订和发展。随后又在1975年、1983年、1989年、1996年、2000年和2008年进行了修订。[18]

尽管纳粹时代的试验是滥用研究最令人震惊的例证,随后的许多例子都强调了对国际规制的持续需求。[19] 对南部经济体受试者的医学研究引发了特别关注,南部经济体的研究标准可能较低,受试者不太可能从"发达国家"市场上销售的昂贵药物中获益。艾滋病药物和疫苗的试验尤其引起了争议。[20]

就英国而言,所有在国内进行的护理研究均应符合《赫尔辛基宣言》规定的基本原则。其中强调卫生专业人员应当首先对其患者负责,与研究对象个体福祉相关的考虑应优先于所有其他利益(第4段和第6段)。卫生专业人员应仔细评估患者面临的风险和负担,并必须将之与患者和受研究状况影响的其他人可预见的利益进行比较(第18段),且确保受试者已完全知情(第24段)。此外,生物医学研究必须符合公认的科学程序,并由适当的伦理调查委员会批准,研究仅由经过适当培训、具有适当资格的个人进行,并由足以胜任的临床医疗专业人员监督(第12段、第15至16段)。1975年修订后的《赫尔辛基宣言》建议为研究人员制定实践准则,这促使国家机构颁布了指南,其中最著名的是皇家内科医师学会[21]和皇家护理学会[22]制定的指南,以及卫生部(DH)最近发布的指南。《对国民医疗服务体系研究伦理委员会的治理安排:协调版》(以下简称《GAfREC协调指南》)取代了研究伦理委员会中央办公室(COREC)之前发布的指南(以下简称《GAfREC指引》)。[23] 这些指南都以类似于《赫尔辛基宣言》中所规定的原则为基础。欧洲委员会的《人权与生物医学公约》(1997年)及其《生物医学研究》附加议定书(2005年)重申了这些原则。[24]

尽管此种指南有助于规定患者权利,并强调研究人员的伦理义务,但其在法律上不具有强制性,并且事实上英国尚未签署《人权与生物医学公约》。此外,指引不可避免地以宽泛的术语拟订,使研究人员有相当的自由裁量权,特别是在评估身体、心理和情绪伤害方面。

12.2.2 刑法

虽然科学研究人员可享有自由裁量权,但应注意的是卫生专业人员开展的所有活动均受刑法约束。英格兰刑法规定,不得对个人造成不当伤害,即使他们准备同意承受此种伤害[R v. Brown(1993)案]。在咨询文件《刑法中的同意》中,法律委员会(负责英格兰和威尔士法律改革问题的机构)设法解决什么是一个人可能合法同意的伤害问题。委员会的暂时建议是:

"任何人如经该他人同意,并在经过适当批准的医学研究(即经当地研究伦理委员会批准)过程中造成他人损害,不论严重程度如何,均不应构成犯罪。"[25]

这与法律委员会关于医学治疗的一般立场一致,即无论可能造成的伤害程度如何,合法的临床程序都可以进行。然而,委员会并未解决如何界定"可接受的风险"的关键问题。如果患者准备好接受高风险,是否可以进行高风险试验的问题仍是一个未知数——这是在异种器官移植的背景下考虑的问题。当然,在个人被纳入临床试验对象前未能获得其同意,可能会导致殴打罪的刑事诉讼。如果研究对象在参加高风险试验时死亡,则极有可能引起过失杀人诉讼。例如,鉴于对上文 Northwick Park 试验的伦理考虑,如果任何受试者死亡,此种试验可能导致杀人指控。2001年,25岁的实验室技术员 Ellen Roche 作为一名健康志愿者,在约翰霍普金斯大学巴尔的摩校区进行的一次哮喘试验中死亡,引起了人们对风险和安全分析的充分性的类似关注。批评人士声称,由于联邦、机构和调查层面的监管不严,受试者面临不可接受的风险。[26]

[325]

12.2.3 民法

除可能构成犯罪外,殴打或侵犯他人人身也是一种民事不法行为,患者有权起诉要求赔偿。因此,凡涉及给患者检查、手术或注射的任何研究,必须事先取得同意,方能使之合法进行;未经授权的接触使患者有权获得损害赔偿。获得对参与的充分同意是护理研究的关键法律要求,因为对有能力的成年受试者进行研究的授权来自该人的同意。[27]事实上,英格兰法律规定研究对象个人有责任给予或不给予同意以保护自己不受伤害。[28]正如Berg指出,结果是过去几乎所有记录在案的滥用医学试验都涉及未能采用令人满意的知情同意程序。[29]因此,并不令人意外,《赫尔辛基宣言》规定的主要原则是:

"每个潜在受试者必须充分了解研究的目的、方法、资金来源、任何可能的利益冲突、研究者的所属机构、研究的预期效益和潜在风险、可能带来的不适,以及研究的任何其他相关内容。潜在受试者必须被告知其享有拒绝参与研究或随时撤回参与同意而不受报复的权利。应特别注意潜在受试者个人的具体信息需要以及传递信息的方法。在确保潜在受试者已了解信息后,医生或另一具有适当资格的人员必须征求潜在受试者的自愿同意,最好是书面同意。如果不能以书面形式表示同意,则非书面同意必须被正式记录并见证。"(第24段)

同样,在护理语境中,护理与助产士协会《守则》特别规定:

"所有护士……必须确保在开始治疗或护理前获得同意……必须尊重和支持他人接受或拒绝治疗或护理的权利……必须维护他人充分参与其护理决定的权利。"[30]

因此,有关同意护理研究的一个重大问题是如何确保同意是"自愿的"和"知情的"。正如我们在第7章第一部分所看到的,关于医疗,法院已声明只要患者对治疗给予普遍同意,医疗专业人员将不会承担殴打侵权责任[Chatterton v. Gerson(1981)案]。虽然在Sidaway v. Bethlem(1985)案中,上议院反对"知情同意原则构成英国医疗法一部分"的观点,在Sidaway案后的判例法清楚地表明法院日趋准备要求医生进行说明,拒绝接受负责任的医疗人员在决定应该向患者披露的内容方面起决定性作用的观点。诸如Pearce v. United Bristol Healthcare NHS Trust案等案件强调了为避免构成过失,对可能会影响理性人是否同意治疗决定的风险进行披露的重要性。此外,尽管英格兰还没有关于临床研究披露义务的判决案例,但法律评论员普遍认为法律将对研究规定更严格的披露义务。[31]因此,与传统医疗相比,自愿参与研究的人有权获得有关试验的性质及其带来的风险的更充分的解释。英格兰法律极有可能借鉴加拿大法律[32],通过采用客观测试标准要求研究人员披露合理受试者希望了解的

所有相关事实,提供提问机会并使其得到完整和诚实的答案。[33] 医疗总会(GMC)对这一要求阐述如下:

"征求同意是涉及人的研究的基础。只有当参与者有能力决定是否参与研究,获得适当的告知,并且不受压力或胁迫同意参与时,他们的同意才具有法律效力和职业上的可接受性……为了决定是否参加研究,你必须向人们提供他们想要了解或需要的信息。你与他们分享多少信息取决于他们的具体情况。你不得假定他人可能想要了解或需要的信息,或他们对建议进行的研究项目的知识和理解……你必须确保人们以他们能够理解的方式获得信息,并且应该确认他们是否理解你使用的术语,以及你对建议的研究方法的解释。"[34]

然而,鉴于研究人员本身可能缺乏对建议进行试验的新药或治疗的风险的充分信息,一些评论员质疑在临床研究中知情同意是否真正可行。[35] 当然,有意参与的试验对象是否能够有效地同意结果不确定、不一定有益或明显有害的[36]试验过程也是存疑的——下面讨论的有关异种移植的情形涉及这些问题。因此,在为数不多的法官处理对研究的同意问题的法院判例中,法官倾向于限缩自己在确认充分知情和自愿同意已经被给予方面的作用。然而,正如 Tobias 所指出的那样,尽管法律上强调知情同意,"到目前为止,律师、伦理学家和医学家还未就这一术语的确切含义达成一致"。[37] 对此,Jackson 强调了各种灰色地带的存在。例如,一名研究人员是否应该披露试验的经费细节,包括她希望获得的任何个人或经济利益,或者她已经得到进行试验的报酬?[38] 此外,McNeil 认为,尽管法院历来强调取得同意,但仅仅同意不足以作为规范人体试验的依据。他认为,对同意的关注未能充分解决诸如权衡试验对受试者和社会的风险和利益等问题,也未能让法院避免是否支持制定研究人员指南等问题。[39]

[327]

在作为一种治疗孕期晨吐的药物上市却导致儿童严重肢体畸形的沙利度胺(thalidomide)造成悲惨后果后,立法得以出台以规范引进新药物。1968年《药品法案》制定了一个新药许可和监督制度,由医药监管局监督,该局于2003年与医疗器械局合并,形成了医疗保健产品监管局(MHRA)。2001年,欧洲议会发布了一项指令,要求对药品临床试验进行法律规范,目的是确保整个欧盟范围内,在人体试验的设计、实施、记录和报告方面遵循良好的临床实践。[40] 英国据此颁布了2004年《人用药品

355

(临床试验)条例》(以下简称《临床试验条例》)。根据该法规,新药在进行临床试验前必须获得医疗保健产品监管局的授权。1968年《药品法案》和2004《临床试验条例》建立了一个复杂的报告系统以监督有关药物的影响。使用该药物治疗期间的任何意外或不利结果必须向医疗保健产品监管局报告。[41] 所谓的"黄牌"计划使护士、助产士、健康访视护士、全科医生和患者能够报告任何药物不良反应,但研究表明全科医生并未进行充分报告。[42]

12.2.4 研究者和研究对象之间的关系

影响获得同意过程的另一个因素,是研究对象与从事研究的医疗保健专业人员之间的关系有时在本质上就存在问题。正如 McNeil 认为,人体试验的历史是一个更倾向于研究者利益的不均衡的历史。[43] 医疗保健专业人员在研究中的角色如何从一名医生(或最近以来是一名护士)转变为科学研究人员,成为 Jay Katz 所说的"医生—研究人员"(或"护士—研究人员")已经被广为记载。由于其具有老师、研究人员、卫生专业人员和管理人员的多重优先身份,这不仅意味着其对患者、雇主和研究目标的忠诚之间可能发生冲突[44];这也意味着研究对象可能会以一种更矛盾的眼光看待研究人员。Kennedy 认为,医疗专业人员对关照患者的首要义务,不可避免地由于其负有以应有的科学严谨态度进行临床试验的义务而受到影响。[45] 由于科学素养通常要求研究人员冷静和客观地观察研究对象,研究人员对此种严谨性的承诺使患者比平常与卫生专业人员接触时处于更没有权力的地位。[46] 正如 Katz 所指出的那样,因此,"对研究客观性的承诺会使研究人员的思维过程客观化,继而将作为研究对象的人转变为绘制在图表上的数据点以证明或反驳研究假设"[47]。

当研究对象在性别、社会等级、种族和民族等因素上与研究人员有所区别时,尤其可能出现这种权力不平衡,并带来沟通困难。考虑到这些权力的悬殊,研究人员应该牢记 Morehouse 的观点,即"有很多方法可以将某研究项目介绍给一名患者,这些方法虽然不符合完全的客观性,但可以做到不给患者施加压力"[48]。这尤其适用于弱势患者群体,下面将进行讨论。《赫尔辛基宣言》规定:

"在征求参与某研究的知情同意时,医生应特别注意潜在受试者是否对医生有依赖关系或受试者是否在胁迫下行使同意。在这种情况下,应由完

全独立于此种关系并具有适当资格的人员取得知情同意。"(第26段)

与许多法律文件一样,《赫尔辛基宣言》侧重于医生的作用。然而,科学客观性和对患者的关注之间的紧张关系可能会让护士尤为不安。这不仅源于护理行业比其他卫生行业更牢固地建立在照顾和关怀的概念上[49],更是基于实践中护士与患者的关系往往比医生与患者的关系更密切。因此,护士被认为更适合向患者解释参与试验的后果并获得患者的同意。当然,当护士在征求同意时,医学研究委员会(MRC)和医疗总会等机构颁布的指南强调,其必须以清晰易懂的语言进行解释。参与者的任何特殊的沟通或语言需求也应当予以考虑。

正如对20世纪90年代在北斯塔福德郡医院进行的涉及儿童的研究试验的Griffiths调查所强调的,重要的是要认识到处于严重的身体、心理或情绪压力下理解并给予有效同意的困难。[50] 医疗总会指引指出诚实和正直是获得有效同意的关键,并强调研究人员"……在分享研究项目信息时,必须对参与者和研究团队成员(包括非医护人员)开诚布公……尽可能诚实、完整地回答他们的问题"[51]。医学研究委员会认为,在草拟潜在受试者须了解的信息时,征求消费者或非专业人士的意见是一种有益的、良好的做法。[52] 如上所述,受试者还应被明确告知他们有权随时退出而不受报复。[53] 此外,研究人员必须向他们解释个人信息将如何被存储、传播和公布。关于同意的形式,我们在第7章第一部分中看到,书面同意书一般仅为同意的证据,但2004年《临床试验条例》要求同意必须"在参与者被告知试验的性质、重要性、可能影响和风险后自愿作出",且须采用书面形式,或"如果该人无法在文件上签字或标记以表明其同意,则应在至少一名见证人在场的情况下口头给出同意并以书面形式记录"。[第3(1)段,第1部分,附表1]

[329]

12.2.5 对随机对照试验的同意

在同意随机对照试验(RCTs)的背景下会出现特殊问题。随机对照试验旨在对随机分配的两组或两组以上受试者进行的治疗或方法予以比较[54],它已被推广为评估医疗程序最科学有效的方法。[55] 支持随机化(旨在排除对新药的纯粹心理反应)的人认为,如果不使用随机化以及研究人员和受试者对该过程的盲法来研究药物,那么很有可能会将偏见带入研究并影响结果。然而,其他评论员认为,随机对照试验可能会损害作为医疗实践理想的信任和相互尊重的纽带,从而对医疗专业人员与患者之间的关系产生不利影响,并与医疗专业人员决定何种治疗对患者最有利的义务背道而驰。[56]

Oakley 认为,随机对照试验在伦理上存在问题,因为机会分配可能与良好的伦理实践相对立。她尤其表达了对"研究的科学目的与人性化对待个人之间的紧张关系……如何在试验设计策略中体现从而限制人们自由地相互讨论所参与过程共性"的担忧。[57] 可以肯定的是,对风险的权衡以及如何向潜在参与者呈现对于随机对照试验至关重要。Fletcher 等人认为,根本问题是进行研究的目的,一般来说,试验只应在"参与研究的个人和(或)整个社会可能获得的利益远远超过参与的风险的情况下"进行。[58] 另外,《赫尔辛基宣言》规定,"当发现研究的风险超过可能的益处,或有确凿证据证明停止研究能产生积极和有益的结果时,医生必须立即停止研究"。(第 20 段)

鉴于在出现这种情况之前的不确定性,随机对照试验为有关知情同意的法律带来了相当大的问题,因为随机化技术使得研究人员更难对患者个人充分解释风险。正如 Oakley 指出,"人们所理解的内容可能不是研究人员认为患者所理解的内容,'知情同意'是一个不断变化的复杂过程,而不是一个离散的认知事件"。[59] 当然,获得同意的关键问题将是如何将建议进行的研究的风险和益处向研究对象呈现。Tobias 指出了在此类试验中获得知情同意的实际困难,特别是考虑到如果向患者充分解释随机试验的后果,研究对象可能会产生误解和焦虑。他认为,我们应该信任卫生专业人员在没有明确同意的情况下进行的随机分组。[60] 然而,法律评论员都支持 Kennedy 的观点,即对于随机对照试验来说,根据特定患者想要了解的内容来定义风险尤为重要。[61]

对 20 世纪 90 年代发生在北斯塔福德郡的事件的 Griffiths 调查强调了在获得此种同意的过程中存在诸多问题。[62] 护士在试验中发挥核心作用,而调查小组发现,被分配到某专门治疗早产新生儿呼吸道疾病项目的护士似乎没有被提供相关的规程或系统以确保对所有患者的充分记录。他们得出的结论是,护理人员总体而言缺乏足够的研究经验来完成被要求进行的任务,且他们未能接受任何培训。研究人员不充分的监督,加上缺乏来自信托护理管理人员的支持,导致在知情同意是否已经完成的记录方面出现了问题。[63] 鉴于一些儿童随后经受了脑损伤或死亡,人们尤为担忧被要求让他们的孩子参与对持续胸外负压(CNEP)这一新技术与传统的正压通气治疗进行比较的试验的父母是否被告知了充分的信息。制定关于研究治理的更详细指引(见下文)有希望消除这些问题。然而,对试验的进行或其进行试验的资格感到担忧的护士应准备在必要时"吹哨"。[64] 参与者必须在参加随机对照试验时充分意识到他们将无法选择接受何种治疗,并且直到试验结束时才知道他们接受了何种治疗。

涉及安慰剂的随机对照试验也引起了其他问题。《赫尔辛基宣言》指出:

除以下情况外,新的干预措施的益处、风险、负担及有效性必须与目前已证实的最佳干预措施进行比较:

● 在目前尚无可证实的干预措施的研究中,使用安慰剂或不治疗是可接受的;或

● 如果出于有说服力和科学合理的方法论理由,有必要使用安慰剂来确定一项干预措施的功效或安全性,而接受安慰剂或不治疗的患者将不会面临任何严重或不可逆转损害的风险。但必须格外注意以避免这一选项被滥用。[65]

[331]

然而,鉴于安慰剂试验的科学价值,有人质疑此种谨慎是否合理。Miller 和 Brody 认为,"当具有科学价值的随机对照试验涉及的是不采用已经证实的有效治疗时,使用安慰剂对照是合乎伦理的,前提是风险不过度并且参与者给予知情同意"[66]。国际医学组织理事会[67](CIOMS)发布的修订版指引的指导原则 11 规定,"作为一般规则,试验对照组的研究对象……应接受既定的有效干预措施"。然而,在没有既定有效干预措施的情况下,或者如果不采取既定有效干预措施,最多会让受试者暂时感到不适或延迟缓解症状,或者如果这种既定干预措施不会产生科学可靠的结果,而使用安慰剂不会给受试者增加任何风险或严重、不可逆转的伤害,那么指导原则准许使用安慰剂。

12.2.6 利用个人信息或人体组织进行研究

许多重大的医学进步不是来自涉及人体的研究试验,而是来自对个人健康信息或尸检后保留的人体组织样本的使用。这类研究提高了对疑似健康隐患的理解,促进了对新疾病流行病学[如新变异克雅氏病(CJD)及其与流行疯牛病(BSE)瘟疫的关系]的认识,并提出了减少婴儿

猝死的建议。多年来，这类研究被视为比人体研究涉及更少的伦理问题，尤其是协调良好地使用这类材料可以减少对患者的研究需求和对动物研究的需求。

然而，此类研究已经引起了极大的争议。尤其是公众对布里斯托尔皇家医院和利物浦奥尔德希医院未经授权保留儿童器官表示强烈抗议，导致了 20 世纪 90 年代末进行的公众调查[68]以及 2004 年《人体组织法案》的通过。这项立法引入了新的制度来规范人体组织的使用，而同意的概念再次被奉为基石。当《人体组织议案》最初颁布时，它包含了具体同意[69]的要求，但在议会通过立法的过程中这一要求被削弱了（见下文）。因此，虽然 2004 年《人体组织法案》第 1 条规定，在为实现研究目的而切除人体组织或器官之前必须获得"适当同意"，但法案本身并未进一步定义"同意"的概念。然而，《人体组织法案》第 3 条却规定了获得使用尸体器官或组织的同意的三种方式。首先，捐赠者可以通过书面形式（或通过登记为器官捐赠者）或向朋友或亲戚表明自己观点的方式在死亡前明确其同意或不同意。其次，根据该法案第 4 条，死者生前可以为了在其死后作出同意或不同意切除组织或器官的决定而委任一个人代表其意愿。再次，如果没有表示意愿并且没有委任代表，则必须征求与捐赠者有"适格关系"的人的同意。《人体组织法案》第 27 条第 4 款对适格关系进行了界定和排序，规定应首先征求配偶或伴侣的同意，继而征求父母或子女的同意，依此类推，最后征求老朋友的同意。该法案第 2 条第 7 款规定，有决定能力的未成年人可以同意捐献器官或组织用于研究；如果儿童无决定能力，那么对她负有父母责任者有权同意，或者，如果没有人在其临死前负有父母责任，可以由与儿童存在适格关系的人给予同意。[70]当活人想为研究捐赠人体器官或组织时，根据《人体组织法案》第 3 条第 2 款，"适当同意"仅指捐赠者的同意，而未作进一步定义。

然而，依据该法案设立的人体组织管理局根据该法颁布的《实施细则》之一就获得该法所涵盖活动的同意提供了详细的指导，其中包括对生者捐献的组织和从逝者身上提取的组织进行研究。[71]《实施细则》强调，同意应被视为患者个人……可充分讨论问题、提出问题和作出知情选择的过程（第 33 段），应当由受过适当培训的卫生专业人员来征求同意（第 48、52 段），并且该人员必须理解该活动涉及的内容，以及在哪里存在风险（第 32 段）。尽管如我们所见，这一要求并未出现在最终法案中，但《实施细则》的确规定,应当询问患者他们给予的同意是一般性的(即对未来经研究伦理委员会批准进行的项目)还是特定的(第35段),并应告知他们是否有任何样品将投入商业使用(第149段)。书面同意是一种良好的做法,尽管这并不是《人体组织法案》项下规定的研究的具体要求(第33段)。

12.3 伦理视角

12.3.1 研究伦理委员会

除了人体组织的研究,对大多数其他形式的临床研究而言,在引入伦理审查后,监管重点在某种程度上已经从强调获得同意转移到确保遵守研究实践的规则。自1968年以来,国民医疗服务体系的官方政策一直是应建立地方研究伦理委员会(LRECs)以监督国民医疗服务体系内的临床研究。根据《欧盟临床试验指令》,如今在任何临床试验开始之前都强制要求获得伦理委员会的批准。研究伦理委员会(RECs)由卫生部1991年发布的指南管理,该指南根据2001年的研究治理安排进行了修订,最近被2011年的协调版所取代。[72]

研究伦理委员会历来被视为独立机构,由卫生专业人员和非专业人员组成,他们负责保护参与试验的受试者的权利和福祉,一直进行自我监管,不过,自2004年5月1日起,对《欧盟临床试验指令》和实施这些指令的2004年《临床试验条例》(参见上述第12.2.3节)范围内的临床试验进行监督的伦理委员会,在法律上向新的政府机构——英国伦理委员会管理局负责。该管理局实质上由英格兰、威尔士、苏格兰和北爱尔兰的卫生事务大臣组成。虽然在理论上,这一新管理局应该克服自我监管中固有的许多问题,例如,缺乏透明度和问责制,以及监管和制裁不足[73],人们对于将研究伦理置于直接政治控制之下表达了担忧。[74]同样有争议的是卫生部国民医疗服务体系研究伦理委员会运作特设咨询小组的建议,即建议英国应建立一支完全专业化的研究伦理委员会成员队伍。[75]基于效率和减少决策变化,结果将是研究伦理委员会的数量从目前的200个减少到30个。[76]

根据《GAfREC协调指南》,研究伦理委员会的关键职能被界定为"审查研究建议以正式评估研究是否符合伦理"(第1.1.1段)。卫生部特设咨询小组于2005年确认,研究伦理委员会需要解决的关键问题是研究方案的伦理可接受性,在研究伦理委员会评估其是否符合适当的伦理标准之前,应由合适的专家判断其科学价值[77],尽管这一观点因未能明确区分科学和伦理审查而受到批评。[78]《GAfREC协调指南》规定"研究伦理委员会无须重新考虑科学性方面,因为这是发起人的责任并将接受该领域一名或多名专家的审查……"[第5.4.2(a)段]。因此,指南认为,进行额外的科学审查不是研究伦理委员会的任务。然而,研究伦理委员会应确信已经进行的审查足以满足正在考察的研究方案的性质。在给出有利的赞成意见之前,研究伦理委员会必须"……确信研究建议所呈现的伦理问题。这些问题可能有所不同,具体取决于有关研究内容。研究伦理委员会成员接受……有关一般及特定情况下应考虑问题的培训及指导。培训和指导反映伦理研究的公认标准,如《赫尔辛基宣言》,并考虑适用的法律要求"。[79] 2004年《临床试验条例》第6条及《GAfREC协调指南》第3.2.9段要求,在大多数情况下,研究伦理委员会应在收到有效申请后60天内通知申请人其意见,令人担忧的是,工作量和时间压力可能会压缩机构与研究伦理委员会之间的谈判空间,并对作出的决定的质量产生不利影响。[80]

12.3.2 研究伦理委员会的局限性

[334] 尽管伦理委员会的存在无疑是有益的,但过去人们对其作为临床研究审查和监管机制的有效性表示了许多担忧,2011年指引规定的制度将如何在实践中发挥作用还有待观察。在对北斯塔福德郡医院儿童研究的调查中,自我监管制度的局限性变得非常明显。Griffiths调查发现,尽管北斯塔福德郡的研究伦理委员会通常按照当时有效的卫生部指南运作,但其会议记录中的详细程度与其他一些研究伦理委员会提交审查的会议记录相比并不令人满意。此外,电子版的研究项目登记表未能包括指南要求的所有细节内容。调查还指出,变更已报告研究项目的方式和时间方面不够明确。[81] 此外,有人批评地方研究伦理委员会在确定委员会是否在充分了解情况的基础上作出决定或与其他伦理审查委员会在类似情况下的做法或应采取的做法是否一致方面做得很少,而这正越来越多地被视为良好实践的组成部分(第9.2.2段)。另一个担忧是成员缺乏培训,Griffiths调查发现,伦理委员会的许多成员从未接受过培训。

这些批评凸显了伦理委员会成员需要承担日益繁重的职责。因此，为研究伦理委员会成员提供适当的培训是当前研究其治理框架的核心。《GAfREC 协调指南》第 4.3.11 段规定，"作为任命条件之一，研究伦理委员会成员必须同意参加与其角色相适应的初期和后续培训"。北斯塔福德郡调查还强调，成员的任命应当是一个开放式过程，符合 Nolan 标准，要求在媒体上以及通过职业网络进行公开宣传并提交简历。关于研究伦理委员会的构成，指南建议，推荐的 12 至 18 名成员在年龄和性别上的分布应当均衡，同时应当努力吸收少数民族和残障人士。这些建议试图回应过去关于非专业人士的代表名额不足的批评，以及基于一项英国研究发现的妇女和少数民族群体未被充分代表的事实。[82]《GAfREC 协调指南》现在规定，通常最多应有 18 名成员构成（第 4.2.10 段），其中至少有三分之一是非专业人员（第 4.2.7 段），但其应具备"足够广博的经验和专业知识，从而使其审查的研究建议的根据、目的、目标和设计能够有效地与可能参与者的尊严、权利、安全和福祉相协调"（第 4.2.1 段）。它还明确规定研究伦理委员会的成员应均衡反映社会成年种群的多样性（第 4.2.4 段）。每个研究伦理委员会还应"……拥有专家成员，以确保具备在医疗环境和相关照护领域进行研究的方法学和伦理专业知识，以及作为照护从业人员的专业知识"[83]。（第 4.2.6 段）

身为研究伦理委员会成员的护士还应意识到针对研究伦理委员会决定提起诉讼的可能性。法院可对决定进行司法调查，如果发现研究伦理委员会越权行事或作出不合理或违反自然正义法则的决定，那么该决定将转回给委员会或被推翻。[84] 现在还没有对研究伦理委员会提起的过失诉讼，并且在过去，他们被认为没有区别于其成员的法人地位（即以公司具有法人资格的方式），因此任何诉讼都可能是针对个别成员的，其负有在决定过程中以应有的谨慎行事的法律义务（尽管战略卫生当局在成员被任命为研究伦理委员会成员期间确实提供赔偿，但前提是他们真诚行事）。[85] McHale 认为，由于研究伦理委员会依据《临床试验条例》已具有法定地位，因此现在其本身可能构成过失。[86] 然而，正如 Jackson 所指出的，在实践中，任何因研究伦理委员会决定而受到伤害的人更有可能起诉拥有更多资源的潜在被告，例如，赞助该试验的制药公司。[87]

在 Griffiths 审查和形成新的研究治理框架之前，长期以来，人们对伦理委员会实践方面的差异感到不安，例如，在北斯塔福德郡被揭露的行

[335]

为。这种差异的部分原因是试验往往是在地方而不是在全国进行审查。1996年,卫生部建议应建立区域机构——多中心研究伦理委员会(MRECs)以审查建议在全国不同地点进行大量试验的研究方案。由于地方研究伦理委员会需要说明其拒绝多中心研究伦理委员会批准方案的理由[88],这无疑减少了地方批准率的差异,因而有一种怀疑论观点认为,尽管在地方一级有反对意见,但它们是使研究人员和制药公司获得项目批准的便利方式。[89]与之相反,一些评论员认为,获得多中心研究伦理委员会批准的过程过于复杂,导致药品销售过程中出现代价高昂的延误。[90]此外,值得注意的是,随着新生物技术(如生殖技术、基因疗法和异种器官移植)的发展,已经有越来越多的委员会成立,以监督研究,随之产生的问题是这些不同机构的角色和职能的重叠。[91]为解决这一碎片化问题,研究伦理委员会中央办公室(COREC)于2000年成立,以协调各伦理委员会的工作,并于2007年4月1日由新的国家研究伦理服务中心接任。研究治理框架旨在消除实践中的差异和不一致。2011年12月,国家研究伦理服务中心成为卫生研究局(HRA)的一部分,该局预计将成为"监管和治理卫生研究的新途径",旨在"精简监管,建立统一的批准程序,并在连贯的国家研究治理体系内推动合规和检查的比例标准"。[92]但只有时间能够证明这是否会实现。

[336] 关于研究伦理委员会的另一个担忧是,一旦研究获得初步批准后,他们并没有充足资源来监督研究。McNeil认为,研究伦理委员会是典型的自我监管团体,他们未能充分应对未遵守规定的问题[93],特别是如果研究人员没有寻求海外资助或在国际期刊发表文章。[94]尽管《赫尔辛基宣言》强调研究人员有义务向伦理审查委员会提供监督信息,特别是报告不良事件(第15段),然而不这样做一般不会受到处罚。为了解决这一问题,医学研究委员会要求申请资助者在其研究方案中包括他们为确保对临床试验进行独立监督的计划。委员会还建议成立一个试验指导委员会,该委员会应包括至少一名进行研究的主要调查人员和至少三名独立成员,其中一名独立成员将主持该委员会。该委员会将于试验开始前举行会议以批准最终方案,其后至少每年举行一次会议以监督试验进程,并最大限度地提高在商定时间表内完成试验的可能性。[95]

Griffiths调查还强调研究伦理委员会有责任审查过去的决定并确保将良好的管理流程纳入研究提案。在这方面,《临床试验指令》强调了监督的重要性。如果一个会员地区有客观理由认为试验不再满足授权请求中的条件,或对临床试验的安全性或科学有效性有疑问,那么其有权暂停或禁止临床试验,或者告知负责进行试验的人如何补救这种情况(第12条)。会员地区须委任调查员检查进行临床试验的地点(第15条);他们必须报告所有严重不良事件(第16条)。这些要求在《临床试验条例》中得到了执行,该条例对及时报告实际和疑似严重不良事件提出了严格要求(第32—35条)。此外,《GAfREC协调指南》指出,如果研究不安全或未按约定进行,研究赞助者和其他相关机构将为强制进行研究负责,研究伦理委员会还要求研究人员必须提交年度报告(第3.2.15和3.2.17段以及附录G)。然而,鉴于Jackson认为"虽然必须提交进度报告,但委员会的作用主要限于收集研究人员自愿提供的信息,而非调查遵守原初方案的程度",尚不清楚这些措施是否构成一种有意义的监督形式。[96]此外,由于缺乏有效的监督机制,研究伦理委员会在要求研究人员考虑对方案稍作修改后,已经批准了90%以上的研究建议。[97]

在美国,对伦理审查制度的批评推动了国家生物伦理咨询委员会成立,就政府的某些生物伦理政策和实践(包括研究的伦理行为原则)的适当性提供咨询和建议。[98]一些评论员呼吁在英国成立一个类似的委员会。[99]虽然这种呼吁在某种程度上被实施《临床试验指令》的要求所取代,但值得注意的是,尽管该指令声称要加强对研究受试者的保护,该指令仍被批评为以行业为主导,旨在将欧洲推广为研究地点。[100]此外,其他评论员强调了研究伦理委员会了解当地研究人员的价值,这种价值在集中化的驱力下逐渐消失。[101]

12.3.3 研究欺诈和欺骗

确保研究人员问责制的另一个障碍是在过去15年中被越来越频繁报告的欺骗和欺诈案件。[102]一个引人注目的例子是干细胞科学家黄禹锡(Woo Suk Hwang)在韩国的克隆实验中伪造数据的丑闻,该丑闻于2005年被曝光。[103]由于缺乏资金,人们面临着展示投资成果的压力和为升职而多发论文的压力,因此以这种方式伪造结果的诱惑相当大。众多有声望的期刊都承认存在一定程度的研究欺诈。[104]尽管皇家内科医师学会强调了遵循良好实践的必要性,并在1991年表示需要一个机构来调查欺诈指控,但这样的机构还没有建立起来。1997年,一小群医学期刊编辑成立了出版伦理委员会(COPE),"……就出版伦理的各个方面,尤其是如何处理研究和出版不端行为案件向编辑和出版社提供咨询意见。它还为其成员提供了讨论个别案件的平台……出版伦理委员会不调查个别案件,但鼓励编辑确保案件由合适的机构(通常是研究机构或雇主)调查"。出版伦理委员会还为期刊编辑编写了行为准则和最佳实践指南。[105] 与此同时,正是诉讼的威胁让研究人员对其研究承担责任,尽管出版伦理委员会的建立已经导致科技期刊编辑面临越来越大的追究科研不端行为的压力。[106] 出版研究制度中更为普遍存在的一个问题是,如果结论是肯定的,文章更有可能获得发表,因此发表的研究并未提供实际开展的研究项目的全貌,而是只呈现了非常不完整的一部分。[107]

12.4　研究对象中的弱势群体

研究人员必须敏感地认识到,某些潜在受试者群体可能特别容易受到参与临床试验的压力,这可能是因为对其参与能力的怀疑,也可能是因为他们的处境意味着制度性因素和态度因素加剧了他们的脆弱性。对儿童或心智不健全成年人的研究得到了特别关注,因为人们公认这些群体应得到特别保护。对北斯塔福德郡的 Griffiths 审查发现,其中一个缺陷是缺乏对研究人员如何获得弱势群体的有效同意的具体指导。很多时候,人们只是简单地假设研究人员了解皇家内科医师学会指南中包含的有益指导。这再次突显出研究人员需要充分了解其法律义务和目前的专业指引。但是,也不应回避对弱势群体的研究,在某些情况下,人们认为"……为了提升和加强我们对这些群体患有的疾病和残疾的了解,并形成新的或发展现有的治疗方法以更好地治疗他们,对其进行研究是必不可少的"。[108]

12.4.1　儿童

大多数临床研究是对有能力的成年人进行的。事实上,1947年《纽伦堡法典》及其他早期伦理指引强调研究应仅对有能力的志愿者进行。然而,通过认识儿童不同的发展、生理和心理差异,能够使与年龄和发展相关的研究服务于他们的利益,因此现在普遍认为儿童可以参与研究方案,但前提是必须遵守严格的保护措施。[109] 涉及儿童患者的临床研究在有关病症仅影响或主要影响儿童的情况下非常重要,如杜兴氏肌肉萎缩症,这是一种罕见的单基因疾病,影响男孩并通常导致患者在青少年晚期死亡。有报道称,给新生儿服用的十种药物中有九种药物,以及给所有年龄段的儿童服用的药物中有50%,从未在儿童受试者身上进行过临床试验以确保其使用是恰当的,这就突出了涉及儿童的研究的重要性。[110] 欧洲委员会认识到对儿童进行充分药物测试的重要性,其已表示打算立法,迫使制药公司对儿童进行适当的研究以确保儿童的治疗需求得到满足。[111]

国际医学组织理事会指引的第 14 条准则规定,在进行涉及儿童的研究之前,研究人员必须确保:

- 该研究可能不会同样适用于成年人
- 研究的目的是获取有关儿童健康需求的知识
- 每个儿童的父母或法定代表人已给予准许
- 已在儿童能力范围内获得每个儿童的同意(赞成),并且
- 儿童对参与研究的拒绝将受到尊重[112]

因此,合法的研究似乎必须与儿童患有的病情有关,目的必须是使该群体受益,而且除了将未成年人作为受试者,别无选择。然而,正如 Jackson 所指出的,除此之外,伦理—法律指引本身仍不明确。她认为,仅强调风险评估而忽略参与的负担是不适宜的,对这些负担的评估应该与参与研究可能带来的社会效益进行权衡。[113]

研究人员应该注意到,"幼年"是一个异质范畴,考虑到儿童的不同能力是十分重要的。因此,除非存在与年龄相关的重大科学原因要求将幼儿纳入试验,应优先选择能够理解这一过程并更能够忍受疼痛的年龄较大的儿童。《临床试验指令》强调,未成年人应通过具有与未成年人交流经验的工作人员获得与试验及其风险和益处相关的信息(第 4 条第 b 款)——《临床试验条例》中规定的条件。[114] 如我们在第 10 章中看到的,英格兰法律允许未成年人在年满 16 岁或有 Gillick 能力的情况下同意接受医疗。一段时间以来,还不清楚英格兰法上这一规则在多大程度上适用于研究。2004 年《条例》澄清了立场,该条例将未成年人定义为"16 岁以下的人"(《条例》第 14 条)。因此,对于 16 岁以下的人来说,无论其是否具有 Gillick 能力,都必须征得其父母或法定代表人(在第 15 条中予以界定)的同意,让其参与研究才是合法的。父母或法定代表人应根据《临床试验指令》第 4 条第 a 款规定,依照未成年人"推定意愿"行事。因

[339]

此,在这种情况下,"替代判断"测试标准实际上取代了判例法中的最大利益测试标准。虽然该指令禁止 16 岁以下的任何人同意参与研究,但它确实规定,如果未成年人能够评估所提供的信息并拒绝同意,研究人员应考虑未成年人参与研究的明确拒绝(第 4 条第 c 款)。条例明确禁止向未成年人或被授权同意其参与的人提供任何经济引诱。[114] 鉴于这些法规的范围很广,很大程度上将取决于如何对其进行解释。Edwards 和 McNamee 认为,英国的专业指引通常对研究过于宽松。[115] 例如,他们指出皇家儿科与儿童健康学院(RCPCH)的指引[116] 似乎违反了《赫尔辛基宣言》中通过指出"儿童面临的风险超过最低限度,而对他们自己只有轻微、不确定或没有好处的研究值得进行严肃的伦理考虑",排除了将第三方利益置于研究对象利益之上的研究之要求。相比之下,Haggar 和 Woods 认为《临床试验指令》和其他指引可能被视为对儿童参与的过分限制。[117]

在实践中,大多数针对幼儿和婴儿的研究将包括常规干预,如采集血样。在这种情况下,重要的是必须明确告知其父母该样本是用于研究目的,并且他们可以拒绝采样而不必担心这会对孩子的治疗造成不良后果。[118] 对于更具侵入性的干预,在北斯塔福德郡发生的事件表明,考虑到父母可能面临的情绪压力,在涉及患病婴儿的试验中可能会遇到获得知情同意的特殊障碍。因而皇家儿科与儿童健康学院发布指引,建议在紧急情况下(例如,新生儿急需通气),卫生专业人员原则上应征求临时同意或合意。这将允许家长或法定代表人在之后有足够的时间进行反思,然后对选择进行更全面的评估。[119]

12.4.2　无心智能力的成年人

虽然无能力的成年人在很多方面与儿童明显不同,但对这两个群体进行研究的建议也提出了相似的问题。我们必须再次仔细评估无能力人对特定程序的能力。如第 7 章第一部分所述,患者可能有能力同意一种治疗,但无能力同意另一种治疗。这在研究中同样适用。

医疗总会指引要求,在一组无能力成年人可以参与研究之前,必须满足以下标准:

如果研究与他们的无能力或其治疗有关;

如果研究预计为他们带来的利益超过了风险;

如果研究预计不会为他们带来直接利益,但将增进对他们的无能力的了解;给他们或其他同样无能力的人带来间接利益;并且如果风险极小。

此外,研究人员"……必须确保参与者退出研究的权利得到尊重。你应该考虑任何反对和忧虑的迹象或拒绝的表示,无论是口头上的还是默示拒绝"[120]。

国际医学组织理事会指引的第 15 条准则规定:

在对因精神或行为障碍无法给予充分知情同意的个人进行研究之前,研究人员必须确保:

- 此类人员将不会成为研究对象,如果该类研究同样可以对充分知情同意能力未受损害的人进行
- 研究的目的是获得与精神或行为障碍患者的特殊健康需求相关的知识
- 已在每位受试者能力范围内获得其同意,并且始终尊重潜在受试者对参与研究的拒绝,除非在特殊情况下,不存在合理的医疗替代方案,且当地法律允许忽略患者的反对意见,并且
- 在潜在受试者缺乏同意能力的情况下,应根据适用的法律获得负责任的家庭成员或法定代理人的许可

然而,根据英格兰法,与儿童的情况相反,直到最近,还没有可以为无能力成年人给予同意的代理人。尽管我们在第 7 章第一部分中看到,根据 F v. West Berkshire 案,可以基于符合患者最大利益的必要性进行医疗。[121] F 案认为应由卫生专业人员根据伯勒姆测试标准判断"最大利益"。然而,最近的案例在评估最大利益时更加注重人权论点,并且现在有令人信服的理由认为伯勒姆测试标准完全不适合作为确定一个无能力成年人是否可以参加研究项目的依据。[122] 在 Simms v. Simms 案[123] 中,Elizabeth Butler-Sloss 女爵士准备批准对两名患有 CJD(一种使他们失去正常生活能力的毁灭性脑病)的 16 岁和 18 岁青少年进行试验性治疗。动物临床试验表明,试验药物在小老鼠身上抑制了类似疾病的进展,但在人类身上完全没有试验过。需要注意的是这一案例的情况很特殊,这种疾病是致命的,不存在治愈或公认的治疗方法,并且父母希望将尚处于试验中的治疗方法直接适用。法官指出:

"在没有可进行的替代治疗并且疾病是逐步发展且致命的情况下,在我看来,考虑进行益处和风险未知的试验性治疗是合理的,但在患者能够

[341]

获益的情况下,不能有明显增加患者痛苦的重大风险。"[124]

由于担心法律地位的不确定性和心智不健全成年人的脆弱性,法律委员会提出,在某些情况下可以进行非治疗性研究,但需要额外的保护措施。特别是,它建议任何此类研究建议都应提交给新成立的无心智能力研究委员会。[125] 这一建议已被 2004 年颁布的《临床试验条例》所取代,其中规定,为了对无能力成年人合法进行研究,必须"有理由认为提供试验中被测试的药物将对受试者产生大于风险的益处,或者完全不会产生风险"并且临床试验必须"与受试者经受的危及生命或使患者衰弱的临床状况有直接关联"。[126]

根据《临床试验指令》第 5 条第 a 款,只有在获得无行为能力人的法定代理人的知情同意的情况下才允许将该人纳入研究,并且,和让儿童参与研究一样,这必须基于无行为能力人的"推定意愿"。这是英国首次允许对成年人健康相关的决定进行代理决定。根据《临床试验条例》第 18 条,法定代理人可以是"因其与(无行为能力)成年人的关系而适合担任法定代理人的人"且与试验无关。如果没有合适的人选,可委任主要负责该人治疗的医生或医疗保健提供者推荐的人为专业法定代理人。然而,人们对法定代理人制度在保护患者利益方面的充分性提出了质疑,特别是在实践中这一制度似乎依赖于一种"虚构同意"形式。[127]

然而,至少在理论上,无能力的人参与临床研究是受到严格限制的。由于《临床试验条例》第 2 条[128]对"临床试验"的定义非常广泛,因此这些规定将涵盖大多数形式的临床研究。但是,对于 2004 年《条例》规定以外的任何非医学研究,如心理学研究,则应适用 2005 年《心智能力法案》第 30—31 条。[129] 这些规定还要求研究必须满足若干条件。然而,正如 Pattinson 所指出的,2005 年《心智能力法案》规定的条件比 2004 年《条例》规定的条件稍显宽松。《心智能力法案》规定,研究必须有可能使参与者或其他与其状况相同的人受益,并且风险不得超过最低限度,而 2004 年《条例》要求研究具有治疗性或无风险。[130] 2005 年《心智能力法案》似乎更符合《人权与生物医学公约》,后者规定,在例外情况下可以对无行为能力人进行非治疗性研究,只要该研究对有关个人带来极小的风险和负担,并且旨在:

"通过显著提高对个人状况、疾病或障碍的科学理解,最终达到能够使当事人或其他同龄人、患有相同疾病或障碍或具有相同状况的人受益

的结果。"(第 17 条)

因此,与儿童的情况一样,适用的条例是过于严格还是过于宽松仍有讨论空间。

12.4.3 其他弱势群体

研究人员应该意识到这样一个事实,即其他潜在受试者群体可能会感受到参与研究的特殊压力,这不是因为对他们能力的怀疑,而是因为他们的处境使他们容易受到伤害。护士通常会对那些出于对治疗他们的卫生专业人员的义务感而被迫参与的患者进行研究。类似的考虑也适用于医学生和护生。在建议对这些群体进行研究时,必须非常小心地向其解释拒绝或撤销同意的权利。

考虑到研究对象已经怀孕或即将怀孕可能对胎儿产生的影响,需要谨慎考虑让孕妇或育龄妇女参与研究。[131] 然而,正如下文第 12.4.5 节所讨论的,将这些妇女称为"易受伤害"是有争议的,同样重要的是不应将妇女排除在研究方案之外。

12.4.4 引诱和利益冲突

在招募弱势群体成员参与临床研究时,研究伦理委员会必须审视受试者受经济引诱影响的程度。医疗总会指引规定,医生必须"确保参与者没有受到建议之外更高频次的鼓励,或违背其最大利益主动参与研究。医生应该确保没有人重复参与研究项目,如果这可能会对他们产生造成重大伤害的风险"(第 17 段)。然而,媒体对之前讨论的 Northwick Park 试验的报道显示,英国试验中的报酬常常违反这一准则,而某些人反复"自愿"参加临床试验。

[343]

除了对受试者参与试验的引诱,医疗保健专业人员还需要确保来自赞助试验的制药公司的引诱或额外待遇不会影响他们向潜在参与者呈现益处的方式。2000 年,据报道,负有盛名的《美国医学会杂志》即将卸任的编辑曾呼吁限制研究人员的股权和提供其他经济激励,声称不断增长的利益冲突正在污染科学研究。[132] 修订后的《赫尔辛基宣言》反映出这被认为是一个紧迫的伦理问题,该宣言迄今为止一直对研究中经济激励需要透明度的问题保持沉默。它现在规定所有可能的利益冲突都应当被披露(第 14 段、第 24 段和第 30 段;见下文第 12.2.3 节)。在 2000 年指引中,医学研究委员会指出了潜在的利益冲突,即研究人员的科学判断可能会受到经济获益或个人提拔、学术进阶或政治晋升的过多影响。它建议研究人员扪心自问,"如果其他人知道我在这件事上有次要利益,或者认为我有次要利益,我会感到舒服吗?"如果答案是否定的,那就表明必须根据雇主、同行评审机构或期刊制定的适当政策披露和解决利益。[133]

12.4.5 可用的研究对象资源

鉴于历史上对保护研究对象的重视,直到最近,将潜在受试者排除在临床方案的考虑之外才被确定为一个重大的生物伦理问题。这种担忧标志着人们对参与临床试验的看法发生了范式转变。[134]虽然与人体相关的研究最初被视为公共卫生的一个必要内容,后来又被视为对个人权利的侵犯,在某些情况下相当于折磨,但自20世纪80年代以来,它越来越多地被视为获得更好医疗服务的途径。这一转变主要是由沙利度胺和己烯雌酚(DES)药物灾难引起的,孕妇在怀孕期间服用这些药物,对所生孩子产生了灾难性影响,这导致将孕妇排除在试验之外的政策受到批评。[135]正如前文所指出的,孕妇历来被归类为弱势群体,因此,过去向研究人员发布的指引明确将怀孕或育龄妇女排除在生物医学研究之外。这种排除引起了与自主权和公平相关的重要问题。虽然明确排除的正当理由通常被表达为保护妇女及其未出生的孩子,但更可能是由于担心对未出生孩子产生任何致畸影响而承担法律责任。然而,Merton令人信服地辩称,这种担心更多的是基于猜测而非现实情况,因为到目前为止尚无提出成功索赔的案例,而对已知和未知风险的适当提醒,很可能会消灭受试者及其子女对产前或孕前伤害的严格责任索赔。[136]

明确的排除现在已经很少见,英国《GAfREC协调指南》要求伦理委员会考虑以下要求:

参与研究的益处和风险,以及研究证据对改善医疗和社会保健的益处,应该在所有社会群体和阶层中公平分配。研究方案中的选择标准不应不公正地排除潜在参与者,例如,基于经济状况、文化、年龄、残疾、变性、婚姻和民事伴侣关系、怀孕和生育、种族、宗教或信仰、性别或性取向。研究伦理委员会在调查研究提案,尤其是涉及弱势群体的研究提案的伦理时应考虑这些因素。[137]

当然,将女性排除在研究之外最终可能是一个更危险的法律立场。

由于制药研究人员的产品随后被积极推销给女性,他们尤其可能因遗漏女性而使自己面临诉讼。虽然国际医学组织理事会指引确实建议,"对孕妇及其胎儿的风险进行彻底讨论是妇女作出参加临床研究的合理决定的先决条件"。(第16条准则)

改变临床试验方式的第二个因素是艾滋病大流行,它进一步将临床研究领域政治化。患有这些疾病的患者一直在争取公平参与研究的机会,并认为临床试验的特征是当某一疾病不存在被证实的有效治疗时,对其进行治疗(从而进一步模糊了研究和治疗之间的区分,本章开篇已指出)。受到这些发展的激励,患有其他疾病(尤其是乳腺癌和老年痴呆症)的患者及其支持者对获得实验药物和治疗的呼声越来越高,并主张有参与试验的权利。因此,成为研究对象不再被视为无条件的牺牲,而是有风险的潜在机会。这样的结果是,长期以来对研究对象的保护需求敏感的研究人员,现在也必须关注包括个人和团体的需求。鉴于此,国际医学科学组织理事会指引的第12条准则要求,"应以平均分配研究负担和益处的方式选择团体或群体。排除可能从参与研究中受益的团体或群体必须有正当理由"。这项准则的评注强调了过度使用某些人群所涉及的不公正,例如,穷人或方便行政管理的人群。

因此,所有研究人员都应牢记需要加大力度吸收特定人群参与试验,包括艾滋病患者、少数民族、老年人[138]和妇女。这一方面是为了设计良好的试验研究方案,另一方面是为了履行公平或正义的一般伦理义务。

12.4.6 对研究与补偿的审查

直到2004年,如果临床试验得到研究伦理委员会的批准,那么该研究的进行依然很大程度上取决于研究团队,而被审查的可能性有限。因有缺陷的药品或手术器械而受损的研究对象理论上可以根据1987年《消费者保护法》提起诉讼,主张提供的产品存在缺陷。然而,研究人员很可能会成功地援引"技术发展水平"为自己辩护:鉴于产品上市时的科学知识水平,产品中的任何缺陷在当时都无法确定。过失索赔胜诉的可能性也很低,因为如果一项适当开展的研究计划得到了研究伦理委员会的批准并按照负责任的专业人员认可的行为进行,那么过失诉讼将很可能败诉,尽管偶有过失索赔胜诉的例外情况。[139]

虽然我们已经看到,2004年《临床试验条例》在项目获得批准后进行

[345]

了范围更广的监管和监督,但是对由于参与临床试验而遭受损害寻求法律救济的困难使人们的注意力集中在补偿那些遭受损害者的机制上。目前法律没有正式要求对研究参与者进行赔偿。虽然英国制药业协会指南确实规定,在商业公司赞助研究的情况下,商业公司应在健康志愿者受伤时向其提供具有合同约束力的保证,但这些指南并非强制性的。[140] 鉴于临床研究中对志愿者的保护不足,Pearson 委员会在几年前建议"任何参与医学研究并因此遭受严重损害的志愿者应有诉因,根据严格责任对其表示同意参与研究的机构提出诉讼"。[141] 不幸的是,没有政府实施这项建议。[142] 在如上述 Northwick Park 案等使用新化合物的案件中,受害者尤其有可能提出大额索赔。医疗保健产品监管局(MHRA)的中期调查结果表明,这一案例中的严重免疫反应不是由人为错误导致的,而是由 TGN1412 中的基因工程单克隆抗体作用于人体免疫细胞的方式引起的,而这种情况在以前的动物研究中无法预测。[143] 像各种生物技术一样,这些"超级抗体"可能会引起严重的安全问题。在接下来的异种器官移植案例研究中还提出了应当如何向研究对象呈现极其危险的风险的问题,这些风险很难以任何程度的确定性进行估计。虽然欧盟《临床试验指令》如今要求伦理委员会在决定是否批准临床试验时考虑在造成损伤或死亡的情况下进行赔偿或补偿(第 6 条第 h 款),但人们仍然对开发 TGN1412 的德国制药公司 TeGenero 的保险是否足够表示担忧。[144]

[346] 另一个相关的争议源于为临床试验创伤提供的医疗保健。正如前文指出,参加临床试验的一个动机是将其视为获得高质量医疗保健的途径,但一旦患者结束了对研究的参与,将引发关于患者照护的伦理担忧。当制药公司在临床试验结束后撤离发展中国家时,这种担忧尤为严重。[145]

12.5 案例研究:参与生物技术研究项目——异种器官移植试验

随着新生物技术的发展,研究人员面临着新的伦理和法律困境。异种器官移植就是一个例子,它可能会带来无法估量的风险。[146] 异种器官移植可以简单地定义为物种间的组织移植。迄今为止,人们主要集中关注将整个动物器官(如心脏、肾脏和肝脏)移植到人类身上。生物技术公司目前正在培育基因工程猪,它被视为这些器官的可能来源。20 世纪 90 年代中期的两份重要报告考虑了异种器官移植的伦理和安全性。[147] 二者都得出结论,尽管考虑到这项技术带来的巨大风险,进行涉及人类的临床试验在当时被认为并不安全,使用猪作为动物来源的异种器官移植仍然是一种伦理上可以接受的解决长期人体器官短缺的方法。而灵长类动物(有效地作为"替代"人类)的使用得到了认可。

目前确定的主要风险是疾病将从猪这一宿主传播到受体,并可能传播到更广泛的人群。在 2006 年 12 月之前,进行人体试验的任何决定都必须得到异种器官移植临时管理局(UKXIRA)的批准,该管理局是根据卫生部对该技术调查(《Kennedy 报告》)的建议设立的。但是,2006 年 12 月异种器官移植临时管理局被解散,而异种器官移植的临床试验现在由研究伦理委员监督。

然而,即使获得研究伦理委员批准,有关参与此类试验的卫生专业人员的角色仍然存在问题。与参加大多数临床试验一样,其中的关键问题是获得有效同意,但除了获得知情同意的一般困难,异种器官移植还带来了一些特殊问题。首先,将猪作为组织供体的潜在受体处于一个尤为困难的境地,他们进入临床试验的决定是否真的代表了知情的选择是值得怀疑的。如果某一特定类别的患者意识到除了参加有潜在危险的临床试验,他们获得合适器官的机会渺茫,甚至有可能死亡,那么他们很可能愿意承担这种风险,不论这将对他们或其他人造成何种危险。

其次,由于这是一个全新的手术,因此不可能准确评估内在风险。大体上,我们对猪的疾病谱了解甚少,但动物病毒向人类群体传播的历史证明异种器官移植可能为朊病毒类疾病跨越物种屏障传播提供了独特的机会。这是因为在异种器官移植的情况下,作为组织供体的动物已经过人类基因的基因工程改造,尤为增加了病毒传播的可能性。于是出现了两个问题。一个问题是 Kennedy 报告建议必须向研究对象提供大量信息,这带来了实践难题。Kennedy 报告建议,为了作出知情决定,应向潜在受体提供有关异种器官移植的心理和社会效应、组织来源、繁殖条件和动物所受的痛苦以及遗传影响的信息。[148] 但许多患者是否能够充分理解和评估这些信息是非常值得怀疑的。

另一个更根本的问题是,异种移植的个体接受者是否能够同意一个可能对更广泛人群造成意想不到危险的手术?如何向临床试验的潜在参与者解释这种风险?此外,考虑到这些风险,参与被批准的第一阶段试验的人必须接受对其活动的监督和监测。[149] 这就产生了如何向潜在研究对

[347]

象呈现试验对公民自由(包括生育权)的潜在干扰的问题。

因此,异种移植强调,受试者参加临床试验时需要更全面地考虑咨询和信息提供的充足性,特别是当研究涉及新技术或 TGN 1421 等基因工程化合物,并且没有其它现有或适当的方法治疗该疾病时。[150]

这一案例研究还引起了人们对如何实施有效的调查和问责制的担忧,特别是当存在许多职权可能重叠的委员会来规范这一程序时。[151] 目前尚不完全清楚异种器官移植试验是否属于《临床试验条例》管辖的范围,但是 Beyleveld、Finnegan 和 Pattinson 认为,除器官或组织转移之外,条例可能仅适用于涉及使用新药物和/或基因疗法与体细胞疗法的试验。[152] 异种移植引起的最后一个问题是,如果其反对者最为担忧的问题成为现实,特别是如果真的有一种新的重大疾病在更广泛的人群中爆发的话,应该由谁承担补偿受害者并支付他们的医疗费用的责任?

12.6 总结

从上述回顾中可以明显看出,监管护理研究的法律历来有些含糊不清,并且在许多评论员看来,它们倾向于支持研究议程。在 21 世纪初,公众对多种研究形式的关注,以及欧盟在规范临床试验方面日益重要的作用[153],加上促进研究治理的政治议程,已经开始对这一领域产生重大影响。尽管如此,现在判断这将对临床研究实践产生什么影响还为时过早。正如我们所见,一些评论员认为欧洲立法的主要目标是将欧洲建设为一个具有竞争力的研究基地,而不是改善对研究对象的保护。其他人指出,在批准新治疗的过程中,官僚主义带来的不便、相关成本和漫长的延误都使得在没有大型制药公司支持的情况下进行试验尤为困难。[154]

人们继续表现出对监督安排的充分性以及对过于依赖同意和风险等难以准确界定或判断概念的关注。此外,旨在保护无能力人和儿童利益的新安排依赖于法定代理人可以猜测无能力人和儿童诉求的假设。Griffiths 报告强调了在过去,最佳实践与提供的正式指引之间存在巨大悬殊,这给具体项目的管理留下了很大的个人操作空间。即使有更强有力的研究治理安排,也难以确保指引能始终获得遵循。研究伦理委员会的职权范围和工作量正在稳步增加,使人们担心决策质量的下降和官僚作风的增长。

此外,这一领域的监管仍处于不断变化的状态之中。卫生部最近修订了研究伦理委员会的治理安排,自最初版本的安排实施以来仅过去了十年。新的协调安排需要多长时间才能被审查并取代旧安排还有待观察。

现行监管框架的另一个重要且带来困难的方面是,治理不同学科的一系列临床研究实践的各种指引形式激增。如上所述,众多法律、专业和国际指南之间存在的紧张关系意味着,在公众对临床研究越来越怀疑的背景下,研究人员必须协商形成一个复杂的监管网络,而目前监管网络往往是模糊的,在某些情况下甚至是相互矛盾的。

正如我们所看到的,新技术和合成化合物的发展,加之临床研究越来越依赖制药公司的私人资金而非政府和学术界,已经引发了新的安全担忧,并促使人们呼吁加强监管。[155] 不过,尽管人们对新的监管机制有各种各样的怀疑,以及他们试图控制的研究不断变化,但毫无疑问,现在有相当大的动力(无论动机如何)来确保在进行研究时遵守良好的临床实践。与此同时,研究人员一如既往地有责任尽可能真实和清晰地与参与者沟通建议的研究计划的风险和益处,并确保参与者的利益优先于社会、医学或专业发展的利益。

12.7 致谢

Natasha Hammond-Browning 感谢 Bob Lee 建议她更新本章,并感谢 John Tingle 在此过程中的耐心。

12.8 注释和参考文献

1. Department of Health, *Towards a Strategy for Nursing Research and Development: Proposals for Action, Department of Health* (London, Department of Health, 2000), p.2; A. Kitson, A. McMahon, A. Rafferty & E. Scott, On developing an agenda to influence policy in health related research for effective nursing: a description of a national R&D priority setting exercise. Nursing Times Research, 2 (1997), p.323.

2. Department of Health, *Making a Difference: Strengthening the Nursing, Midwifery and Health Visiting Contribution to Health and Health Care* (London, Department of Health, 1999).

3. N. Fletcher, J. Holt, M. Brazier & J. Harris, *Ethics, Law and Nursing*, (Manchester, Manchester University Press, 1995), p.185.

4. Ferguson 的研究强调了临床研究人员对相关法律知识的缺乏-see P. Ferguson, Legal and ethical aspects of clinical trials: the views of researchers. *Medical Law Review*, 11 (2003), pp.48-69。

5. Royal College of Nursing, *Research Ethics: RCN Guidance for Nurses* (London, RCN, 2004). Note that the RCN released a revised version in 2009, Royal College of Nursing, *Research Ethics: RCN Guidance for Nurses* (London, RCN, 2009).

6. M. Fox, Animal rights and wrongs: medical ethics and the killing of non-human animals, In R. Lee & D. Morgan (eds), *Death Rites: Law and Ethics at the End of Life* (London, Routledge, 1994).

7. See J. McHale & M. Fox, *Health Care Law: Text and Materials*, 2nd edn (London, Sweet & Maxwell, 2006), p.725.

8. *The Plan for Growth* March 2011 http://cdn. hm-treasury. gov. uk/2011budget_ growth.pdf *The Health Research Authority Regulations 2011* http://www. legislation. gov. uk/uksi/2011/2341/contents/made last accessed 18 December 2011.

9. 事实证明,这在怀疑父母虐待患儿的情况下是有争议的。例如,在对20世纪90年代北斯塔福德郡医院研究实践的调查中,对涉嫌虐待的父母进行秘密视频监控以及这是否构成研究计划的问题引起了相当大的争议。为调查这些事件而成立的调查小组建议卫生部应当发布指引,帮助专业人员识别此类虐待行为。See NHS Executive West Midlands Regional Office, *Report of a Review of the Research Framework in North Staffordshire Hospital NHS Trust* (*The Griffith Review*), para. 12.4.1.在这方面,国际医学组织理事会(CIOMS)指南《涉及人体的生物医学研究国际指南》(2002年)第6条准则建议,伦理调查委员会必须在调查所有带有欺骗意图的研究后确定是否批准,并规定研究人员必须证明没有其他研究方法足以实现目标——见第6条准则评注,http://www.cioms.ch/publications/guidelines/guidelines_ nov _ 2002 _ blurb. htm (accessed 19 November 2011)。国际医学组织理事会于1949年在世界肠胃病学组织和教科文组织的大力支持下成立,旨在促进生物医学研究并提供国际指引。

10. 这一区别源自《赫尔辛基宣言》的早期阐述。See J.Montgomery, Law and ethichs in international trials, In C.Walliams（ed.）, *Introducing New Treatments for Cancer*（Chichester, Wiley, 1992）.

11. British Medical Association, *Consent, Rights and Choices in Health Care for Children and Young People*（London, BMJ Books, 2001）, p.207.

12. R. Whyte, Clinical trials, consent and the doctor-patient contract Health Law in Canada, 15（1994）, p.50; C. Grady, *Review of the Search for An AIDS Vaccine: Ethical Issues in the Development and Testing of a Preventive HIV Vaccine*（Indiana, Indiana University Press, 1995）. [350]

13. P. Alderson, Did children change or the guidelines? *Bulletin of Medical Ethics,* 150（1999）, pp.38-44 at p.40, cited in BMA, *Consent, Rights and Choices in Health Care for Children and Young People*（London, BMJ Books, 2001）, p.185.

14. See note 19 below.

15. H. Brody & EG. Miller, The clinical-investigator: unavoidable but manageable tension. *Kennedy Institute of Ethics Journal,* 13（2003）, pp.329-346.

16. S.D. Edwards & J. McNamee, Ethical concerns regarding guidelines on the conduct of clinical research on children. *Journal of Medical Ethics,* 31（2005）, pp.351-354 at p.354.

17. I. Oakeshott & L. Rogers, Earlier trials had shown that drug group was highly toxic, *Sunday Times,* 19 March 2006; M. Goodyear, Learning from the TGN1412 trial, *British Medical Journal,* 332（2006）, pp.677-678; J. Revill, Drug trial firm knew of risk, *The Observer,* 9 April 2006; C. Dyer, J. Carvel & P. Curtis, Victims could lose out after doubts about insurance cover, *Guardian,* 17 April 2006.

18. Declaration of Helsinki, latest amendment was made 2008, with clarification 2002 and 2004, http://www.wma.net/en/30publications/10policies/b3/.

19. 尽管第二次世界大战期间的纳粹和日本试验的残酷程度盖过了所有随后对人类进行的侮辱性医学研究,但其他臭名昭著的例子其实并不少,包括1932—1972年的塔斯基吉试验,该试验使用黑人男性来确定梅毒的自然病程,尽管这种治疗已经存在了几个世纪。[see J. Jones, *Bad*

blood: *The Tuskegee Syphilis Experiment* (New York, The Free Press, 1981)];直到20世纪70年代早期,美国一直在进行测试放射疗法的试验 [see P. McNeil, *The Ethics and Politics of Human Experimentation* (Cambridge, Cambridge University Press), Chapter1];20世纪80年代菲律宾妓女的艾滋病病毒研究(see L. Laurence & B. Weinhouse, *Outrageous Practices: How Gender Bias Threatens Women's Health*, (New Brunswick, Rutgers University Press, 1994/7), pp.23-24。其他例子见 BMA, *The Medical Profession and Human Rights: Handbook for a Changing Agenda* (London, Zed Books, 2001), Chapter 9。

20. J. Harris, Research on human subjects, exploitation, and global principles of ethics, In M. Freeman & A. Lewis (eds), *Law and Medicine: Current Issues,* vol. 3 (Oxford, Oxford University Press, 2000); E. Jackson, *Medical Law: Text, Cases and Materials,* 2nd edn (Oxford, Oxford University Press, 2010), p.486.

21. Royal College of Physicians (RCP), *Guidelines on the Practice of Ethics Committees in Medical Research Involving Human Subjects,* 4th edn (London, RCR 2007).

22. Royal College of Nursing, *Research Ethics: RCN Guidance for Nurses* (London, RCN, 2009).

23. Central Office for Research Ethics Committees (COREC), *Governance Arrangements for NHS Research Ethics Committees* (London, Department of Health, 2001) superseded on 1 September 2011 by *Governance Arrangements for NHS Research Ethics Committees: a Harmonised Edition* (London, Department of Health, 2011).

24. 有关科学研究的条款见《公约》第五章。《公约》全文和其他议定书可在 http://conventions.coe.int/Treaty/en/Treaties/Html/164.htm (last accessed 30 July 2013)获得。

25. *Consent in the Criminal Law,* Law Commission Consultation Paper No. 139, paras 8.38-8.52 (London, The Stationery Office).

26. S.Graham, Johns Hopkins leads changes in human studies process, *Baltimore Business Journal*, 19 July 2002.一项内部调查对伦理调查过程提出了各种批评,尽管在试验设计中没有发现重大缺陷。1993年,国立卫生

[351]

研究院对一种治疗乙型肝炎的试验药物进行的临床试验引起了类似的担忧,在该试验中,五名患者志愿者在该药物被证明对人体有毒后死亡。-S. Levine, Five patients die of liver failure in NIH Hepatitis B drug trial, *Washington Post,* 31 July 2001.

27. M. Brazier, *Medicine, Patients and the Law,* 4th edn (Harmondsworth, Penguin, 2007), p.410.

28. C. Miller, Protection of human subjects of research in Canada. *Health Law Review,* 4 (1995), p.8.

29. J.W. Berg, Legal and ethical complexities of consent with cognitively impaired research subjects: proposed guidelines, *Journal of Law, Medicine and Ethics,* 24 (1996), p.18.

30. Nursing & Midwifery Council, *Code of Professional Conduct: Standards of Conduct, Performance and Ethics for Nurses and Midwives* (2008), paras 13-15.

31. P. McNeil, *The Ethics and Politics of Human Experimentation* (Cambridge, CUP 1993), Chapter 1.

32. See I. Kennedy, The law and ethics of informed consent and randomized controlled trials, In I. Kennedy(ed.), *Treat Me Right*(Oxford, OUP,1989). 另外,正如本书第七章第一部分已经讨论到,即使在医疗方面,Sidaway 披露标准似乎也因后续案例而有所修改,要求对问题作出更全面的回答。

33. 1965年,萨斯喀彻温上诉法院认为,受试者应被告知"一个合理的人可能会在给出同意之前考虑的所有事实、可能性和意见"。See Haluska v. University of Saskatchewan(1965)53 DLR 2d, 436, 444 per Mr Justice Hall.

34. General Medical Council, *Good Practice in Research and Consent to Research* (London, GMC, 2010) paras 1, 4 and 7. available at: http://www.gmc-uk.org/ static/documents/content/Research_guidance_FINAL.pdf (accessed 19 November 2011).

35. M. Bassiouni, T. Baffes & J. Evrard, An appraisal of human experimentation in international law and practice: the need for international regulation of human experimentation. *Journal of Criminal Law and Criminology,* 72 (1597) (1981), pp.1611-1612.

36. H. Beecher, Research and the individual. *Human Studies,* 5 (1970).

37. J.S. Tobias, BMJ's present policy (sometimes approving research in which patients have not given fully informed consent) is wholly correct. *British Medical Journal,* 314 (1997), p.1111.

38. E. Jackson, *Medical Law: Text. Cases and Materials,* 2nd edn (Oxford, Oxford University Press, 2010), p.470.

39. P. McNeil, *The Ethics and Politics of Human Experimentation* (Cambridge, Cambridge University Press, 1993), p.135.

40. Directive 2001/20/EC of the European Parliament and of the Council of 4 April 2001.

41. 关于药品许可监管制度的更多细节,参见 E. Jackson, *Medical Law: Text, Cases and Materials,* 2nd edn (Oxford, Oxford University Press, 2010), Chapter 10; H. Teff, Products liability, In A. Grubb (ed.), *Principles of Medical Law,* 4th edn (London, Blackstone Press, 2004), pp.985–1024; K. Mullan, *Pharmacy Law and Practice* (London, Blackstone Press, 2000), Chapter 4。

42. R. Mendick, GPs failing to report drug side-effects, *Independent on Sunday,* 15 April 2001; see also S. Bosley, Doctors urged to be more vigilant over drugs' side-effects, *Guardian,* 12 May 2006.

43. P. McNeil, *The Ethics and Politics of Human Experimentation* (Cambridge, Cambridge University Press, 1993), p.13.

44. R. Morehouse, Dilemmas of the clinical researcher: a view from the inside. *Health Law in Canada,* 15 (1994), pp.52–53.

45. Kennedy, The law and ethics of informed consent and randomized controlled trials, In I. Kennedy (ed.), *Treat Me Right* (Oxford, Oxford University Press, 1989).

46. See M. Fox, Research bodies: feminist perspectives on clinical research, In S. Sheldon & M. Thomson (eds), *Feminist Perspectives in Health Care Law* (London, Cavendish, 1998).

47. J. Katz, Human experimentation and human rights. *Saint Louis University Law Journal,* 38 (7) (1993), p.35.

48. R. Morehouse, Dilemmas of the clinical researcher:a view from the in-

side, *Health Law in Canada,* 15(1994),p.52. 皇家内科医师学会指南建议受试者应充分了解情况,被告知其参与是自愿的,但不应被要求承担不可接受的额外风险,被告知其可以拒绝参与或随时退出,并被告知进展和结果,除非另有不告知的正当理由。*Guidelines on the Practice of Ethics Committees in Medical Research Involving Human Subjects,* 4th edn (London, RCP, 2007)。

49. See, for example, P. Bowden, *Caring: Gender-Sensitive Ethics* (London, Routledge, 1997), Chapter 4.

50. See note 9 above.

51. General Medical Council, para 22; see note 34 above.

52. Medical Research Council, *Guidelines for Good Practice in Clinical Trials* (London, Medical Research Council, 1998), para. 5.4.6.

53. See Helsinki Declaration, para. 24–see note 10 above.

54. J. McHale, Guidelines for medical research: some ethical and legal problems. *Medical Law Review,* 1 (1993), p.167.

55. See, for instance, MRC, *Guidelines for Good Practice in Clinical Trials* (London, Medical Research Council, 1998), p.3.

56. G. Rawlings, Ethics and regulation in randomised controlled trials of therapy, In A. Grubb (ed.), *Challenges in Medical Care* (Chichester, Wiley, 1992), pp.41–42.

57. A. Oakley, Who's afraid of the randomized controlled trial, In H. Roberts (ed.), *Women's Health Counts* (London, Routledge, 1990).

58. N·Fletcher, J. Holt, M. Brazier & J. Harris, *Ethics, Law and Nursing* (Manchester; Manchester University Press, 1995), p.187.

59. A. Oakley; *Experiments in Knowing: Gender and Method in the Social Sciences* (New York, The Free Press, 2000), p.287.

60. J.S. Tobias, BMJ's present policy (sometimes approving research in which patients have not given fully informed consent) is wholly correct. *British Medical Journal,* 314 (1997), p.1111.

61. I. Kennedy, The law and ethics of informed consent and randomized controlled trials, In I. Kennedy (ed.), *Treat Me Right* (Oxford, Oxford University Press, 1989).

62. See note 9 above.

63. Griffiths Review, para. 9.3.5 (see note 9 above).

64. See further the discussion of whistle-blowing in Chapter 8A of this volume.

65. See note 9 above.

66. F.G. Miller & H. Brody What makes placebo-controlled trials unethical? *American Journal of Bioethics,* 2 (2002), pp.3-7.

67. Council for International Organizations of Medical Sciences, *International Ethical Guidelines for Biomedical Research Involving Human Subjects* (Geneva, CIOMS, 2002). http://www.cioms.ch/publications/guidelines/guidelines_nov_2002_blurb.htm (accessed 18 December 2011).

68. Bristol Royal Infirmary Inquiry, the Inquiry into the management of care of children receiving heart surgery at the Bristol Royal Infirmary, *Interim Report: Removal and Retention of Human Material,* May 2000; The Royal Liverpool Children's Inquiry, 30 January 2001. See M. Brazier, Human tissue retention. *Medico-legal Journal,* 72 (2004), p.39.

69. O. O'Neill, Some limits of informed consent. *Journal of Medical Ethics,* 29 (2003), pp.4-7.

70. D. Price, The Human Tissue Act 2004. *Modern Law Review,* 68 (2005), pp.798-821.

71. Human Tissue Authority; *Code of Practice 1: Consent* (London, HTA, 2009).

72. 研究伦理委员会中央办公室(COREC)(现为 NRES),研究伦理委员会治理安排(伦敦,卫生部,2001 年)(以下简称《GAfREC 指引》),现已被《对国民医疗服务体系研究伦理委员会的治理安排:协调版》(伦敦卫生部,2011 年)(以下简称《GAfREC 协调指南》)取代。

73. J. Black, Constitutionalising self-regulation. *Modern Law Review,* 59 (1996), pp.24-56.

74. S. Kerrison & A.M. Pollock, The reform of UK research ethics committees: throwing the baby out with the bath water? *Journal of Medical Ethics,* 31 (2005), pp.487-489.

75. Department of Health, *Report of the Ad Hoc Advisory Group on the*

Operation of NHS Research Ethics Committees (2005) [hereafter Ad Hoc Advisory Group report]. Available from COREC at http://www.corec.org.uk (accessed 12 April 2006). For a critique of these proposals, see AJ. Dawson, The Ad Hoc Advisory Group's proposals for research ethics committees: a mixture of the timid, the revolutionary and the bizarre. *Journal of Medical Ethics,* 31 (2005), pp.435-436.

76. See Association of Research Ethics Committees (AREC), *AREC Council Response to Implementing the Recommendation of the AD Hoc Advisory Group on the Operation of NHS Research Ethics Committees: A Consultation* (London, AREC, 2006).

77. Ad Hoc Advisory Group Report-see note 75 above.

78. A.J. Dawson, The Ad Hoc Advisory Group's proposals for research ethics committees: a mixture of the timid, the revolutionary and the bizarre. *Journal of Medical Ethics,* 31 (2005), pp.435-436.

79. Department of Health, *Governance Arrangements for Research Ethics Committees: A Harmonised Edition* (London, Department of Health, 2011) at para. 5.3.1.

80. S. Kerrison & A.M. Pollock, The reform of UK research ethics committees: throwing the baby out with the bath water? *Journal of Medical Ethics,* 31 (2005), pp.487-489.

81. See note 9 above.

82. J. Neuberger, *Ethics and Health Care: The Role of Research Ethics Committees in the United Kingdom* (London, King's Fund Institute, 1992).

83. See note 72 above. For more detailed discussion of the role of and decision-making processes employed by RECS, see E. Gerrard & A. Dawson, What is the role of the research ethics committee? Paternalism, inducements, and harm in research ethics. *Journal of Medical Ethics,* 3 (2005), pp.419-423.

84. J.V. McHale, Guidelines for medical research: some ethical and legal problems. *Medical Law Review,* 1 (1993), pp.160-186.

85. M. Brazier, Liability of ethics committees and their members. *Professional Negligence,* 6 (1990), p.186.

86. J. McHale, Clinical research. A. Grubb, *Principles of Medical Law,*

3rd edn (Oxford, Oxford University Press, 2010), pp.761-762; see also the discussion in the letters page of the Guardian-D. Laurence, Ethics committees and drugs trials, 2 May 2006 and M. Levis, Limits of liability; 12 May 2006.

87. E. Jackson, *Medical Law: Text, Cases and Materials*, 2nd edn (Oxford, Oxford University Press, 2010), p.494.

88. R Glasziou & I. Chambers, Ethics review roulette: what can we learn? *British Medical Journal*, 328 (2004), p.121.

89. K. Alberti, Multi-centre research ethics committees: has the cure been worse than the disease? *British Medical Journal*, 320 (2000), p.1157.

90. N.R. Dunn, A. Arscott & R.D. Mann, Costs of seeking ethics committee approval before and after the introduction of multicentre research ethics committee. *Journal of the Royal Society of Medicine*, 93 (2000), pp.511-512; K. Jamrozik, Research ethics paperwork: what is the plot we seem to have lost? *British Medical Journal*, 329 (2004), pp.286-287.

91. M. Fox & J. McHale, Xenotransplantation: The Ethical and Legal Ramifications. *Medical Law Review*, 6 (1998), pp.42-61.

92. *New Health Research Authority Comes a Step Closer* 27 September 2011 Department of Health. http://www.dh.gov.uk/health/2011/09/health-research-authority (accessed 19 November 2011).

93. P. McNeil, *The Ethics and Politics of Human Experimentation* (Cambridge, Cambridge University Press, 1993), p.10.

94. P. McNeil, *The Ethics and Politics of Human Experimentation* (Cambridge, Cambridge University Press, 1993), p.110.

95. Medical Research Council, *Guidelines for Good Practice in Clinical Trials* (London, MRCZ 1998), Chapter 6 and Appendix 3.

96. E. Jackson, *Medical Law: Text, Cases and Materials*, 2nd edn (Oxford, Oxford University Press, 2010), p.461.

97. C. Miller, Protection of human subjects of research in Canada. *Health Law Review*, 4 (1995), p.9.

98. *Protection of Human Research Subjects and Creation of NBAC*, Exec. Order No. 12,975, 60 Fed. Reg. 52,063 (1995). See A. Mastroianni & J. Kahn, Remedies for human subjects of Cold War research: recommendations of

the Advisory Committee. *Journal of Law, Medicine and Ethics,* 24 (1996), pp. 118-126.

99. J. McHale, Guidelines for medical research: some ethical and legal problems. *Medical Law Review,* 1 (1993), pp.184-185.

100. E. Cave & S. Holm, New governance arrangements for research ethics committees: is facilitating research achieved at the cost of participants' interest. *Journal of Medical Ethics,* 28 (2002), pp.318-321.

101. S. Kerrison & A.M. Pollock, The reform of UK research ethics committees: throwing the baby out with the bath water? *Journal of Medical Ethics,* 31 (2005), pp.487-489.

102. P.J. Friedman, Mistakes and fraud in medical research. Law, Medicine and Health Care, 20 (1992), p.17; D.M. Parrish, Falsification of credentials in the research setting: scientific misconduct? *Journal of Law, Medicine & Ethics,* 24 (1996), p.260.

103. See J. Watts & I. Sample, Cloning fraud hits search for stem cell cures, *Guardian,* 24 December 2005; I. Sample, Stem cell pioneer accused of faking all his research, *Guardian,* 11 January 2006; E. Check & D. Cyranoski, Korean scandal will have global fallout, *Nature,* 438 (2005), pp.1056-1057; Summary of the final report on Professor Woo Suk Hwang's research allegations by Seoul National University Investigation Committee, *New York Times,* 9 January 2006.

104. S. Lock, F. Wells & M. Farthing, *Fraud and Misconduct in Medical Research,* 3rd edn (London, BMJ Publishing Group, 2001).

105. Committee on Publication Ethics, *Code of Conduct and Good Practice for Journal Editors.* http://publicationethics.org/files/Code_of_conduct_for_journal_editors_ Marll.pdf (COPE, 2011) (accessed 18 December 2011). [355]

106. F. Godlee, Dealing with editorial misconduct. *British Medical Journal,* 329 (2004), pp.1301-1302 (2002).

107. I. Chalmers, Unbiased, relevant and reliable assessments in health care. *British Medical Journal,* 318 (1999), p.1167.

108. H. Biggs, *Healthcare Research Ethics and Law: Regulation, Review and Responsibility* (London, Routledge-Cavendish, 2010), p.128.

109. BMA, *Consent, Rights and Choices in Health Care for Children and Young People* (London, BMJ Books, 2001), Chapter 9; P.B. Miller & N.P. Kenny; Walking the moral tightrope: respecting and protecting children in health-related research. *Cambridge Quarterly of Healthcare Ethics,* 11 (2002), pp.217-229.

110. M. Henderson, How drugs for adults harm children, The Times, 18 February 2006; N. Fleming, Scaled down drugs ' risk to the young', Daily Telegraph, 18 February 2006; E. Webb, Discrimination against children. *Archives of Disease in Childhood,* 89 (2004), pp.804-808.

111. L. Haggar & S. Woods, Children and research: a risk o£ double jeopardy? *International Journal of Children's Rights,* 13 (2005), pp.51-72 at pp.52-53.

112. CIOMS Guideline 14-see note 9 above.

113. E. Jackson, *Medical Law: Text, Cases and Materials* (Oxford, Oxford University Press, 2006), p.497.

114. Medicines for Human Use (Clinical Trials) Regulations 2004, Schedule 1, Part 4.

115. S. Edward & MJ. McNamee, The ethical concerns regarding guidelines for the conduct of clinical research on children. *Journal of Medical Ethics,* 31 (2005), pp.351-354. See also V. Hasner Sharav, Children in clinical research: a conflict of moral values. *American Journal of Bioethics,* W12-59 (2003).

116. Royal College of Paediatrics and Child Health (RCPCH), Guidelines of the ethical conduct of medical research involving children. *Archives of Disease in Childhood,* 82 (2000), pp.177-182 at p.179.

117. L. Haggar & S. Woods, Children and research: a risk of double jeopardy? *International Journal of Children's Rights,* 13 (2005), pp.51-72.

118. J. McHale & M. Fox, *Health Care Law: Text and Materials,* 2nd edn (London, Sweet and Maxwell, 2006), p.709.

119. Royal College of Paediatrics and Child Health, *Safeguarding Informed Parental Involvement in Clinical Research Involving Newborn Babies and Infants* (London, RCPCH, 1999).

120. General Medical Council, *Good Practice in Research and Consent to Research* (London, GMC, 2010), paras 25, 26 and 30.

121. F v. West Berkshire Area Health Authority [1989] 3 All ER 545; for the position in Scotland, see the Adults with Incapacity (Scotland) Act 2000. See further Chapter 7A.

122. J. McHale & M. Fox, *Health Care Law: Text and Materials,* 2nd edn (London, Sweet & Maxwell, 2006), p.692.

123. Simms v. Simms [2003] 1 All ER 669.

124. J. Harrington, Deciding best interests: medical progress, clinical judgment and the 'good family'. *Web Journal of Current Legal Issues,* 2 (2003). available at: http:// webjcli.ncl.ac.uk (accessed 7 April 2006).

125. Law Commission, Mental incapacity. *Law Commission,* 231 (1995), paras 6.29-6.36.

126. Medicines for Human Use (Clinical Trials) Regulations 2004, Schedule 1, Part 4.

127. J. McHale, Clinical research, In A. Grubb (ed.), *Principles of Medical Law,* 3rd edn (Oxford, Oxford University Press, 2010), pp.748-749; S. Pattinson, *Medical Law and Ethics,* 3rd edn (London, Sweet & Maxwell, 2011), p.416.

128.《临床试验指令》第2a条将"临床试验"定义为"对人类受试者进行,旨在发现或验证一种或多种试验药物的临床、药理和(或)其他药效作用,和(或)确定一种或多种试验药物的任何不良反应,和(或)研究一种或多种试验药物的吸收、分布、代谢和排泄以确定它的(它们的)安全性和(或)功效的科学研究"。 [356]

129. 2005年《心智能力法案》第30条第3款将《临床试验条例》规定的任何临床试验排除在该法之外,因此《心智能力法案》在临床研究中的适用非常有限。

130. S. Pattinson, *Medical Law and Ethics,* 3rd edn (London, Sweet & Maxwell, 2006), p.416.

131. 国际医学组织理事会指引中的第17条准则(见上注9)规定,"研究人员和伦理调查委员会应确保怀孕的潜在受试者充分了解试验对其自身、怀孕、胎儿及其后代以及生育的风险和益处"。然而,指引强调应当推定孕妇有资格参加生物医学研究,尽管这类研究应当与孕妇的健康需要有关。

132. Reported by The Associated Press, May 17, 2000; available on www.my.aol.com/ news.

133. Medical Research Council, *Good Research Practice* (London, MRC, 2000).

134. M. Fox, Research bodies: feminist perspectives on clinical research, *In Feminist Perspectives in Health Care Law* (eds S. Sheldon & M. Thomson), (London, Cavendish, 1998), pp.122-123.

135. DES 是 1943 年首先在美国开方的一种药物,希望它能避免流产。早在 1953 年,它的功效就受到了质疑,由于有大量证据表明它与 DES 使用者所生女儿的高宫颈癌发病率有关,到 1971 年,美国食品与药品管理局已经禁止它在怀孕期间被使用。

136. V Merton, The exclusion of pregnant, pregnable, and once-pregnable patients (aka women) from biomedical research. *American Journal of Law and Medicine,* 12 (1993), p.369.

137. GAfREC Harmonised guidance para. 3.2.3 (see note 72 above).

138. F. Ross, Involving older people in research: methodological issues. *Health & Social Care in the Community,* 13 (2005), pp.268-281.

139. A. Boggio, The compensation of the victims of the Creutzfeldt-Jacob Disease in the United Kingdom. *Medical Law International,* 7 (2005), pp.149-167.

140. J.M. Barton et al., *The compensation of patients injured in clinical trials, journal of Medical Ethics,* 21 (1995), p.166.

141. *Royal Commission on Civil Liability and Compensation for Personal Injury,* Cmnd 7054 (1978), para. 1341.

142. R. Gillon, No-fault compensation for victims of non-therapeutic research: should government continue to be exempt? *Journal of Medical Ethics,* 18 (1992), p.59.

143. G. Vince, Drug trial horror: the official interim report, *New Scientist,* 5 April 2006; K. Archibald, It's time to test the testers, Guardian, 6 May 2006.

144. C. Dyer, J. Carvel & P. Curtis, Victims could lose out after doubts o-

ver insurance cover, *Guardian,* 17 April 2006.

145. E. Jackson, *Medical Law: Text, Cases and Materials,* 2nd edn (Oxford, Oxford University Press, 2010), p.486.

146. M. Fox, Reconfiguring the animal/human boundary: the impact of xenotechnolo-gies. *Liverpool Law Review,* 26 (2005), pp.149-167.

147. Nuffield Council on Bioethics, *Animal-to-Human Transplants: The Ethics of Xenotrans-plantation* (London, Nuffield Council on Bioethics, 1996); *A Report by the Advisory Group on the Ethics of Xenotransplantation* (London, Department of Health, 1997) [hereafter the 'Kennedy Report']. [357]

148. Kennedy Report, para. 7.11.

149. United Kingdom Interim Xenotransplantation Regulatory Authority, *Draft Report of the Infection Surveillance Steering Group of the UKIXRA* (1999).

150. S. Fovargue, Consenting to bio-risk. *Legal Studies,* 26 (2005), pp. 404-418.

151. M. Fox & J. McHale, Xenotransplantation: the ethical and legal ramifications. *Medical Law Review,* 6 (1998), pp.42-61; S. McLean & L. Williamson, *Xenotransplantation: Law and Ethics* (Aldershot, Ashgate, 2005).

152. D. Beyleveld, T. Finnegan & S. Pattinson (2006) The Regulation of Hybrids and Chimeras in the UK. Report produced for CHIMBRIDS (Chimera and Hybrids in Comparative European and International Research), University of Mannheim.

153. J. McHale & T. Hervey, *Health Law and the European Union* (Cambridge, Cambridge University Press, 2004), Chapter 4.

154. A. Hemminki & RK. Kellokumpu-Lehtinen, Harmful impact of EU clinical trials directive. *British Medical Journal,* 332 (2006), pp.501-502.

155. A. Caplan & E. Rosenthal, Risky Business: Human testing for a profit: new scrutiny needed after two commercial clinical trials go wrong, *MSNBC Interactive,* 24 March 2006, www.msnbc.msn.com/id/11927387/ (accessed 25 April, 2006); E. Rosenthal, When drug trials go horribly wrong, *International Herald Tribune,* 9 April 2006.

B 伦理视角：护理研究

Richard Ashcroft

伦敦，伦敦玛丽女王大学法学院生命伦理学教授

[358]　　研究是在医疗保健领域进行创新和质量改进的基本要素。因此，它旨在实现重大集体价值，这也会给研究人员带来巨大的个人回报。对于研究中的"受试者"或"参与者"，研究过程可能有益于他们的健康或福祉，这既可以通过他们在研究过程中接受的干预来实现，也可以通过参与研究过程本身来实现。

然而，研究人员可能自私地开展研究，它可能对受试者造成伤害或痛苦；研究可能没什么相关性或没有创造性，也可能以不称职或欺诈方式进行；并且研究可能具有剥削性。因此，毫无疑问研究是一项具有重大伦理意义的活动，任何研究项目都必须以伦理反思的方式进行。仅仅在口头上说是在回避落实这一点的复杂性：研究方法的多样性、可以进行研究的环境、把研究结果用于何处的目的、进行研究的人，以及他们之间的关系等。本章将介绍研究伦理的要素并举例说明。我将集中于两种类型的护士（以及助产士和健康访视护士）研究活动：护理研究（对护士从事的医疗保健工作和照护及治疗类型的研究）和研究护士的工作（研究护士在临床试验和其他生物医学研究中的作用）。护士还将在他们未直接参与但大多数情况下适用类似伦理原则的临床试验和其他研究中照护患者，因为在所有情况下，护士主要对患者负有责任。在研究中照护患者的护士、研究护士和护理研究人员角色的不同在于他们对于研究的责任程度和控制程度，以及可能面临的各种困境。

12.9　护理伦理的来源

专业人员的道德原则有很多来源，包括：
- 法律
- 专业行为守则

12 临床研究与患者

- 基本道德原则
- 核心价值观   [359]
—个人
—机构
—职业
—社会

上述清单没有特别的顺序,因为哪个伦理来源最可靠、哪个优先是一个有争议的问题。但我们大多数人都同意,护士负有遵守法律并在法律规定范围内工作的义务。法律并不能准确地确定什么是符合伦理的:许多行为是合法的,但可能不符合伦理,而有些行为可能符合伦理,但不合法。例如,在堕胎和安乐死的问题上,许多认为堕胎符合伦理道德的人也认为安乐死符合伦理道德,而在法律上,堕胎在许多情况下是合法的,而积极安乐死是违法的。相反,许多认为安乐死不道德的人也认为堕胎不道德。

职业伦理和行为准则的作用在一定程度上界定了它们所规范的职业的性质。它们确定了一些非专业人员可能被允许从事但护士不被允许从事的行为,以及护士被允许从事但非专业人员不被允许从事的其他行为。准则规定了作为护士应具备的更高的能力、权利和义务标准。这些权利和义务中有许多具有伦理性质,但许多更符合职业规范的要求。在确定法律、伦理和专业准则对护士和其他人的作用时,我们必须最终探讨这些准则的伦理基础,即构成这些准则背后的基本原则和价值观。

比如,其中一个基本伦理原则是不伤害原则:个人有义务避免伤害他人。这一原则尤其与护理专业人员相关,但并非仅限于护理专业。只是这一原则对护理专业人员特别重要,因为他们的患者或服务对象特别脆弱,因此更容易受到伤害,并且因为护理专业人员的技能和方法尤其容易被转向有害目的。但是,我们说这一原则是基本性的,并非说它是绝对的。因此,某些行为确实会造成伤害(如静脉穿刺),但基于善意意图(如缓解疼痛)而具有正当性。鉴于此,基本原则必须相互平衡,在这种情况下,不伤害与有利和尊重自主(必须征求个人的同意)的原则保持平衡。

价值认识论(即我们如何认识它们)的问题困扰着世代哲学家。它以一种有趣的方式出现在研究伦理学中。首先,与通常的医疗保健伦理学一样,研究伦理学是一个经历了相当长历史演变的领域,其原则随着时间的推移更加清晰地被阐明和细分。研究伦理中的重大丑闻总是会引发这样的问题：有责任的人是否知道他们的行为是错误的，以及他们是否有可能知道。即使我们能证明他们不知道也不可能知道他们错了，我们也可能会认为他们仍然应该受到谴责。与此相关的是，有罪的个人或机构可能会坚持认为他们的批评者和同事同样有罪，他们不公正地逃避指责，或者受到伪善的审判。例如，在纽伦堡审判中，纳粹医生正是用这些理由为自己辩护的。

价值观认识论和权衡原则的困难使我们考虑了一个在护理伦理学文献中被广泛讨论的问题：是否存在任何原则，这些原则是否在任何意义上具有普遍性或客观性，以及是否"原则"方法与许多人认可的护理关系的典型——关怀导向一致。这是一个很大的话题，超出了本章的范围。然而，就目前而言，重要的是区分知识的真正问题和原则的应用，以及相对主义者提出的伦理原则仅仅是立场和主观态度的问题。

我认为道德相对主义既不具备现实可能性——因为事实上所有护理人员都受到法律框架和专业行为准则的规范，也不是一种可行的思想立场。即使是"情境"方法，例如，"照护伦理"方法，也会引出关于某些价值观是否不可协商的判断。伦理方法的不同之处一般在于我们如何了解价值观和原则，并将它们应用于各种情况。认识论问题出现在研究伦理学的另一个背景中，我们将在下一节中进行讨论。

12.10 伦理与研究设计

人们常说"坏科学就是坏伦理"。在我们思考这是为什么之前，我们必须更好地理解什么是"坏科学"。我提出以下定义作为对科学的描述：科学是对可靠、一般化知识的有纪律的、集体的获取活动；科学也是这项活动不断演变的成果集合。

科学活动包括大量的方法、风格、技术和实践，以至于"好科学"很难界定，可能仅相当于"成功"的科学。不过，"坏科学"更容易界定。"坏科学"是与上述界定的科学的理念相矛盾的"科学"。因此，在方法上阐述不清或可能导致无意义或不可靠的数据、不合理的知识主张或对能够一般化的知识完全没有重大贡献的科学是"坏科学"。对于什么是"可普遍化"有些争议，但至少它要求科学经验具有可交流性，即为他人所理解,并以某种方式为他人所用。科学是有关公共知识,而不是一些本质上私人的经验。这种观点适用于定性或行为研究,也适用于定量研究或其他"自然科学"研究。同样,保密的或未报告的科学研究违反了科学是集体事业的要求。

这种对"坏科学"的描述旨在涵盖从对大型数据集的统计分析到定性研究访谈等所有科学方法。从实用的角度来看,我们有一些明显的建议: [361]

- 研究应该从一个令人满意的文献综述开始做起,这允许我们对研究问题进行定义以表明该问题是重要的,它具有实际意义,并且我们尚不知道该问题的答案。没有哪项研究"无知"或"新颖"到不会以某种方式建立在以前的工作或以前形成的方法的基础上,并且需要尽可能地对这些历史资料进行观察和分析。
- 研究设计必须是可靠的,并且有可能以如下方式回答研究问题,即答案的有效性是确定的,并且研究结果可由其他从业者和研究人员解释和适用。
- 研究结果必须是可发表的,即使结果是负面的,也必须在研究完成后的合理时间内发表,从而允许其他研究人员和公众从研究中学习(其弱项不少于其强项)。出版物应公正、准确地描述研究设计和结果。期刊或书籍的编辑和审稿人负有同等的义务,应对提交出版的文章或章节进行公正和称职的评估。

所有这些建议如今都包含在《赫尔辛基宣言》中,该宣言是规范生物医学研究的最重要的国际伦理准则。它们现在在用语上进行了重新表述以表明它们尽可能广泛地可适用于当今使用的各种护理研究方法,包括定性研究方法和健康服务研究方法。界定了"坏科学"之后,就应该了解为什么"坏科学是坏伦理"了。首先,研究涉及使患者、同事或其他研究对象暴露于研究风险之中。因此,如果这项研究不可能产生可靠的结果,那么,让受试者暴露于风险之中却未能以任何方式与可能产生的社会利益相平衡就是有争议的。就参与者出于利他动机参与其中而言,坏研究会颠倒黑白地把自己描述为一个造福他人的机会,即使这显然是不可能的。严格来说,这既可以被视为对参与者利他主义的侮辱,也可以被视为对参与者的欺骗。即使研究在某种程度上为参与者提供了一些好处,如获得新的治疗、增加获得护理或其他医疗服务、经济或其他引诱的机会,但仍然存在坏研究涉及的资源浪费问题。即使没有额外的资金资助部分,研究也总是涉及工作人员的时间和对基本资源的使用。因此,正如经济学家们所说,在进行研究时总是存在"机会成本"。坏研究的机会成本至少包括更有效地使用员工和其他资源的机会,例如,他们本可以照护患者或进行真正的研究。研究伦理通常忽视医疗服务中资源和设施管理所涉及的伦理问题,而这是一种道德短视。

12.11　研究人员的能力与研究治理

[362]　　要求研究设计必须是"好"科学的一个重要例外似乎是作为研究者自我教育或培训的一部分进行的研究。是否必须以与"真"研究一样高的标准来评判"学生研究"?关于这一点有不同的意见,但本质上都认为应取决于研究者(学生)希望如何看待研究。它是不是一个教育项目,旨在传授学生研究方法和管理知识?抑或它主要是为了研究,即试图增加集体知识?如果是后者,那么研究标准得以适用,必须根据现有知识和研究方法标准尽可能客观地评估该项目。如果是前者,那么项目必须满足另外不同的标准,但不一定是更低的标准。

教育项目必须被评估为旨在向学生传授一些关于研究方法和管理知识的项目。因此,它必须以与任何教育干预相同的方式进行评估——根据教学的目的和目标以及这项工作是否能够实现这些目的和目标。在某种程度上,这些内容与研究的目的和目标重叠。最优秀的学生研究通常本身是可发表的,而且,以某种标准来看,适当的教育目标是产生能够经受同行客观评审严苛考验的研究,为硕士学位和博士论文所做的研究工作肯定就是这样的。

最后,教育项目中涉及的道德问题与研究项目中涉及的道德问题没有什么不同:受试者必须被告知研究的目的和希望达到的目标。在教育项目中,受试者必须被告知研究是为了帮助学生学习——就像护理专业的学生参与查房和患者临床护理一样。在研究项目中,受试者必须被告知这项研究旨在增长知识。无论属于哪种情况,研究人员都应该征求患者的同意(如果可能)并解释研究的风险和益处等。教育项目和研究项目的不同之处仅在于,活动明确的非临床目标超出了其临床目标(如有的话)。

正如设计标准可能因研究和教育背景而有所不同,主要研究人员应具备的能力标准也可能有所不同。然而,此处存在限制。在研究项目中,研究人员(或调查团队)负有在其能力范围内进行研究的明确义务。就临床过失而言,这显然是正确的,但即使研究人员对研究的不胜任没有对受试者造成临床后果,不做"坏科学"的一般义务也要求研究人员只进行其能够胜任的研究。

当研究人员开展教育项目时,能力要求明显有所不同。此外,创新研 [363] 究很可能涉及突破研究人员能力的界限。这些情况表明,"能力"既是一项制度,也是一项个人事务。对于学生或者缺乏经验或尝试方法创新的研究人员,必须通过适当的监督和支持、明确的责任划分以及必要时对研究活动的直接监管来确保其能力。在新情况下适用于学生或缺乏经验的护士的相同规则,也适用于学习新研究技术的个人。在此,必须强调"适当的"监督——学习新技术的其他方面经验丰富的专业人员可能不需要像新手学生那样被监督。不过,他们需要的是一个监督机制。监督机制包括该方法的试点,研究设计、中期和最终结果的同行评审,以及更传统的教育监督手段。

监督的一个重要特征是其与分级报告不同。因此,在一个进行临床试验的临床团队中,对试验的财务和管理全面负责的主要研究人员可能是一名新的顾问医生。他或她在此类临床试验上的研究经验可能有限。团队中担任研究护士的护师可能具有丰富的经验,然而,即便从试验管理的角度来看他或她仍需向主要研究人员报告。(《赫尔辛基宣言》要求任何生物医学研究项目都必须由医生领导,即使只是名义上的领导。)显然,在这种情况下,实际的"监督"角色可能会落在研究护士身上,而不是指定的主要研究人员身上。

于是,临床团队的每个成员不仅负责其自身的工作,还负责参与项目质量监管的一般工作。因此,除了每个人的个人能力(或在受到监督工作的情况下的"支持能力"),还存在"团队能力":该小组能否作为一个团队有效运作,以确保尽到使研究符合一定标准的道德和质量义务?这是对研究和临床团队的"研究治理"或"良好临床实践"含义的十分简要的概括。

12.12 招募与同意

研究参与者个人的自愿知情同意至关重要。在某些类型的研究中,同意或许是无法获得的(例如,对婴儿、幼儿或无法给予同意的丧失能力受试者的研究)。在某些情况下,可能不会征求参与者同意,因为研究项目对于集体而言非常重要,单独获得同意并不现实,而该研究项目对参与者造成伤害的风险极小。这些例外情况的细节很复杂,无法在此详述,读者可以参考英国医学研究委员会编制的关于心智无能力人的研究和在研究中使用个人医疗信息的优秀指南。同意很重要,因为它是对个人自主权的尊重:他们的隐私权,他们决定可以对自己的身体做什么的权利,以及他们选择是否在对他们没有直接益处的活动中帮助他人的权利。违反同意标准的正当理由可能基于不稳定的法律基础,但其在伦理上可以通过援引两项原则来说明。首先,在个人因缺乏同意能力而无法同意的情况下,根据有利原则,需要有益于他们的医疗和护理创新。具有治疗作用的研究干预可以直接使个体受益,因而将缺乏同意能力的个体纳入研究是有正当理由的。然而,不伤害原则要求注意到这些个体特别容易受到伤害和剥削,并应特别注意尽量减少对他们造成伤害的可能性。在此,可以说,尊重自主权的原则被尊重弱势者尊严的原则所取代。

[364]

未经同意进行研究的另一个正当理由是,如果对个人造成的伤害和不便为零或可忽略不计,在其他条件相同的情况下,我们所有人都有造福他人的义务(特别是如果我们不需要投入成本),参与对社会有益的研究是履行这一义务的途径之一。在英国,这还可以通过一种政治主张补充说明,即我们都是国民医疗服务体系的成员,都从中受益,其发展和管理牵涉我们每个人的利益。因此,在我们的隐私受到保护的前提下,我们非正式地授权它进行基于记录的研究和审计,无须获得同意。前者来自团结的宗旨,后者是社会契约理论的观点。但清楚的是这两个理由都是基于一种关于研究的重要性和实用性的主张,一种关于研究涉及最小风险的主张,以及一种关于理性的个人不会反对不征求他们同意的主张。所有这些主张在每一种情况下都需要证明且证明责任在于研究人员,这些主张还必须由独立的研究伦理委员会评判。关于同意的一个更令人担忧的问题是,对患者的研究在多大程度上涉及那些情绪脆弱的人,以及那些对医疗专业人员信任仅仅因为他们是专业人员或者可能因为他们喜欢并依赖特定专业人员的人。他们可能无法区分个人作为医疗人员和研究人员的角色,或者他们可能认为他们必须以某种方式"取悦"医疗体系的工作人员以维持良好的关系或获得治疗。尽管《赫尔辛基宣言》明确排除了这一点，而且患者必须被告知，如果他们拒绝，他们的治疗不会受到影响，但这有时让患者难以相信或接受。

当临床试验由研究护士管理，而主要研究人员要求他们招募和吸收个人参加试验时会出现特殊的困难。严格来说，同意必须由负责临床研究治疗的个人获得——通常是作为主要研究人员的医生。这就涉及关于临床团队不同成员的角色和职责的更一般的问题，而这些问题超出了本章的讨论范围。

12.13　研究与护理

伦理上，涉及患者的研究最令人关注的问题是研究和护理角色如何发生冲突。虽然研究采取的行为可能与对患者的良好医疗护理相一致，但在目标上似乎存在冲突。研究旨在造福社会，必须以科学和条理严谨的方式进行。而护理患者和弱势者的目的是使个人受益，本质上是针对个人的和非普遍化的。"有条不紊地护理"这一概念似乎自相矛盾，在收集临床数据和定期执行研究步骤的过程中其实已经隐含了这一矛盾，特别是在繁忙的医院环境背景下，研究人员或其同事还将履行其他众多临床职责。[365]

这尤为关系到患者和护理他们的专业人员之间的伦理关系，而这种关系取决于尊重患者的尊严和自主性，以及保持护理人员的正直和专业性。这可能是一个难以达成的平衡，尤其是当我们反思将护士作为患者扶持者的理念时，这种不平衡显得更加严重。当护士不是主要研究人员时，这样的平衡或许在某种程度上可以实现，但当护士既是患者扶持者又是他或她自己研究的支持者时，就很难保持这一立场了。此处的风险在于护士可能会不加批判地认为他或她的目标就是与患者的共同目标，因此支持研究就是支持患者的利益和观点。这里涉及的最重要的伦理概念是"美德"：研究人员必须同时保持医疗保健专业人员的美德（如：关心他人的福祉、正直和负责任）与研究人员的美德（如：一丝不苟、诚实和好奇心）。

这一平衡可以由许多杰出的个人来实现，但更重要的是，它是在制度层面实现的——个人在具有共同制度文化的团体中工作。质量改进和"研究治理"的趋势在一定程度上标志着这一达到制度制衡的尝试，说明医疗服务中出现了一种将研究和治疗的关系视为互补而非对立的文化转变。当今研究伦理学的一个核心问题在于这种文化变迁是合乎逻辑的还是一种制度性错觉。

12.14 结论

未来几年,研究将在护士的工作中占据越来越大的比例,但这只能改善由护士提供的护理。在本章中,我从相当抽象和反思的层面描述了研究中出现的一些伦理困境。正如我在本章多处指出的,在狭隘的生物医学背景之外,研究的作用和重要性的提升在历史上导致了研究伦理的形成,这引出了哲学和专业难题,单凭指导原则是无法解决的。但显而易见的是,我们至少需要注意良好护理的核心原则,即尊重患者的尊严和自主权、有利、不伤害、公正和正直,它们仍然非常重要。最佳研究和最佳研究实践都体现并促进了这些原则。

12.15 致谢

本章作者在此感谢 Paul Wainwright 和 Heather Widdows 对本章初稿给予的有益意见。

12.16 扩展阅读

12.16.1 手册

Baruch Brody, *The Ethics of Biomedical Research* (Oxford,Oxford University Press,1998).

Trevor Smith, *Ethics of Medical Research:A Handbook of Good Practice* (Cambridge,Cambridge University Press,1999).

Royal College of Nursing, *Ethics Related to Research in Nursing* (Harrow, Scutari Press,1993).

12.16.2 伦理原则

Donna Dickenson, Richard Huxtable & Michael Parker, *The Cambridge Medical Ethics Workbook* (Cambridge, Cambridge University Press,2010).

Leslie Gelling, Ethical principles in health care research, *Nursing Standard,* 13(36)(1999),pp.39-42.

Raanan Gillon, *Philosophical Medical Ethics* (Chichester, John Wiley, 1986).

12.16.3　同意

Priscilla Alderson, Consent to research: The role of the nurse, *Nursing Standard,* 9(36)(1995),pp.28-31.

Len Doyal & Jeffrey S. Tobias(eds), *Informed Consent in Medical Research* (London, BMJ Books,2000).

Sarah Edwards *et al.,* Ethical issues in the design and conduct of randomised controlled trails, *Health Technology Assessment,* 2(15)(1998),pp.1-128.

12.16.4　招募

Richard Ashcroft *et al.,* Implications of sociocultural contexts for ethics of clinical trials, *Health Technology Assessment,* 1(9)(1997),pp.1-65.

Richard Ashcroft, Human research subjects, selection of, In Ruth Chadwick(ed.), *Concise Encyclopedia of Ethics of New Technologies* (San Diego, Plenum Press,2000), pp.255-266.

[367]

12.16.5　研究管理

Richard Ashcroft, Ethical issues in outsourced clinical trials, In Roy Drucker & R. Graham Hughes(eds), *Outsourcing Health Care Development and Manufacturing*(Englewood, CO,Interpharm Press,2000).

13 老年人

A 老年人与护理

Jonathan Herring
牛津,牛津大学埃克赛特学院法学研究员,牛津大学法学院法学教授、本科生主任

13.1 概述

[368] 近年来,医疗保健系统中对老年人的照护已成为护理行业的一个主要问题。在讨论老龄化的本质之后,本章将重点介绍一些最近的报告,这些报告揭示了医院和卫生机构对老年人治疗不充分的情况。随后,本章将继续探讨护理行业中出现的一些关键法律和伦理问题。其中一部分将反映本书其他章节所提问题(如超过承担能力),但本章将特别从老年人的角度来看待这些问题。

人们普遍认为,在过去,国民医疗服务体系中的年龄歧视现象"泛滥"。卫生部承认"老年人及其看护人员在获得和利用服务方面经历了基于年龄的歧视"[1]。但这些应该都是过去的情况了。如今,《国民医疗服务体系章程》明确规定[2]:

[369] 国民医疗服务体系为所有人提供全面的服务,不分性别、种族、残疾与否、年龄、性取向、宗教或信仰。它对提供服务的每一个人都负有义务,必须尊重他们的人权。同时,它负有通过它提供的服务促进平等并特别关注在健康和预期寿命改善方面未能与其他人群同步的社会群体或阶层的更广泛社会义务。

正如我们之后将在本章看到的那样,2010年《平等法案》规定了这

一不以年龄为由歧视的义务。

在最近的一些报告中,医疗机构中老年人的照护状况受到强烈抗议,护理遭受了严厉批评。但我们永远不要忘记,老年人在我们的社会里普遍居于怎样糟糕的境地。在生活的许多领域,他们面临着年龄歧视、社会排斥、贫困和其他不利因素。[3] 也许是因为医疗保健服务的公共性质使得年龄歧视在这一领域比在其他背景下更为明显。

13.2 老龄化与健康

许多人认为老年健康与身体不好是联系在一起的。然而,稍加思考就会发现这是一个不适宜的假设。这一假设部分是由于另一假设造成的:随着年龄增长,人的身体状况会越来越差。人们为"治疗"皱纹而求医的事实或许表明了自然衰老过程是疾病的假设。尽管老年往往与身体状况不好联系在一起,但关于社会经济或环境因素而非年龄本身在多大程度上影响老年人的健康仍存在许多争论。

我们可以提出一个有力的论点,即社会一直热衷于解决与老年有关的表面问题,而并非更重要的问题。正如一位评论员所言:

我们有用于治疗皱纹的肉毒杆菌毒素、用于治疗男性秃顶的米诺地尔、牙齿美白治疗、用于女性的激素替代疗法(还未用于男性);但是,对贫困和孤独这两种折磨老年人的最为普遍的社会难题却还没有医疗化的趋势。[4]

在最近公布的一项重要调查中,我们可以看到2005年英格兰老年人的健康概况。[5] 它为人们了解影响老年人的健康问题提供了重要指导。其中,对65岁以上人群的主要发现总结如下[6]:

- 超过一半的人表示他们的健康状况"良好"或"非常好"
- 发现中途不休息就很难走上12层楼梯的老年人中,女性多于男性(65%∶48%)
- 23%的男性和29%的女性在过去12个月中曾有过摔倒经历
- 心血管疾病是男性群体最常发生的慢性病(37%)
- 关节炎是女性群体最常发生的慢性病(47%)
- 几乎三分之二的老年人患有高血压
- 22%的人在调查前两周内看过他们的家庭医生

[370]

- 根据 12 个衡量幸福、抑郁和焦虑的一般水平、睡眠障碍和应对能力的项目,12% 的女性和 9% 的男性称在过去几周内自己的心理社会健康水平较低

这些数字说明我们应当拒绝任何关于老年人通常伴随着身体状况不好的假设。由报告可知,多达 56% 的老年人总体健康状况良好或非常好,尽管 65 岁以上老年人中有 71% 长期患病。这项调查也质疑了普遍存在的关于老年人不能很好行走的误解,因为只有 39% 的男性和 47% 的女性表示行走四分之一英里有困难。

13.3　最近关注的问题

最近,一些关于老年人照护的令人震惊的报道引发了对老年人护理的相关讨论。本章将探讨其中四个主要问题。

13.3.1　医疗质量委员会报告

2011 年 3 月至 6 月,医疗质量委员会对英格兰的国民医疗服务体系(NHS)急诊医院进行了 100 次突击检查。[7] 这些检查的重点是:在老年病房中,维护老人尊严和营养的服务标准执行情况。在 100 家医院中,有两家被发现将老年人置于不可接受的伤害风险之中。不到一半的医院(45 家)完全符合所要求的营养或尊严的标准。35 家医院在这两个方面都符合标准,但其中一个方面或两个方面都需要进行改进,另有 20 家医院不符合标准之一或两个都不符合。

报告所描绘的现状是令人沮丧的,特别是报告中提到的老年人护理标准。这里值得引述 Jo Williams 女爵士的详细介绍:

"我们一次又一次地发现,工作人员对待患者的方式剥夺了他们的尊严和应受的尊重。患者被谈论,但没有人和患者交谈,患者身旁没有呼叫铃,连续几个小时无人理睬,或者未得到对基本生活需要的帮助,例如,进食、饮水或排泄。

"那些负责培训和发展工作人员,尤其是护理人员的人需要长期认真地审视为什么'照护'似乎常常被分解为一系列需要完成的任务——集中于工作单元而非需要被照护的人。以任务为中心的照护并非以人为本的照护。它并不足够好,也不是人们需要和期望的。仁慈和同情不需要任

何代价。"[8]

平心而论,这里值得引用 Williams 女爵士关于资源的说法:

"……资源有其作用。许多人告诉我们有关他们的医院里那些优秀护士的情况,他们在提供护理方面面临困难。配备足够的人员并不能保证良好的护理(我们看到在人手充足的病房里所提供的护理可能难以被接受,而在人手不足的病房里所提供的护理可能非常出色),但没有足够的人员肯定会导致护理不善。那些最好的护士和医生也会发现由于超负荷工作,自己提供的医疗保健低于基本标准。

"如果护士要提供真正富有同情心并在临床上有效的护理,他们必须获得适当的支持。在当前的经济气候下,这说起来容易做起来难,但作为监管者,我们的职责是对护理工作进行独立观察并反思我们所看到的情况。资源不足的程度使得护理不良事件更有可能发生,而我们医院的管理者必须发挥自己的作用,确保明智地使用预算来支持一线护理人员。"[9]

特别令人寒心的是,这份报告没有揭示什么新的内容。我们早就知道有太多的老年人在医院里被当作幼儿对待和被忽视。他们经常得不到足够的水分供应或营养,他们的尊严没有得到保护。报告中列出了一长串的不当行为,包括:

- 患者够不着呼叫铃
- 工作人员提供个人护理时未适当合上窗帘
- 工作人员以粗鲁或居高临下的方式与患者交谈
- 患者在进食时未得到帮助
- 患者在进食时被打断,未吃完食物
- 患者不能在饭前洗手

报告还提到了患者及其家属的如下意见:

- 当工作人员经过时,患者不断呼救并摇动床边栏杆……我们观察到 25 分钟后这位患者才被注意到。当我们与患者交谈时,观察到他们的指甲并未被修剪整齐而且很脏。
- 我们看到一名工作人员带一名女患者上厕所。患者的衣服卷在膝盖以上,露出了内衣。该工作人员在病房其他患者都能看到的地方协助他们上厕所,直到他们离开厕所时才关门。
- 当我们与一名工作人员谈论他们如何满足病房患者的需求时,他们说他们没有足够的时间照护患者。当他们需要赶时间时,并不总能满

[372]

足病人的需要,因此有些事情不得不被推迟进行。[10]

13.3.2 老年痴呆症协会报告

老年痴呆症协会[11]的一份报告调查了痴呆症患者住院治疗的情况,指出多达四分之一的病床被痴呆症患者占用。该报告描绘了一幅非常混杂的图景,其中既有优秀的护理,也有疏于照顾的护理。报告发现:

- 47%的受访看护人员表示,住院对痴呆症患者的总体身体健康状况有显著的负面影响,而这不是直接由医疗原因造成的。
- 77%的护理管理人员和护理人员表示,在医院环境中总是或有时使用抗精神病药物治疗痴呆症患者。
- 77%的看护人员对所提供的痴呆症护理的整体质量不满意。

13.3.3 医疗服务监察专员

2011年,医疗服务监察专员深入报告了国民医疗服务体系中老年人照护情况的十项调查。[12] 报告的结论是:

"这些报告呈现了国民医疗服务体系提供的服务未能以关怀和同情回应老年人的需要。"[13]

报告中继续表示:

"老年人能忍受困难的环境,不喜欢抱怨。像我们所有人一样,他们希望得到适当的照顾,并在生命结束时平和且有尊严地去世。他们都在接受国民医疗服务体系的照护过程中遭受了不必要的疼痛、侮辱和痛苦。不当的护理或药物使用导致其健康状况恶化,他们曾经是机敏且有能力的,如今却脱水、营养不良,甚至不能沟通。"[14]

正如监察专员报告所述,这些情况显示了《国民医疗服务体系章程》的优美言辞与一些老年人面临的现实之间的鸿沟。该报告强调,与其说这是一个复杂病例或在紧急情况下犯错的问题,不如说这是一个日复一日的基本照护问题。报告不仅发现老年人所接受的治疗令人震惊,还发现了处理投诉的工作人员很"不屑",表现出"对流程和程序的忽视以及……对糟糕护理水平的漠不关心"。[15]

报告中的一个例子足以呈现存在的各种问题:

"老年人穿着脏衣服,没有人给他清洗或洗澡。一位女士告诉我们,她的姨母被救护车带到了一家遥远的养老院。到达时她被带子绑在

[373]

担架上,被尿浸湿,穿着用回形针固定的不知从哪儿来的衣服,一旁还有几袋脏衣服,其中大部分都不是她自己的。这种粗心大意和疏于照顾的行为背后是对老年患者尊严和福祉的漠不关心。"[16]

13.3.4 老龄化政策中心

老龄化政策中心受委托对初级和社区医疗保健[17]、社会保健、精神卫生服务和二级医疗保健领域的年龄歧视撰写了四篇文献评论。[18] 报告提到困难在于确定何时存在歧视。关于初级保健,报告指出:

有证据表明,老年人受到隐蔽的、间接的歧视。基于年龄对人形成的刻板印象会将老年人排除在某些已经被证明有益的治疗之外,这是一种间接歧视……对老年人提供有限的预防性保健、不愿意为老年人提供专家转诊服务、针对衰老性疾病的看护质量低下,包括对疾病治疗不足,都表明隐性歧视的存在。隐性歧视具体表现为 50 岁或以上、存在常见健康问题的成年人没有得到充足的基础推荐照护。[19]

关于二级保健,报告发现很少有明确的基于政策的年龄歧视,但指出很难评估因工作人员潜意识的年龄歧视而造成间接歧视的程度。该报告指出,与中年患者相比,老年患者更不可能将他们所接受的保健描述为"优质的",老年人最有可能面对的情况是"当面被人谈论,仿佛他们并不在场"。报告还发现,一些证据表明,有关男女混住病房和食品供应的政策对老年人的影响尤其严重。老年患者不太可能被转诊接受癌症、心脏病和中风的外科手术,尽管这可以根据对生存机会的评估来解释。报告关于癌症的结论是:

"普遍和有力的证据证明对老年人癌症护理、心脏病和中风方面的研究和治疗不足,即使考虑到衰弱、并发症、多种药物等混杂因素,我们也必须得出结论:年龄歧视正在影响整体研究和治疗水平。"[20]

13.3.4.1 精神卫生

人们对于为老年人提供精神卫生服务表示严重关切。在《确保老年人享有更好的精神卫生》[21] 报告中,卫生部承认老年人没有从已经帮助到年轻人的相关服务的发展中受益。服务仍然无法满足老年人的精神卫生需求。在 2006 年的报告《安度晚年》中,三个视察团[22] 发现,精神卫生系统以一种不公平方式形成,有组织的区分了对处于"工作年龄"的成年人与老年人之间的照护。服务提供者正在"尽力争取"为老年人提供全方位

[374]

的优质服务。在某重大研究项目中,参与老年人精神卫生服务的人员普遍认为:

"为老年人提供的服务较少,而为老年人服务的人员也不是那么充足。他们强调,用于识别和早期干预工作的资源不足导致了大量需求未得到满足,特别是对伴随焦虑和抑郁的老年人而言。"[23]

13.4 专业指导

护理与助产协会制定了《老年人护理指引》。[24] 该指引阐述了其认为的老年人护理的核心内容:

"老年人护理的本质是通过有效的评估了解和重视他们的个体性,设身处地了解他们希望得到怎样的照顾,并提供确保尊重、尊严和公平得到维护的护理。"[25]

正如指引指出,这些原则其实适用于任何年龄的患者。有趣的是,指引试图鼓励护士对老年人抱有"积极的态度"并"予以积极的尊重"。指引需要使用这些术语的事实也许是承认一些人可能会发现自己并未像对待其他患者一样自然地同情和关怀老年人。

该指引强调老年人人权的重要性,包括尊严、信仰、隐私和对他们的护理作决定的权利。他们有权免受剥削和虐待。这就要求:

高效且能够提供安全、有效、优质护理的护士,他们应:

- 能够胜任:具备护理老年人的适当知识、技能和态度
- 坚定自信:挑战包括态度和行为在内的不良实践并保护老年人
- 可以信赖和依靠
- 善解人意、有同情心和体贴[26]

这些护士应参与提供优质护理,通过以下方式培养和支持老年人的自尊和自我价值感以提升尊严:

- 与老年人沟通,不仅要与他们交谈,而且要倾听他们的想法
- 评估老年人的需求
- 尊重隐私和尊严
- 与老年人、他们的家人、看护人员以及同事建立伙伴关系[27]

该指引始终强调同理心的重要性。它提供了一个对该概念的有益界定:

"作为一名护士,你应该表现出同理心,这意味着感受到他人正在经历的状况,也许是通过回忆或想象自己身处类似的情况。换而言之,设身处地地想象在他人所处的状况中你将有何感受。"[28]

正如指引强调,这需要对他人的背景和过去有所了解。

13.5 人权

人权已成为法律的核心内容。我们在第 1 章讨论了人权对患者的普遍意义。在关怀老人组织向人权联合委员会提交的《关于老年人在医疗保健方面的人权调查》报告中,列举了以下忽视老年人权利的例子:

- 在老年患者可以进食之前,将医院膳食撤走(第 2、8 条)
- 在男女混住的隔间和病房里被护理(第 8 条)
- 由于非临床原因被反复从一间病房转移到另一间病房(第 2、8 条)
- 从养老院搬出后在数周内死亡(第 2 条)
- 使用未上市药物(第 8 条)
- 医院和养老院在隐私保护方面的疏忽(第 8 条)
- 地方当局拒绝将夫妇安置在同一家养老院(第 8 条)
- 由于地方当局不愿意为居家服务分配资源而被迫接受养老院照护(第 8、14 条)
- 养老院管理人员未向住在养老院的老人发放每周的个人开销津贴(第 1 条,规约 1)
- 未经有关个人同意,在院内使用"不施行心肺复苏术"警示牌(第 2 条)
- 由于对文化、宗教和语言的需求不敏感等一系列因素,老年黑人和少数族裔患者的住院治疗并不令人满意(第 8、9、14 条)
- 对住在养老院中同性伴侣的恐同偏见(第 8、14 条)[29]

[376]

本章接下来将探讨关于防止年龄歧视的保护措施,这是为老年患者提供法律保护的一个关键内容。

13.6 不歧视

英格兰法律对年龄歧视问题的应对非常迟钝,显然落后于防止性别或种族歧视所提供的保护。事实上,解决这一问题的立法直到过去几年才得以成型。

年龄偏见和年龄歧视的形式多种多样,对二者进行区分是有益的。年龄偏见是指基于年龄对人持有的不真实假设和信念;而年龄歧视涉及让一个人因年龄而处于不利地位的行为。年龄歧视往往与种族、阶级和性别歧视等其他不利因素相互影响。年龄偏见本身(基于年龄怀有偏见)并不违法,但基于这些偏见行事而对某人不利则构成年龄歧视,现在是违法的。

2010年《平等法案》已将反歧视法的内容纳入。其中,年龄被列为一个"受保护的特征"[30],而这是一个人可能受到非法歧视的基础。该法案禁止三种年龄歧视:直接歧视、综合歧视和间接歧视。

13.6.1 直接歧视

2010年《平等法案》第13条对直接歧视的界定如下:

(1) 如果一个人(A)由于另一个人(B)的受保护特征而使A对待B不如他对待或本应对待其他人那样,那么A对B构成歧视。

(2) 如果受保护特征是年龄,而A能够证明其对待B的方式是实现某一合法目标的适当方式,那么A对B不构成歧视。

直接歧视要求有证据证明B因其年龄而受到较为不利的对待。这将包括最公然的歧视形式,例如,信托决定不对超过一定年龄的患者进行特定治疗。在国民医疗服务体系的正式政策中很少能看到这种公然形式的歧视,尽管专业人员可能因为基于患者年龄不那么善待患者而受到指控。

第13条规定的直接歧视概念要求证明与不同年龄的人相比B受到了不一样的对待。应用这种方法的困难之一在于确定适当的比较对象。例如,当一名55岁的老年患者被拒绝治疗,并声称自己受到了歧视,她可能指出一名患有类似病症的30岁患者获得了治疗。然而,信托医院可能说一名50岁的患者同样被拒绝治疗。那么该患者是应当与30岁患者作比较,还是与50岁患者作比较?在性别歧视的情况下,很容易找到比较对象:具有类似资格条件的男性。但在判断是否构成年龄歧视时,不同的年龄都可以作为比较对象。如果每一方用一系列不同年龄的人作为可能比较对象,情况或许会变得非常复杂。而有证据表明,这就是美国正在发生的情况。其中一种解决办法是由法律规定如果某人因其年龄而受到的对待不如其他年龄的群体，那么就构成歧视。国家医疗服务机构将不能以其他年龄的群体与申请人同样受到不公平对待为自己辩护。毕竟，其他人会受到与申请人同样的歧视对待不应当成为歧视指控的辩护理由。

13.6.2 综合直接歧视

第14条规定，可以就综合歧视提出索赔。例如，如果涉及对老年女性(而非所有老年人)的歧视，那么主张综合歧视是适当的：

(1)如果一个人(A)由于另一个人(B)具有两个相关受保护特征的结合而使A对待B不如他对待或本应对待不具有其中任何一个受保护特征的其他人那样，那么A对B构成歧视。

(2)相关受保护特征有：

①年龄

②残疾

③变性

④种族

⑤宗教或信仰

⑥性别

⑦性取向

(3)为根据第(1)款确定违反本法的行为，B无须证明A对待B是基于组合中每个特征(单独采取)的直接歧视。

这涉及的情况是有人可能主张存在一项并非歧视所有老年人，而仅歧视受保护的老年人群体(如老年妇女或老年同性恋者)的政策。

13.6.3 间接歧视

第19条规定了间接歧视：

(1)如果一个人(A)对另一个人(B)适用了涉及B的受保护特征的歧视性规定、标准或做法，则A构成对B的歧视。

(2)就第(1)款而言，涉及B的相关受保护特征的规定、标准或做法具有歧视性，如果：

①A将之适用于或即将适用于与B不具有相同特征的人

②和与B不具有相同特征的人相比，它使或将使与B具有相同特征的人处于极为不利的地位

[378]

③它使或将使 B 处于该不利地位,并且

④A 不能证明它是实现合法目标的适当方式

(3) 有关受保护特征有:

①年龄

②残疾

③变性

④结婚和民事伴侣关系

⑤种族

⑥宗教或信仰

⑦性别

⑧性取向

当表面上的平等待遇实际上对特定年龄的人有更大影响,间接歧视就会存在。Hale 女男爵在 Rutherford (No.2) v. Secretary of State for Trade and Industry 案中,以如下方式解释了这一概念:

"间接歧视的实质是,一项表面上中立的……规定、标准或做法……实际上对某一特定群体具有极大的不利影响。它超越了通过禁止直接歧视而实现的形式平等,着眼于更实质性的结果平等。一个群体中有较小比例的成员能遵守该要求、条件或准则,或其中较大比例的成员受该规则或做法的不利影响。这是一个简单的客观调查结果。一旦数字显示出极大的不利影响,就需要思考规则或要求是否在客观上具有正当性。"[31]

间接年龄歧视的一个典型例证是某信托决定不资助对主要在老年人中发生的疾病的治疗。虽然没有提到年龄,但这种定量配给对老年人的影响要大得多,因此实际上构成了对他们的歧视。另一个不太明显的例子是信托提供的食物尤其让老年人觉得很难吃。我们可以发现,这样的政策会不成比例地对老年人产生负面影响,因此相当于间接歧视。

因此,间接歧视不如直接歧视明显,并可能引发一些棘手的问题。一个可能造成困难的领域是当某要求只对年轻人略微有利,例如,有 15.4% 的年轻患者受到影响,但有 15.2% 的老年患者受到影响,那么法院可能会认为这对老年患者的影响非常轻微,仅涉及歧视是否具有正当性的问题。或者认为这种微小的差别根本不足以表明歧视的存在。

间接年龄歧视领域存在的一大难题是许多常用的医疗保健做法都具有间接歧视性。在治疗时日无多的高龄患者时,医生不太可能将建议类似疾病的年轻患者进行的治疗推荐给他们。医疗领域的歧视并不罕见。在雇用法覆盖的范围内亦是如此,譬如招聘标准里就暗含了基于年龄的间接歧视:经验、知识、情感成熟度或资历要求都可能有利于年龄较大的求职者。这意味着,虽然间接年龄歧视很普遍,但往往是合理的。因此,证明具有正当理由的可能性对于该领域规则的可操作性至关重要。

13.6.4 正当理由

第 13 条和第 19 条在对歧视的定义中规定,如果歧视是"实现合法目标的适当方式",那么它将具有正当性。这样的规定相当含糊,法院有很大空间来制定一个更明确的方法以确定年龄歧视何时是正当的。

在就业背景下,特别法庭在 Loxley v. BAE Systems 案中认为:

"比例原则要求在措施的歧视性效果与采取该措施的需要之间取得客观平衡,差别性的负面影响越严重,正当理由必须更具有说服力。就业特别法庭应权衡采取措施的合理需要与雇主措施的歧视性影响,并自行评估前者是否大于后者。在这种背景下,不存在'合理反应范围'测试标准。"[32]

这表明法院将考虑歧视做法对个人的影响严重性和正当理由的强度。对个人的影响越严重,正当理由必须越充分。然而,法院要实现这一平衡是比较困难的。比如,如果拒绝手术省下的费用可以帮助早产儿存活,那么法院如何确定拒绝为 80 岁以上的人进行髋关节移植具有正当性?

在 Palacios de la Villa v. Cortefiel Servicios(2007)案[33] 中,欧洲法院拒绝接受年龄歧视应被视为比性别或种族歧视更容易证明具有正当性的论点。法院承认相关正当理由可能更常见,但并非更容易证明。这是一个具有启发性的意见,因为人们普遍认为需要非常有力的理由来证明年龄或性别歧视的正当性,这表明在合法目标方面的边际效益不足。

值得注意的是,该法案只适用于 18 岁以上的人。18 岁以下的人将不能以年龄歧视作为理由。从实际情况来看,这是可以理解的:处理与成人年龄歧视有关的各种问题已经足够困难了。但是,作为一个原则问题,没有理由认为基于青年的不正当歧视比基于老年的歧视更容易被接受。

[380]

13.6.5 促进平等的义务

2010年《平等法案》规定公共机构负有一项新的法律义务,在行使其与八个受保护特征(包括年龄)有关的职能时,应充分考虑消除歧视、促进机会平等和培养良好关系的需要。

13.6.6 年龄歧视错在哪里?

随着法律的发展,法院将需要更深入地解决年龄歧视错在哪里的问题。反歧视法试图禁止将不当使用某些特征或某些群体成员作为制定公共决策的一个因素。它确保作出此类决定的理由是可接受的,并且不会导致基于禁止使用特征的不利状况。

居于歧视核心的是平等概念。从最简单的定义上看,歧视一个人就是将其视为与其他人不平等而不恰当地对待。然而,分歧很快就出现了。平等至少可以通过以下三种方式来理解:

- 待遇平等。这要求对每个人适用同样的规则。正如我们所见,这可能导致不平等的结果,但待遇平等的支持者认为对于使用待遇平等导致的任何差异都必须由其他社会变革来解决。因此,如果一所大学的招生政策导致某些种族群体的代表性不足,那么解决办法不是改变招生要求,而是提高受影响群体的教育标准。
- 结果平等。这里的重点是实现结果的平等。因此,如果认为平等是结果平等,刚才讨论的大学将对弱势群体降低入学要求以确保每个群体的适当招收比例。但这将意味着另一个方面的不公平(对报考人适用不同的录取标准),但支持者会说最终结果更加公平了。
- 机会平等。这里的重点是提供平等机会。这既不要求待遇平等,也不要求结果平等,重点只在于给予每个人为特定的利益竞争的平等机会。

探讨可用于支持这些对平等的不同理解的论据超出了本章的范围[34],但显然,根据所采取的方法将产生截然不同的结果。

13.6.7 应用年龄歧视

[381] 当今,医疗服务中很难发现明显的年龄偏见[35],但有很多隐性年龄歧视的情况存在。Grimley Evans认为,在医疗实践中,年龄往往径直被作为

对老年人需求和愿望的偏见缘由。

他认为这是不可接受的：

"年龄仅仅是根据出生证明计算出的数字,不能成为任何事的原因（偏见除外）。医疗保健干预的较差预后（并非归因于较差的治疗）是由于可能显现或可能不显现于某个特定个体的生理机能损伤,即使其显现的可能性随年龄增长而上升,也不能反映该个体其他方面的情况。如果对患者的生理状况有足够的了解,年龄就应该从预测结果的影响因素中扣除。"[36]

事实上,基于年龄歧视假设的医疗决策通常是在临床评估的基础上作出的。Abrams 抱怨：

"他们并未毫无隐瞒地告诉患者经济和社会考虑是透析的制约因素,而是让患者相信医疗决定已经作出,并错误地认为这符合患者的最大利益。"[37]

当考虑所有这些负面情形时,人们不应该忘记的是老年人也会由于自己的年龄而在国民医疗服务体系中受益,比如 60 岁以上的人可以得到免费的处方和视力测试。[38]

政府已经宣布,它不会像最初讨论的那样,试图让国民医疗服务体系免受《平等法案》的约束,该法案于 2012 年 4 月全面生效。[39] 医疗服务大臣 Paul Burstow 表示：

"国民医疗服务体系中不能存在任意的年龄歧视。我们知道,由于存在年龄歧视的态度,老年人并不总能得到应有的尊严。随着长寿的人越来越多,我们的人口正在老龄化。因此国家医疗服务体系面临的挑战是：如何不局限于个人的年龄,纯粹满足老年人作为普通个体的需求。通过不为《平等法案》的约束创设任何例外,我们正在发出一个明确的信息,即在国民医疗服务体系中没有年龄歧视的容身之地。"[40]

然而,政府明确表示,新的平等法意味着：

"国家医疗服务体系和社会保健服务的专员和提供者应继续根据年龄作出明智的、在临床上具有正当性的决定以提供相关服务,例如,基于现有最佳证据确定参与筛查和疫苗接种计划的资格。"[41]

事实上,政府新闻稿明确指出,在其看来,涉及宫颈癌筛查计划、国民医疗服务体系健康检查、季节性流感疫苗接种、体外受精治疗以及国家医疗服务体系收费的临床决定将被允许基于年龄作出。[42] 但他们同时也列出了一些将被禁止的因素：

- 仅根据年龄而非个人需求和健康水平臆断老年患者是否应当转诊治疗。
- 不向特定年龄群体(如非处于工作年龄的群体)提供被认为主要但不限于为处于工作年龄的成年患者所用的特定治疗或干预。
- 不考虑老年人的福祉或尊严。

政府旨在消除"有害的歧视"。[43] 这意味着某些无害的歧视是可以被接受的。

13.7 能力、无能力和老年

认为老年将伴随无能力或无能力仅在老年出现都是非常错误的。事实上,在85岁及以上的人群中,有78%的人根本没有认知障碍。[44] 只有极少数的老年人确实出现了心智能力问题。鉴于患有痴呆的老年人不断增多,这个问题愈发重要。据估计,目前英国有70万人患有痴呆,到2025年预计将达到100多万。[45] 95岁以上的人中有三分之一患有痴呆。

2005年《心智能力法案》改革了无能力的法律规定,现已生效。为该法的适用提供指引的《实施细则》[46] 需与之一并解读。我们在第7章中对该法涉及的问题进行了探讨,我仅在此强调一些关键问题,因为这些问题可能与老年人有关。

(1) 人们被推定为是有能力的。[47] 因此,在不清楚一个人是否具有能力的情况中,他们应被视为具有能力。

(2) 即使一个人能够作出决定,但如果他无法沟通,也缺乏能力。[48]

一个人也许可以同意某些问题,但不能同意其他问题。因此,一个人也许可以选择自己喜欢的冰激凌,但缺乏决定是否同意心脏手术的心智能力。[49] 一般原则对此有益并在《实施细则》中得到准确概述:"对一个人能力的评估必须基于他们在需要作出具体决定当时作出该决定的能力,而不是他们一般的决定能力。"[50]

(3) 一个人不应被认为缺乏能力,除非"帮助他或她具备能力的所有实际努力"都没有成功。[51] 这些努力可能包括用简单的语言或使用视觉辅助工具向某人提供信息。[52]

(4) 能力不仅与理解信息有关,还与利用信息作出决定有关。因此,了解所有问题但不能作出决定的人(例如,由于他们过于紧张)可被视为无能力。拒绝相信某些信息的人(例如,他们否认自己生病)可能缺乏具备能力所必需的理解能力。

(5)根据第1条第4款,"不得仅因为某人作出不明智的决定而将其视为无法作出决定"。[53]《实施细则》规定:"每个人都有自己的价值观、信仰、偏好和态度。一个人不应该仅因他人认为其决定不明智而被视为缺乏作出决定的能力。即使家庭成员、朋友、医疗保健人员或社会保健人员对某项决定不满意,这一点也适用。"[54] 这是很重要的一点。因为人们很容易假定,作出自己认为是愚蠢决定的人一定缺乏能力,而第1条第4款已经告诫不能作出这种假定。不过,要注意单词"仅"的使用。一个人作出奇怪决定的事实可能与其他信息一同用于推断该人缺乏能力。当决定被视为与个性不符或使该人面临重大伤害风险时尤其如此。[55]

(6)第2条第3款告诫不要基于偏见作出缺乏能力的评估。它指出:"不能仅根据(1)一个人的年龄或外表,或(2)其状况或行为的某一方面来确定其缺乏能力,这可能导致其他人作出不正当的假设。"尤其与我们的目的相关的是对年龄的参考。我们很容易根据一个人的年龄作出其无能力的假设。这为第2条第3款所禁止。

(7)第8条规定,如果一个人有认定他人缺乏能力的合理理由,即使他人事实上并不缺乏能力,该人也将免于法律诉讼。

如果一个人有能力,那么他们完全有拒绝治疗的权利,并且不能未经他们同意进行治疗。如果一个人缺乏能力,那么可以由他人代表他们并基于他们的最大利益作出决定。根据《心智能力法案》,"最大利益"原则与所有涉及"护理和治疗相关行为"的替代决定有关。[56] 这包括考虑家庭成员的意见,以及该人过去的愿望和感受,这些都会影响对该人最大利益的总体评估。例如,如果一个人患有痴呆并因此表现出不同的个性,那么他过去的意见可能不会受到比如今的偏好更多的重视。关于这方面的详细阐述,请参见第7章。

13.8 虐待老人

下议院特别委员会于2004年发布的关于虐待老年人的报告宣称"虐待老年人是一个难以被发现的、经常被忽视的社会问题"[57]。该报告在促

[384]

使对这一问题作出回应方面发挥了重要作用。越来越多的公众意识到虐待老人问题,试图解决这一问题的政治意愿增强意味着政府正采取积极措施解决这一问题。

人们很容易想象虐待老人仅仅是恶人行为的结果。这忽视了对这一问题更广泛的社会责任,也忽视了更阴险、而不那么引人注目的虐待形式。虐待老年人反映了社会对老年人更广泛的态度。此外,社会安排照顾老年人的方式使虐待行为成为可能,并在某种意义上导致了虐待行为。这并不是要为虐待行为开脱或辩解,而是认为鉴于我们的社会对待老年人的方式,虐待是一种可预见的,甚至是不可避免的结果。虐待老人的"恶人"形象也忽视了虐待的性别化本质:暴力虐待老人最常见的是男性对女性的虐待。

13.8.1　虐待老人的定义

目前不存在对虐待老人的标准定义。[58] 虐待老年人可以有多种表现形式。它可能涉及性虐待、经济虐待、滥用药物、身体虐待、忽视和羞辱行为。[59] 实施者可以是亲属、看护人员、朋友或陌生人。

世界卫生组织已采纳以下定义:"在任何存在信任期望的关系中发生的单一或重复的行为或缺乏妥当的行为,并对老年人造成伤害或痛苦。"[60]

这一定义肯定存在问题,但其作为供讨论的广泛基础是有益的。英国政府的《没有秘密》报告中使用了以下定义:

"虐待是任何其他人对个人人权和民事权利的侵犯。虐待可能由单一或重复的行为构成。这可能是身体上的、言语上的或心理上的,可能是疏忽行为或不作为,也可能在说服处于弱势的人进行他或她未同意或无法同意的经济或性交易时发生。虐待可能发生在任何关系中,并可能对受虐者造成重大伤害或构成对受虐者的剥削。"[61]

该报告列举了以下六种形式的虐待:
- 身体虐待,包括殴打、扇耳光、推搡、踢打、滥用药物、约束或不当处罚;
- 性虐待,包括对处于弱势的成年人的强奸和性侵或性行为,他们没有同意、无法同意或被迫同意;
- 心理虐待,包括精神虐待、伤害或遗弃的威胁、剥夺联系、羞辱、指责、控制、恐吓、胁迫、骚扰、口头辱骂、孤立或退出服务或支持网络;

- 经济或物质虐待,包括盗窃、欺诈、剥削、施加与遗嘱、财产、遗产或财务往来有关的压力或滥用或挪用财产、占有物或其他利益;
- 忽视和不作为,包括忽视医疗或身体保健需要,未能提供获得适当的医疗保健、社会保健或教育服务的机会,不提供生活必需品,如药物、充足的营养和取暖物;
- 歧视性虐待,包括基于残疾的种族歧视、性别歧视;以及其他形式的骚扰、诽谤或类似对待。

13.8.2 统计数字

我们现在受益于最近为欢喜救助会(Comic Relief)和卫生部开展的一项关于虐待老年人的重大研究。[62] 这项研究发现,生活在自有私人住宅的 66 岁或以上人群中,有 2.6% 的人在过去一年内受到涉及家庭成员、亲密朋友或看护人员的虐待。[63] 如果该样本是对更广泛的英国老年人群现状的准确反映,那就意味着当年全国约有 22.7 万名 66 岁以上的老年人遭受虐待。如果将涉及邻里或熟人的事件包括在内,该数字将上升至 4%,即 34.24 万人。[64] 四分之三的受访者表示,虐待的影响是严重或非常严重的。研究人员认为,这些数字趋于保守,因为在他们的调查中,没有将养老院的老人包括在内,并且一些最容易受到虐待的人缺乏能力,未能参与调查。此外,即使在接受调查的人中,也可能有人出于各种原因不希望披露被虐待的情况。[65] 另一项英国调查发现,有四分之一的年轻人表示在自己认识的人中就有一位遭受忽视或虐待的老年人。[66]

13.8.3 性虐待

对老年人的性虐待是一个令人不安的问题。这一语境下的性虐待可以定义为与老年人进行非自愿的性接触。这可能包括暴力性攻击或操纵精神错乱的人"同意"发生性关系。[67] 对于暴力性侵几乎不存在什么争议,但对个人遭受某种程度的认知损害的情况则不太明确。比如,某个患有老年痴呆症的患者几乎没有短期记忆,但她的丈夫,也就是她的主要看护人,继续与她发生性关系。对于一些人来说,这一问题很简单:未经积极同意的性接触是不被允许的。在这种情况下,如果妻子由于精神状况而无法给予同意,其丈夫不得与其进行性接触。但对另一些人而言,这可能是一种过于严苛的判定方法。Jennifer Hegerty Lingler[68] 认为,在与之相似的情况下,必须从双方关系来考虑这个问题。她认为,如果妻子没有抗拒,过去也并未不愿意发生性关系,那么在当事人之间的关系中这可能是允许的。不允许发生性关系引起了她的担忧:"年龄歧视、性别歧视和超认知主义的三重压迫使得患有痴呆的妇女面临其非自愿性行为遭受不适当的一刀切谴责的风险。"[69]

在 Re MM(an adult)案中[70],Munby 法官认为,同意性行为的能力问题取决于妇女"……对性交行为的性本质和特征,以及合理可预见的性交后果有足够的了解和理解"。她还必须"有能力选择是否参与其中……"。他故意将这一测试标准定得相当低以确保那些患有有限性精神损伤的人不会被阻止享受性关系。值得注意的是,在本案中,他认为尽管该年轻女子没有能力决定在哪里居住或与谁接触,但她确实有能力同意是否发生性关系。这一测试标准在 D Borough Council v. AB 案[71] 中得到了进一步发展,该案表明同意性行为的能力需要理解和意识到:该行为的过程;存在健康风险;一男一女之间的性行为可能导致女性怀孕。

正如法院所指,要在保护一个人不受虐待和保护他们享有自愿性关系的权利之间取得平衡。妥善考虑这一问题需要详细考察关于性接触和强奸的哲学和法律文献,而这些内容远远超出了本书的范围。

皇家护理学会就这一问题编制了一份有益指引:《养老院中的老年人:性、性欲和亲密关系》。[72] 这一指引为该领域提供了一些实际的指导。他们建议养老院服务提供者应努力:

- 制定政策以支持在养老院中生活、探访或工作的所有人的权利。
- 提供环境从而促进个人在性表达和亲密关系方面的权利和选择。
- 为处理性欲、亲密关系和性问题的工作人员提供支持和适当教育。

13.8.4 保护弱势成年人名单

在 2000 年之前,对老年事务工作者几乎没有任何监管或控制,这十分令人惊讶。Julia Neuberger 写道:

我们让最脆弱的老年人被人照顾,但我们对照顾老人的人却并不尊重。这些人在日复一日地从事着繁重的工作的同时并没有让照护费用高得无法承受,因此我们必须尊重他们,提供给他们适当的薪酬,给予他们适当的培训和支持。[73]

目前我们建立了一套专业社会工作者的注册及监管制度。自 2003 年 4 月 1 日起，这类人员必须在注册后三年内获得国家职业资格（NVQ）2 级认证。

现行法律保护老年人免受虐待的一个重要内容是建立了保护弱势成年人名单，该名单于 2004 年 7 月通过 2000 年《护理标准法》引入。[74] 这要求雇主在雇用与弱势成年人经常接触的工作人员或志愿者时，确认受雇用者是否在名单上。这是除需要进行刑事记录局检查之外的要求。

[387]

雇主必须将那些因伤害或有可能伤害弱势成年人而有不当行为的员工列入名单。[75] 一旦被列入名单，他们就无法从事与为弱势成年人服务相关的工作，除非他们的名字被从名单中删除。

13.8.5 刑法

当然，刑法对受害者是老年人时适用的标准与任何其他人一样。因此，虐待老年人的事件通常相当于袭击或盗窃等标准刑事犯罪之一。下面我将提及一些尤其与老年人相关的犯罪。

13.8.6 导致或放任儿童或弱势成年人死亡

2004 年《家庭暴力、犯罪和受害者法案》第 5 条规定了导致或放任儿童或弱势成年人死亡的罪行。该罪行只能针对儿童或弱势成年人[76]；只能由与受害者同住或经常与受害者接触的人实施。犯此种罪行有两种方式。第一，被告的作为或不作为导致受害者死亡。第二，被告"未能采取合理预期的措施保护受害者免受与其同住且经常与其接触的人的非法行为造成的重大人身伤害风险"。[77] 只要陪审团确信被告使用了两种方式之一，控方就无须证明被告使用二者中的哪一种犯下该罪行。在两个人中显然有一人杀害了受害者但不清楚是谁为之的情况下，该罪行尤其有用。该罪行实际上还使得与弱势成年人生活在一起的人负有采取措施保护他们免受亲密之人施加暴力的义务。

13.8.7 虐待或忽视缺乏能力者

2005 年《心智能力法案》第 44 条规定：

(1) 当一个人（D）有如下情形时，第（2）分款适用：

(a) 照顾缺乏能力或有理由相信缺乏能力的人(P);

[388]
(b) 是由 P 授权进行永久代理或持续性代理(含义由附表 4 规定)的人;或

(c) 是法院为 P 委任的代理人。

(2) 如果 D 虐待或故意忽视 P,那么 D 构成犯罪。

这一罪行的核心是虐待或忽视的概念。[78] 它只适用于受害者缺乏能力的情况。该罪行的主要表现是虐待或故意忽视。这些概念不太明确。首先,这里存在需要什么心理因素的问题。换言之,构成该罪行是否要求被告故意虐待或忽视受害者? 有一种观点认为,"故意"一词在使用时置于"忽视"之前,因此可能不适用于虐待。这可能意味着忽视必须是故意的或鲁莽的[79],而构成虐待只需要对过失进行证明。

至于什么算虐待或忽视,值得注意的是在 R 诉 Newington 案中,上诉法院将先前立法规定的条款解释为"上诉人做出的可以被恰当地描述为虐待的行为,无论这种虐待是否损害或威胁受害者的健康"。[80] 这表明,即使没有确定的"伤害",也可能存在虐待。因此,让老年人在公共场所赤身裸体将被认为是一种虐待,即使具体的伤害可能很难确定。提供不充足的喂食或保暖无疑也将构成虐待,即使不能指出具体的伤害。

13.8.8 强制性报告

显然,人们有不报告涉嫌虐待行为的强烈动机。一项调查发现,60%的护士担心所报告的虐待老年人事件其实是对目睹情况的误解。[81] 另有 26%的护士表示对事后报复的恐惧阻止了他们报告虐待行为。[82] 当然,许多住在养老院的老人也缺乏自己进行投诉的能力或者害怕投诉所招致的后果。政府正在进行磋商以确定投诉程序是否可以得到改进。[83]

在美国的部分地区,报告虐待老人的事件是一项法律义务。[84] 在英国,有规定要求专业人员报告虐待儿童的情况,但对虐待老年人的情况没有同等规定。鉴于国家负有保护人民免受严重虐待的人权义务,有人认为,施加强制性报告义务是可取的。

13.9 社会保健与医疗保健的区别

有关老年人健康的政府政策的核心是区分社会保健和医疗保健。简言之,医疗保健属于国民医疗服务体系的职权范围,社会保健则由地方当局社会服务部门支持。这一区分的重要性远大于区分公共机构的管辖权。国民医疗保健服务是免费提供的,但地方当局可以对社会或个人保健收费。[85] 近年来,医疗保健与社会保健之间的区别被强化,这意味着先前在国民医疗服务体系中免费提供的服务现在被归类为个人保健并需要付费。有关服务种类包括:为某人洗澡、一般个人卫生,以及足部保健。由于这些服务主要由老年人使用,这致使有人主张国家未能提供免费个人保健是一种年龄歧视。

[389]

当然,除了涉及年龄的争论,这种区别还很容易受到批评。有人有力地指出,那些无法为自己提供个人保健的人之所以处于这种境地是因为他们正承受某种健康问题。因此,他们的问题至少是他们健康状况不佳的征兆。事实上,如果没有个人保健,他们可能出现更多的健康问题。因此,应该将自我护理失能视为提升健康的一个表现,还是不良健康状态的应对方式,这种区分并不具有合理性。事实上,尽管号称医疗服务自提供时刻起便是免费的,但人们依然认定进行这种区分不是出于某项合理的政策,而只是为了削减国家的财政支出。[86]

如上所述,地方当局可以要求照护对象支付合理的个人保健费用。[87]因此,医疗保健服务(在提供服务时免费)和社区保健(在提供服务时收费)之间的区别引起了激烈的争论。2001年《医疗与社会保健法》第49条规定照护服务费用不能由地方当局收取。除了个人要求的情况,照护服务被界定为由注册护士提供的照护,或由注册护士计划和监督的照护。该条规定:

(1)与提供社区保健服务相关的法规中的任何规定均不得授权或要求地方当局在提供此类服务或与之相关的服务方面:

①为任何人提供,或

②安排注册护士为任何人提供护理。

(2)在本条中,"注册护士提供的护理"指由注册护士提供的任何服务,包括:

(a)提供护理,或

(b)提供护理的计划、监督或委托,但不包括考虑其性质和提供环境而无须由注册护士提供的任何服务。

地方当局部分基于本条形成的付款标准被描述为"不清楚的和不稳定的"。[88] 社会和医疗保健之间的划分不仅为付款带来了困难,还导致了整合不同服务方面的困难。正如议会卫生特别委员会于 1999 年指出:

[390]
如果我们正在建立一项为弱势群体提供长期保健的新服务,那么确立一个单一、综合的社区保健提供者似乎是合乎逻辑的,从而让服务使用者、他们的看护人员和家庭可以在他们可能需要的服务之间无缝流转。[89]

2005 年,议会卫生特别委员会报告称:

在近几年进行的几乎所有调查中都将缺乏统一的医疗和社会保健结构确定为有效提供保健的一个严重障碍。这些问题涉及结构、财务问责制,从根本上说,还涉及医疗保健与社会保健之间的区别。医疗保健主要是免费提供的,而社会保健则是经过经济状况调查并由个人承担费用的。我们在本次调查中收集到的证据再次表明,医疗保健和社会保健之间的人为区别是在获得持续性保健资助资格方面出现的大多数困难的核心所在。[90]

解决由于该区分所造成困难的方法之一是使用由医疗保健人员担任的保健经理以负责监督老年人保健的各个方面。[91] 政府已经认识到在提供服务时进行区别所造成的问题,并在其白皮书《我们的健康,我们的保健,我们的发言权》中接受了"目前,过多的初级保健没有与地方当局委托的社会保健相结合"的说法。[92] 政府认识到有必要制定模型和指引以鼓励联合委托服务并制定共同框架。值得注意的是,当政府于 2007 年组织公众会议围绕社会保健讨论问题时,整合医疗保健和社会保健被投票选为优先议题。[93]

13.10 注释和参考文献

1. Department of Health, *National Service Framework for Older People* (London, Department of Health, 2001), p.6.

2. National Health Service, *The NHS Constitution* (London, NHS, 2010), Principle 1.

3. J. Herring, *Older People in Law and Society* (Oxford, OUP, 2009).

4. S. Ebrahim, The medicalisation of old age. *British Medical Journal,* 324 (2002), p.861.

5. R. Craig & J. Mindell, *Health Survey for England 2005* (London, Department of Health, 2007).

6. *Ibid.*, at 4.

7. Care Quality Commission, *Dignity and Nutrition for Older People* (London, Care Quality Commission, 2011).

8. Page 3.

9. Pages 4-5.

10. Pages 11-12.

11. Alzheimer's Society, *Counting the Cost:Caring for People with Dementia on Hospital Wards* (London, Alzheimer's Society, 2009).

12. Health Service Ombudsman, *Care and Compassion?* (London, The Stationery Office, 2011).

13. At 7.

14. At 1.

15. At 8.

16. At 10.

17. Centre for Policy on Ageing, *Ageism and Age Discrimination in Primary and Community Health Care in the United Kingdom* (London, Centre for Policy on Ageing, 2009).

18. *Ibid.*

19. Page 65.

20. Para.11.2.

21. Department of Health, *Securing Better Mental Health for Older Adults* (London, Department of Health, 2005).

22. Department of Health, *Living Well in Later Life* (London, Department of Health, 2006).

23. J. Beecham, M. Knapp, J.-L. Fernández, P. Huxley, R. Mangalore, P. McCrone, T. Snell, W. Beth & R. Wittenberg, *Age Discrimination in Mental Health Services* (London, PSSRU, 2008).

24. Nursing & Midwifery Council, *Guidance for the Care of Older People* (London, Nursing and Midwifery Council, 2009).

25. At 3.

26. At 5.

27. At 5.

28. At 9.

29. Age Concern, *Submission to the Joint Committee on Human Rights' Inquiry into the Human Rights of Older Persons in Healthcare* (London, Age Concern, 2009), page 9.

30. Section 5.

31. Rutherford (No.2) v. Secretary of State for Trade and Industry [2006] UKHL 19, para, 71.

32. Loxley v. BAE Systems [2008] ICR 1348, para. 36.

33. Palacios de la Villa v. Cortefiel Servicios C-411/05 ECJ, October 16 2007.

34. S. Fredman, The age of equality, In S. Fredman & S. Spencer (eds), *Age as an Equality Issue* (Oxford, Hart, 2003).

35. Age Concern, *Submission to the Joint Committee on Human Rights' Inquiry into the Human Rights of Older Persons in Healthcare* (London, Age Concern, 2009).

36. J. Grimley Evans, Age discrimination: implications of the ageing process, In S. Fredman & S. Spencer (eds), *Age as an Equality Issue* (Oxford, Hart, 2003).

37. F. Abrams, Patient advocate or secret agent? *Journal of American Medical Association,* 256 (1986), p.1784; D. Brahams, End-stage renal failure: the doctor's duty and the patient's right. *The Lancet,* 1 (1984), p.386.

38. J. Robinson, Age equality in health and social care, In S. Fredman & S. Spencer (eds), *Age as an Equality Issue* (Oxford, Hart, 2003).

39. Department of Health, *No more Age Discrimination in the NHS* (London, Department of Health, 2011).

40. *Ibid.*

41. *Ibid.*

42. 2010年《平等法案》规定了一项法定例外，因而当法律中规定了基于年龄的收费机制时，它们就不受《平等法案》规定的约束。

43. Government Equalities Office, *Equality Act 2010: Banning Age Discrimination in Services, Public Functions and Associations* (London, Government Equalities Office, 2011).

44. T. Poole, *Housing Options for Older People* (London, King's Fund, 2005), p.2.

45. Alzheimer's Society; *Dementia UK* (London, Alzheimer's Society, 2007), p.3.

46. Ministry of Justice, *Mental Capacity Act 2005, Code of Practice* (London, The Stationery Office, 2007). (hereafter, Code of Pratice).

47. Mental Capacity Act 2005, section 1(2). [392]

48. Mental Capacity Act 2005, section 3(1).

49. *Code of Practice,* Chapter 4.

50. *Code of Practice,* para. 4.4.

51. *Code of Practice,* para. 2.6.

52. Mental Capacity Act 2005, section 2(2).

53. Mental Capacity Act 2005, section 1(4).

54. *Code of Practice,* para. 2.10.

55. *Code of Practice,* para. 2.11.

56. Mental Capacity Act 2005, section 5.

57. House of Commons Health Committee, *Elder Abuse* (London, The Stationery Office, 2004), p.1.

58. A. Brammer & S. Biggs, Defining elder abuse. *Journal of Social Welfare and Family Law,* 20 (1998), p.385.

59. House of Commons Health Committee, *Elder Abuse* (London, The Stationery Office, 2004), p.1.

60. World Health Organisation, *The Toronto Declaration on the Prevention of Elder Abuse* (Geneva, WHO, 2002).

61. Department of Health, *No Secrets* (London, Department of Health, 2000).

62. M. O'Keeffe, A. Hills, M. Doyle, C. McCreadie, S. Scholes, R. Con-

stantine, A. Tinker, J. Manthorpe, S. Biggs & B. Erens, *UK Study of Abuse and Neglect of Older People Prevalence Survey Report* (London, Department of Health, 2008).

63. 报告解释,"虐待"被用于描述虐待和忽视。虐待有四种类型:心理虐待、身体虐待、性虐待(有时统称为人际虐待)和经济虐待。

64. M. O'Keeffe, A. Hills, M. Doyle, C. McCreadie, S. Scholes, R. Constantine, A. Tinker, J. Manthorpe, S. Biggs & B. Erens, *UK Study of Abuse and Neglect of Older People Prevalence Survey Report* (London, Department of Health, 2008), p.4.

65. *Ibid.*, para. 7.4.

66. S. Hussein, J. Manthorpe & B. Penhale, Public perceptions of the neglect and mistreatment of older people: findings of a United Kingdom survey. *Ageing and Society,* 27 (2007), p.919.

67. 2003年《性犯罪法》规定了可以适用的各种性犯罪,包括强奸、性侵犯和一系列保护精神障碍患者的犯罪。J. Herring, *Criminal Law: Text, Cases and Materials* (Oxford, OUP 2010), Chapter 8 对此进行了讨论。

68. J. Hegerty Linger, Ethical issues in distinguishing sexual activity from sexual maltreatment among women with dementia. *Journal of Elder Abuse and Neglect,* 15 (2003), p.85.

69. 然而,本案中,该女子没有面临刑事诉讼的风险。

70. [2007] EWHC 2003 (Fam), para. 87.

71. [2011] EWHC 101 (Fam).

72. Royal College of Nursing, *Older People in Care Homes: Sex, Sexuality and Intimate Relationships* (London, RCN, 2011).

73. J. Neuberger, *Not Dead Yet* (London, Harper Collins, 2008), p.231.

74. Department of Health, *Protection of Vulnerable Adults Scheme in England and Wales for Care Homes and Domiciliary Care Agencies, A Practical Guide* (London, DoH, 2004).

75. *Ibid.*

76. "16岁或以上的人,其保护自己免受暴力、虐待或忽视的能力因身体或精神残疾或疾病、年老或其他原因而明显受损": section 5(6)。

77. Section 5(1)(d).

78. Mental Health Act 1983, section 127. 在患者接受精神障碍治疗时,虐待或故意忽视他们是违法的。

79. R v. Newington (1990) 91 Cr App R 247.

80. R v. Newington (1990) 91 Cr App R 247.

81. BBC News Online, Nurses fear elder abuse errors, 29 August 2007

82. K. Taylor & K. Dodd, Knowledge and attitudes of staff towards adult protection. *Journal of Adult Protection*, 3 (2005), p.26.

83. Department of Health, *Making Experiences Count* (London, Department of Health, 2008).

84. M. Velick, Mandatory reporting statutes: a necessary yet underutilized response to elder abuse. *Elder Law Journal*, 3 (1995), p.165.

85. NHS and Community Care Act 1990, section 47.

86. *Ibid.*

87. Health and Social Services and Social Security Adjudications Act 1983, section 17.

88. C. Newdick, *Who Should We Treat?* (Oxford, OUP 2005), p.118.

89. Parliamentary Select Committee on Health, *The Relationship between Health and Social Services* (London, Hansard, 1999).

90. Select Committee on Health, *Sixth Report* (London, Hansard, 2005), at para 24.

91. K. Weiner, J. Hughes, D. Challis & I. Pedersen, Integrating health and social care at the micro level: health care professionals as care managers for older people. *Social Policy and Administration*, 37 (2003), p.498.

92. Department of Health, *Our Health, Our Care, Our Say* (London, Department of Health, 2006).

93. Department of Health, *Our Health, Our Care, Our Say-One Year On* (London, Department of Health, 2007).

B 以人为本的照护、人格同一性和痴呆症患者的利益

Michael Dunn

牛津,牛津大学公共卫生系 Ethox 中心医疗与社会保健伦理学讲师

13.11 概述

[394] 近年来,在英国的政策和实践中,以人为本的方法已成为提供高质量医疗、护理和个人保健的金科玉律。以符合每个人的愿望、价值观和需求的方式提供照护被认为是尽到尊重人的自主、维护人的尊严和增进人的福祉的道德义务的最适当方式。Herring 在第 13 章第一部分中概述的法律发展有助于形成将这些价值观转化为向所有人提供的保健的必要基础。关于人权、平等、反歧视和心智能力的新法定框架应继续协助以人为本的方法深深植根于照护老年患者的医院和社区保健环境中。

痴呆症患者是一群在医院和社区中经常接受医疗和护理干预的老年人。以人为本的痴呆症照护工作确定了如下四个应当指导照护实践的主要要素[1]:

1. 重视痴呆症患者以及照顾他们的人
2. 将人视为个体对待
3. 从痴呆症患者的角度看世界
4. 使痴呆症患者能够体会到相对幸福的积极社会环境

这种将以人为本的照护概念化的宽泛方法,其影响之一是护士和其他医疗保健从业人员之间就患者个人自主的考虑应当胜过家长式作风,从而使得患者处于更好的境况或免受伤害达成了广泛的共识。这一道德判断意味着,在医疗保健环境中作出的所有决定都应该符合患者自己关于什么对他(或她)有利的考虑,而不是由在作出决定的过程中加[395]入的对医疗利益的客观说明来决定。例如,人们普遍认为,如果这是他们的愿望,他们应该被允许在自己家里度过生命的最后几天,而不是被送往医院接受可能短暂延长其寿命的治疗。然而,正如 Herring 指出,许多报告揭示了这种道德共识如何未能促使向老年人提供的护理的普遍改善。

在将以患者为中心而非以任务为中心的照护融入整个医疗服务之前,显然还有一段路要走。

尽管以患者为中心的照护是良好的照护,因为它支持提供照护的明确道德路径(尤其是在为老年人和痴呆症患者提供护理的情况下),以患者为中心的工作方式并不意味着有关应当如何向患者提供照护的哲学或伦理问题将完全从医疗和护理中根除。[2,3] 在这一部分中,我将重点放在两个截然不同的挑战上,这两个挑战因为上文概述的对痴呆症患者进行的以人为本照护的四个要素被凸显出来。第一个挑战涉及痴呆症的发病对人格同一性的影响程度,人格同一性的改变对应当如何作出为个人提供照护的决定意味着什么影响。第二个挑战涉及当一个人以前的人生价值观与他(她)现在的感受之间似乎存在冲突时作出对其利益判断的困难。

13.12 人格同一性和痴呆症

有一系列证据表明,痴呆症患者的看护人员难以应对疾病的发作,造成这些困难的原因是发病导致的认知障碍和个性变化。[4-6] 虽然这些变化对照护关系产生了变革性影响,但它们也被视为痴呆症患者人格同一性更广泛主张的证据:痴呆症患者与她(或他)发病前是不是同一个人,或者痴呆症患者究竟是不是一个人。显然,这些哲学文献中关于人格同一性和人格本质的争论对于为痴呆症患者提供以人为本的照护的可能性具有深远的影响。我们如何理解这些论点,以及它们与为痴呆症患者提供的照护的相关性? Hughes[7] 将注意力集中在两种理解人格同一性的相互矛盾的方法上。第一种方法是根据一段时间内心理连续性和连通性的描述来确定一个人的个性。第二种方法是根据人存在的情境性、具象性和叙事性来确定一个人的个性。

关于人格同一性的心理连续性理论在文献中占据主导地位。[8,9] 因此,作为一个人的意义无非是一个人的记忆、意图、思想、信仰、情感状态和性格随着时间的推移而存在的连续性。[7] 而人格同一性被简化为随着时间推移个人心理状态的连通性。在这个意义上,可以说是界定一个人生活的不同阶段是根据心理变化区分的,这些心理变化表现为同一性、自我意识或个性的变化,事实上应被视为不同的人的不同的生活。[10]

相比之下,人格同一性的情景具体化主体理论认为"人最好被认为是

[396]

一个主体,一种具体化的存在,在他或她所处的文化和历史背景中行动和互动"。[7]在这里,一个人生活的外部环境被理解为与世界上其他人的关系,它决定了一个人的人格同一性,而不是个人心理状态随时间推移的内在连续性。这种对人格的情境性理论往往表现为一种生活叙事的重要性,这种生活叙事随着时间推移将一个人的个性与他/她为自己构建的、其他人围绕这个人所构建的丰富的存在细节联系起来。[11-13]

这两种理论对于痴呆症患者如何被看待,以及为痴呆症患者提供的照护实践如何被理解为合法具有重要意义。根据心理连续性理论,可能伴随痴呆症出现的与记忆丧失、认知障碍和个性有关的变化意味着痴呆症患者可以被判断为与痴呆症发病前存在的人不同。此外,在病情更严重的阶段,患者很可能会完全丧失人格同一性,即个人只保留基本的知觉或感觉能力,无法维持记忆或行使认知能力。从人格的心理连续性理论来看,晚期痴呆症患者已不再是一个人。

同样,替代决定不应基于个人先前的价值观、愿望或信念作出。这是因为,本质上,为一个人(痴呆症发作前的人)作出的决定将基于一个不同的人(痴呆症发作后的人)的愿望和价值观。基于此种对人格同一性的理论,2005年《心智能力法案》关于预先拒绝治疗的规定,以及在确定缺乏能力的痴呆症患者的最大利益时应考虑的相关因素也将被视为非法。正如Buchanan[14]所言,预先指示"不是作为自我决定的手段,而是作为征服他人的邪恶手段"。

另一方面,人格同一性的情景具体化主体理论意味着痴呆症发作并不影响人的人格同一性。这是因为这个人将继续存在于同一个身体中,依然与其他人发生联系,在更广泛的社会和家庭语境下赋予这个人的生活以意义。从这样的意义上说,即使是已经表现出作为晚期痴呆症特征的认知障碍,患者也依然具有人格同一性,而痴呆症只是作为一个人生活轨迹丰富叙事的一个组成部分。

接受占主导地位的心理连续性理论意味着被迫承认,要么以人为本的痴呆症患者照护是不正当的,或者以人为本的照护[1]的组成要素是不协调的。相比之下,人格同一性的情景具体化理论加强了对痴呆症患者以人为本照护的要素,并与指导医疗和护理保健决策的法律和政策基础一致,尤其是与2005年《心智能力法案》中规定的内容一致。支持情景具体化主体理论的另一个原因是,正如Hughes[7]所说,人格同一性的理论与临床经验最密切相关,该理论由于其具备直观的和符合常识的吸引力可能获得公众的认可。

13.13 平衡对个人利益相互矛盾的理论

即使人们接受人格同一性在痴呆症发病后仍然存在,并且痴呆症患者与发病前是同一个人,也会出现关于如何权衡一个人的利益以便为该人作出决定的伦理挑战。当痴呆症患者被判断为缺乏对自己的照护作出一个或多个决定的能力,因而他们的自主性不能直接得到尊重时,便出现了这种情况。

对个人利益的相互矛盾的理论之间的冲突可能会给护士和其他医疗与社会保健从业人员带来重大的实践困境。一些评论员已经指出以下例子来说明这一问题。[15-17] A 女士是一位患有痴呆症的 75 岁女性,最近搬进了一家养老院。A 女士被判断为没有能力选择自己的膳食,但她从 14 岁开始就是素食主义者。吃早餐时,许多老人都被提供含有培根的英式早餐,而养老院的护理人员不给 A 女士培根,因为她承诺过始终要当一名素食主义者。然而,A 女士被熏肉的气味吸引,从另一位老人的盘子里拿了一块培根,吃得津津有味。一名工作人员看到 A 女士这样做,便从 A 女士手中拿过剩余的培根,将盘子移到她够不着的地方。这使 A 女士感到痛苦,她大声喊叫起来。

工作人员这样的行为正确吗?并没有一个对 A 女士利益的直截了当的描述能够提供对这一问题的答案。一方面,将 A 女士塑造成一个人并贯穿于她的一生的价值观表明工作人员所采取的行动是正确的,应尽一切努力确保 A 女士不吃肉,尽管痴呆症的发作使她忘记了自己的道德或宗教信仰。另一方面,允许 A 女士吃肉可以丰富她目前的经历。她从中获得了明显的快乐,而在某些情况下,阻止她吃肉可能会给她带来相当大的痛苦。

此外,法律和专业指引在通过此类场景进行论证方面没有提供任何帮助。根据 2005 年《心智能力法案》第 4 条,为个人的最大利益作出替代决定要求决策者考虑该人过去和现在的愿望和感受,以及如果他/她能够作出决定,可能会影响该人决定的信仰和价值观。在当前的愿望和感受与以前的信仰和价值观发生冲突时应如何权衡方面,该法并没有提供任何指导。只有一个人在丧失能力前认可的价值观和信念在拒绝治疗的预先

[398]

决定中被认可,这些价值观和信念才被赋予优先于当前愿望和感受的地位。在第13章第一部分中,Herring认为"例如,当一个人患有痴呆症并且前后性格大变,那么他过去的观点可能没有现在的偏好那么重要"。然而,应当指出的是,其他评论员支持相反的立场。

把一个人以前的价值观放在首位的理由之一是尊重自主的伦理原则。如果我们承认痴呆症威胁到一个人的自主权,因为该人在某个阶段将失去对其护理作出一个或多个具体决定的能力,那么赞同患者在有能力时作出的,关于他们希望在未来得到怎样的照护的决定,可以使这一原则在最大程度上指导实践。这是支持《心智能力法案》规定的预先拒绝治疗具有有效性的伦理理由,并解释了为什么替代决策者在判断一个人的最大利益时,必须明确提及该人在有能力时所作的任何书面声明。

把一个人以前的价值观放在首位的另一理由在于"经验"利益和"关键"利益之间在伦理上的显著区别。[18] 经验利益关注一个人在心理状态方面的体验质量,是指每个人在最大化地体验快乐(及其他积极的心理状态)和最小化地体验痛苦(及其他消极的心理状态)方面的利益。而关键利益是指一个人在追求他/她认为对他/她而言过上美好生活至关重要的东西时所拥有的利益。关键利益是那些明确表达我们对生活的渴望的事物,正如Dworkin认识到,"自身独特的完整性必须考虑每个决定在主体正在创造和构建的生活概貌中的位置、性格和成就的概念"[19]。在根据一个人的日常经验证明具有正当性的个人决定和通过保持一个人随时间推移的完整性证明具有正当性的相关决定之间的区别,使得Dworkin提出了为痴呆症患者利益作出决定(尤其是那些与临终照护有关的决定)的以关键利益为基础的方法。

从经验利益和关键利益之间的区别中可以得出一些观察结果。其中之一是区分经验利益和关键利益并非直截了当。A女士对素食主义者的承诺可能是由于宗教信仰、道德信念或个人对肉质的反感。这些让她承诺作为素食主义者的不同原因会影响到A女士关键利益的地位,并可能使她的经验利益在决定医护人员应如何行事时被赋予最重要的地位。[17]

[399] 另一个问题是,优先考虑个人的关键利益可以说明为个人作决定时参考他人利益具有正当性。想想以下这种状况,B女士在痴呆症早期时大致表明了她对临终时人工营养及水分补充(ANH)的偏好。她说,尽管在人工营养及水分补充能让她活下去的情况下她希望继续接受它们,但

对她来说最重要的是她的丈夫不会因为她在生命末期作出的任何决定而感到痛苦。她明确表示,她最重要的考虑是,对她所做的任何事情都不会给她所爱的人带来痛苦。基于 B 女士与其丈夫的关系被视为对 B 女士的身份认同和性格至关重要,优先考虑不对其丈夫造成痛苦的关键利益将使得,在人工营养及水分补充能够延长 B 女士生命时停止对其提供的做法具有正当性,也等同于她本来会作出的选择。

13.14 结论

这一部分说明了痴呆症的发病如何带来与日常照护工作实践相关的特定挑战。这些挑战涉及人格同一性、决定能力和个人利益的确定等问题,兼具理论性和实践性。

虽然医疗和护理政策和实践认可了以人为本的照护和共同决定的价值观,但主张以人为本的方法并不能回避提出的两个问题,也不能为解决这两个问题提供必要的办法。这正是因为需要作出判断的核心问题是有关个人本质和个人利益的问题。此外,法律和专业指引只能在一定程度上帮助从业人员正确回答这些问题。重要的是,护士和其他医疗保健从业人员了解对痴呆症患者进行以人为本的照护所带来的哲学和伦理挑战,并能够根据上述考虑在思考这些问题时作出他们的判断。

13.15 参考文献

1. D. Brooker, What is person-centred care in dementia? *Reviews in Clinical Gerontology,* 13 (2004), pp.215-222.

2. L.M. McClimans, M. Dunn & A.-M. Slowther, Health policy, person-centred care and clinical ethics. *Journal of Evaluation in Clinical Practice,* 17 (2011), pp.913-919.

3. C. Munthe, L. Sandman & D. Cutas, Person centred care and shared decision making: implications for ethics, public health and research. *Health Care Analysis,* 20 (2012), pp.231-249.

4. R. Barnes, M. Raskind, M. Scott & C. Murphy, Problems of families caring for Alzheimer patients: use of a support group. *Journal of the American Geriatrics Society,* 29 (1981), pp.80-85.

5. B. Chenoweth & B. Spencer, Dementia: the experience of family caregivers. *The Gerontologist,* 26 (1986), pp.267-272.

6. M. Lezak, Living with the characterologically altered brain injured patient. *Journal of Clinical Psychiatry,* 39 (1978), pp.592-599.

7. J. Hughes, Views of the person with dementia. *Journal of Medical Ethics,* 27 (2001), pp.86-91.

8. D. Parfit, Reasons, and Persons (Oxford, OUP 1984).

9. R. Dresser, Advance directives, self-determination, and personal identity, In C. Hackler, R. Moseley & D.E. Vawter (eds), *Advance Directives in Medicine* (New York, Praeger, 1995).

10. R. Berghmans, Advance directives and dementia. *Annals of the New York Academy of Sciences,* 913 (2000), pp.105-110.

11. A. MacIntyre, *After Virtue: A study in Moral Theory,* 2nd edn (London, Duckworth, 1985).

12. N. Rhoden, Litigating life and death. *Harvard Law Review,* 102 (1988), pp.375-446.

13. C. Taylor, *Sources of the Self: The Making of the Modern Identity* (Cambridge, CUP 1989).

14. A. Buchanan, Advance directives and the personal identity problem. *Philosophy and Public Affairs,* 17 (1988), pp.277-302.

15. S. Holm, Autonomy, authenticity, or best interest: everyday decision-making and persons with dementia. *Medicine, Health Care, and Philosophy,* 4 (2001), pp.153-159.

16. T. Hope, A. Slowther & J. Eccles, Best interests, dementia and the Mental Capacity Act (2005). *Journal of Medical Ethics,* 35 (2009), pp.733-738.

17. T. Hope & J. McMillan, Advance decisions, chronic mental illness, and everyday care. *The Lancet,* 377 (2011), pp.2076-2077.

18. R. Dworkin, *Life's Dominion: An argument about abortion, euthanasia, and individual freedom* (London, Harper Collins, 1993).

19. R. Dworkin, Autonomy and the demented self. *Millbank Quarterly,* 64 (Suppl. 2) (1986), pp.4-16.

附录1 案 例[*]

案例目录使用的缩写如下:

A-Atlantic Report(USA) 大西洋判例汇编(美国)

AC-Law Reports, Appeal Cases 上诉案件法律报告

ACC-Administrative Appeals Chamber 行政上诉分庭

All ER-All England Reports 全英报告

All ER(D)-All England Reports(Digest) 全英报告(摘要)

BMLR-Butterworths Medico-Legal Reports Butterworths 法医报告

CA-Quebec Official Reports, Court of Appeal 魁北克上诉法院官方报告

CCLR-Canadian Corporation Law Reporter 加拿大公司法律报告

CCR-Crown Cases Reserved 保留的刑事案件

Ch-Law Reports, Chancery Division 大法官分庭法律报告

CLR-Commonwealth Law Reports(Australia) 联邦法律报告(澳大利亚)

CLY-Current Law Yearbook 现行法律年鉴

CMLR-Common Market Law Reports 共同市场法律报告

Cr App Rep-Court of Appeal Reports 上诉法院报告

CSOH-Scotland Court of Session, Outer House(neutral citation) 苏格兰民事法院,外庭(中立引注)

DLR-Dominion Law Reports(Canada) 领土法律报告(加拿大)

ECHR-European Court of Human Rights Series A:Judgments and Decisions 欧洲人权法院专辑:判决与决定

ECJ-European Court of Justice 欧洲法院

ECR-European Court Reports 欧洲法院报告

ECtHR-European Court of Human Rights 欧洲人权法院

EHRR-European Human Rights Reports 欧洲人权报告

---

[*] 本附录所列页码为英文版原书页码(即本书页边码),带有后缀"n"的页码是指该页的脚注。——译者注

EWCA-England and Wales Court of Appeal（neutral reference） 英格兰和威尔士上诉法院（中立参考文献）

EWHC-England and Wales High Court（neutral reference） 英格兰和威尔士高等法院（中立参考文献）

Fam-Family Division Law Reports 家事分庭法律报告

FCR-Family Court Reports 家事法院报告

FLR-Family Law Reports 家庭法报告

HCA-High Court of Australia（neutral reference） 澳大利亚高等法院（中立参考文献）

ICR-Industrial Cases Reports 工业判例汇编

IRLR-Industrial Relations Law Reports 劳资关系法律报告

KB-Law Reports, King's Bench Division 王座法庭法律报告

KIR-Knight's Industrial Reports 奈特工业报告

LR-Law Reports 法律报告

Lloyds Rep Med-Lloyds List Medical Law Reports Lloyds 名单医疗法律报告

LTL-Lawtel 网站

Med LR-Medical Law Review 医疗法律评论

NSWLR-New South Wales Law Reports 新南威尔士州法律报告

OR-Ontario Reports 安大略省报告

PIQR-Personal Injuries and Quantum Reports 人身伤害和量化报告

PNLR-Professional Negligence and Liability Reports 职业过失和责任报告

QB-Law Reports, Queen's Bench Division 王座法庭法律报告

RPC-Reports of Patent, Design and Trademark Cases 专利、设计和商标案例汇编

UKEAT-United Kingdom Employment Appeal Tribunal（neutral reference） 英国雇用上诉裁判所（中立参考文献）

UKHL-United Kingdom House of Lords（neutral reference） 英国上议院（中立参考文献）

UKUT-United Kingdom Upper Tribunal 英国上诉裁判所

WL-Westlaw Transcripts Westlaw 副本

WLR-Weekly Law Reports 每周法律报告

WWR-Western Weekly Reports　西部周报

A, Re (conjoined twins: surgical separation) [2000] 4 All ER 961 … 267
A, Re (malesterilisation) [2000] 1 FLR 549 …………………… 213,231n
AA v. Cheshire andWirral Partnership NHS Foundation Trust (2009)
　UKUT 195 ………………………………………………………… 234n
AC, Re (1990) 573 A 2d 1235 (DC Ct App); [1990] 573 A 2d 1235
　………………………………………………………………………… 149n
AC v. Berkshire West Primary Care Trust [2010] EWHC 1162 (Admin)
　………………………………………………………………………… 186n
Airedale NHS Trust v. Bland [1993] AC 789; [1993] 2 WLR 316
　………………………………………………………………… 257, 285n
AlHamwi v. Johnston and Another (2006) 14 Med LR 108 …… 144,150n
Albert v. Lavin [1982] AC 546 (HL) ………………………………… 232n
Allied Maples Group Ltd v. Simmons & Simmons (a firm) [1995] 1
　WLR 1602 ………………………………………………………… 117n
Appleton v. Garrett (1995) 8 Med LR 75 …………………………… 111
Attorney General v. Guardian Newspapers [No. 2] [1990] 1 AC 109
　………………………………………………………………………… 176

B, Re [1987] 2 All ER 206 ………………………………………… 149n
B (A Child) (Medical Treatment), Re [2008] EWHC 1996 ………… 265
B, Re (adult: refusal of medical treatment) [2002] 2 All ER 449 … 149n
B v. Croydon HA [1995] 1 All ER 683; [1995] 2 WLR 294
　…………………………………………………………… 138,149n,229n
Bailey v. Ministry ofDefence (2008) EWCA Civ 883 ……………… 110
Ball v.Wirrall HA [2003] WL 117143; [2003] Lloyds Rep Med 165
　………………………………………………………………………… 188n
Barber v. Somerset CC [2004] UKHL 13 …………………………… 19
Barker v. Corus UK Ltd [2006] UKHL 20 ………………………… 110
Barnett v. Chelsea and Kensington Hospital Management Committee
　[1969] 1 QB 428 ……………………………………………… 186n,188n

Birch v. University College London Hospital NHS Foundation Trust [2008] EWHC 2237 ·· 144
Bland v. Airedale [1993] AC 789; [1993] 2 WLR 316 ·················· 15
Bluck v. Information Commissioner (2007) 98 BMLR 1 ·············· 189n
Blyth v. Bloomsbury AHA (1987) 4 Med LR 151 ······················ 145
Bolam v. Friern Hospital Management Committee [1957] 1 WLR 582 ·· 116n, 186n
Bolitho v. City & Hackney Health Authority [1998] AC 232; [1997] 3 WLR 1151 ·· 117n
Bonnington Castings v. Wardlaw [1956] AC 613 ·························· 109
Bova v. Spring [1994] 5 Med LR 120 ······································· 170
Brasserie du Pêcheur/Factortame (No. 3) [1996] 1 CMLR 889 ·········· 11
Brooks v. Home Office [1999] 48 BMLR 109 ······························ 172
Brown v. Scarborough and North East Yorkshire Healthcare NHS Trust [2009] EWHC 3103 (QB) ··· 187n
Bull v. Devon Area Health Authority [1993] 4 Med LR 117 ············ 173

C, Re (a minor) (medical treatment) [1998] 1 FLR 384 ······ 117n, 264
C, Re (adult: refusal of treatment) [1994] 1 WLR 290; [1994] 1 All ER 819 ··· 131
C, Re (detention: medical treatment) [1997] 2 FLR 180 ··············· 269n
Campbell v. Borders Health Board [2011] CSOH 73 (affirmed [2012] CSIH 49) ··· 187n
Candler v. Crane Christmas [1951] 2 KB 164 ······························ 21n
Caparo Industries plc v. Dickman [1990] 2 AC 605 ······················ 103
Cassidy v. Ministry of Health [1951] 2 KB 343 ···························· 188n
Cattley v. St John's Ambulance Brigade (1988) (QB) Unreported, Lexis Transcript 87 NJ 1140/1986 C 133 ······ 187n, 188n, 189n
Chaplin v. Hicks [1911] 2 KB 786 ··· 117n
Chappel v. Hart [1998] HCA 55 ······································· 146, 150n
Chatterton v. Gerson [1981] QB 432 ·· 326
Cheshire West and Chester Council v. P [2011] EWCACiv 1557 ······ 257

Chester v. Afshar [2004] UKHL 41; [2005] 1 AC 134 ········· 143, 150n
Child A v. Ministry of Defence [2005] QB 183 ····························· 188n
Conan-Ingram v. Williams (2010) EWHC 758 ······························ 110
Crawford v. Charing Cross Hospital (1953) *The Times*, 8 December ··· 116n

D,Re (medical treatment) [1998] 1 FLR 411 ······························· 258
D, Re (wardship: medical treatment) [2000] All ER (D) 967 ········· 266
D v. United Kingdom [1997]ECtHR Reports 1997-III ······················· 7
D Borough Council v. AB [2011] EWHC 101 (Fam) ············ 386, 392n
De Freitas v. O'Brien (1995) 6 Med LR 108 ································· 106
Deacon v. McVicar and Leicester Royal Infirmary (1984) LexisNexis
  transcript ·· 188n
Defrenne v. Sabena [1976] 2 CMLR 98 ·· 10
Devi v. West Midlands HA (1981) (CA Transcript 491) ················ 149n
Dillon v. LeRoux [1994] 6 WWR 280 (British Columbia Court of
  Appeal) ·· 170,187n
Djemal v. Bexley HA (1995) 6 Med LR 269 ································· 116n
Donoghue v. Stevenson [1932] AC 562 ·· 21n
Dorset Healthcare NHS Foundation Trust v. MH [2009] UKUT 4
  (AAC) ·· 234n
Drake v. Pontefract Health Authority [1998] Lloyds Rep Med 425 ······ 171

Early v. Newham HA [1994] 5 Med LR 214 ································· 117n
Eisai Ltd v. NICE [2008] EWCA Civ 346 ····································· 186n
Enderby v. Frenchay Health Authority Case C-127/92 (ECJ) ············· 18
Ezsias v. North Glamorgan NHS Trust [2010] UKEAT /0399/09/ CEA
  ·· 190n

F, Re (mental patient:sterilisation) [1990] 2 AC 1 ····················· 149n
F v. West Berkshire Area Health Authority [1989] 3 All ER 545 ······ 355n
Faccini-Dori v. Recreb Case C-91/92 [1995] 1 CMLR 665 ················ 11
Fadipe v. Reed Nursing Personnel [2005] ICR 1760 ····················· 190n

Fairchild v. Glenhaven Funeral Services Ltd [2003] 1 AC 32 109
Farraj v. King's Healthcare NHS Trust [2010] 1 WLR 2139 ...... 173,188n
First Interstate Bank of California v. Cohen Arnold & Co. [1996] 1
　PNLR 17 .... 117n
Fisher v. Bell [1961] 1 QB 394 16
Freeman v. Home Office [1984] QB 524 135
French v. Thames Valley Strategic HA [2005] EWHC 459 (QB) 187
Frenchay NHS Trust v. S [1994] 2 All ER 403 257

G, Re (Persistent Vegetative State) [1995] 2 FCR 46 258
Garcia v. East Lancashire Hospital NHS Trust [2006] EWHC
　2314 (QB) 189n
Gascoine v. Ian Sheridan and Co. [1994] 5 Med LR 437 .... 116n
General Dental Council's Application, Re [2011] EWHC 3011
　(Admin) 189n
Ghaidin v. Godin-Mendoza [2004] UKHL 3007 .... 20n
Gillick v. West Norfolk and Wisbech Area Health Authority and the
　DHSS [1986] 1 AC 112; [1985] 3 All ER 402 ... 230n, 233n, 253,263
Glass v. UK (2004) 39 EHRR 263, 266
Gold v. Essex County Council [1942] 2 KB 293 .... 186n
Goodwill v. BPAS [1996] 2 All ER 161 103
Gregg v. Scott [2005] 2 WLR 268 .... 108, 117n

H (a Healthcare Worker) v. Associated Newspapers Ltd [2002]
　EWCA Civ 195 .... 189n
Hale v. London Underground Ltd [1992] PIQR Q 30 114
Haluska v. University of Saskatchewan (1965) 53 DLR 2d 351n
Hardaker v. Newcastle Health Authority [2001] Lloyds Rep Med 512
　.. 172, 188n
HE v. A Hospital NHS Trust, AE [2003] EWHC 1017 .... 231n
Hedley Byrne v. Heller [1964] AC 465 .... 21n
Heil v. Rankin and Others [2001] QB 272 .... 20n

Heinisch v. Germany [2011] IRLR 922 ······ 182, 191n
HIV Haemophiliac Litigation, Re (1990) 41 BMLR 171 ······ 189n
HL v. United Kingdom [2004] ECHR 471; [2005] 40 EHRR 32
 ······ 7, 215, 231n
Hotson v. East Berkshire Health Authority [1987] AC 750 ······ 108
Hucks v. Cole [1993] 4 Med LR 393 ······ 186n
Hunter v. Mann [1974] QB 767 ······ 176,189n
Hutchinson Reid v. United Kingdom [2003] 37 EHRR 211 ······ 229n

J,Re (a minor) (wardship: medical treatment) [1991] Fam 33;
 [1993] Fam 15 ······ 264
J, Re (Specific Issue Orders: Child's Religious Upbringing and
 Circumcision) [2000] 1FLR 571 ······ 269n
Johnstone v. Bloomsbury Health Authority [1990] 2 All ER 293;
 [1991]1 WLR 1362 ······ 18
Jones v. Manchester Corporation [1952] QB 852 ······ 171,187n
Junor v. McNichol (1959) The Times, 11 February and 26 March
 ······ 147,150n

K, Re (a minor) [2006] EWHC 1007 ······ 265
Kapfunde v. Abbey National [1999] 2 Lloyd's Rep Med 48; [1998]
 IRLR 583 (CA) ······ 103
Kay v. Northumberland NHS Trust (2001) reported on the Public
 Concern at Work (PCAW) website: http://www.pcaw.co.uk/law/
 casesummaries .htm ······ 190n
KB, Re (adult) (mental patient: Medical treatment) (1994) 19 BMLR
 144 ······ 232n
Kirklees MBC v. Wickes [1993] AC 227 ······ 11
Knight v. Home Office [1990] 3 All ER 237 ······ 172, 188n
Knowles v. Liverpool Council [1993] 1 WLR 1428 ······ 17
Kolanis v. United Kingdom (2006) 42 EHRR 12 ······ 227n
Kondis v. State Transport Authority (1986) 154 CLR 672 ······ 188n

Kruhlak v. Kruhlak [1958] 1 All ER 154 ······ 17

L, Re (medical treatment: benefit) [2005] 1 FLR 491 ······ 265
L, Re (medical treatment;Gillick competency) [1998] 2 FLR 810 ··· 149n
Lancaster v. Birmingham City Council [1999] LTL 12.8.99 ······ 18
LCB v. United Kingdom (1998) ECtHR Reports 1998-III ······ 20n
Lewis v. Secretary of State for Health [2008] EWHC 2196 (QB) ··· 189n
Lister v. Romford Ice and Cold Storage Co Ltd [1957] AC 555 ······ 102
Litster v. Forth Dry Dock [1990] 1 AC 546 ······ 11
A Local Authority v. E and others [2012] EWHC 1639 (CoP) ······ 260
Loraine v. Wirral University Teaching Hospital NHS Foundation Trust
 [2008] EWHC 1565 (QB) ······ 188n
Loxley v. BAE Systems [2008] ICR 1348 ······ 379, 391n

M, Re (child: refusal of medical treatment) [1999] 2 FCR 577 ······ 253
McCormack v. Redpath Brown & Co. (1961) *The Times*, 24 March
 ······ 171,188n
Macfarlane v. Tayside Health Board [2000] 1 Lloyd's Rep Med 1 ······
 ······ 116n
McGhee v. National Coal Board [1972] 3 All ER 1008; [1972]
 UKHL 7;[1973] 1 WLR 1 ······ 109
Malette v. Schumann (1990) 72 OR (2d) 417; 67 DIR (4th) 321
 (Ont CA) ······ 134,149n
Marriott v. West Midlands RHA [1999] Lloyds Rep Med 23 ······ 187n
Marshall v. Southampton and SW Hants AHA Case 152/84 [1986] 1
 CMLR 688 ······ 9
Maynard v. West Midlands RHA [1984] 1 WLR 634 ······ 104,186n
MB, Re (medical treatment) [1997] 2 FLR; [1997] 2 FCR 541;
 (1997) 38 BMLR 175 (CA) ······ 131, 149n, 231n, 268n
MM, Re (an adult) [2007] EWHC 2003 (Fam) ······ 392n
MS v. Sweden (1999) 28 EHRR 313 ······ 189n

N v. Home Office [2005] UKHL 31 ········ 20n
Nettleship v. Weston [1971] 2 QB 691 ········ 116n
NHS Manchester v. Fecitt [2011] EWCA Civ 1190 ········ 190n
An NHS Trust v. G [2001] All ER (D) 34 ········ 258
An NHS Trust v. H [2013] Fam Law 34 ········ 265
An NHS Trust v. MB [2006] 2 FLR 319 ········ 265
An NHS Trust v. Mr and Mrs H & Ors [2012] EWHC B18 ········ 265
An NHS Trust A v. Mrs M.; NHS Trust B v. Mrs H. [2001] 1 All ER 801 ········ 7
Nicholls v. Rushton (1992) *The Times*, 19 June ········ 117n
Nickolls v. Ministry of Health (1955) *The Times*, 4 February ········ 188n
Norfolk & Norwich NHS Trust v. W [1996] 2 FLR 613 ········ 149n

Okeke v. NMC [2013] EWHC 714 (Admin) ········ 50n
Osman v. United Kingdom [1998] ECtHR Reports 1998-VIII ········ 20n
OT, Re (a child) [2009] EWCA Civ 409 ········ 265

Palacios de la Villa v. Cortefiel Servicios (2007) C-411/05 ECJ, 16 October ········ 379, 391n
Paton v. British Pregnancy Advisory Service [1978] 2 All ER 987; [1979] QB 276 ········ 149n
Payne v. StHelier Group HMC [1952] CLY 2992 ········ 187n
Pearce v. United Bristol NHS Trust [1999] PIQR 53 (CA) ········ 143, 150n
Penney, Palmer and Cannon v. East Kent Health Authority [2000] 1 Lloyds Rep Med 41 ········ 117n
Pepper v. Hart [1993] AC 593 ········ 17
Perry v. NMC [2013] EWCA Civ 14 ········ 50n
Pickering v. Governors of United Leeds Hospitals (1954) 1 Lancet 1075 ········ 150n
Pickstone v. Freemans [1989] AC 66 ········ 11
Poole v. Morgan [1987] 3 WWR 217 ········ 187n
Pretty v. DPP [2001] UKHL 61 ········ 20n

A Primary Care Trust v. P, AH and A Local Authority [2008] 2 FLR 1196 ……………………………………………………… 269n
Pubblico Ministero v. Ratti [1979] ECR 1629 ……………………… 10
R (B) v. The Nursing and Midwifery Council [2012] EWHC 1264 (Admin) ……………………………………………………… 50n
R (on the application of AM) v. Director of Public Prosecutions [2012] EWHC 2381 ……………………………………………… 259
R (on the application of Axon) v. Secretary of State for Health [2006] EWHC 37 ……………………………………………………… 253
R (on the Application of Booker) v. NHS Oldham and Direct Line Insurance Plc [2010] EWHC 2593 (Admin) ……………………… 186n
R (on the application of Burke) v. General Medical Council [2005] 3 WLR 1132; [2006] QB 273 ……………………………………… 269n
R (on the Application of Condiff) v. North Staffordshire Primary Care Trust [2011] EWHC 872 (Admin) ………………………… 186n
R (on the application of Fraser) v. NICE [2009] EWHC 452 (Admin) …… 186n
R (on the application of Munjaz) v. Mersey Care NHS Trust [2005] UKHL 58 ……………………………………………………… 221,232n
R (on the application of Murphy) v. Salford Primary Care Trust [2008] EWHC 1908 (Admin) …………………………………… 186n
R (on the application of Nicklinson) v. Ministry of Justice [2012] EWHC 2381 ……………………………………………………… 259
R (on the application of Otley) v. Barking and Dagenham NHS Primary Care Trust [2007] EWHC 1927 ………………………… 186n
R (on the application of PS) v. G (RMO) and W (SOAD) [2003] EWHC 2335 ……………………………………………………… 227n
R (on the application of Ross) v. West Sussex PCT [2008] EWHC 2252 (Admin) …………………………………………………… 167,186n
R (on the application of Sessay) v. South London & Maudsley NHS Foundation Trust & Anor [2012] QB 760; [2012] 2 WLR 1071; [2012] MHLR 94; [2012] Med LR 123; [2012] PTSR 742; [2011] EWHC 2617 (QB) ……………………………………… 7

R (on the application of VonBrandenberg (aka Hanley) v. East London and the City Mental Health NHS Trust, ex parte Brandenberg [2003] UKHL 85 ········· 234n
R v. Adomako [1994] 3 All ER 79 ········· 13
R v. Allen (1872) LR 1 CCR 367 ········· 17
R v. Arthur (1981) *The Times*, 5 November ········· 21n
R v. Ashworth Hospital Authority; ex parte B [2005] UKHL 20 ········· 206,229n
R v. Bournewood NHS Trust, ex parte L [1998] 3 All ER 289 ········· 7,15
R v. Brown [1993] 2 All ER 65 ········· 324
R v. Cambridge DHA, ex parte B [1995] 1 WLR 898 ········· 186n
R v. Cannon Park MHRT, ex parte A [1994] WLR 630 ········· 228n
R v. Central Birmingham Health Authority; ex parte Walker (1987) 3 BMLR 32 ········· 8,269n
R v. Collins and another, ex parte Brady [2001] 58 BMLR ········· 229n
R v. Cox [1993] 2 All ER 19 ········· 21n
R v Dr SS and Others ········· 242
R v. Gardner, ex parte L; R v.Hallstrom, ex parte W [1985] 3 All ER 775 ········· 222,233n
R v. Managers of South Western Hospital, ex parte M [1993] QB 683 ········· 227n
R v. Mersey Care NHS Trust, ex parteMunjaz [2005] UKHL 58 ········· 232n
R v. Misra and Srivastava [2004] EWCA Crim 2375; [2005] 1 Cr App R 328 ········· 13
R v. Newington (1990) 91 Cr App Rep 247 ········· 393n
R v. North Derbyshire HA, ex parte Fisher [1997] 8 Med LR 327 ········· 186n
R v. North West Lancashire HA, ex parte A, D & G [2000] 1 WLR 977 ········· 186n
R v. RMO, Broadmoor Hospital and Others, ex parte Wilkinson [2002] EWHC 429 ········· 227n
R v. Secretary of State for Employment, ex parte Equal Opportunities Commission [1995] AC 1 ········· 18

R v. Secretary of State for Transport, ex parteFactortame Ltd (No. 2)
Case C-213/89 [1991] 1 AC 603 ·· 20n
R (B) v. Ashworth Hospital Authority [2005] UKHL 20 ·····················
·· 203, 227n, 229n
R (Coughlan) v. North & East Devon HA [2001] QB 213 ·········· 8, 20n
R (JB) v. Haddock and others [2006] EWCACiv 961 ················· 227n
R (Otley) v. Barking & Dagenham NHS Primary Care Trust [2007]
EWHC 1927 ··· 269n, 270n
R (Purdy) v. DPP [2009] UKHL 45 ·· 20n
R (Rogers) v. Swindon NHS Primary Care Trust [2006] 1 WLR 2649
·· 186n, 269n
R (Ross) v. West Sussex Primary Care Trust [2008] EWHC 2252 ·········
··· 270n
R (S) v. MHRT [2002] EWHC 2522 (Admin) ·························· 234n
R (Wilkinson) v. Broadmoor Hospital Authority [2001]EWCA Civ
1545 ··· 209, 230n
R (Wooder) v. Feggetter and another [2002] EWCA Civ 554 ···············
·· 229n,230n
Ratcliffe v. Plymouth & Torbay HA and Exeter & North Devon
HA [1998] PIQR P170 ·· 117n
Reibl v. Hughes (1980) 114 DLR (3d) 1 ································· 150n
Reilly v. Merseyside RHA [1994] EWCACiv 30; (1995) 6 Med LR
246 ··· 111
Richards v. Swansea NHS Trust [2007] EWHC 487 (QB) ············· 189n
RM v. St. Andrew's Healthcare [2010] UKUT 119 (AAC) ·········· 234n
Roberts v. Johnstone [1989] QB 878; [1988] 3 WLR 1247 ············· 113
Roberts v Nottinghamshire Healthcare NHS Trust [2008] EWHC
1934 QB ·· 226,234n
Robertson v. Nottingham HA (1997) 8 Med LR 1 ························ 188n
Rochdale NHS Trust v. C [1997] 1 FCR 274 ······························ 149n
Rodych v. Krasney [1971] 4 WWR 358 (Man. QB) ················ 171,187n
Roe v. Ministry of Health [1954] 2 QB 66 ································ 188n

Rogers v. Whittaker [1993] 4 Med LR 79 ⋯⋯⋯⋯⋯⋯⋯⋯⋯⋯⋯⋯⋯⋯⋯ 150n
Roylance v. General Medical Council (No. 2) [2000] 1 AC ⋯⋯⋯⋯ 40,49n
Rutherford (No.2) v. Secretary of State for Trade and Industry
  [2006] UKHL 19 ⋯⋯⋯⋯⋯⋯⋯⋯⋯⋯⋯⋯⋯⋯⋯⋯⋯⋯⋯⋯⋯⋯ 378, 391n

S, Re [1992] 4 All ER 671 ⋯⋯⋯⋯⋯⋯⋯⋯⋯⋯⋯⋯⋯⋯⋯⋯⋯⋯ 135, 149n
S, Re (a minor) (consent to medical treatment) [1994] 2 FLR
  1065 ⋯⋯⋯⋯⋯⋯⋯⋯⋯⋯⋯⋯⋯⋯⋯⋯⋯⋯⋯⋯⋯⋯⋯⋯⋯⋯⋯ 269n,284n
S, Re (Adult Patient: Sterilization) [2001] Fam 15 ⋯⋯⋯⋯⋯⋯⋯ 213, 231n
S, Re (Sterilisation; Patient's Best Interests) [2000] 2 FLR 389 ⋯⋯⋯ 231n
S v. Mc [1972] AC 24 ⋯⋯⋯⋯⋯⋯⋯⋯⋯⋯⋯⋯⋯⋯⋯⋯⋯⋯⋯⋯⋯⋯ 149n
St George's Healthcare NHS Trust v. S [1998] 3 All ER 673 ⋯ 229n,268n
Secretary of State for the Home Department v. Robb [1995] 1 All ER 677 (HC)
  ⋯⋯⋯⋯⋯⋯⋯⋯⋯⋯⋯⋯⋯⋯⋯⋯⋯⋯⋯⋯⋯⋯⋯⋯⋯⋯⋯⋯⋯⋯⋯ 229n
Servier v. NICE [2010] EWCA Civ 346 ⋯⋯⋯⋯⋯⋯⋯⋯⋯⋯⋯⋯ 186n
Sidaway v. Board of Governors of the Bethlem Hospital and
  the Maudsley Hospital [1985] 1 AC 171; 2 WLR 503 ⋯⋯⋯⋯⋯⋯⋯ 106
Simmons v. Castle [2012] EWCACiv 1039 ⋯⋯⋯⋯⋯⋯⋯⋯⋯⋯ 112,117n
Simms v. Simms [2003] 1 All ER 669 ⋯⋯⋯⋯⋯⋯⋯⋯⋯⋯⋯⋯ 341,355n
Smith v. Manchester Corporation (1974) 17 KIR 1 ⋯⋯⋯⋯⋯⋯⋯⋯ 113
Smith v. Tunbridge Wells (1994) 5 Med LR 334 ⋯⋯⋯⋯⋯⋯⋯⋯ 141,150n
Southampton & District HA v. Worsfold [1999] LTL 15.9.99 ⋯⋯⋯⋯⋯ 21n
Stone v. South East Coast SHA [2006] EWHC 1668 (Admin) ⋯⋯⋯⋯ 189n
Szuluk v. United Kingdom (2010) 50 EHRR 10 ⋯⋯⋯⋯⋯⋯⋯⋯⋯⋯ 189n

T, Re (a minor) (wardship: medical treatment) [1997] 1 All ER 906 ⋯⋯⋯
  ⋯⋯⋯⋯⋯⋯⋯⋯⋯⋯⋯⋯⋯⋯⋯⋯⋯⋯⋯⋯⋯⋯⋯⋯⋯⋯⋯⋯⋯⋯⋯ 266
T, Re (adult: refusal of medical treatment) [1992] 3 WLR 782;
  [1992] 4 All ER 649; [1993] Fam 95 ⋯⋯⋯⋯⋯⋯⋯⋯⋯⋯⋯⋯ 148n,268n
Tahir v. Haringey HA [1998] Lloyds Rep Med 105 ⋯⋯⋯⋯⋯⋯⋯⋯ 117n
Tameside and Glossop Acute Hospital Trust v. CH [1996] 1 FLR
  762 ⋯⋯⋯⋯⋯⋯⋯⋯⋯⋯⋯⋯⋯⋯⋯⋯⋯⋯⋯⋯⋯⋯⋯⋯⋯⋯⋯⋯ 138,149n

Thake v. Maurice [1986] 1 All ER 479 ·· 14
Trust A v. H(An Adult Patient) [2006] 9 CCLR 474 ················· 231n

W, Re (a minor) (medical treatment: court's jurisdiction) [1993] Fam 64
  ··· 253
W v. Egdell and Others [1990] Ch 359 ······························· 176,189n
W (by her litigation friend, B) and M v. An NHS Trust [2011]
EWHC 2443 (Fam) ··· 269n
Walker v. Northumberland CC [1995] 1 All ER 737 ······················· 18
Webb v. EMO Air Cargo [No. 2] [1995] 4 All ER 577 ·················· 11
Wells v. Wells [1999] 1 AC 345; [1998] UKHL 27 ······················ 113
Whitehouse v. Jordan [1981] 1 All ER 267; [1981] 1 WLR 246 ··· 186n
Wilsher v. Essex AHA [1986] 3 All ER 801; [1988] AC 1074;
  [1987] 1 QB 730 ·· 109,187n
Winterwerp v. The Netherlands [1979] 2 EHRR 387 ···················· 225
Woodward v. Abbey National Plc (No.1) [2006] EWCA Civ 822;
  [2006] ICR 1436 ··· 190n
Wyatt v. Portsmouth NHS Trust [2005] EWHC 693 (Fam) ········· 256,265

X v. UK (Case 7215/75, judgment 5.11.81) ······························· 20n
X Health Authority v. Y [1987] 2 All ER 648; [1988] RPC 379 ······ 176
X Primary Care Trust v. XB and YB [2012] EWHC 1390 ················ 260

Y, Re (Mental Patient: Bone Marrow Donation) [1996] 2 FLR ··· 213, 231n

Z v. Finland (1998) 25 EHRR 371 ·· 189n

附录2 成文法*

Abortion Act（1967）　《堕胎法案》（1967）　137
Adults with Incapacity（Scotland）Act（2000）　《无行为能力成人（苏格兰）法案》（2000）　355n
Animals（Scientific Procedures）Act（1986）　《动物（科学程序）法案》（1986）　321
Care Standards Act（2000）　《护理标准法案》（2000）　387
Children Act（1989）　《儿童法案》（1989）　254,256,266,269n
Compensation Act（2006）　《赔偿法案》（2006）　69,103,106
Consumer Protection Act（1987）　《消费者保护法案》（1987）　345
Courts Act（2003）　《法院法案》（2003）　117n
Criminal Law Act（1967）　《刑法法案》（1967）　219
Damages Act（1996）　《损害赔偿法案》（1996）　117n
Deregulation and Contracting Out Act（1994）　《不规制和承包法案》（1994）　20n
Domestic Violence, Crime and Victims Act（2004）　《家庭暴力、犯罪和受害者法案》（2004）　387
Employers Liability（Defective Equipment）Act（1969）　《雇主责任（缺陷设备）法案》（1969）　17
Employment Rights Act（1996）　《就业权利法案》（1996）　179,190n
Equal Pay Act（1970）　《同工同酬法案》（1970）　18
Equality Act（2010）　《平等法案》（2010）　369,376,380,391n
European Communities Act（1972）　《欧洲共同体法案》（1972）　5
Family Law Reform Act（1969）　《家庭法改革法案》（1969）　252,253
Female Genital Mutilation Act（2003）　《女性生殖器切割法案》

---

* 本附录所列页码为英文版原书页码（即本书页边码），带有后缀"n"的页码是指该页的脚注。——译者注

(2003) 149n

Government of Wales Acts (1998) and (2006) 《威尔士政府法案》(1998 和 2006) 20n

Health Act (2009) 《卫生法案》(2009) 4,307

Health and Safety at Work etc. Act (1974) 《工作健康与安全等法案》(1974) 300

Health and Social Care Act (2001) 《医疗和社会保健法案》(2001) 4,389

Health and Social Care Act (2008) 《医疗和社会保健法案》(2008) 50n,294

Health and Social Care Act (2012) 《医疗和社会保健法案》(2012) 4,48n,51,62,71,87,167,185n,291,305,308

House of Commons (Disqualification) Act (1975) 《下议院丧失资格法案》(1975) 20n

Human Fertilisation and Embryology Act (1990) 《人类受精与胚胎法案》(1990) 321

Human Rights Act (1998) 《人权法案》(1998) 6,21n,129,134,145,202,203,254

Human Tissue Act (2004) 《人体组织法案》(2004) 159,331,353n

Inquiries Act 2005 2005《调查法案》 48n

Legal Aid, Sentencing and Punishment of Offenders Act (2012) 《法律援助、判决和违法者惩罚议案》(2012) 70,117n

Medical Act (1858) 《医疗法案》(1958) 35

Medical Act (1983) 《医疗法案》(1983) 5

Medicines Act (1968) 《药品法案》(1968) 327

Mental Capacity Act (2005) 《心智能力法案》 7,20n,130,131,132,148,148n,152,164n,201,211,231n,235,250,252,254,255,256,257,260,261,262,284n,342,356n,387,391n,392n,396,397,400n

Mental Health Act (1983) 《精神卫生法案》(1983) 7,83,137,138,201,203,227n,235,254,393n

Mental Health Act (2007) 《精神卫生法案》(2007) 201

Midwives Act (1902) 《助产士法案》(1902) 36

NHS Redress Act（2006） 《国民医疗服务矫正法案》(2006) ⅻ,68,71, 75,116

National Health Service Act（1946） 《国民医疗服务法案》(1946) 4

National Health Service Act（1977） 《国民医疗服务法案》(1977) 4,5

National Health Service Act（2006） 《国民医疗服务法案》(2006) 294

National Health Service and Community Care Act（1990） 《国民医疗服务和社区护理法案》(1990) 4

National Health Service Reform and Health Care Professions Act（2002） 《国民医疗服务改革和医疗保健职业法案》(2002) 46

Northern Ireland Act 1998 1998《北爱尔兰法案》 20n

Nurses, Midwives and Health Visitors Act（1979） 《护士、助产士与家访护士法案》(1979) 36,49n

Nurses, Midwives and Health Visitors Act（1997） 《护士、助产士与家访护士法案》(1997) 5,40

Nurses Act（1919） 《护士法案》(1919) 36

Offences Against the Person Act（1861） 《侵犯人身法案》(1861) 13,133

Patient Rights（Scotland）Act（2011） 《患者权利(苏格兰)法案》(2011) 293

Parliament Acts（1911）and（1949） 《议会法案》(1911和1949) 20n

Public Disclosure Act（1998） 《公开披露法案》(1998) 230n

Public Interest Disclosure Act（1998） 《公共利益披露法案》(1998) 19,178,179,315

Race Relations Acts 《种族关系法案》 18

Scotland Act 1998 1998 《苏格兰法案》 20n

Sex Discrimination Act（1975） 《反性别歧视法案》(1975) 18

Supply of Goods and Services Act（1982） 《商品和服务供应法案》(1982) 21n

附录3 关键词索引*

abortion 堕胎 123—125
abuse of older people *see* elder abuse 对老年人的虐待 参见虐待老人
accident and emergency treatment 事故和急救 174—175
    see also emergency treatment 另参见急救
accidents, patient 事故,患者 79—80
accommodation costs 住宿费用 113
accountability in clinical research 临床研究中的问责制 347
Action against Medical Accidents (AvMA) 反医疗事故行动 55—56, 58, 60—61, 75, 76—77
Action on Alzheimer's Drugs Alliance 老年痴呆症药物联盟行动 310
addiction 成瘾 158, 240, 245
Administrative Court 行政法庭 8
advance directives 预先指示 158—159
    critically ill patients 危重患者 259—261, 277—278
    dementia 痴呆症 278, 396, 398
    incompetent adults 无能力的成年人 259—261
    mental disorder treatment 精神障碍治疗 214—215, 231n
    organ donation 器官捐献 158, 159
    resuscitation decisions 复苏决定 262
adverse events 不良事件
    incidence 事故 78
    reporting 报告 327
advocacy 扶持 140, 146—147, 365
    clinical research 临床研究 365

---

* 本附录所列页码为英文版原书页码(即本书页边码),带有后缀"n"的页码是指该页的脚注。——译者注

Age Concern　关怀老人　375—376
age discrimination　年龄歧视　376—382
　　applying　应用　381—382
　　Centre for Policy on Aging reports　老龄化政策中心报告　373—374
　　combined direct　综合直接　377
　　direct　直接　376—377
　　duties to promote equality　促进平等的义务　380
　　indirect　间接　377—379
　　justification　正当理由　379—380
　　mental health services　精神卫生服务　373—374
　　primary care　初级保健　373
　　secondary care　二级保健　373
　　what is wrong with　错在哪里　380—381
ageing, and health　老龄化,与健康　369—370
ageism　年龄偏见　376, 381
aggressive patients, mental disorder treatment　攻击性患者,精神障碍治疗　219—221
Alder Hey Hospital（Liverpool）organ scandal　奥尔德希医院（利物浦）器官丑闻　331
Alzheimer's disease　老年痴呆症　344
　　advance directives　预先指示　278
　　treatment　治疗　310—311
Alzheimer's Society　老年痴呆症协会　311
　　report on hospital dementia care　关于医院痴呆症护理的报告　372
amenity, loss of　安乐,损失　111—112
anorexia nervosa treatment, refusal　神经性厌食症治疗,拒绝　253
anti-social personality disorder（ASPD）　反社会人格障碍　205, 206—207, 228n
appeals　上诉
　　by Professional Standards Authority　通过专业标准管理局　46
　　interim orders　临时令　45—46
　　Ombudsman　监察专员　53—55, 56, 60

registration　注册　45
　　statutory　法定　45
approved mental health professional（AMHP）　认可心理健康专业人员　202
approved social worker（ASW）　认可社会工作者　202
arm's length bodies　非政府中介公共机构　68, 71
artificial nutrition and hydration(ANH)　人工营养及水分补充　399
Association of British Pharmaceutical Industry, clinical research guidelines　英国制药业协会,临床研究指南　345
audit programmes　审计计划　289
　　records-based　基于记录　364
autonomy　自主　30—31
　　agreement to treatment　对治疗的同意　273
　　assessment　评估　162
　　best interests principle　最大利益原则　213—214
　　children　儿童　152, 157
　　and consent　以及同意　152—156, 157—159　274
　　to clinical research　对临床研究　364, 365
　　cultural issues　文化问题　162
　　definitions　定义　152—153
　　ethics　伦理　151—165
　　insufficient to consent　不充分的同意　158—159
　　learning disability　学习障碍　157
　　mental disability　精神残疾　157
　　negligence cases　过失案例　144
　　pregnant women　孕妇　139—140
　　professional　专业人员　154, 163
　　religious issues　宗教问题　160—161
　　respect for　尊重　25—26, 160, 197, 397, 398
　　principle　原则　28, 38
　　sufficient information　充分的信息　155—156
　　sufficient to consent　充分的同意　157—158

teenagers 青少年 253
AvMA see Action against Medical Accidents AvMA 参见反医疗事故行动
avoidability test 可避免性测试 75

babies, critically ill 婴儿,危重症 262—268
bad science 坏科学 360—361
Battery 殴打 133
behaviour, mental illness 行为,精神疾病 239
beneficence principle 有利原则 28, 38, 197
  consent to clinical research 对临床研究的同意 364
Berwick patient safety review Berwick 患者安全审查 94
best interests principle 最大利益原则 137
  children 儿童 137, 263—265
  critically ill patient 危重患者 254—255, 256
  mental disorder treatment 精神障碍治疗 213—214, 242—244
  patients lacking capacity 患者缺乏能力 255, 383
Better Regulation Task Force 优化监管工作组 35
biliary atresia 胆道闭锁 267
bills 议案 4, 20n
binding authority 约束性效力 15—16
Biomedical Research protocol of Council of Europe (2005) 欧洲委员会生物医学研究议定书(2005) 324
biotechnological research projects 生物技术研究项目 346—347
Bland, Tony 257—258, 281—283
Bolam test *Bolam* 测试标准 21n, 75, 77,104, 340—341
  informed consent 知情同意 106, 145
  protocols 诊疗规范 107
  standard of care 注意标准 168
Bolitho test *Bolitho* 测试标准 75, 77,104—105
  informed consent 知情同意 106
  protocols 诊疗规范 107
borderline personality disorder 边缘型人格障碍 207, 229n

Bournewood litigation　*Bournewood* 诉讼　215—216
Boyes, Lilian　182,183
Brady, Ian　207
breast cancer　乳腺癌　344
Bristol Royal Infirmary Inquiry　布里斯托尔皇家医院调查　73, 142, 294
Bristol Royal Infirmary tragedy　布里斯托尔皇家医院悲剧　315, 331
budgets　预算　26, 27
burden of proof　举证责任　114—115
but-for test　but-for 测试　110

Caesarean section　剖腹产
 compulsory　强制　138—140, 207, 243
 and Mental Health Act　以及《精神卫生法案》　138—140
 pathological block　病理性阻滞　276
 refusal　拒绝　135—137
 rights and duties　权利和义务　276—277
 stillbirth　死胎　143
candour　坦诚　92—93
 duty of　义务　60—62, 77, 93
capable adult patient　有能力的成年患者
 consent　同意　128—165
 see also competence; mental capacity　另参见能力；心智能力
capacity; mental *see* mental capacity　能力；心智　参见心智能力
Carder, Angela　276, 285n
care　照护
 clinical research and　临床研究以及　365
 compromise with research refusal　因拒绝研究权益受影响　364
 costs　费用　112,113
 environment of　环境　125
 ethical duty　伦理义务　122—123
 holistic　整体　24
 liability for systems　系统责任　174

provision after clinical trials 临床试验后提供 346

quality 质量 309

refusal by pregnant woman 被孕妇拒绝 135—137

see also duty of care; person-centred care; standard of care 另参见照护义务;以人为本的照护;照护标准

care managers 保健经理 390

Care Quality Commission (CQC) 医疗质量委员会

and clinical governance 以及临床治理 83—84, 91, 93, 288, 290, 293—294

and complaints 以及投诉 54

Dignity and Nutrition for Older People report 老年人尊严和营养状况报告 370—372

and Monitor 以及监督 294

quality measurements 质量测评 306

registration regulations 注册规则 62

and whistleblowing 以及吹哨 182

caring 关心 31—32

Catholics 天主教徒 160

causation 因果关系

legally recoverable loss 依法可获得赔偿的损失 110—111

material contribution 实质性贡献 108—109

multiple competing causes 多重竞争原因 110

negligence 过失 108—111, 146

Central Office for Research Ethics (COREC), clinical research guidelines 研究伦理委员会中央办公室,临床研究指南 324

Centre for Policy on Aging, age discrimination reports 老龄化政策中心,年龄歧视报告 373—374

Chief Inspector of Social Care 社会保健首席监查官 93

children 儿童

allowing to die with severe handicap 允许有严重残疾的儿童死亡 280

autonomy 自主权 152,157

best interests 最大利益 137, 263—265, 267
causing or allowing death of child 导致或放任儿童死亡 387
clinical research 临床研究 338—339
consent 同意 339
critically ill 危重症 252—254, 262—268, 275
disagreement between family and professional carers 家属和专业照护人员之间的分歧 256, 266—267
emergency treatment 急救 263, 339
family disputes about treatment 关于治疗的家庭纠纷 265—266
intolerability of treatment 无法忍受治疗 264—265
medical needs neglect 对医疗需求的忽视 267—268
unborn 未出生 123
    conflict between law and ethics 法律与伦理之间的冲突 123—125
    see also fetus 另参见胎儿
withdrawal of treatment 撤回治疗 263—265

civil justice system 民事司法制度 13—15
    consent 同意 133—146

civil law, clinical research 民法，临床研究 325—327
civil liability 民事责任 107
Civil Procedure Rules 民事诉讼规则 13—14
client relationships 照护关系 24
clinical governance 临床治理 32, 83—84
    audit programmes 审计计划 289
    commitment of organisation 机构的承诺 301—302
    context 背景 299—301
    definitions 定义 287, 304
    development 发展 288
    elements 要素 305
    ethics 伦理 304—319
    fitness to practise 适于执业 298—299
    five-year vision 五年愿景 289

guidelines 指南 32, 308, 311—314
health care bodies' role 医疗保健机构的角色 293—297
health and safety legal requirements 健康与安全法律要求 300—301
legal perspective 法律视角 286—303
legal sanctions 法律制裁 300—301
patients 患者
    involvement 参与 308
    safety 安全 314—317
    views 意见 305, 312—314
practice 311—312 实践
principles 原则 289
quality improvement 质量改进 289
revalidation 重新验证 298—299
risk management 风险管理 287, 297, 299—301, 314—317
standard-setting 标准设定 308—314
clinical knowledge-base 临床知识库 163
clinical negligence *see* negligence 临床过失 参见过失
Clinical Negligence Scheme for Trusts (CNST) 临床过失信托计划 71—72, 85—88, 296—297
    claims by specialty 按专业划分的索赔 87
clinical research 临床研究
    accountability 问责制 347
    adverse outcome reporting 不利结果报告 327
    advocacy for patient 扶持患者 365
    biotechnological research projects 生物技术研究项目 346—347
    and care 以及护理 365
    case study 案例研究 346—347
    child subjects 儿童受试者 338—339
    civil law 民法 325—327
    compensation 补偿 325, 345
    competence of staff 员工能力 362—363
    compulsion 强制 342

conflicts of interest 利益冲突 343
consent 同意 156, 324—327, 329—331, 339, 351n, 363—364
 autonomy and 自主权以及 364, 365
criminal law 刑法 324—325
deception 欺骗 337
definition 定义 321—323
design 设计 360—361
disclosure about funding 关于经费的披露 327
ethical perspective 伦理视角 358—367
ethical review 伦理审查 332—337
fraud 欺诈 337
guidelines 指南 324, 326, 328—329, 338, 345, 352n
healthcare provision after 之后提供的医疗保健 346
HIV/AIDS pandemic 艾滋病大流行 344
human tissue use 人体组织使用 331—332
incompetent adults 无能力的成年人 340—342
indemnity 赔偿 345
inducements 引诱 342—343
information 信息
 availability 可获得性 326—327, 347
 for consent 关于同意 156
 drafting 草拟 329
 personal 个人的 331—332
international declarations 国际宣言 323—324
investigator relationship with research subject 研究者与研究对象之间的关系 327—329
legal perspective 法律视角 320—357
literature review 文献综述 361
mentally incapacitated adults 无心智能力的成年人 340—342
non-therapeutic 非治疗性的 341—342
nursing ethics sources 护理伦理的来源 358—360
patient information 患者信息 326—327

  payments　报偿　342—343

  personal information use　个人信息使用　331—332

  pool of available subjects　可用的研究对象资源　343—344

  power imbalance　力量不平衡　327—328

  pregnancy　怀孕　342, 343—344

  protection of volunteers　对志愿者的保护　345

  publication of results　结果发表　361

  recruitment　招募　363—364

  regulation　规范　321, 323—332

   research ethics committees（RECs）　研究伦理委员会　332—337, 349n

  research governance　研究治理　334, 362—363, 365

  risk disclosure　风险披露　326

  roles/responsibilities of clinical team　临床团队的角色/职责　364

  scrutiny　审查　347

  supervisory mechanisms　监督机制　363

  therapeutic/non-therapeutic dichotomy　治疗性/非治疗性二分法　322

  vulnerable subjects　弱势受试者　337—346

  whistleblowing　吹哨　330

  women of child-bearing age　育龄妇女　342

clinical risk management（CRM）　临床风险管理　314—315

clinical trials　临床试验

  definition　定义　356n

  European Union Directive　欧盟指令　321, 332—333, 336—337, 339, 341, 345

  see also randomised controlled trials（RCT）　另参见随机对照试验

Code of Professional Conduct（of NMC）　《专业行为守则（护理与助产协会）》　17, 36, 38

  confidentiality　保密　175

  consent　同意　128, 325—326

  disclosure　披露　184

  mental health nursing　心理健康护理　247—248

  negligence 过失 106—107, 116n, 119, 122
coercion 胁迫 156—157
collectivism 集体主义 153
Combined Code 《综合准则》 287, 292
Commission for Healthcare Regulatory Excellence（CHRE） 医疗服务规制优化委员会 64
Commission for Patient and Public Involvement in Health（CPPIH） 患者和公众参与健康委员会 308
commissioning care groups（CCGs） 当地委托保健组织 167
Committee on Publication Ethics（COPE） 出版伦理委员会 337
common law 普通法 7—8
  mental disorder treatment 精神障碍治疗 211
communication 沟通
  and consent 以及同意 157, 162, 330
  information 信息 157, 162
community care, health care versus 社区保健,相比于医疗保健 388—390
Community Health Councils（CHCs） 社区健康委员会 63
community patients 社区患者 223
Community Treatment Orders（CTOs） 社区治疗令 201, 222—224, 246—247
  optional conditions 可选条件 224
compensation 赔偿 56—59
  clinical research 临床研究 325, 345
  periodical payments 定期付款 114
  Policy 政策 69
  structured settlement 结构性赔付 114
  system for clinical negligence 临床过失制度 74—82
'compensation culture' "赔偿文化" 57, 58, 69
competence 能力 14—15, 20n
  assessment 评估 162
  lack 缺乏 40
  mental disorder treatment, compulsory 精神障碍治疗,强制的

241—242

  see also Gillick competence; mental capacity 另参见 Gillick 能力;心智能力

complainants advice for 投诉人,建议 63

complaints 投诉 51—67

  duty of candour 坦诚义务 60—62, 77

  Healthcare Commission 医疗保健委员会 53—54

  independent review 独立审查 53, 54

  and litigation 以及诉讼 55—57

    Health Select Committee inquiry 健康特别委员会调查 59—60

  local resolution 地方决议 53, 54

  procedures 程序 53—55, 92

    purpose 目的 52—53

  purpose 目的 52—53

  review procedure 审查程序 53, 54

  see also compensation; negligence 另参见赔偿;过失

compulsion 强制

  clinical research 临床研究 342

  ethical use 伦理运用 236—241

Conditional Fee Agreements 附条件收费协议 112,115

conduct, standards 行为,标准 38

Conduct and Competence Committee of NMC 护理与助产协会行为与能力委员会 39, 43—44

confidentiality 保密 175—178

  reporting mistakes 报告错误 316

conflicts of interest in clinical research 临床研究中的利益冲突 343

consent 同意 128—165

  after bad news 收到坏消息后 159—160

  and autonomy 以及自主权 152—156, 157—159, 274

    insufficient 不充分的 158—159

    sufficient 充分的 157—158

  capable adult patient 有能力的成年患者 128—165

capacity and　能力以及　14—15, 130—132
children　儿童　339
civil law　民法　133—146
clinical research　临床研究　156, 324—327, 329—331, 339, 351n, 363—364
　　　autonomy and　自主权以及　364, 365
coercion　胁迫　156—157
communication and　沟通以及　157, 162, 330
criminal law and　刑法以及　132—133
critically ill patient　危重患者　271—274
deliberation　深思熟虑　159—160
emergency treatment　急救　133, 136
ethics　伦理　151—165
express/implied　明示/默示　130
free not forced　自由而非强迫　134—135
informed *see* informed consent　知情　参见知情同意
negligence issues　过失问题　140—146
non-directive support　非指导性支持　163
pathological block　病理性阻滞　275—276
patient questioning　患者询问　145—146
process　过程　162—164
Proxy　代理人　158
randomised controlled trials　随机对照试验　329—331
reasons why matters　为什么重要的原因　272—274
and refusal　以及拒绝　133—134
　　see also treatment, refusal　另参见治疗, 拒绝
religious issues　宗教问题　134, 276—277
risk　风险　120
sufficient information　充分的信息　155—156
support　支持　163—164
teenagers　青少年　252—253
value　价值　161

　　　　voluntary　自愿的　151, 156—157
　　　　xenotransplantation clinical trials　异种器官移植临床试验　346—347
consent form　同意书　129—130
continuing professional development　持续专业发展　38, 83, 289
contract between practitioner and patient　从业人员与患者之间的合同　14
Convention on Human Rights and Biomedicine（1997）　《人权与生物医学公约》　254, 324
　　　　non-therapeutic research　非治疗性研究　342
cost-effectiveness　成本效益　309—311
Council of Europe, Biomedical Research protocol（2005）　欧洲委员会,生物医学研究议定书　324
Council for Healthcare Regulatory Excellence（CHRE）see Professional Standards Authority for Health and Social Care　医疗服务规制优化委员会 参见医疗和社会保健专业标准管理局
Council for International Organizations of Medical Sciences（CIOMS）, clinical research guidance　国际医学组织理事会（CIOMS）,临床研究指引　331, 338, 340, 344, 349n, 356n
Court of Appeal　上诉法院　14, 15
　　　　Criminal Division　刑事上诉庭　12—13
Court of Protection　保护法庭　213, 215, 216, 217, 256
Cox, Nigel　282, 283
Creutzfeldt-Jakob disease　疯牛病　356n
　　　　experimental treatment　试验性治疗　341
criminal justice system　刑事司法制度　12—13, 15
criminal law　刑法
　　　　clinical research　临床研究　324—325
　　　　and consent to treatment　以及对治疗的同意　132—133
　　　　convictions/cautions　定罪/警告　41
Criminal Records Bureau checks　刑事记录局检查　387
critically ill patients　危重患者
　　　　advance care plans　预先护理计划　259—261, 277—278
　　　　best interests　最大利益　254—255, 256

capacity assessment 能力评估 250—251

children 儿童 252—254, 262—268, 275

competent adults 有能力的成年人 250—252

competent children 有能力的儿童 252—254

  mature child under age of 16 16 岁以下的成熟儿童 252—253

  over age of 16 16 岁以上 252

consent 同意 271—274

deputy 代表 261

do not attempt resuscitation orders 不尝试复苏指令 262

duties 义务 276—277

emergency resuscitation 急救复苏 262

ethical issues 伦理问题 271—285

incompetent adults 无能力的成年人 256—262

incompetent children and infants 无能力的儿童和婴儿 262—268

independent mental capacity advocate（IMCA） 独立心智能力支持者 261

infants 婴儿 262—268

legal perspective 法律视角 249—270

locked-in syndrome 闭锁综合征 259

mental capacity 心智能力 250—251, 274—276

minimally conscious state 最低意识状态 258—259

patients lacking capacity 患者缺乏能力 254—256

personal welfare attorneys 个人福利法律代理人 261, 278

resources 资源 268

restraint 约束 256—257

rights 权利 276—277

teenagers 青少年 252—254

treatment refusal 拒绝治疗 251, 253—254, 259—261, 274—277

treatment requests 治疗要求 251—252

vegetative state（VS） 植物人状态 257—258

Crown Court 刑事法院 12

Crown Prosecution Service 皇家检控署 12

cultural issues, autonomy 文化问题,自主权 162

dabigatran(Pradaxa) 达比加群(Pradaxa) 309
damages 损害 111—112
 recoverable 可赔偿的 108
 special 特殊 112
 structured settlement 结构性赔付 114
 see also compensation 另参见赔偿
danger to self/others 对自身/他人的危险 240—241
Darzi Report Darzi 报告 305, 307
deception clinical research 欺骗,临床研究 337
decision-making capacity 决策能力 130—132, 250—251
 presumption of 推定 237, 250
 competence 能力 237
 and mental disorder treatment 以及精神障碍治疗 212
 proxy 代理人 261
 time 时间 159—160
 voluntary 自愿的 151, 156—157
 Declaration of Helsinki 《赫尔辛基宣言》 322, 323—324, 325, 328, 329, 349n
 care compromise 照护受影响 364
 incentives in clinical research 临床研究中的激励 343
 monitoring of clinical trials 临床试验监督 336
 placebo use in trials 在试验中使用安慰剂 330—331
 research in children 儿童研究 339
 research recommendations 研究建议 361
decompression illness(DCI) 减压病 172—173
deliberation 深思熟虑 159—160
dementia 痴呆症
 advance directives 预先指示 278, 396, 398
 hospital care of sufferers 患者的医院护理 372
 numbers of sufferers 患者数量 382

person-centred care elements in　以人为本的照护元素　394—395

personal identity and　人格同一性和　395—397

see also Alzheimer's disease　另参见老年痴呆症

deprivation of liberty safeguards(DOLS)　剥夺自由权保护措施　216—217, 226, 257

deputy　critically ill patient　代表,危重患者　261

DES　己烯雌酚　343, 356n

detention　留院

aggressive patients　攻击性患者　219—220

compulsory　强制的　238—241

First-tier Tribunal (Mental Health) hearings　初级特别法庭(精神卫生)听证会　224—226, 233n

informal methods　非正式方法　15, 218—219

mental disability　精神残疾　15, 138—139, 204—205, 218—219

mental disorder treatment　精神障碍治疗　138—139, 204—205, 226

holding power of nurses　护士的约束权　218—219

informal methods　非正式方法　15, 218—219

patients lacking capacity　患者缺乏能力　219

patients lacking capacity　患者缺乏能力　219

violent patients　暴力患者　219—220

die, right to　死亡,权利　278—279

diethylstilbestrol (DES)　己烯雌酚　343, 356n

dignity　尊严　370—372, 373, 374—375

disciplinary proceedings　纪律程序

standards of care　注意标准　184

whistleblowing and　吹哨和　179

disclosure　披露　143—144, 190n

case study　案例研究　183—184

clinical research　临床研究　326

conflicts　冲突　146—147

duty of　义务　326

enhanced　加强　143—144

  funding of clinical research　临床研究经费　327
  negligence　过失　146—147
  prescribed persons　指定机构　180
  protected　受保护的　179—180, 181
  public interest　公共利益　178—182, 230n
  risk　风险　141—142,143—144, 147, 326
  standards of care　护理标准　183—184
Divisional Court　高等法院分庭　15
do not attempt resuscitation orders　不尝试复苏令　262
doing the right thing　做正确的事　194—195, 196—197,199
Donaldson Report　Donaldson 报告　61
double effect, principle of　双重效果, 原则　282—283
drug companies　制药公司　343
duties　义务
  demarcation　划分　121
  rights and　权利以及　276—277
duty of candour　坦诚义务　60—62, 77, 93
duty of care　注意义务　103, 168
  breach　违反　104—107
  definition　定义　281
  ethical　伦理的　122—123
  unborn children　未出生孩子　123
dying patients　临终病人　279

earnings, lost　收益, 损失　112, 113
ECHR *see* European Convention on Human Rights ECHR　参见《欧洲人权公约》
ECT see electro-convulsive therapy ECT　参见电惊厥治疗
educational projects　教育项目　362—363
elder abuse　虐待老人　383—388
  causing or allowing the death of a child or vulnerable adult　导致或放任儿童或脆弱成年人死亡　387

  criminal law 刑法 387

  definition 定义 384—385

  discriminatory 歧视性 385

  financial /material 经济的/物质的 385

  ill-treatment or neglect of person lacking capacity 虐待或忽视缺乏能力者 387—388

  mandatory reporting 强制性报告 388

  neglect/acts of omission 疏忽/不作为 385

  physical 身体的 384

  Protection of Vulnerable Adults list 保护弱势成年人名单 386—7

  psychological 心理的 384

  sexual 性的 384, 385—386, 392n

  statistics 统计数字 385

elderly see older people 老人 参见老年人

electro-convulsive therapy（ECT） 电惊厥治疗 207—208, 210, 244—245

emergency treatment 急救

  best interests 最大利益 137

  children 儿童 263, 339

  consent refusal 拒绝同意 136

  consent for research 同意研究 339

  decision-making time 决策时间 159—160

  duty of care and 注意义务以及 174—175

  mental disorders 精神障碍 210

  resuscitation of critically ill patient 危重患者的复苏 262

  and standard of care 以及注意标准 171—172

  without consent 未经同意 133

empathy 同理心 375

employment 雇用

  relationship 关系 18

  satisfying 满意 114

Employment Tribunals 劳动法庭 181

empowerment 赋权 273

473

end of life decisions 临终决定 14

English legislation 英格兰立法 11—15

 interpretation of European law 欧洲法律解释 11

epistemology of values 价值认识论 359—360

equality 平等 380

 duties to promote 促进义务 380

 of opportunity 机会 18, 21n, 380

 of outcome 结果 380

 of treatment 治疗 380

equipment costs 设备费用 112, 113

errors, incidence 错误,事故 81—82

ethical accountancy 道德计算 27

ethical judgments 伦理判断 23

ethical principles 伦理原则 28—29, 38, 197

ethical shift 伦理转变 23

ethical thinking 伦理思考 29

ethics 伦理 22—33

 conflict with law 与法律的冲突 123—127

 mental health nursing 心理健康护理 235—248

 philosophical 哲学的 29—31

 resource allocation 资源分配 27—28

 standards 标准 38

Ethics Committee Authority (UK) 伦理委员会管理局(英国) 333

European Commission 欧洲委员会 9—10

European Commission on Human Rights 欧洲人权委员会 21n

European Convention on Human Rights (ECHR) 《欧洲人权公约》 6—7, 15

 consent 同意 129

 mental disorder treatment 精神障碍治疗 202, 225

 patient confidentiality 患者保密 176, 177

 respect for family life 尊重家庭生活 253, 266

 right to liberty 自由权 215, 217

　　　　treatment refusal　拒绝治疗　134

　　　　whistleblowing and　吹哨以及　182—183

　　　　young people　年轻人　254

European Council　欧洲理事会　9

European Court of Human Rights（ECtHR）　欧洲人权法院　6, 7, 16, 20n

European Court of Justice　欧洲法院　9, 10

　　　　decisions　判决　15

　　　　on discrimination　关于歧视　379

European Union　欧盟

　　　　Clinical Trials Directive　临床试验指令　321, 332—333, 336—337, 339, 341, 345

　　　　　　clinical trial definition　临床试验定义　356n

　　　　Clinical Trials Regulations（2004）　临床试验条例（2004）　333, 336, 339, 341

European Union law　欧盟法律　5—6, 8—11

euthanasia　安乐死　280

　　　　active　积极　13, 280, 282

　　　　passive　消极　280, 282, 283

evidence, negligence cases　证据，过失案件　114

evidence-based guidelines　循证指南　32, 308

evidence-based medicine（EBM）　循证医学　92—93, 309, 310, 313

Ex-RHAs Scheme　Ex-RHAs 计划　86

Existing Liabilities Scheme（ELS）　现有负债计划　86

experimentation　试验

　　　　clinical *see* clinical research　临床　参见临床研究

　　　　see also research　另参见研究

expert evidence　专家证据　168—169

fallibility　易错性　273—274

'false memory' syndrome　"错误记忆"综合症　246

family　家庭

　　　　disagreement with professional carers　与专业照护人员的分歧　256,

475

266—267

 disputes about treatment of child 关于儿童治疗的争议 265—266

fetus 胎儿 123

 legal status 法律地位 137,139

 moral responsibility for 道德责任 139, 236—237

 rights 权利 135

First-tier Tribunal (Mental Health) 初级特别法庭(精神卫生) 224—226, 233n

 see also Mental Health Review Tribunal 另参见精神卫生审查特别法庭

fitness to practise 适于执业 298—299, 316

Fitness to Practise (NMC) 适于执业(护理与助产协会) 35, 39—45

 appeals 上诉 45—46

 impairment 受损 39

  allegations 指控 40—44

   determination by another regulatory or licensing body 另一监管机构或许可机构的决定 41

  sanctions 惩戒措施 44

  through physical/mental health 通过身体/心理健康 41

 interim orders 临时令 44—45

  appeals 上诉 45—46

 panels 专门小组 39, 42—43

 procedures 程序 35, 39—45, 64—65

 proceedings 程序 39—45

 sanctions 惩戒措施 44

'five-year rule' "五年规则" 61

force, treatment of young people 强制,对未成年人的治疗 260

force-feeding 强制喂食 207, 243, 260

Francis Inquiry Francis 调查 36, 51

Francis Report Francis 报告

 complaints procedures 投诉程序 179

 Government response 政府回应 93—94

　　　　recommendations 建议 91—93
fraud clinical research 欺诈,临床研究 337
functional imaging 功能成像 259

GAfREC guidance 《GAfREC 指引》 324
GAfREC harmonised guidelines 《GAfREC 协调指南》 324, 333, 334, 336, 344
'gagging' clauses "封口"条款 181
General Medical Council（GMC） 医疗总会
　　　　clinical research guidelines 临床研究指南 326, 328—329
　　　　consent guidance 同意指引 106
　　　　Good Medical Practice code 《良好医疗实践》准则 61
　　　　regulatory process 监管过程 35
　　　　research in mentally incapacitated adults 对无心智能力成年人的研究 340
　　　　revalidation of doctors 医生的重新验证 298—299
　　　　risk management 风险管理 316
Gillick competence Gillick 能力 253, 339
good nurse concept 好护士的概念 31—33
grievous bodily harm 严重的人身伤害 133
Griffiths Review（1990s） Griffiths 审查（20 世纪 90 年代） 328—329, 330, 334, 336, 337
guidelines 指南
　　　　clinical governance 临床治理 32, 308, 311—314
　　　　clinical research 临床研究 324, 326, 328—329, 338, 345, 352n
　　　　distribution to patients 分发给患者 314
　　　　evidence-based 循证 32, 308
　　　　formulating 制定 312—314
　　　　treatment 治疗 311—314
　　　　see also National Institute for Health and Care Excellence（NICE） 另参见国家卫生与临床优化研究所

habitual ethics　习惯伦理　23

harm　伤害　118

Health Committee of NMC　护理与助产协会健康委员会　39, 43

Health Foundation　健康基金会　72, 90—91, 94

health quality reforms, government overkill　医疗质量改革, 政府过度干预　89—90

Health Research Authority（HRA）　卫生研究局　335

health and safety legal requirements　健康与安全法律要求　300—301

Health Select Committee inquiry　健康特别委员会调查　59—60

Health Service Ombudsman　医疗服务监察专员　53—55, 56, 60

  report on NHS care of older people　关于国民医疗服务体系老年人照护的报告　372—373

healthcare　医疗保健

  ethical principles　伦理原则　28—29, 38, 197

  provision after clinical trials　临床试验后提供　346

  quality　质量　309

  social care versus　社会保健相对于　388—390

  see also care　另参见照护

Healthcare Commission　医疗保健委员会　53—54

  clinical governance reviews　临床治理审查　293—294

  concordat　协议　90

Healthcare Environment Inspectorate（HEI）　医疗保健环境督查　292—293

healthcare organisations, clinical governance commitment　医疗保健组织, 临床治理承诺　301—302

healthcare professional-patient relationship　医疗保健专业人员与患者的关系　142, 154

HealthWatch　健康观察　63, 308

HEAT targets　HEAT 目标　292

Helsinki Declaration *see* Declaration of Helsinki　《赫尔辛基宣言》参见《赫尔辛基宣言》

hepatitis B experimental drug trial　乙型肝炎试验性药物的试验　351n

High Court 高级法院 8, 12, 14
　　statutory appeals to 法定上诉 45
Hillsborough football disaster 希尔斯堡足球惨案 281
HIV/AIDS 艾滋病病毒/艾滋病
　　pandemic 大流行 344
　　　　Philippines research on prostitutes 菲律宾对妓女的研究 350n
holding power of nurses 护士的约束权 218—219
holistic care 整体护理 24
hormone implantation 激素植入 210, 244—245
hospital authorities 医院当局
　　liability 责任 173—174
　　vicarious liability 替代责任 173
hospitals, compulsory admission 医院,强制入院 238—241
human organ retention 人体器官保留 142
　　Alder Hey Hospital (Liverpool) 奥尔德希医院(利物浦) 331
human rights, older people 人权,老年人 375—376
human rights legislation 人权立法 6—7
　　treatment refusal 拒绝治疗 134
　　see also European Convention on Human Rights 另参见《欧洲人权公约》
Human Tissue Authority Code of Practice 《人体组织管理局实施细则》 332
human tissue use in clinical research 人体组织在临床研究中的使用 331—332

ill-treatment of person lacking capacity 虐待缺乏能力者 387—388
Imperial College Healthcare Trust (ICHT) 帝国理工学院医疗保健信托 71
incident reporting 事故报告 82
　　schemes 计划 84—85
incompetence of practitioners 从业人员不称职 315, 316
incompetent adults/patients 无能力的成年人/患者 14—15, 20n

advance directives 预先指示 260—261
best interests 最大利益 137, 256
capacity invalidation 能力失效 140
clinical research 临床研究 340—342
critically ill 危重症 256—262
temporary 暂时的 136—137
treatment refusal 拒绝治疗 259—261
see also children; mental incapacity 另参见儿童；无心智能力
indemnity, clinical research 赔偿，临床研究 345
Independent Chief Inspector of Hospitals 医院首席独立监查官 93
Independent Complaints Advocacy Service（ICAS） 独立投诉扶持服务 55, 63
independent mental capacity advocate（IMCA） 独立心智能力扶持者 132, 261
independent mental health advocate（IMHA） 独立心理健康扶持者 216
individualism 个人主义 153
inducements in clinical research 临床研究中的引诱 342—343
industrial illness 职业病 18—19
inexperience 经验不足 169—171
informal detention 非正式留院 15, 218—219
information 信息
 clinical research 临床研究 156, 326—327, 329, 331—332, 347
  personal 个人的 331—332
 communication 沟通 157, 162
 personal 个人的 331—332
 provision 提供 155—156
 sufficient 充分的 155—156
 understanding 理解 145
 withholding 隐瞒 155
 xenotransplantation clinical trials 异种器官移植临床试验 347
informed consent 知情同意 30, 106—107, 142—145
 causation 因果关系 146

integrated governance 综合治理 289—290
interests 利益
    balancing competing accounts of 平衡相互矛盾的理论 397—399
    critical 关键的 398—399
    experiential 经验的 398
interventions, costs/benefits 干预措施，成本/收益 24, 27
Intolerability 无法忍受 264—265
Investigating Committee of NMC 护理与助产协会调查委员会 39, 42
irrationality 非理性 136—137

Jackson Report Jackson 报告 58, 70, 77, 112, 115
Jehovah's Witnesses 耶和华见证会教徒 134, 161, 277
Johns Hopkins University Baltimore trial 约翰·霍普金斯大学巴尔的摩分校试验 325, 351n
judgement impairment 判断受损 239—240
judges 法官 15
judicial review 司法审查 8, 14, 46
juries 陪审团 12, 15
justice principle 公正原则 28, 38, 197—198

keeping up to date, duty 与时俱进，义务 105—106
Kennedy Report Kennedy 报告 35, 294, 346, 347, 357n
knowledge, clinical 知识，临床 163

lasting power of attorney（LPA） 持续性代理
    critical care situations 重症监护情况 261, 278
    mental disorder treatment 精神障碍治疗 214
law 法律
    application 适用 15
    conflict with ethics 与伦理的冲突 123—127
    stating by judges 法官陈述 15
learning disability 学习障碍

　　　　autonomy　自主权　157
　　　　see also mental disability; mental incapacity　另参见精神障碍；无心智能力
legal aid, negligence claims and　法律援助，过失索赔以及　58—59, 70
legal method　法律方法　15—17
legal process, medical injury　法律程序，医疗损害　73
legal system　法律体系　3—21
Liabilities to Third Parties Scheme　对第三方的责任计划　86
liability　责任
　　　　direct　直接的　173—174
　　　　hospital authorities　医院当局　173—174
　　　　vicarious　替代　173
literature review, in research　文献综述，研究中　361
litigation　诉讼　71—74, 296
　　　　clinical negligence　临床过失　115—116
　　　　complaints and　投诉以及　55—57
　　　　　　　Health Select Committee inquiry　健康特别委员会调查　59—60
　　　　levels　水平　72—74
　　　　NHS authority *see* NHS Litigation Authority　国民医疗服务体系管理局　参见国民医疗服务体系诉讼管理局
living wills　生前遗嘱　278
　　　　see also advance directives　另参见预先指示
Local Involvement Networks　地方参与网络　308
local research ethics committees（LRECs）　地方研究伦理委员会　332, 334, 335
Local Supervisory Authorities（LSAs）　地方监管当局　46—47
Local Supervisory Authority Midwifery Officers（LSAMOs）　地方监管当局助产主管官员　47
locked-in syndrome　闭锁综合征　259
loss　损失
　　　　future　未来　113
　　　　mitigation　减轻　111

special damages　特殊损失　112
loss of a chance　机会损失　108
magistrates' court　治安法院　12
Making Amends report　《补偿》报告　57—58, 74, 116
Making Experiences Count　重视经验　54, 55
manslaughter　过失杀人　281
　　　gross negligence　重大过失　13
mediation, informal　调解,非正式　115
medical injury, legal proceedings　医疗损害,法律程序　73
medical needs, neglect of child's　医疗需求,忽视儿童　267—268
medical practitioner　执业医生　20n
medical proxy　医疗代理人　158
Medical Research Council (MRC), clinical research guidelines　医学研究委员会(MRC),临床研究指南　328—329
medication administration, mental disorder treatment　药物治疗,精神障碍治疗　207—210, 244—245
Medicines Control Agency　医药监管局　327
Medicines and Healthcare Products Regulatory Agency (MHRA)　医疗保健产品监管局　327, 345
Medicines for Human Use (Clinical Trials) Regulations (2004)　《人用药品(临床试验)条例》(2004年)　327, 329
mental capacity　心智能力　140
　　　and consent　以及同意　14—15, 130—132
　　　critically ill patient　危重患者　250—251, 274—276
　　　decision-making　决策　130—132, 250—251
　　　　　presumption of　推定　237, 250
　　　erosion　削弱　136
　　　fluctuating　起伏不定　132
　　　and mental disorder treatment　以及精神障碍治疗　211—217, 236
　　　and old age　以及老年　382—383
　　　pathological block　病理性阻滞　275—276
　　　reforms in Mental Capacity Act 2005　2005年《心智能力法案》的改革

　　　　130—132
test for 测试标准 212
　　see also competence 另参见能力
Mental Capacity Act Code of Practice（2006）《心智能力法案实施细则》
　（2006） 132, 212, 237, 382—383
mental disability 精神残疾
　　autonomy 自主权 157
　　borderline 临界状态 236—237
　　Caesarean sections 剖腹产 138—140
　　detention 留院 15,138—139, 204—205, 218—219
mental disorder treatment 精神障碍治疗
　　advance decisions（AD） 预先决定 214—215, 231n
　　aggressive patients 攻击性患者 219—221
　　best interests principle 最大利益原则 213—214, 242—244
　　Community Treatment Orders（CTOs） 社区治疗令 201, 222—224,
　　246—247
　　　　optional conditions 可选条件 224
　　competence, compulsory treatment 能力,强制治疗 241—242
　　compulsory 强制的 236—246
　　　　Caesarean section 剖腹产 138—140, 207, 243
　　　　ethical use 伦理运用 236—241
　　detention 留院 138—139, 204—205, 226
　　　　holding power of nurses 护士约束权 218—219
　　　　informal methods 非正式方法 15, 218—219
　　　　patients lacking capacity 患者缺乏能力 219
　　electro-convulsive therapy 电惊厥治疗 207—208, 210, 244—245
　　emergency treatment 急救 210
　　holding power of nurses 护士约束权 218—219
　　lasting power of attorney（LPA） 持续性代理 214
　　medication administration continuation 继续药物治疗 207—210,
　　244—245
　　Mental Capacity Act treatment under 《心智能力法案》,规定的治疗

211—217
    mental capacity and 心智能力以及 211—217, 236
    Mental Health Act 《精神卫生法案》
        section 57 第 57 条 210
        section 58 第 58 条 207—210
        section 62 第 62 条 210—211
        treatment under 规定的治疗 203—211
    patient lacking capacity 患者缺乏能力 213—215, 236
    physical treatments 物理治疗 244—246
    refusal 拒绝 223
    respect for patient needs 尊重患者需求 244
    restraint use 使用约束 13,15, 219, 220
    seclusion 隔离 220—221, 246—247
    supcrvised community treatment see Community Treatment Orders 受监督的社区治疗 参见社区治疗令
    types 类型 244
    violent patients 暴力患者 219—221
    without consent 无须同意 206—207
mental disturbance diagnosis 精神障碍诊断 238—239
mental functioning, failure 心智功能,失效 237—238
mental health 精神卫生 21n
    impairment of fitness to practise 适于执业能力受损 41
Mental Health Act Code of Practice(2008) 《精神卫生法案实施细则》(2008) 203, 223—224
mental health nursing 心理健康护理
    ethical perspective 伦理视角 235—248
    legal perspective 法律视角 201—234
mental health professionals 精神卫生专业人员 202
Mental Health Review Tribunal 精神卫生审查特别法庭 20n
    see also First-tier Tribunal (Mental Health) 另参见初级特别法庭(精神卫生)
mental health services, older people 精神卫生服务,老年人 373—374

mental illness　精神病
　　　behaviour　行为　239
　　　compulsory admission to hospital　强制住院　238—241
　　　danger to self/others　对自身/他人的危险　240—241
　　　judgement impairment　判断受损　239—240
mental incapacity　心智能力　131—132
　　　clinical research　临床研究　340—342
　　　and old age　以及老年　382—383
　　　see also incompetent adults/patients　另参见无能力成年人/患者
mercy killing　安乐死　13, 280, 282
Mid-Staffordshire NHS Foundation Trust　斯塔福德郡国民医疗服务体系基金会信托
　　　complaints　投诉　53
　　　failings　失败　290, 316
　　　Public Inquiry　公众调查　62, 63, 91
　　　see also Francis Report　另参见 Francis 报告
midwifery; professional regulation　助产；专业监管　46—47
mini-mental state examination (MMSE)　简易精神状态量表　310—311
minimally conscious state (MCS)　最低意识状态　258—259
misconduct　行为不端　39—40
　　　serious　严重的　316
mistakes, reporting　错误, 报告　314—316
Monitor, Care Quality Commission and　监督, 医疗质量委员会以及　294
monitoring, by research ethics committees　监督, 通过研究伦理委员会　335—336
moral obligations　道德义务　118—127
moral principles, fundamental　道德原则, 基本的　359
moral relativism　道德相对主义　360
motor neurone disease　运动神经元病　260—261, 279
multicentre research ethics committees (MRECs)　多中心研究伦理委员会　335
multiplier-multiplicand system for loss　损失的"乘数—被乘数"算法　113

murder 谋杀 13, 21n, 281

National Audit Office（NAO） 国家审计署 289
National Bioethics Advisory Commission（US） 国家生物伦理咨询委员会（美国） 336
National Director for Improvement and Efficiency 国家改进和效率主任 291
National Health Service see NHS 国民医疗服务体系 参见 NHS
National Health Service Litigation Authority see NHS Litigation Authority 国民医疗服务体系诉讼管理局 参见 NHS 诉讼管理局
National Institute for Health and Care Excellence（NICE） 国家卫生与临床优化研究所 167, 290, 295—296, 305
 patient experience guidance 患者体验指引 307
 patient group conflicts 患者群体冲突 310—311
 standard setting 设定标准 308—313
National Institutes of Health（US） hepatitis B experimental drug trial 国立卫生研究院(美国)乙型肝炎试验性药物试验 351n
National Patient Safety Advisory Group 全国患者安全咨询小组 93
National Patient Safety Agency（NPSA） 国家患者安全局 68—69, 79—80, 294—295, 314, 315
 abolition 废除 70, 71, 89
 feedback to Trusts 向信托的反馈 84—85
 safety tools 安全方法 80—81
National Quality Board（NQB） 国家质量委员会 290, 291—292, 306
National Reporting and Learning System（NRLS） 国家报告和学习系统 71, 295
National Research Ethics Service 国家研究伦理服务 335
National Service Frameworks（NSFs） 国家服务框架 305, 312
 setting standards 设定标准 309
near-miss reporting 险情报告 314—316
neglect of person lacking capacity 忽视缺乏能力者 387—388
negligence 过失 8, 14

avoidability test　可避免性测试　75

breach of duty　义务违反　104—107

causation　因果关系　108—111, 146

claims　索赔　115—116, 297

compensation system　赔偿制度　74—82

conflict between law and ethics　法律与伦理之间的冲突　123—127

consent　同意　140—146

cost containment　成本控制　70—71

disclosure　披露　146—147

duty of candour　坦诚义务　60—62, 77

duty of care　注意义务　103, 168

ethical　伦理的　122—123

ethical perspective　伦理视角　118—127

evidence　证据　114

gross　重大　13

heads of claim　索赔事项　111, 112, 114

informal mediation　非正式调解　115

and legal aid　以及法律援助　58—59, 70

legal perspective　法律视角　101—117

liability　责任　21n

NMC Code of Professional Conduct and　《护理与助产协会专业行为守则》以及　106—107, 116n, 119, 122

proving the case　证明事实　114—115

quantum　量化　111—114

resources　资源　172—174

staff shortages　人员短缺　172

standard of care　注意标准　69, 105, 168—169

suing for　起诉　69

tort　侵权　102

tort-based system　以侵权行为为基础的制度　74, 75, 76

neighbour principle　邻居原则　21n

neurosurgery（NMD）　神经外科手术　210, 244—245

NHS 国民医疗服务体系
 core principles 核心原则 166
 errors 错误 81—82
 financial austerity 财政紧缩 89
 litigation *see* litigation 诉讼 参见诉讼
safety culture 安全文化 89
NHS boards (Scotland) 国民医疗服务体系委员会(苏格兰) 292
NHS Commissioning Board 国民医疗服务体系委托委员会 71, 72, 167, 290, 291, 295
 accountability mechanisms 问责机制 305
NHS Constitution 国民医疗服务体系章程 65—66, 307, 369
NHS Healthcare Improvement Scotland (HIS) 苏格兰国民医疗服务体系医疗保健改善计划 292—293
NHS Litigation Authority (NHSLA) 国民医疗服务体系诉讼管理局 57, 59, 70, 71—72, 85—88, 296—297
 Francis Report recommendations Francis 报告建议 92
 Risk Management Standards for Acute Trusts 急救信托风险管理标准 296
NHS Patient Experience Framework 国民医疗服务体系患者体验框架 306—307
NHS Redress Act 《国民医疗服务矫正法案》 56—57, 75—78
 improvements needed 需要改进 76
NHS Redress Scheme 国民医疗服务矫正计划 56—57, 67, 74—78, 116
NHS Trusts 国民医疗服务体系信托
 compliance with patient safety alerts 遵守患者安全警示 89
 incident reporting schemes 事故报告计划 84—85
 and NHSLA schemes 以及国民医疗服务体系诉讼管理局计划 85—86
NICE *see* National Institute for Health and Care Excellence NICE 参见国家卫生与临床优化研究所
no-fault compensation schemes 无过错赔偿计划 57
no-fault liability schemes 无过错责任计划 115—116

'no purpose' situations "毫无成效"的情况 264
nonmaleficence principle 不伤害原则 28, 38, 197, 359
 consent to clinical research 对临床研究的同意 364
North Staffordshire Hospital research trials 北斯塔福德郡医院研究试验 328—329, 330, 334, 335, 339, 349n
Northern Ireland Assembly 北爱尔兰议会 3
Northwick Park Hospital clinical trial Northwick Park 医院临床试验 323, 325, 342—343, 345
NQB *see* National Quality Board NQB 参见国家质量委员会
Nuremburg Code (1947) 《纽伦堡法典》(1947) 323, 338
nurse-investigator 护士-研究人员 328
nursing culture 护理文化 194
Nursing and Midwifery Council(NMC) 护理与助产协会 35
 allegations categories 指控类别 40—44
 appeals 上诉 45—46
 Code of Professional Conduct *see* Code of Professional Conduct (of NMC) 《专业行为守则》 参见《专业行为守则(护理与助产协会)》
 committees 委员会 38—39
 complaints 投诉 39—45
 Conduct and Competence Committee 行为与能力委员会 39, 43—44
 criminal convictions / cautions 刑事定罪/警告 41
 Fitness to Practise *see* Fitness to Practise (NMC) 适于执业 参见适于执业(护理与助产协会)
 Guidance for the Care of Older People 《老年人护理指引》 374—375
 guidance on *Raising and Escalating Concerns* 关于《提出和升级关注》的指引 178, 181—182
 Health Committee 健康委员会 39, 43
 impairment determination by another regulatory/licensing body 另一监管机构或许可机构的受损决定 41—47
  through physical/mental health 通过身体/心理健康 41

interim orders 临时令 44—45
　　appeals 上诉 45—46
Investigating Committee 调查委员会 39, 42
lack of competence 缺乏能力 40
mistakes reporting 错误报告 316
panels 专门小组 39, 42—43
recordable qualifications 可记录资格 37—38
register 注册 36—37
　　appeals 上诉 45
　　interim orders 临时令 44—45
　　removal from 移除 37, 44
role 角色 38—39
sanctions 惩戒措施 44
standards 标准 38
　　see also Code of Professional Conduct (of NMC) 另参见《专业行为守则(护理与助产协会)》
nutrition 营养
　　older people 老年人 370—372
　　withholding 不提供 21n

obligations of nurse 护士的义务 196
older people 老年人
　　abuse *see* elder abuse 虐待 参见虐待老人
　　benefits from age 由于年龄获益 381
　　care concerns 护理关注的问题 370—374
　　care guidance 护理指引 374—375
　　health 健康 369—370
　　human rights 人权 375—376
　　and mental capacity 以及心智能力 382—383
　　mental health services 精神卫生服务 373—374
　　and mental incapacity 以及无心智能力 382—383
　　social care versus health care 社会保健与医疗保健比较 388—390

see also age discrimination　　另参见年龄歧视
Ombudsman see Health Service Ombudsman　监察专员　参见医疗服务监察专员
openness　公开　92—93
orders, questioning　医嘱,质疑　125
organ donation, advance decision　器官捐献,预先决定　158, 159
outcomes of treatment　治疗结果　305, 309, 311—312
overwork, and standard of care　劳累过度,和注意标准　171—172

pain, damages　疼痛,损害　111—112
parents/parental responsibility　父母/父母责任　262—263
　　family disputes about treatment of children　关于儿童治疗的家庭纠纷　265—266
　　research in children　儿童研究　339
Parliament　议会　3, 4—5
part-time workers　兼职工作者　18
paternalism　家长主义　26, 94, 154
　　hard/soft　强/弱　154
patient(s)　患者
　　accidents　事故　79—80
　　advocates　支持者　140, 146—147, 365
　　aggressive　攻击性的　219—221
　　best interests see best interests principle　最大利益　参见最大利益原则
　　consultation　咨询　305, 312—314
　　expectations　期望　69—70
　　experience, engagement with　经验,参与　163
　　guidelines distribution　指南分发　314
　　Homogeneity　同质性　312
　　identification　识别　184
　　information in clinical trials　临床试验信息　326—327
　　involvement in clinical governance　参与临床治理　308

questioning　询问　145—146
　　　respect for needs　尊重需求　244
　　　understanding of risk　理解风险　120
　　　violent　暴力的　219—221
　　　see also complaints; critically ill patient　另参见投诉；危重患者
Patient Advocacy and Liaison Service（PALS）　患者扶持和联络服务　63
patient experience　患者体验　306—307
Patient and Public Involvement Forums（PPIFs）　患者和公众参与论坛　308
patient rights　患者权利　293
patient safety　患者安全　69, 78—81
　　　Berwick review　Berwick 审查　94
　　　clinical risk management and　临床风险管理以及　314—317
　　　compliance with alerts　遵守警示　89
　　　culture　文化　72
　　　Francis Report recommendations　Francis 报告建议　91—93
　　　government overkill　政府过度干预　89—90
　　　incidents　事故　79—80
　　　initiatives　举措　78, 84—85
　　　performance indicators　绩效指标　83—86
　　　resources/tools　资源/工具　80—81
Patients Association　患者协会　55
Patients Forum　患者论坛　308
Pearson Commission　Pearson 委员会　345
performance indicators, patient safety　绩效指标，患者安全　83—86
performance management　绩效管理　32
performance standards　绩效标准　38
persistent vegetative state（PVS）　永久性植物状态　15, 16, 257—258, 281—282
person-centred care　以人为本的照护　394—400
　　　elements in dementia　痴呆症照护的要素　394—395
personal identity　人格同一性

    and dementia 以及痴呆症 395—397
    psychological continuity account 心理连续性理论 395—397
    situated-embodied agent account 情景具体化主体理论 396—397
personal information, use in clinical research 个人信息,临床研究中的使用 331—332
persons 人 283—284n
    concept 概念 273
    respect for 尊重 25—26, 273
pharmaceutical companies 制药公司 343
Philippines HIV research on prostitutes 菲律宾妓女的艾滋病病毒研究 350n
philosophy of nursing 护理理念 23
    ethical 伦理的 29—31
    utilitarianism 功利主义 27—28, 30
physical health, impairment of fitness to practise 身体健康,适于执业能力受损 41
physician-investigator 医生-研究人员 328
pioneering work 开创性工作 106
placebos 安慰剂 330—331
police authorities 警察当局 20n
policies seclusion 政策,隔离 220—221
policy making 制定政策 26—28, 68—98
    public involvement 公众参与 308
pregnancy 怀孕
    autonomy 自主权 139—140
    clinical research 临床研究 342, 343—244
    refusal of care 拒绝护理 135—137
    termination 终止 137
    treatment refusal 拒绝治疗 135—140
Pretty, Diane 279
Primary Care Trusts (PCTs) 初级保健信托 86—87, 167, 291
primary legislation 一级立法 5

priority-setting 确定优先级 310
prison hospitals 监狱医院 172
prisoners 囚犯 135
Private Finance Initiative (PFI) 私人主动融资 300
private prosecutions 个人起诉 12
professional competence, lack 专业能力,缺乏 40
professional confidence 医疗保密 175—178
professional misconduct 不当专业行为 39—40
 serious 严重的 316
professional regulation 专业监管 34—50, 298—299
 legal framework/legislation 法律框架/立法 36—38
 midwifery 助产 46—47
 overview 概述 35—36
 registration of nurses and midwives 护士和助产士的注册 36—38
 standards 标准 38
 see also fitness to practise; Nursing and Midwifery Council 另参见适于执业;护理与助产协会
professional responsibility 专业责任 175
Professional Standards Authority for Health and Social Care (PSA) 医疗和社会保健专业标准管理局 34, 35
 appeals by 上诉 46
proof, burden of 举证,责任 114—115
Property Expenses Scheme 财产支出计划 86
Protection of Vulnerable Adults list 保护弱势成年人名单 386—387
protocols, civil liability 诊疗规范,民事责任 107
proxy consent 代理同意 158
psychiatric harm 精神损害 111
psychological industrial illness 心理职业病 18—19
psychological intervention 心理干预 206
Psychopathy 精神变态 205, 228n
 see also anti-social personality disorder psychotherapy 另参见反社会人格障碍心理治疗 245—246

public interest 公共利益 27—28, 175—177, 230n
    see also whistleblowing 另参见吹哨
public protection 公众保护 205
publication of research results 研究成果发表 361
Putting Things Right 让一切回到正轨 57

quality 质量
    definitions 定义 305—306
    elements 要素 305
Quality Accounts 质量报告 291
quality enhancement 质量提升 307
quality governance 质量治理 304
quality improvement 质量改进 289
Quality, Innovation, Productivity and Prevention (QIPP) programme 质量、创新、生产力和预防计划 291
questioning by patient 患者询问 145—146

randomised controlled trials (RCTs) 随机对照试验 329
    consent 同意 329—331
    ethics 伦理 329—331
    placebos 安慰剂 330—331
recruitment to clinical research 临床研究招募 363—364
redress schemes 矫正计划 56—57, 67, 74—78, 116
religious issues 宗教问题 134, 136, 161, 276—277
    Caesarean section 剖腹产 135, 136, 276—277
    mental capacity 心智能力 276
    neglect of child's medical needs 忽视儿童医疗需求 267—268
    right to refuse treatment 拒绝治疗的权利 160—161
    withdrawal of treatment for children 撤回对儿童的治疗 264
research 研究
    records-based 基于记录的 364
    see also clinical research 另参见临床研究

research ethics committees (RECs) 研究伦理委员会 332—337, 349n
    composition 构成 334
    limitations 限制 334—337
    monitoring 监管 335—336
    resources 资源 335—336
    variations in practices 实践方面的差异 335
research governance 研究治理 334, 362—363, 365
    framework 框架 334
resources 资源 167—168
    allocation 分配 27—28
    case studies 案例研究 174—175, 183—184, 194—197
    ethical perspective 伦理视角 192—200
    lack of 缺乏 172—174
    legal perspective 法律视角 166—191
    and liability 以及责任 173—174
    principled solutions 原则性解决方案 197—198
    scarce 稀缺的 175—178, 192—193
respect for persons 尊重他人 25—26, 273
responsible clinician (RC) 责任临床医生 202
responsible medical officer (RMO) 责任医疗官 202
restraint 约束 13, 15
    critical care 重症监护 256—257
    detention of violent/aggressive patients 暴力/攻击性患者的留院 220
    holding power of nurses 护士约束权 219
    treatment of young people 对未成年人的治疗 254
right to accept/refuse 接受/拒绝的权利 160—161
right to die 死亡的权利 278—279
rights 权利
    and duties 以及义务 276—277
    patient 患者 293
risk 风险 118

assessment 评估 195

avoiding 避免 119—122

change-associated 与变化相关 300

control by organisations 由机构控制 299

disclosure 披露 141—142, 143—144, 147, 326

enhanced 加强 143—144

external 外部的 300

managing 管理 120

operational 运营的 300

patient understanding 患者理解 120

randomly occurring 随机发生 117n

whistleblowing 吹哨 196

risk management 风险管理 287, 297, 299—301, 314—317

clinical standards 临床标准 296—297

'Robbie' law "Robbie"法 60—62

Rosenhan experiment Rosenhan 试验 237, 238

Royal College of Nursing 皇家护理学会

clinical research guidelines 临床研究指南 324

older people and sexuality guidance 老年人和性的指引 386

Royal College of Paediatrics and Child Health (RCPCH) 皇家儿科与儿童健康学院 339

Royal College of Physicians clinical research guidelines 皇家内科医师学会,临床研究指南 324, 338, 352n

salary scales 工资水平 18

science 科学

'bad' "坏" 360—361

research design 研究设计 360—361

Scotland, health care delivery 苏格兰,医疗保健服务 292—293

Scottish Parliament 苏格兰议会 3, 293

scrutiny, clinical research 审查,临床研究 347

seclusion 隔离 246—7

detention of violent/aggressive patients 暴力/攻击性患者的留院 220—221
second opinion approved doctor（SOAD） 第二意见指定医生 208—209, 210
secondary legislation 二级立法 5
 European Union 欧盟 10
self-determination 自我决定 274
 see also autonomy 另参见自主权
self-regulation 自我监管 35
settlement, structured 赔付, 结构性 114
sexual abuse 性虐待 384, 385—386, 392n
sexual drive reduction, male 性欲降低, 男性 210
Shipman Inquiry Shipman 调查 35, 64
sick nursing to health nursing shift 疾病护理到健康护理的转变 23
social care, health care versus 社会保健, 与医疗保健对比 388—390
social networking 社交网络 178
Social Partnership Forum 社会伙伴关系论坛 181
social services, mental health professionals 社会服务, 精神卫生专业人员 202
social workers, registration 社会工作者, 注册 386
spinal muscular atrophy 脊髓性肌萎缩症 264, 265
staffing levels, shortages 人员配备水平, 短缺 172
standard of care 注意标准 69, 105, 168—169
 disclosure of shortcomings 披露不足之处 183—184
 doing the right thing 做正确的事 196—197
 emergencies and 紧急情况以及 171—172
 inexperience and 经验不足以及 169—171
 liability for incidents 事故责任 173—174
 overwork and 劳累过度以及 171—172
standard-setting 设定标准 32, 308—314
 effectiveness 效益 309—311
 value judgements 价值判断 309, 310

statute law 成文法 4—7, 8
statutes, intention/interpreting 法规,意图/解释 16—17
statutory instruments 法定文件 8
stealing 偷窃 239
stillbirth 死胎 143
Stone, Michael 205
Strategic Health Authorities (SHAs) 战略卫生局 291
stress-related industrial illness 与压力相关的职业病 18—19
stroke prevention 预防中风 309
suffering, damages 痛苦,损害 111—112
suicide 自杀 278—279
    assisted 协助 279
super-specialists 超级专家 106
Supervised Community Treatment *see* Community Treatment Orders supervision in clinical research 受监督的社区治疗 参见临床研究中的社区治疗令监督 363
support role for consent 对同意的支持作用 163—164
Supreme Court 最高法院 13, 14, 15

'talking' cures "谈话"疗法 245—246
team, responsibilities to 团队,责任 126—127
teenagers, critically ill 青少年,危重患者 252—254
TGN1412 clinical trial see Northwick Park Hospital clinical trial TGN1412 临床试验 参见 Northwick Park 医院临床试验
thalidomide 沙利度胺 167, 327, 343
therapeutic privilege 治疗特权 145
time, practical challenge of 时间,实际挑战 148
tolerance 容忍 161,162
tort 侵权 8
    clinical negligence 临床过失 74, 75, 76, 102
    NHS Redress Act 《国民医疗服务矫正法案》 56—57, 75—78
        improvements needed 需要改进 76

附录 3　关键词索引

touching, non-consensual　接触，未经同意　133
transparency　透明　92—93
　　travel costs　差旅费　112
　　treatment　治疗
　　　acceptance　接受　160—161
　　　agreement　同意　273
　　　compulsion　强制　137
　　　effectiveness　效益　309—311
　　　equality　平等　380
　　　forcible　强迫的　137
　　　guidelines　指南　311—314
　　　outcome　结果　305, 309, 311—312
　　　prevention　预防　125—126
　　　refusal　拒绝　133—134
　　　　advance directives　预先指示　260—261, 396, 398
　　　　Caesarean section　剖腹产　138—134
　　　　critically ill patients　危重患者　251, 253—254, 259—261, 274—277
　　　　incompetent patients　无能力患者　259—261
　　　　mental disorder treatment　精神障碍治疗　223
　　　　overruling　否定　134—135
　　　　pregnant women　孕妇　135—140
　　　　right to　权利　160—161
　　　　teenagers　青少年　253—254
　　withholding　停止　16, 21n
　　　children　儿童　263—265
　　　critically ill patient　危重患者　279—283
　　　　persistent vegetative state　永久性植物状态　257—258, 281—282
　　see also consent; evidence-based medicine　另参见同意；循证医学
Tuskegee experiments (1932—72)　塔斯基吉试验(1932—1972)　350n
twins, conjoined　双胞胎,连体　267

501

UK Ethics Committee Authority　英国伦理委员会管理局　333
unborn children　未出生的孩子　123
　　conflict between law and ethics　法律与伦理之间的冲突　123—125
　　see also fetus　另参见胎儿
understanding, cultural issues　理解，文化问题　162
United Kingdom Central Council for Nursing Midwifery and Health Visiting
　　（UKCC）英国护士、助产士和家访护士中央委员会　37
　　see also Nursing and Midwifery Council　另参见护理与助产协会
utilitarianism　功利主义　27—28, 30

value judgements　价值判断　309, 310
values, epistemology　价值，认识论　359—360
van Gend & Loos (1962) case　van Gend & Loos (1962)案　10
vegetarianism　素食主义　397, 398
violent patients, mental disorder treatment　暴力患者，精神障碍治疗　219—221
virtue, concept of　美德，概念　365
virtues for nursing　护理美德　31—33
voluntariness　自愿性
　　assessment　评估　162
　　consent　同意　151, 156—157
vulnerable adults　脆弱成年人
　　causing or allowing death of　导致或放任死亡　387
　　and clinical research　以及临床研究　337—346
　　protection　保护　386—387
warfarin　华法林　309
welfare　福利
　　promotion　促进　24—25
　　tensions with wishes　与意愿的紧张关系　24—25
　　wilful disregard　故意漠视　316—317
well-being　幸福　23

promotion 促进 24—25
Welsh Assembly 威尔士议会 3—4
whistleblowing 吹哨 19—20,125,126,178—183, 190n, 316
 and Article 10 ECHR 以及《欧洲人权公约》第 10 条 182—183
 clinical trials 临床试验 330
 and modern technology 以及现代技术 178
 and Public Interest Disclosure Act 1998（PIDA） 以及 1998 年《公共利益披露法案》 178—182
 risks 风险 196
women of child-bearing age, clinical research 育龄妇女, 临床研究 342
Woolf Reforms Woolf 改革 21n
World Health Organization（WHO） 世界卫生组织
 Patient Safety Unit 患者安全部 72
 see also Declaration of Helsinki xenotransplantation clinical trials 另参见异种器官移植临床试验《赫尔辛基宣言》 346—347

yellow card scheme 黄牌计划 327
Young Report Young 报告 58

我的些许护士学校记忆
——《护理法律与伦理》译后记

1900年,法国天主教会拨用教案赔款在成都平安桥街大树拐修建博爱圣修医院,成为成都最早的现代医院之一。1947年,博爱圣修医院创办了附属仁爱高级护士学校。1949年,成都和平解放,仁爱高级护士学校由西南铁路工程局接管,更名为"西南铁路工程局成都护士学校"。1954年,该校更名为"铁道部成都卫生学校",是铁道部8所卫校之一。"文化大革命"期间,学校中断办学,1974年在西昌复校,更名为西昌铁路卫生学校。1980年由西昌迁回成都,改名为成都铁路卫生学校,学校教职工对内简称"卫校"。

1981年,我出生于西昌铁路卫生学校旧址隔壁的中国人民解放军陆军第四十五医院。三岁时,父亲转业到母亲所在的成都铁路卫生学校工作,我也回到了成都。我的些许护士学校记忆,就是在母亲工作的学校图书馆开始的。

一、我的小学时光与80年代的护士学校记忆

卫校与我家所在的院落一墙之隔。每天小学放学后,我都面临一个选择,到底是翻墙到隔壁的卫校去,还是绕行到院落之外,沿着院墙走到卫校门口,再走到母亲工作的图书馆,距离相差数倍。现在回想起来,应该是年龄越小越调皮,年龄稍微大一些,有安全意识了,更多的就走平路了。

图书馆的书库不让学生进,借书流程是学生先在一个装满索引卡的柜子里,查书卡;拿着书卡,找我母亲借书;我母亲拿着书卡,到书库去找书;最后是在借书证上登记,然后借书。因为卫校只有护士专业,几乎都是女生。母亲工作忙,我更多的记忆是坐在借书台后面,看大姐姐们来借书。这些当时我眼中的大姐姐们,完成三年的中专学习,就会奔赴全国各

地的铁路工地和基层火车站,从事护士工作。偶尔也有大姐姐注意到我这个不该出现在图书馆中的小朋友,这时母亲就会让我到书库中去找个角落做作业。

进了书库,我更多的不是做作业,而是享有了在书库中"肆意"博览群书的特权。在与医学相关的区域,能够看到各种解剖图册;在与文学相关的区域,则有不少经典译作;当时似乎很流行"世界真奇妙"噱头的图书,尤其是打着百慕大三角洲的旗号,讲述第二次世界大战期间的飞行员穿越到现在的离奇故事,似乎就是今天穿越剧的雏形吧。

二、我的中学时光与 90 年代的护士学校记忆

1993 年,我以成都市第三名的成绩考入成都实验外国语学校。虽然是住校,但离家的实际位置比小学远不了多少。一周一次的上学与放学,我已经更倾向于骑自行车了。1995 年,全国改为每周休息两天。大约在同一年,我家搬到了卫校大门的街对面。因为与外公外婆住在一起,家里房间少,我住的房间兼作饭厅,也不隔音,所以周末还是在卫校的图书馆写作业。高中时,为了锻炼身体,周末约着同学一起在卫校打篮球。卫校男生少,所以打篮球的同学也相对少,不用争场地,回想起来,也很是惬意。

卫校的老师和学生们平时上课都穿着白大褂,偶尔走过教室,我还能看见教学活动,有打针输液,以及各种急救措施。卫校有停尸房,也有标本室。母亲曾经带着我进去看,有人体器官,也有畸形儿的标本,都泡在瓶子里,所以我从小就不怕尸体,只是觉得有一股奇怪的味道,中学学了化学,才知道是福尔马林。卫校还有专门的动物房,养了狗和猴子,更多的是小白鼠和青蛙,应该是解剖用的。到了寒假,那时流行家里自己做腊肉,腌制到一定程度,卫校的职工会把家里剥花生剩下的花生壳和吃甘蔗剩下的甘蔗渣,一起送到动物房,在养青蛙的水泥小房子中熏腊肉。腊肉挂在房中,在小房子的一头点着了花生壳和甘蔗渣,烟气穿过小房子,似乎也没有污染空气的感觉,倒是能够闻到一股扑鼻的香气。

三、我的大学时光与 21 世纪初的护士学校记忆

1999 年,我考入中国人民大学商品学系,放寒暑假才能回成都,卫校也差不多同一时间放假。因为卫校的一栋教学楼是老式建筑,偶尔还被作为拍戏的场景。2003年本科毕业,因为放弃工作跨专业考研,我在家里待了一年,偶尔也会到卫校校园去散步,又有了一些难得的回忆。有意思的是,我竟然在卫校的图书馆,看到了王利明教授1998年版的《物权法论》,着实有些意外。2004年,卫校将中铁二局党校作为东校区办学,10年之后,我们全家竟然搬家到了卫校东校区附近,也算是一种缘分。

2004—2009年,我在中国人民大学法学院攻读硕士和博士,生活节奏也越来越快。2006年我建立家庭,2007年秋季到我国台湾地区东吴大学访学,2008—2009学年到美国康奈尔大学和耶鲁大学作富布莱特学者访学,回成都的时间就不那么固定。可能是年龄稍微大了一些,也就很少到父母工作单位去了。

四、我的川大时光与新时代的护士学校记忆

2009年7月,我到四川大学工作,把新家安在成都市的东面。2009年8月,卫校搬到成都市北郊新校址办学,同年作为首批中职院校承担四川省民族地区"9+3"免费教育计划。为方便上班,我父母搬家到成都市北郊居住,正好是卫校新校址到旧校区路上的中点。从我家到卫校新校址,竟然有44公里,而且没有高速,单程下来就得一个半小时。偶尔周末去看望父母,也陪着父母到新校区去看看。印象中刚建好的学校,有些收尾工程尚未完工,尘土飞扬,少了些熟悉的环境,多了些新老师的面孔。

2014年,卫校从中铁二局整体移交给成都市人民政府管理,我父母也先后退休。2017年,卫校整体移交省卫生健康委管理,并挂靠四川省人民医院,而该医院又是电子科技大学医学院的附属医院。有一次在飞机上见到电子科技大学的一位校领导,偶然聊起,我作为一名川大的教师,卫校的子弟,成为电子科技大学的家属,来得有些突然。

2022年,为调研"9+3"免费教育计划实施情况,我带队到卫校,受到了学校的热情接待,也得以了解新时代卫校发展的成就与面临的挑战。由于成都第二绕城高速在卫校附近有出口,开车竟然45分钟就到了。学校面貌也焕然一新,郁郁葱葱的园林式学校,镶嵌着翠湖长桥,着实给了我不少惊喜,也唤起了我美好的回忆。儿时记忆中的叔叔阿姨们,已经年过五十,与学校一路发展、成长。我也突然意识到,自己已经不是那个在卫校图书馆中读书的小孩子,而是成了卫校教职工口中的单位子弟之一。

2020年新冠疫情以来,我关注到在疫情防控第一线辛勤工作的护士权益保护问题，也有幸认识了华西护理学院的张凤英教授。我招收了一位中山大学护理学院的本科生作为自己的硕士研究生，通过她了解本科护理学教育的现状。我和毛克盾博士一起指导我的博士生罗雅文，开展10万人次的护士权益保护立法调研，从事护士法研究，撰写她的博士学位论文《护士护持职责研究》。如今罗雅文同学已经顺利毕业，到四川大学华西护理学院工作。繁忙的工作之余，我与张凤英教授、李侠博士、罗雅文博士一起翻译了《护理法律与伦理》一书。这两项成果，应该是开启了中国护士法研究的新篇章，也希望能够进一步促进国内护理学和法学的交叉学科研究。我想，这就是我的些许护士学校记忆的一种学术意义上的延续方式吧。

谨以本书，缅怀我可爱的师弟，毛克盾博士！

王竹　法学博士
四川大学市场经济法治研究所所长、法学院教授
中国人民大学民商事法律科学研究中心法治大数据研究所所长
2022年11月21日于宜宾·三江口